JURA Examensklausurenkurs

Herausgeber
Dagmar Coester-Waltjen
Dirk Ehlers
Klaus Geppert
Jens Petersen
Helmut Satzger
Friedrich Schoch
Klaus Schreiber

JURA
Juristische Ausbildung

Inhalt

Geleitwort

Die Zeitschrift **JURA** verfolgt das Ziel, die Studierenden der Rechtswissenschaft auf wissenschaftlicher Grundlage bestmöglich auf die universitären Prüfungen sowie die juristischen Staatsexamen vorzubereiten. Ein besonderes Augenmerk gilt der Examensvorbereitung. Deshalb finden sich in jedem Heft Beiträge, die sich auch und gerade an die Examenskandidaten wenden. Zu nennen sind einerseits die Abhandlungen im Aufsatzteil, die Rechtsprechungsanalysen und die Repetitorien, andererseits die Methodikbeiträge, in denen Falllösungen vorgestellt werden.

Da die Prüflinge im Studium und im Examen Fälle zu lösen haben, hat die **JURA** als zusätzliche Hilfestellung für die Examensvorbereitung bereits in den Jahren 2000 und 2004 ein Sonderheft »Examensklausurenkurs« herausgegeben. Die Broschüren sind auf so großes Interesse gestoßen, dass sich Verlag und Herausgeber entschlossen haben, ein weiteres Sonderheft mit neuen Examensklausuren aus allen drei Rechtsgebieten – Zivilrecht, Öffentliches Recht und Strafrecht– einschließlich dreier Klausuren aus bei den Studierenden besonders nachgefragten Schwerpunktbereichen zu publizieren. Wir hoffen, damit wieder einen Beitrag zur sinnvollen Vorbereitung auf das Examen geleistet zu haben.

Die Herausgeber

Fall 1

Vertragsschluss und Übereignung an der Selbstbedienungstankstelle
Von Wiss. Mit. Philipp Beckmann, Bremen*

Vertragsschluss–Übereignung–Stellvertretung–Anfechtung

Der Fall beinhaltet einerseits Probleme aus dem Bereich des Vertragsschlusses. Herauszuarbeiten war, worin beim täglichen Massengeschäft des Selbstbedienungstankens Angebot und Annahme liegen. Daneben galt es zu beurteilen, ob ein Vertreter- oder Eigengeschäft vorlag. Maßgeblich war hier, dass die ohne Vertretungsmacht handelnde Person zum Zeitpunkt des Kaufvertragsschlusses gar nicht das Bewusstsein hatte, rechtsgeschäftlich für einen anderen handeln zu können, auch wenn die sonstigen Umstände objektiv für ein Vertretergeschäft sprachen. Mangels dieser Kenntnis kam aber auch eine Inanspruchnahme als Vertreter ohne Vertretungsmacht nicht in Betracht. Besonders zu würdigen war, wenn jemand das möglicherweise an der Kasse begründete Schuldanerkenntnis erkannt hat und zu erörtern wusste. Ein weiterer Schwerpunkt des Falles liegt in der Prüfung des Anspruchs aus § 985 BGB und der in diesem Zusammenhang zu behandelnden Frage, durch welchen Handlungen bzw. Erklärungen beim Selbstbedienungstanken die Eigentumsübertragung des Benzins erfolgt und unter welchen Voraussetzungen ein Eigentumserwerb kraft Gesetzes in Betracht käme. Abgerundet wird der Fall durch die Erörterung deliktischer und bereicherungsrechtlicher Ansprüche.

Des Weiteren thematisiert der Fall die ebenfalls schon klassisch anmutende Problematik, ob sich der begründet wegen Inhaltsirrtums Anfechtende zumindest an dem tatsächlich Gewolltem festhalten lassen muss oder ob er sich wegen des teilweisen Irrtums vom gesamten Vertrag lösen kann.

Alles in Allem eine Klausur, die mit der Beherrschung allgemeiner Grundsätze zu bewältigen gewesen ist. Gleichwohl gelang dies nur wenigen Bearbeitern in ansprechender Weise. Der Fall eignet sich aber deshalb besonders gut als Examenklausur, da auch übergreifende Zusammenhänge herauszuarbeiten gewesen sind und der Fall ein besonders schönes Beispiel für die Verknüpfung von Problemen des Allgemeinen Teils des BGB sowie des Sachen- und Bereicherungsrechtes ist.

Der vorliegende Fall ist vom Justizprüfungsamt Bremen als Klausur des Bürgerlichen Rechts im Ersten Juristischen Staatsexamen ausgegeben worden.

SACHVERHALT

E unterhält für seinen Spirituosengroßhandel einige Transporter mit seiner Firmenaufschrift. Einen dieser Transporter hatte er über das Wochenende seinem Bekannten B überlassen, damit dieser seinen Umzug kostengünstig durchführen kann. Ein Entgelt für die Überlassung war nicht vereinbart. B sollte das Fahrzeug lediglich vollgetankt wieder zurückbringen.

Als B dieser Vereinbarung am Montagmorgen nachkommen und das Fahrzeug zurückbringen will, kommt er an der SB-Tankstelle des T vorbei. Die dort angebrachte große Preistafel weist den zu diesem Zeitpunkt besonders günstigen Preis von € 1,26 pro Liter Superbenzin aus. B entscheidet kurzentschlossen, hier zu tanken und fährt an eine Zapfsäule heran. Er bemerkt nicht, dass die Zapfsäule einen Preis von € 1,29 pro Liter Superbenzin ausweist, der infolge des Tankvorgangs auch vom automatischen Zählwerk verrechnet wird. Des Weiteren befindet sich auf der Zapfsäule der deutliche Hinweis, dass »das Eigentum am Benzin bis zur Bezah-

lung vorbehalten bleibe«. B betankt den bereits auf Reserve laufenden Transporter und betritt den Kassenraum, um zu bezahlen.

Tankstelleninhaber T hatte vom Kassenraum aus den Transporter des E bemerkt. Da E seine Fahrzeuge immer bei dieser Tankstelle betankt und dort eine Monatsrechnung führen lässt, hat T den in den Kassenraum übermittelten Betrag ohne weiteres auf die Monatsrechnung verbucht. Als B den Kassenraum betritt, fällt T zwar auf, dass er diesen Fahrer noch nie zuvor gesehen hat. Gleichwohl legt er die Monatsrechnung vor und bittet um Unterschrift. B, der die Situation sofort erfasst, unterschreibt mit seinem Namen und fährt davon. Er liefert den vollgetankten Transporter vereinbarungsgemäß bei E ab, ohne diesen von den Vorgängen an der Tankstelle in Kenntnis zu setzen.

Als kurz darauf E selbst bei der Tankstelle tankt, fällt ihm auf der Monatsrechnung die Unterschrift des B auf. Er erklärt T gegenüber, B sei nicht berechtigt gewesen, auf seine Rechnung zu tanken, weshalb er die Bezahlung des Rechnungspostens ablehne. T solle sich sein Geld von B holen. T meint, er habe B zwar nicht gekannt, er habe aber berechtigterweise davon ausgehen können und müssen, dass es sich um einen neuen Fahrer des E handele. Schließlich sei B ja mit dem Firmenfahrzeug gekommen und er sei davon ausgegangen, es sei lediglich vergessen worden, ihm mitzuteilen, dass E einen neuen Fahrer habe.

Als T von B Bezahlung des getankten Kraftstoffes verlangt, stellt sich heraus, dass ein Fehler im Computersystem dazu geführt hatte, dass die große Preistafel als letzte Ziffer eine 6 auswies, was T allerdings erst im Laufe des Vormittags aufgefallen war und er dann aber schleunigst berichtigt hatte. Der wahre Literpreis betrug, wie auf der Zapfsäule angegeben, € 1,29. B sagt, er habe bei T nur wegen des äußerst günstigen Preises von € 1,26 getankt. Ansonsten hätte er, wie geplant, bei seiner Stammtankstelle getankt, bei der der Literpreis am Montagmorgen € 1,28 betragen habe. Er fechte daher das gesamte Geschäft wegen Irrtums an. T meint, eine Anfechtung sei nicht möglich. Zumindest müsse sich B an dem Preis von € 1,26 festhalten lassen.

Frage 1: Kann T von E Bezahlung des Kaufpreises, Herausgabe des Benzins oder auf sonstige Weise Ersatz für das getankte Benzin verlangen?

Frage 2: Stehen T Ansprüche gegen B zu?

LÖSUNG

Frage 1: Kann T von E Bezahlung des Kaufpreises, Herausgabe des Benzins oder auf sonstige Weise Ersatz für das getankte Benzin verlangen?

I. Anspruch auf Kaufpreiszahlung gemäß § 433 Abs. 2 BGB

T könnte gegen E einen Anspruch auf Zahlung des Kaupreises zu € 1,29 je Liter getanktes Superbenzin gemäß § 433 Abs. 2 BGB

---

* Wissenschaftlicher Mitarbeiter und Doktorand am Fachbereich Rechtswissenschaft der Universität Bremen und Rechtsanwalt in der Rechtsanwaltskanzlei Becke & Partner, Bremen. Ich danke Herrn PROFESSOR DR. GERT BRÜGGEMEIER, Universität Bremen, der die Veröffentlichung dieses Beitrages angeregt und viele wertvolle Hinweise beigesteuert hat.

haben, wenn zwischen ihnen ein wirksamer Kaufvertrag zustande gekommen ist.

Dazu bedarf es zweier übereinstimmender, auf den Vertragsschluss gerichteter Willenserklärungen (Angebot und Annahme, §§ 145 ff. BGB).

1. Angebot
Zunächst müsste also ein Angebot vorliegen.

a) Preistafel
Ein auf das Zustandekommen des Kaufvertrages gerichtetes Angebot könnte bereits durch die Auszeichnung des Preises mittels der auf der Tankstelle befindlichen großen Anzeigentafel erfolgt sein. Eine Willenserklärung setzt sich zusammen aus einem äußeren und inneren Tatbestand. Während der äußere Tatbestand die für einen objektiven Dritten erkennbare Betätigung eines bestimmten Rechtsfolgenwillens ist, besteht der innere Tatbestand einer Willenserklärung aus dem Handlungswillen, dem Erklärungsbewusstsein und dem Willen, überhaupt eine rechtsverbindliche Erklärung abgeben zu wollen (Geschäfts- bzw. Rechtsbindungswille)[1].

Ungeachtet dessen, dass der Preis auf der Tafel nicht dem wirklichen Willen des T entsprach, handelte es sich nicht um eine rechtsverbindliche, auf den Abschluss eines Kaufvertrages gerichtete Willenserklärung, sondern lediglich um eine Anzeige, Benzin veräußern zu wollen. Ähnlich den Fällen der Übersendung von Katalogen und Preislisten oder der Auslage bestimmter Waren im Schaufenster eines Geschäftes ist schon deshalb nicht von einer wirksamen und rechtsverbindlichen Vertragsofferte auszugehen, weil sonst die Gefahr für den potentiellen Verkäufer bestünde, vertragliche Verpflichtungen in einem Maße einzugehen, die er aufgrund seines tatsächlichen Warenbestandes zu erfüllen nicht in der Lage ist[2]. Vielmehr handelt es sich bei einer solchen Preisauszeichnung – wie sie bei Tankstellen üblich ist – um eine Äußerung im vorvertraglichen Stadium, die eine bloße und unverbindliche Mitteilung der Bereitschaft zum Vertragsschluss darstellt[3]. Es mangelt insoweit also an dem für eine wirksame Willenserklärung erforderlichen Rechtsbindungswillen.

b) Zapfsäule
Ein Angebot zum Abschluss eines Kaufvertrages könnte allerdings in der freigeschalteten und betriebsbereiten Zapfsäule zu sehen sein. Die Aufstellung des Automaten zum Selbstbedienungstanken ist ein auf den vorhandenen Vorrat beschränktes bindendes Angebot an jedermann zum Abschluss eines Kaufvertrages über das Benzin, das aus dem Automaten durch dessen Betätigung in der vorgesehenen Weise entnommen wird[4]. Es liegt dementsprechend ein Angebot des T *ad incertas personas* vor, und zwar in Höhe des auf der Zapfsäule angegebenen Preises von € 1,29[5].

2. Annahme
E müsste dieses Angebot auch angenommen haben. E selbst tritt aber überhaupt nicht in Erscheinung, weshalb er auch keine auf den Vertragsschluss gerichtete Willenserklärung abgegeben hat.

E könnte allerdings wirksam durch B vertreten worden sein, wenn dem E das Auftreten des B rechtsgeschäftlich zuzurechnen ist. B müsste dann eine eigene Willenserklärung in fremden Namen und mit Vertretungsmacht abgegeben haben, § 164 Abs. 1 S. 1 BGB.

a) Eigene Willenserklärung
Fraglich ist also, ob eine eigene Willenserklärung des B vorliegt. Beim Selbstbedienungstanken erfolgt die Annahme durch nicht empfangsbedürftige Willensbetätigung im Sinne des § 151 BGB, die in dem Befüllen des Fahrzeugs selbst zu sehen ist. Nach § 151

S. 1, 1. Alt. BGB kommt der Vertrag durch die Annahme des Antrags zustande, ohne dass die Annahme dem Antragenden gegenüber erklärt zu werden braucht, wenn eine solche Erklärung nach der Verkehrssitte nicht zu erwarten ist. Bereits mit dem Einfüllakt bringt der Tankende der Verkehrssitte entsprechend durch konkludentes Verhalten zum Ausdruck, das Benzin gegen Entgelt – und zwar zu dem auf der Zapfsäule freigeschaltetem Literpreis – erwerben zu wollen. Zu beachten ist in diesem Zusammenhang, dass § 151 S. 1 BGB nicht die Annahmeerklärung, sondern lediglich deren Zugang an den Erklärungsempfänger entbehrlich macht[6].

B nimmt das Angebot des T, das in der Freischaltung der Zapfsäule zu sehen ist, unter Zugrundelegung der nach § 151 S. 1 BGB geltenden Maßstäbe, an. Er befährt das Tankstellengelände und betankt an einer Zapfsäule den Transporter des E. Anhaltspunkte dafür, dass lediglich eine fremde Willenserklärung überbracht worden sein könnte, etwa in der Eigenschaft als Bote, liegen nicht vor.

b) Handeln in fremden Namen
Das Offenkundigkeitsprinzip verlangt, dass B in fremden Namen gehandelt haben müsste. Damit eine Zurechung erfolgen kann, hat der Vertreter grundsätzlich offen zu legen, dass das Geschäft im Namen eines anderen geschlossen werden soll. Das Handeln des Vertreters in fremden Namen muss aber nicht ausdrücklich erklärt werden, es kann sich auch aus den Umständen des Einzelfalles ergeben, § 164 Abs. 1 S. 2 BGB. Aufgrund dessen, dass das von B betankte Fahrzeug mit der Firmenaufschrift des E versehen war, konnte T davon ausgehen, dass B für E handelte. E unterhält mehrere Fahrzeuge und lässt diese regelmäßig durch seine Mitarbeiter betanken. Somit hat B konkludent zum Ausdruck gebracht, dass er für den E als Inhaber des Spirituosengroßhandels tätig geworden ist (sog. unternehmensbezogenes Geschäft).

c) Vertretungsmacht
Außerdem müsste B mit Vertretungsmacht gehandelt haben. Eine aus dem Gesetz resultierende Vertretungsmacht scheidet von vornherein aus, auch eine durch Rechtsgeschäft erteilte Vertretungsmacht (Vollmacht i. S. d. § 166 Abs. 2 S. 1 BGB) ist nicht ersichtlich[7]. Insbesondere kann eine Bevollmächtigung nicht schon daraus geschlossen werden, E habe B aufgefordert, das Firmenfahrzeug vollgetankt zurückzubringen. Die Betankung des Fahrzeugs war lediglich eine Modifizierung des zwischen ihnen geschlossenen Leihvertrages durch eine *sog. Benzinerset-*

---

1 Larenz/Wolf, Allgemeiner Teil des Bürgerlichen Rechts, § 24 Rdn. 2 ff. (9. Auflage).

2 Musielak, Grundkurs BGB, Rdn. 112 (10. Auflage); Palandt/Heinrichs, § 145 Rdn. 2 (66. Auflage). Im vorliegenden Falle handelt es sich aber nicht um eine »invitatio ad offerendum« im klassischen Sinne, da nicht der Käufer, sondern – wie sogleich zu zeigen sein wird – der Verkäufer eine verbindliche Offerte zum Abschluss des Kaufvertrages abgegeben hat.

3 MüKo/Kramer, Kommentar zum BGB, § 145 Rdn. 10 (5. Auflage).

4 MüKo/Kramer, Kommentar zum BGB, § 145 Rdn. 12 (5. Auflage). In der Aufstellung des Automaten ist – wie noch zu zeigen sein wird – zugleich das Angebot zur Übereignung der Ware zu sehen.

5 Zur Diskussion des Vertragschlusses beim Selbstbedienungstanken siehe nur Herzberg, NJW 1984, 896 (Zivilrechtliche Verschiebungen zur Schließung von Strafbarkeitslücken? – Probleme des Tankens ohne zu zahlen). An dieser Stelle wäre es auch vertretbar gewesen, in der Betätigung der Zapfsäule ein Angebot des Tankenden zu sehen, das durch die vorprogrammierte Freischaltung des Tankstelleninhabers angenommen wird. Kaum vertretbar ist es hingegen, erst in der Bezahlung des Benzins eine auf den Abschluss des Vertrages gerichtete Willenserklärung zu sehen.

6 Larenz/Wolf, Allgemeiner Teil des Bürgerlichen Rechts, § 30 Rdn. 1 ff. (9. Auflage).

7 Die Vollmachterteilung, die eine empfangsbedürftige und grundsätzlich auch anfechtbare Willenserklärung darstellt, kann dem Vertreter (Innenvollmacht) oder dem Geschäftspartner (Außenvollmacht) oder auch beiden gegenüber erfolgen (nach außen kundgemachte Innenvollmacht).

zungsklausel[8]. Das Betanken des Fahrzeugs sollte gerade auf Kosten des B erfolgen und nicht in Vertretung und Verpflichtung des E.

In Betracht käme vorliegend aber eine Vertretungsmacht kraft Rechtsscheins, wenn zugunsten des T ein schutzwürdiger Vertrauenstatbestand geschaffen worden ist und sich E so behandeln lassen muss, als habe er eine Vollmacht erteilt. In Rspr. und Literatur weitgehend anerkannt sind die Rechtsfiguren der Duldungs- und Anscheinsvollmacht[9], aufgrund derer dem Vertretenen rechtsgeschäftliche Erklärungen auch dann zuzurechnen sind, wenn eine Vollmacht nicht bzw. nicht ausdrücklich erteilt worden ist. Duldungs- und Anscheinsvollmacht ist insofern gemein, dass ein zum Handeln bzw. zur Vertretung nicht Berechtigter wiederholt und dauerhaft[10] als Vertreter für den Geschäftsherrn auftritt und der Geschäftspartner hinsichtlich dieses Umstandes gutgläubig ist, also auf den Bestand der Vertretungsmacht vertraut[11]. Die fehlende Vollmacht wird zugunsten eines redlichen Dritten durch einen vom Geschäftsherrn gesetzten bzw. nicht unterbundenen Rechtsschein ersetzt. Dieser Rechtsschein kann in unterschiedlicher Weise gesetzt werden, wobei zwischen Duldungs- und Anscheinsvollmacht zu differenzieren ist. Erstere setzt voraus, dass der Geschäftsherr/Vertretene Kenntnis von dem vollmachtlosen Handeln hat, hiergegen nicht einschreitet und das Auftreten des Nichtberechtigten bewusst duldet[12]. E allerdings hatte keinerlei Kenntnis, dass B im Rechtsverkehr für ihn auftritt. E konnte nicht wissen, dass B gerade die Tankstelle aufsucht, an der E selbst zu tanken pflegt und mit deren Inhaber zudem ein entsprechendes monatliches Kontokorrent- bzw. Abrechnungsverhältnis besteht. Die Anscheinsvollmacht hingegen ist dadurch gekennzeichnet, dass der Geschäftsherr keine Kenntnis von dem vollmachtlosen Handeln hat, diese bei pflichtgemäßem Handeln aber hätte haben müssen und hierdurch der Schein entsteht, der Vertretene kenne dieses Verhalten[13]. Jedenfalls für die Anscheinsvollmacht ist ein einmaliges Auftreten als vermeintlicher Vertreter nicht ausreichend, vielmehr muss dessen Verhalten von einer gewissen Dauer und Häufigkeit gewesen sein. Dies würde aber voraussetzen, dass B schon mehrfach mit dem Fahrzeug des E vorgefahren oder in sonstiger Weise für E aufgetreten ist. Vor diesem Hintergrund kann auch nicht davon ausgegangen werden, E habe das Auftreten des B als sein vermeintlicher Vertreter sorgfaltswidrig verkannt. Ein dem E zurechenbarer Vertrauenstatbestand durch Duldungs- und Anscheinsvollmacht ist deshalb nicht begründet worden.

Auch eine Genehmigung des E, die die schwebende Unwirksamkeit des Vertrages beseitigen und den Vertrag rückwirkend wirksam werden lassen würde, ist nicht gegeben. Vielmehr hat E die Genehmigung verweigert, so dass er an die Erklärungen des *falsus procurator* nicht gebunden ist[14].

3. Ergebnis
Ein Kaufvertrag zwischen T und E ist demzufolge nicht zustande gekommen. Ein Anspruch auf Bezahlung des Kaufpreises gegen E besteht nicht.

II. Anspruch auf Bezahlung des Benzins aus Schuldanerkenntnis, §§ 780, 781 BGB i. V. m. § 355 HGB

Ein Anspruch auf Bezahlung des Benzins könnte sich aber aus einem konstitutiven (abstrakten) Schuldanerkenntnis gemäß §§ 780, 781 BGB ergeben[15], wenn ein solches durch die Unterschrift des B auf der Monatsrechnung des E in Höhe der streitgegenständlichen Kaufpreisschuld begründet worden ist.

Die Entstehung eines abstrakten Schuldanerkenntnisses hat ebenso wie die Entstehung des Kaufvertrages zur Voraussetzung, dass E wirksam durch B verpflichtet worden sein müsste. Aber auch bei Beurteilung der Frage, ob die Abgabe der Unterschrift eine dem E zurechenbare Willenserklärung darstellt, ergibt sich

kein von den oben getroffenen Feststellungen abweichendes Ergebnis. Es fehlt wiederum an der erforderlichen Vertretungsmacht, die auch nicht nach den Grundsätzen der Duldungs- und Anscheinsvollmacht überwunden werden kann.

Aus diesen Gründen besteht kein Anspruch aus §§ 780, 781 BGB.

III. Anspruch auf Herausgabe des Benzins gemäß § 985 BGB

T könnte gegen E einen Anspruch auf Herausgabe des Benzins gemäß § 985 BGB haben. Voraussetzung ist das Vorliegen einer Vindikationslage. Dementsprechend müsste T (noch) Eigentümer des Benzins und E dessen Besitzer sein, ohne dass E zum Besitz berechtigt wäre.

Ursprünglich war T als Inhaber der Tankstelle Eigentümer des in den Tanks befindlichen Bezins.

1. Eigentumsübergang kraft Gesetzes, §§ 948, 947 BGB
Zu prüfen ist zunächst, ob ein Übergang des Eigentums kraft Gesetzes stattgefunden hat. T könnte das Eigentum nämlich dadurch verloren haben, dass sich das hinzugetankte Benzin mit dem noch im Fahrzeug und damit im Eigentum des E

---

8 Ungeachtet der zwischen B und E getroffenen Abrede, den Transporter vollgetankt zurückbringen zu müssen, handelt es sich um eine unentgeltliche Gebrauchsüberlassung des Fahrzeugs. Die Ersetzung des Benzins ist lediglich ein Ausgleich der bei E eintretenden Vermögenseinbuße und kein im Gegenseitigkeitsverhältnis zur Gebrauchsüberlassung stehendes Entgelt. In diesem Falle würde es sich nämlich um einen Mietvertrag handeln.

9 Vgl. Palandt/HEINRICHS, § 173 Rdn. 4 ff. (66. Auflage) mit weiteren Nachweisen.

10 Bei der Duldungsvollmacht ist streitig, ob der Dritte wiederholt für den Geschäftsherrn aufgetreten sein muss oder ob ein einmaliges Handeln ausreichend ist. Die h. M. geht davon aus, dass schon ein einmaliges Gewährenlassen eine Duldungsvollmacht begründen kann; vgl. nur Palandt/HEINRICHS, § 173 Rdn. 12 (66. Auflage).

11 MUSIELAK, Grundkurs BGB, Rdn. 825 und 828 (10. Auflage).

12 MEDICUS, Bürgerliches Recht, Rdn. 98 (20. Auflage); Palandt/HEINRICHS, § 173 Rdn. 13 (66. Auflage). Entgegen der wohl h. M. (BGH, LM § 164 Nr. 34 und § 167 Nr. 15) ist die bewusste Duldung als schlüssige Willenserklärung/Bevollmächtigung zu qualifizieren, die den allgemeinen Bestimmungen über Rechtsgeschäfte und Willenserklärungen und demzufolge grundsätzlich auch einer Anfechtung unterliegt. Zu beachten ist allerdings, dass die Duldungsvollmacht nicht wegen eines Irrtums über die Bedeutung des Duldens angefochten werden kann.

13 BGH, VersR 1992, 989 (990).

14 Im Übrigen ist B aber auch gar kein Vertreter ohne Vertretungsmacht. B handelte nämlich zu dem für den Vertragsschluss maßgeblichen Zeitpunkt – also dem Betanken des Fahrzeugs – ausschließlich für sich selbst. B wusste zu diesem Zeitpunkt gar nicht, dass er überhaupt für einen Dritten auftreten würde.

15 Abstraktes Schuldanerkenntnis und Schuldversprechen i. S. d. §§ 780, 781 BGB werden mittlerweile als einheitlicher Vertragstyp betrachtet, die sich nur noch in ihrer Wortwahl unterscheiden. Während das Schuldversprechen die selbständige Begründung einer Verpflichtung meint, nimmt die Begrifflichkeit des Anerkenntnisses auf eine bereits bestehende Verbindlichkeit Bezug. Ungeachtet dessen sind beide Rechtsinstitute als abstrakte Leistungsversprechen im doppelten Sinne sowohl auf eine neu zu schaffende als auch auf eine schon bestehende Schuld anwendbar; BAMBERGER/ROTH, Beck'scher Online-Kommentar zum BGB, § 780 Rdn. 1 (6. Edition). Das konstitutive Schuldanerkenntnis i. S. d. §§ 780, 781 BGB ist als abstrakter, eine selbständige Schuld begründender Vertrag unabhängig von dem zugrundeliegenden Schuldgeschäft und ermöglicht dem Gläubiger eine vereinfachte Durchsetzung und Rechtsverfolgung. Im Prozess hat der Gläubiger zur Anspruchsbegründung nur das abstrakte Versprechen darzutun; vgl. insoweit nur BGH, NJW-RR 1991, 178 (178 f.). Zu beachten ist allerdings, dass rechtliche Mängel, die sich auf den Bestand des Grundgeschäfts auswirken, auf das Schuldanerkenntnis durchschlagen und dieses nach den Grundsätzen der ungerechtfertigten Bereicherung kondiziert werden kann. Abzugrenzen hiervon ist das sog. deklaratorische, d. h. bestätigende Schuldanerkenntnis, das lediglich einen Einwendungsabschnitt oder die Umkehr der Beweislast nach sich zieht. Vgl. nur MEDICUS, Bürgerliches Recht, Rdn. 772 ff. (20. Auflage), der insoweit auch die Begrifflichkeit des Feststellungsvertrages verwendet.

befindlichen Kraftstoff verbunden hat. Werden bewegliche Sachen untrennbar vermischt oder vermengt, so dass sie wesentliche Bestandteile einer einheitlichen Sache werden, werden die bisherigen Eigentümer Miteigentümer dieser Sache, § 948 Abs. 1 i. V. m. § 947 Abs. 1 BGB. Da das Fahrzeug aber bereits auf Reserve lief, ist das hinzugetankte und im Eigentum des T befindliche Benzin als Hauptsache im Sinne des § 947 Abs. 2 BGB anzusehen, so dass T Eigentümer geblieben oder aber Alleineigentümer des miteinander verbundenen Bezins geworden ist. Die Besitzverhältnisse sind in diesem Zusammenhang nicht von Relevanz[16].

2. Rechtsgeschäftlicher Eigentumsübergang

a) Übereignung des T an B gemäß § 929 S. 1 BGB
Zu prüfen bleibt, ob eine rechtsgeschäftliche Übertragung des Eigentums gemäß § 929 S. 1 BGB erfolgt ist. Durch das Einfüllen könnte B das Eigentum am Benzin erworben haben. Voraussetzung hierfür ist, dass sich Veräußerer und Erwerber über den Übergang des Eigentums einig gewesen sind und die Sache dem Erwerber übergeben worden ist. Die Frage, zu welchem Zeitpunkt beim Selbstbedienungstanken der Eigentumswechsel stattfindet, ist ebenso problematisch wie die Frage, wann und durch welche Handlungen der schuldrechtliche Vertrag zustande kommt.

Einerseits wird argumentiert, der Eigentumsübergang erfolge vom Zeitpunkt des Kaufvertragsschlusses losgelöst erst mit der Bezahlung des Benzins. Die dingliche Einigung erfordere eine gemeinsame, auf bestimmte bewegliche Sachen gerichtete Vorstellung der Beteiligten, für die eine nur einseitige mengen- oder wertmäßige Erfassung und Festlegung nicht ausreiche. Während des Tankvorgangs selbst habe das Tankstellenpersonal von der Menge und der Art des abgezapften Benzins keine Kenntnis, weshalb eine Übereignung zu diesem Zeitpunkt ausscheide[17].

Nach vorzugswürdiger Auffassung erfolgt die Übereignung durch das Betanken. Das Angebot zum Abschluss der dinglichen Einigung wird durch die Freischaltung der Zapfsäule und ihrer Bereitstellung zum Betrieb erklärt; die Annahme durch die in vorgesehener Weise stattfindende Entnahme des Benzins, d. h. durch nicht empfangsbedürftige Willensbetätigung i. S. d. § 151 BGB[18].

Es ist kein Grund ersichtlich, die dingliche Einigung von der Bezahlung abhängig zu machen, sofern ein Eigentumsvorbehalt nicht ausdrücklich vereinbart ist. An die Vorbehaltserklärung, die die dingliche Einigung unter die aufschiebende Bedingung vollständiger Kaufpreiszahlung stellt, sind strenge Anforderungen zu knüpfen.

Würde der Eigentumsübergang von dem Erfordernis der Bestimmtheit und die dingliche Einigung zudem von einer Kommunikation der Beteiligten abhängig gemacht, fände in Selbstbedienungskonstellationen nie ein Eigentumsübergang statt. Denn während des Selbstbedienungsvorgangs existiert auf Seiten des leistenden Vertragspartners sowohl gegenständlich als auch personell keine bestimmte Vorstellung über die im konkreten Fall zu übereignenden Gegenstände und Beteiligten[19].

Ungeachtet dessen hat ein Eigentumsübergang im vorliegenden Falle aber deshalb nicht stattgefunden, weil sich T durch deutlichen Hinweis auf der Zapfsäule das Eigentum am Benzin vorbehalten hat und die dingliche Einigung demzufolge unter der aufschiebenden Bedingung vollständiger Kaufpreiszahlung erfolgte, §§ 929 S. 1, 158 Abs. 1 BGB.

b) Übereignung B an E gemäß § 929 S. 1 BGB
T könnte das Eigentum aber dadurch verloren haben, dass B den Transporter einschließlich des getankten Benzins an den E übergeben und ihm den Besitz hieran verschafft hat. Aufgrund der Benzinersetzungsklausel des zwischen B und E geschlossenen Leihvertrages war B zur Übereignung einer bestimmten Menge Benzin verpflichtet. In Erfüllung dieser schuldrechtlichen Ver-

pflichtung wollte B das Benzin an E gemäß § 929 S. 1 BGB übereignen. Die hierfür erforderliche dingliche Einigungserklärung liegt vor. Sie ist konkludent mit der bereits angesprochenen und nach § 929 S. 1 BGB ebenfalls vorausgesetzten Übergabe abgegeben worden.

Aufgrund vorstehender Erwägungen hat B aber zu keinem Zeitpunkt das Eigentum am Benzin erworben, da ein Eigentumsvorbehalt vereinbart wurde und die Bezahlung des Kaufpreises gerade nicht erfolgt ist. Ein Erwerb vom Berechtigten gemäß § 929 S. 1 BGB scheidet daher aus.

c) Gutgläubiger Erwerb des E gemäß §§ 929 S. 1, 932 Abs. 1 S. 1, Abs. 2 BGB
Fraglich ist allerdings, ob E das Eigentum am Benzin gutgläubig erworben haben könnte, §§ 929 S. 1, 932 Abs. 1 S. 1, Abs. 2 BGB. Durch eine nach § 929 S. 1 BGB erfolgte Veräußerung wird der Erwerber nämlich auch dann Eigentümer, wenn die Sache nicht dem Eigentümer gehört, wenn er zu der Zeit, zu der er nach § 929 S. 1 BGB unter normalen Umständen das Eigentum erwerben würde, in gutem Glauben ist[20]. Den im Hinblick auf die Redlichkeit anzusetzenden (Sorgfalts-)Maßstab normiert § 932 Abs. 2 BGB, wonach der Erwerber dann nicht in gutem Glauben ist, wenn er die mangelnde Berechtigung des Veräußerers kennt oder infolge grober Fahrlässigkeit nicht kennt[21]. Neben der in § 932 BGB geforderten Redlichkeit setzt der gutgläubige Erwerb voraus, dass es sich um ein Rechts- und Verkehrsgeschäft handeln muss und ein den gutgläubigen Erwerb rechtfertigender Rechtsscheintatbestand gegeben ist[22]. Vorliegend dürften die vorgenannten Voraussetzungen erfüllt sein. Insbesondere bestehen hinsichtlich der Gutgläubigkeit des E keine Bedenken. Ebenso liegt ein rechts – bzw. verkehrgeschäftlicher Erwerb vor, da sich die Übereignung nicht kraft Gesetzes vollzogen hat und auf Veräußer- und Erwerberseite keine Personenidentität gegeben ist. Dadurch dass B auch im unmittelbaren Besitz des Fahrzeugs und des Benzins ist, lag auch ein entsprechender, den redlichen Erwerb legitimierender Rechtsscheintatbestand vor[23].

Ein gutgläubiger Erwerb findet gemäß § 935 Abs. 1 S. 1 BGB aber dann nicht statt, wenn die Sache dem Eigentümer gestohlen worden, verloren gegangen oder sonst abhanden gekommen ist. Ein Erwerb vom Nichtberechtigten soll vor diesem Hintergrund regelmäßig nur dann möglich sein, wenn der Eigentümer den Rechtsschein veranlasst hat. Das Abhandenkommen setzt aus diesem Grunde einen unfreiwilligen Besitzverlust voraus, d. h. der Besitzverlust muss ohne oder gegen den Willen des Eigentümers eingetreten sein. An der Tankstelle überlässt der Inhaber

---

16 MüKo/FÜLLER, Kommentar zum BGB, § 947 Rdn. 9 (4. Auflage).
17 So Palandt/HEINRICHS, § 145 Rdn. 8 (66. Auflage). Vgl. auch HERZBERG, NJW 1984, 896 (898).
18 MüKo/KRAMER, Kommentar BGB, § 145 Rdn. 12 m. w. N. in Fn. 57 (5 Auflage).
19 HERZBERG, NJW 1984, 896 (898).
20 Zu beachten ist allerdings, dass die Formulierung des Gesetzes in 932 Abs. 1 S. 1 hinsichtlich des guten Glaubens eine negative ist (»..., es sei denn, dass er zu der Zeit, zu der er nach diesen Vorschriften das Eigentum erwerben würde, nicht in gutem Glauben ist«). Das Gesetz geht also grundsätzlich von der Redlichkeit des Erwerbers aus und behandelt die Bösgläubigkeit als Ausnahme von der Regel. Deshalb trägt der Eigentümer auch die Beweislast für die Bösgläubigkeit des Erwerbers.
21 Dies gilt freilich – wie die §§ 929 ff. BGB insgesamt – nur für bewegliche Sachen. Sein Pendant findet die Regelung des 932 Abs. 2 BGB in § 892 Abs. 1 S. 1 BGB, der im Unterschied zu § 932 Abs. 2 BGB aber positive Kenntnis des Erwerbers voraussetzt, um dessen Bösgläubigkeit zu begründen.
22 MEDICUS, Bürgerliches Recht, Rdn. 531 ff., 543 ff. (20. Auflage).
23 Neben dem Besitz kennt das Gesetz als Rechtsträger insbesondere noch das Grundbuch und den Erbschein. Die Rechtsscheinträger ermöglichen den redlichen Erwerb deshalb, weil sie jeweils eine Vermutung für die Berechtigung des durch Rechtsschein Ausgewiesenen aufstellen (vgl. §§ 1006, 891, 2365 BGB).

aber freiwillig den Besitz des Benzins, sofern der Tankende redlich und zum Abschluss eines Kaufvertrages bereit ist. Vorliegend täuscht B aber nur über die Modalität der Bezahlung. Die Übertragung des unmittelbaren Besitzes ist hingegen freiwillig erfolgt[24].

Mithin hat E gutgläubig das Eigentum an dem Benzin gemäß §§ 929 S. 1, § 932 Abs. 1 S. 1, Abs. 2 BGB erworben.

Ein Anspruch des T gegen E auf Herausgabe des Benzins aus § 985 BGB ist deshalb ausgeschlossen.

IV. Anspruch auf Herausgabe des Benzins bzw. Wertersatz gemäß § 812 Abs. 1 S. 1, 1. Alt. BGB (i. V. m. § 818 Abs. 2 BGB)

Zu prüfen ist, ob T gegen E einen Anspruch aus § 812 Abs. 1 S. 1, 1. Alt. BGB (*condictio indebiti*) hat und dementsprechend die Herausgabe des Benzins oder Wertersatz verlangen kann. Dann müsste E etwas ohne rechtlichen Grund durch Leistung des T erlangt haben[25].

Erlangt hat E Eigentum und Besitz am Benzin[26].

Fraglich ist aber, ob E das Eigentum und den Besitz durch eine Leistung des T erlangt hat. Unter dem Begriff der Leistung wird gemeinhin die bewusste und zweckgerichtete Mehrung fremden Vermögens verstanden[27]. Zweckgerichtet erfolgt die Leistung insbesondere dann, wenn sie unter Bezugnahme auf das zugrundeliegende (vermeintliche) Rechts- bzw. Kausalverhältnis erfolgt. Vorliegend hat aber nicht T, sondern B an E geleistet, und zwar in Erfüllung des um die Benzinersetzungsklausel modifizierten Leihvertrages. Insbesondere durfte E, auf dessen Sicht bei der Beurteilung dieser Frage abzustellen ist, auch davon ausgehen, dass es sich um eine Leistung des B handelte. Ob und durch wen eine Leistung erfolgt ist, beurteilt sich nämlich aus der Sicht des Zuwendungsempfängers (objektiver Empfängerhorizont)[28]. Ein Anspruch des T gegen E aus § 812 Abs. 1 S. 1 BGB ist dementsprechend nicht gegeben.

V. Anspruch auf Herausgabe des Benzins bzw. Wertersatz gemäß § 812 Abs. 1 S. 1, 2. Alt. BGB (i. V. m. § 818 Abs. 2 BGB)

Zu prüfen bleibt aber, ob E das Eigentum und den Besitz am Benzin in sonstiger Weise ohne rechtlichen Grund erlangt haben könnte und ob aus diesem Grunde ein Anspruch auf Herausgabe des Benzins oder eine Wertersatzpflicht aus § 812 Abs. 1 S. 1, 2. Alt. BGB begründet ist.

Aber auch eine Nichtleistungskondiktion, die der Abschöpfung sonstiger rechtsgrundlos erfolgter Vermögensdispositionen dient[29], scheidet wegen des Grundsatzes der Subsidiarität der Nichtleistungskondiktion aus. Der Gegenstand einer Leistung kann nicht im Wege der Nichtleistungskondiktion herausverlangt werden kann[30]. Wie bereits festgestellt worden ist, hat B an E geleistet, weshalb ein Anspruch aus § 812 Abs. 1 S. 1, 2. Alt. BGB ausscheidet. Darüber hinaus steht der Inanspruchnahme aus § 812 Abs. 1, S. 1, 2. Alt. BGB entgegen, dass E das Eigentum am Benzin gutgläubig gemäß §§ 929 S. 1, 932 Abs. 1 S. 1, Abs. 2 BGB erworben hat. Der gutgläubige Erwerb stellt einen Rechtsgrund im Sinne des § 812 Abs. 1 BGB dar, so dass das gutgläubig erworbene Eigentum nicht kondiziert werden kann[31].

VI. Herausgabe des Benzins bzw. Wertersatz gemäß § 816 Abs. 1 S. 2 BGB (i. V. m. § 818 Abs. 2 BGB)

T könnte gegen E allerdings einen Anspruch aus § 816 Abs. 1 S. 2 BGB haben. Hat ein Nichtberechtigter unentgeltlich über einen Gegenstand verfügt, so ist derjenige zur Herausgabe oder zu Wertersatz[32] verpflichtet, zu dessen Gunsten die Verfügung erfolgt ist, obwohl die sachenrechtliche Verfügung (aufgrund des gut-

gläubigen Erwerbs) wirksam gewesen ist. § 816 Abs. 1 S. 2 BGB stellt – ebenso wie die übrigen Alternativen des § 816 BGB – einen Sonderfall der Nichtleistungskondiktion dar. Die in § 816 Abs. 1 S. 2 BGB normierte Rechtsfolge ist Ausdruck des dem BGB innewohnenden Grundsatzes der Schwäche des unentgeltlichen Erwerbs[33]. Dieser besagt, dass der unentgeltliche Erwerber nicht in demselben Maße schutzbedürftig ist wie derjenige, der eine entsprechende Gegenleistung erbracht hat. Dementsprechend gestattet das Gesetz einen Durchgriff des ursprünglichen Eigentümers gegen den rechtmäßigen Erwerber, so dass ausnahmsweise auch der gutgläubige Erwerb aus den Angeln gehoben wird[34].

Fraglich ist im vorliegenden Falle allerdings, ob E das Eigentum an dem Benzin unentgeltlich erlangt hat. Der Begriff der Unentgeltlichkeit ist nach allgemeinen Grundsätzen danach zu bestimmen, ob der Erwerber eine Gegenleistung erbracht hat oder nicht. Entscheidend ist also, ob der gutgläubige Erwerber eine Leistung erbracht hat, die bei verständiger Würdigung einen Ausgleich für den Erwerb darstellt[35]. Grundsätzlich ist der Leihvertrag, ebenso wie das Schenkungsversprechen ein einseitig verpflichtendes Rechtsgeschäft, das auf eine unentgeltliche Gebrauchsüberlassung gerichtet ist. Zwischen B und E ist allerdings eine *sog. Benzinersetzungsklausel* vereinbart worden, die den zwischen den Parteien geschlossenen Leihvertrag zu einem unvollkommen zweiseitigen Rechtsgeschäft macht, aber keine vollständige, im

24 Nicht näher behandelt zu werden braucht die Frage, zu welchem Zeitpunkt die Übergabe stattfindet. Naheliegend erscheint, hier auf den Tankvorgang selbst abzustellen, denn der Veräußerer hat sich hiermit bereits jeglichen Besitzes entäußert. Besitzerwerb auf Erwerberseite und vollständige Besitzaufgabe auf Veräußererseite müssen zudem durch die Veräußerung motiviert sein und auf der Disposition des Veräußerers beruhen, vgl. insoweit MüKo/Quack, Kommentar zum BGB, § 929 Rdn. 111 ff. (4. Auflage).

25 Zur Vertiefung des Bereicherungsrechts empfiehlt sich trotz seines Alters noch immer die Lektüre des dreiteiligen Aufsatzes von Giesen, **JURA** 1995, 169 ff., 234 ff., 281 ff. (Grundsätze der Konfliktlösung im Bereicherungsrecht – Die ungerechtfertigte Bereicherung).

26 An dieser Stelle ist eine genaue rechtliche Qualifikation des erlangten Etwas nötig. Wer seine Prüfung mit dem Satz beginnt, E habe das Benzin erlangt, arbeitet zu ungenau und gelangt dementsprechend auch zu undifferenzierten Ergebnissen.

27 Vgl. BGHZ 111, 382 (386).

28 Vgl. Giesen, **JURA** 1995, 234 (236); BGHZ 40, 272 (278).

29 Die Nichtleistungskondiktion – also die Kondiktion wegen Bereicherung in sonstiger Weise – umfasst die unterschiedlichsten Fallkonstellationen, in denen die Bereicherung nicht durch Leistung zustande gekommen ist (deshalb Nichtleistungskondiktion). In diesem Rahmen werden insbesondere die Eingriffs-, Rückgriffs- und Verwendungskondiktion unterschieden; die Fallgruppenbildung ist aber nicht abschließend. Vgl. MüKo/Lieb, Kommentar zum BGB, § 812 Rdn. 222 (4. Auflage).

30 Die Subsidiarität der Nichtleistungskondiktion beruht auf dem Gedanken, dass grundsätzlich im fehlerhaften Rechts- und Leistungsverhältnis rückabzuwickeln ist. Subsidiarität der Nichtleistungskondiktion und Leistungsbegriff sind deshalb stets in engem Zusammenhang zu sehen. Vgl. hierzu Giesen, **JURA** 1995, 234 (234 ff.).

31 Der gutgläubige Erwerb ist ein sog. gesetzlicher Behaltens- oder Kondiktionsausschlussgrund. Dies ergibt sich schon aus der gesetzlichen Regelung des § 816 Abs. 1 BGB. Ob und inwieweit gesetzliche Vorschriften, auf denen das Erlangen des potentiellen Bereicherungsschuldners beruht, zugleich dessen Rechtserwerb kondiktionsfest begründen, hängt ansonsten aber von den Umständen des Einzelfalles ab; vgl. MüKo/Lieb, Kommentar zum BGB, § 812 Rdn. 334 f. (4. Auflage) und das in Fn. 749 genannte Beispiel des durch Ersitzung eingetretenen Eigentumserwerbs.

32 § 818 Abs. 2 BGB findet grundsätzlich auch im Rahmen des § 816 BGB Anwendung. Vgl. Fn. 57.

33 Medicus, Bürgerliches Recht, Rdn. 382 ff. (20. Auflage).

34 Schulbeispiel des Anwendungsbereiches des § 816 Abs. 1 S. 2 BGB ist der Mieter, der die ihm überlassene und im Eigentum des Vermieters befindliche Sache an einen gutgläubigen Dritten verschenkt. Hätte der Mieter die Sache hingegen verkauft, d. h. entgeltlich veräußert, bestünde kein Anspruch des Vermieters. Dieser müsste sich gemäß § 816 Abs. 1 S. 1 BGB an den Mieter halten und könnte lediglich den Veräußerungserlös kondizieren.

35 MüKo/Lieb, Kommentar zum BGB, § 816 Rdn. 44 (4. Auflage).

Synallagma stehende Gegenleistung im Rechtssinne darstellt. Ungeachtet der rechtlichen Verknüpfung von Leihvertrag und Bezinsersetzungsklausel ergibt sich die Entgeltlichkeit aus dem Inhalt und der Bedeutung der Benzinersatzklausel selbst. E hatte den Transporter vollgetankt zur Verfügung gestellt, weshalb auch die Rückgabe des vollgetankten Fahrzeugs geschuldet ist.

Ein Anspruch aus § 816 Abs. 1 S. 2 BGB kommt aus diesen Gründen nicht in Betracht.

VII. Gesamtergebnis zu Frage 1

T kann von E weder die Bezahlung des Kaufpreis noch die Herausgabe des Benzins verlangen. Sonstige Ersatzansprüche für das getankte Benzin bestehen ebenfalls nicht.

Frage 2: Stehen T Ansprüche gegen B zu?

I. Anspruch auf Kaufpreiszahlung gemäß § 433 Abs. 2 BGB

T könnte gegen B einen Anspruch auf Zahlung des Kaufpreises zu € 1,29 je Liter Superbenzin gemäß § 433 Abs. 2 BGB haben. Dafür müsste zwischen T und B ein Kaufvertrag mit entsprechendem Inhalt zustande gekommen sein und die Kaufpreisforderung dürfte nicht wieder rückwirkend durch Anfechtung erloschen sein.

1. Zustandekommen des Kaufvertrages zwischen T und B

a) Eigengeschäft des B
Dass zwischen T und B ein Kaufvertrag begründet worden ist, ergibt sich daraus, dass B im eigenen Namen gehandelt hat, als er den Zapfhahn in die Öffnung steckte und das Benzin in den Tank des Transporters laufen ließ und durch diesen Vorgang das Angebot des Tankstellenbetreibers T auf den Abschluss eines Kaufvertrages annahm, §§ 145 ff. BGB. B handelte insofern auch nicht als Vertreter ohne Vertretungsmacht, sondern ausschließlich in der Annahme, sich selbst verpflichten zu wollen. Zu dem für den Vertragsschluss maßgeblichen Zeitpunkt hatte B keinerlei Kenntnis davon, dass sein Verhalten so aufgefasst werden könnte, als wolle er einen Dritten verpflichten.

b) Inhalt des Vertrages
Fraglich ist allerdings, mit welchem Inhalt der Kaufvertrag zustande gekommen ist. B ging von einem Preis von € 1,26 je Liter Superbenzin aus, wie er durch die auf der Tankstelle angebrachten großen Anzeigentafel ausgewiesen wurde. Es ist aber zu beachten, dass Verträge und Willenserklärungen so auszulegen sind, wie es Treu und Glauben mit Rücksicht auf die Verkehrssitte erfordern (§§ 133, 157 BGB). Es ist der objektive Gehalt der Willensäußerung durch Auslegung zu ermitteln. Entscheidend ist also, wie die Erklärung aufgrund aller bedeutsamen Umstände vom Empfänger zu verstehen ist[36]. Für den objektiven Beobachter des Tankvorgangs ist zwischen T und B ein Kaufvertrag zum Preis von € 1,29 pro Liter Superbenzin zustande gekommen. Für den Vertragsschluss maßgeblich war nämlich der durch die Zapfsäule ausgewiesene Preis. Die Preisangabe auf der großen Tafel war lediglich eine bei Tankstellen übliche Preisauszeichnung – also eine unverbindliche Äußerung im vorvertraglichen Bereich, die lediglich die potentielle Bereitschaft zum Vertragsschluss signalisiert.

2. Anfechtung wegen Irrtums, §§ 142 Abs. 1, 119 Abs. 1, 1. Alt. BGB

B könnte den Kaufvertrag bzw. seine auf den Abschluss des Kaufvertrages gerichtete Willenserklärung allerdings wegen Irrtums angefochten haben mit der Rechtsfolge, dass der Kaufvertrag ex-tunc nichtig ist, § 142 Abs. 1 BGB.

Eine Anfechtungserklärung des B liegt vor, § 143 Abs. 1 BGB. Es müsste allerdings auch ein Anfechtungsgrund vorgelegen haben. In Betracht kommt allein ein Inhaltsirrtum gemäß § 119 Abs. 1, 1. Alt. BGB, der immer dann vorliegt, wenn sich der Erklärende über den Sinn und die Bedeutung seiner Erklärung irrt, also objektiver Gehalt der Willensäußerung und die ihr vom Erklärenden beigemessene Bedeutung voneinander abweichen[37]. Im vorliegenden Falle wollte B beeinflusst durch die Preisangabe auf der großen Tafel, dass der Kaufvertrag zu einem Preis von € 1,26 je Liter Superbenzin zustande kommt. Objektiv erklärt hat B allerdings, dass durch die Freischaltung der Zapfsäule erfolgte Angebot durch das Betanken des Fahrzeugs annehmen zu wollen. Dieser Irrtum über den objektiven Gehalt seiner Erklärung war auch ursächlich für die Abgabe der Willenserklärung. B trägt nachvollziehbar vor, dass der Irrtum über den Preis des Benzins der Grund dafür gewesen sei, weshalb er überhaupt bei der Tankstelle des T getankt hat. Ansonsten hätte er bei seiner Stammtankstelle getankt, wo der Preis am Montagmorgen € 1,28 betragen habe. Die Anfechtungsfrist ist ebenfalls gewahrt, da die Anfechtung unverzüglich nach Kenntniserlangung erfolgte, § 121 Abs. 1 BGB. Die Anfechtung vernichtet das Rechtsgeschäft rückwirkend mit der Folge, dass es als von Anfang an nichtig anzusehen ist, § 142 Abs. 1 BGB.

Fraglich ist allerdings, ob B den gesamten Kaufvertrag anfechten kann. Nach der heute ganz h. M.[38] soll der Irrende sich an dem festhalten lassen müssen, was er wirklich gewollt hat. Wenn anzunehmen ist, dass das Rechtsgeschäft ohne den anfechtbaren und nichtigen Teil vorgenommen wäre, bleibt das Rechtsgeschäft in diesem Umfang wirksam. Geirrt hat sich B nur in Höhe von 3 Cent, weshalb eine Anfechtung auch nur in dieser Höhe in Betracht kommt.

3. Ergebnis
Demnach hat T gegen B einen Anspruch auf Zahlung des Kaufpreises in Höhe von € 1,26 je Liter getanktes Superbenzin.

II. Anspruch auf Bezahlung des Benzins aus Schuldanerkenntnis, §§ 780, 781 BGB i. V. m. § 179 Abs. 1 BGB

Ein Anspruch auf Bezahlung des Benzins könnte sich aus einem konstitutiven Schuldanerkenntnis gemäß §§ 780, 781 BGB ergeben.

Mit der Unterzeichnung der Monatsrechnung hat B eine eigene Willenserklärung im Namen des E abgegeben. Zu einer Verpflichtung des E ist es aber aus dem Grunde nicht gekommen, weil B ohne die hierfür erforderliche Vertretungsmacht gehandelt hat und auch die Genehmigung des Geschäfts verweigert worden ist. Er könnte deshalb von T als *falsus procurator* gemäß § 179 Abs. 1 BGB nach seiner Wahl auf Erfüllung oder Schadensersatz wegen Nichterfüllung in Anspruch genommen werden[39]. T könnte die Erfüllung aber nur verlangen, wenn es sich vorliegend um

---

36 Zur Ermittlung des objektiven Erklärungswerts einer Willenserklärung vgl. Palandt/HEINRICHS, § 133 Rdn. 7 ff. (66. Auflage). Zur Auslegung von Willenserklärungen siehe außerdem LARENZ/WOLF, Allgemeiner Teil des Bürgerlichen Rechts, § 28 (9. Auflage).
37 Palandt/HEINRICHS, § 119 Rdn. 11 (66. Auflage).
38 MEDICUS, Bürgerliches Recht, Rdn. 144 (20. Auflage). Vgl. auch Palandt/HEINRICHS, § 139 Rdn. 16 und § 142 Rdn. 1 (66. Auflage).
39 Wird Erfüllung gewählt, schuldet der Vertreter, was der Vertretene nach Maßgabe des Vertretergeschäfts geschuldet hätte. Zwischen dem Vertreter und dem Vertragsgegner wird ein gesetzliches Schuldverhältnis begründet, dessen Inhalt durch den unwirksamen Vertrag bestimmt wird. Es handelt sich um einen Anspruch kraft Gesetzes, der den Erfüllungsanspruch zum Inhalt hat, der bei wirksamem Vertragsschluss gegen den Vertreten bestanden hätte, ohne dass der Vertreter Vertragspartner wird (Quasi-Erfüllungsanspruch). Vgl. zum Ganzen MüKo/SCHRAMM, Kommentar zum BGB, § 179 Rdn. 32 (5. Auflage).

ein abstraktes Schuldanerkenntnis handelt, das eine unmittelbare Zahlungsverpflichtung begründet[40]. Hier liegt aber nur ein deklaratorisches Anerkenntnis eines bestimmten Rechnungspostens in einem Kontokorrent- bzw. Abrechnungsverhältnis vor[41], das lediglich einen Einwendungsabschnitt des Anerkennenden hinsichtlich des zuvor zustande gekommenen Kaufvertrages begründet. Unter normalen Umständen wäre E verpflichtet worden und die Unterschrift auf der Monatsrechnung hätte der leichteren Durchsetzbarkeit der Kaufpreisforderung gedient. Ein Anspruch aus §§ 780, 781 BGB besteht dementsprechend nicht.

III. Anspruch auf Herausgabe des Benzins gemäß § 985 BGB

T könnte gegen B einen Anspruch auf Herausgabe des Benzins gemäß § 985 BGB haben. Der Anspruch aus § 985 BGB setzt voraus, dass ein Eigentümer-Besitzer-Verhältnis (Vindikationslage) vorliegt.

Ein Anspruch des T aus § 985 BGB scheidet aber bereits deshalb aus, weil er wegen des gutgläubigen Erwerbs des E nicht mehr Eigentümer des Benzins ist. Darüber hinaus ist nicht mehr B, sondern E im Besitz des Benzins – soweit dieses noch nicht verbraucht ist.

IV. Anspruch auf Schadensersatz gemäß §§ 989, 990 BGB

T könnte gegen B aber einen Anspruch auf Schadensersatz gemäß §§ 989, 990 BGB haben. Nach diesen Vorschriften ist der Besitzer von dem Eintritt der Bösgläubigkeit an für den Schaden verantwortlich, der dadurch entsteht, dass die Sache aufgrund eines von ihm zu verschuldenden Umstandes nicht herausgegeben werden kann. Eine Inanspruchnahme könnte unter dem Gesichtspunkt begründet sein, dass B in Kenntnis der wahren Eigentumslage über das im Fahrzeug befindliche und noch unbezahlte Benzin zugunsten des E verfügt hat.

Eine Inanspruchnahme aus § 989, 990 BGB scheidet nicht schon deshalb aus, weil ein Eigentümer-Besitzer-Verhältnis nicht mehr vorliegt. Wie bereits ausgeführt worden ist, hat E das Eigentum am Benzin gutgläubig von B erworben. Entscheidend ist aber das Vorliegen einer Vindikationslage zum Zeitpunkt der Vornahme der für die Ansprüche aus §§ 987 ff. BGB maßgeblichen Handlung (Nutzungsziehung, Schadensherbeiführung oder Verwendungsvornahme)[42]. Aber diese Voraussetzung ist nicht gegeben. Als B in Erfüllung der Benzinersetzungsklausel über das Benzin verfügte und E das Eigentum hieran erwarb, war B aufgrund des zwischen ihm und T geschlossenen Kaufvertrages zum Besitz berechtigt. Unerheblich ist insoweit, dass T zuletzt davon ausging, mit E kontrahiert zu haben.

In der Literatur wird vereinzelt die Rechtsfigur des *nicht-so-berechtigten Besitzes*[43] vertreten. Gemeint sind Fälle, in denen der an sich berechtigte Besitzer sein Besitzrecht überschreitet (sog. Fremdbesitzer im Exzess)[44]. Unabhängig davon, ob eine Heranziehung dieser Grundsätze im vorliegenden Falle geboten erscheint, besteht für dieses Rechtsinstitut schon grundsätzlich kein Bedürfnis, da vertragliche und deliktische Haftungsansprüche in der Regel ausreichen dürften und der exzessive Umgang mit der Sache das Besitzrecht als solches nicht berührt.

Ein Schadensersatzanspruch aus §§ 989, 990 BGB scheidet mangels Vindikationslage zum Zeitpunkt der schädigenden Handlung also ebenfalls aus.

V. Anspruch auf Schadensersatz gemäß § 823 Abs. 1 BGB

T könnte gegen B allerdings einen Anspruch gemäß § 823 Abs. 1 BGB haben, wenn eine rechtswidrige und schuldhafte Eigentumsverletzung vorliegt.

1. Anwendbarkeit der §§ 823 ff. BGB

Fraglich ist zunächst, ob der Anwendungsbereich der §§ 823 ff. BGB eröffnet ist. Ansprüchen aus unerlaubter Handlung könnte entgegenstehen, dass die §§ 987 ff. BGB in ihrem Geltungsbereich eine abschließende Sonderregelung darstellen. Unter Berufung auf § 993 Abs. 1, 2. Hs. BGB haben sich die Rspr. und die h. M. im Schrifttum für die ausschließliche Geltung des Vindikationsrechts entschieden[45]. Der redliche und unverklagte Besitzer soll grundsätzlich von der deliktischen Haftung freigestellt sein, da sich der redliche Besitzer ohne Haftungsrisiko in den Grenzen seines vermeintlichen Besitzrechts soll bewegen können[46].

Ein unmittelbarer Rückgriff auf § 992 BGB, der die Haftung des deliktischen Besitzers normiert und die Geltung der §§ 823 ff. BGB anordnet, ist vorliegend nicht gegeben, da sich B den Besitz nicht durch verbotene Eigenmacht oder eine Straftat verschafft hat.

Eine Sperrwirkung gegenüber deliktischen und bereicherungsrechtlichen Ansprüchen entfaltet sich aber nicht, wenn schon kein Eigentümer-Besitzer-Verhältnis vorlag[47]. Des Weiteren dient die Sperrwirkung dem Schutz des redlichen Besitzers. Der rechtmäßige, aber unredliche Besitzer haftet nach den deliktischen Vorschriften.

2. Voraussetzungen des § 823 Abs. 1 BGB

Die deliktische Eigentumsverletzung liegt in der unberechtigten Verfügung über das Eigentum am Benzin. Dass die unberechtigte Entziehung des Eigentums eine Verletzung desselben darstellt, dürfte außer Zweifel stehen. Der klassische Eingriff in das Eigentumsrecht ist die Verfügung eines Nichtberechtigten, die gegenüber dem vormals Berechtigten nach den Vorschriften über den gutgläubigen Erwerb wirksam ist[48].

Fraglich ist in diesem Zusammenhang allein, ob die unberechtigte Verfügung über das Benzin auch schuldhaft erfolgt ist. Die Verantwortlichkeit des Schuldners ist in § 276 Abs. 1 BGB geregelt, wonach der Schuldner Vorsatz und Fahrlässigkeit zu vertreten hat. B hätte bei Beachtung der im Verkehr erforderlichen Sorgfalt erkennen können, dass sich das Benzin mangels Bezahlung noch immer im Eigentum des T befinden musste. Darüber hinaus hat B den E über die wahre Sachlage im Unklaren gelassen, obwohl er sich über die Umstände der zwischen E und T bestehenden Geschäftsbeziehung bewusst geworden war. Hierdurch hat B den gutgläubigen Erwerb des E überhaupt ermöglicht und die Eigentumsentziehung des T zumindest fahrlässig zu verantworten, § 276 Abs. 2 BGB.

40 Zur Abgrenzung von konstitutivem und deklaratorischem Schuldanerkenntnis siehe schon oben in Fn. 15.

41 Das Kontokorrent stellt eine fortlaufende Rechnung dar, die auf einer entsprechenden Vereinbarung der Parteien beruht. In Rechnung gestellte Forderungen aus der Geschäftsverbindung dürfen nicht mehr selbständig geltend gemacht werden. Nach Ablauf eines bestimmten Abrechnungszeitraums (nach jeder Transaktion, periodisch oder bei Beendigung des Kontokorrents) besteht ein Anspruch auf Feststellung des Überschusses, d. h. auf Begründung eines abstrakten Zahlungsanspruchs. Die aus der Geschäftsbedingung entspringenden Ansprüche und Leistungen werden in regelmäßigen Zeitabschnitten durch Verrechnung und Feststellung des für den einen oder anderen Teil sich ergebenden Überschusses ausgeglichen; vgl. hierzu EBENROTH/BOUJONG/JOOST, HGB, § 355 Rdn. 2 (1. Auflage).

42 Palandt/BASSENGE, vor § 987 Rdn. 2 (66. Auflage).

43 BGHZ 31, 129 (129 ff.). Vgl. BAUR/STÜRNER, Sachenrecht, § 11 B I. Rdn. 27 (17. Auflage).

44 Vgl. Palandt/BASSENGE, vor § 987 Rdn. 3 f. (66. Auflage).

45 BAUR/STÜRNER, Sachenrecht, § 11 B. II. Rdn. 34 (17. Auflage).

46 MüKo/MEDICUS, Kommentar zum BGB, § 992 Rdn. 1 (4. Auflage).

47 § 993 BGB regelt grundsätzlich abschließend die Haftung des nichtberechtigten Besitzers im Geltungsbereich der §§ 987 ff. BGB, wenn deren Haftungsvoraussetzungen nicht erfüllt sind; vgl. Palandt/BASSENGE, § 993 Rdn. 1 (66. Auflage).

48 MüKo/WAGNER, Kommentar zum BGB, § 823 Rdn. 98 (4. Auflage).

Der Schaden liegt in den Kosten, die T aufwenden muss, um sich entsprechendes Benzin zu beschaffen, § 249 Abs. 1 BGB.

T hat dementsprechend einen Anspruch auf Ersatz des ihm entstandenen Schadens aus § 823 Abs. 1 BGB.

VI. Anspruch auf Schadensersatz gemäß § 823 Abs. 2 BGB i. V. m. § 263 Abs. 1 StGB

Außerdem könnte T gegen B einen Anspruch gemäß § 823 Abs. 2 BGB i. V. m. § 263 Abs. 1 StGB haben. Nach § 823 Abs. 2 BGB ist derjenige zum Ersatz des entstandenen Schadens verpflichtet, der gegen ein sog. Schutzgesetz verstößt. Der Straftatbestand des Betruges ist eine die Vermögensinteressen Dritter schützende Norm, die unter den Anwendungsbereich des § 823 Abs. 2 BGB zu subsumieren ist[49].

Fraglich ist allerdings, ob der Tatbestand des Betruges auch erfüllt ist. Dafür müsste B das Vermögen eines anderen dadurch beschädigt haben, dass er durch Vorspiegelung falscher oder durch Entstellung oder Unterdrückung wahrer Tatsachen einen Irrtum erregt oder unterhalten hat.

B hat bei T die Vorstellung aufrechterhalten, mit E kontrahiert zu haben. Zugleich hat er mit Abgabe der Unterschrift auf der Monatsrechnung zum Ausdruck gebracht, die Rechnung werde im Rahmen des Kontokorrents durch E zum Ausgleich gebracht.

Infolge der Täuschung ist dem B auch ein Vermögensschaden bzw. eine schadensgleiche konkrete Vermögensgefährdung entstanden, die auch auf einer Vermögensverfügung des T beruht. T gestatte dem B die Entfernung des betankten Fahrzeugs, ohne dass B die in Wahrheit ihm gegenüber bestehende Kaufpreisverbindlichkeit erfüllt hat.

Schließlich handelte B auch mit Täuschungsvorsatz und in der Absicht, sich einen rechtswidrigen (und stoffgleichen) Vermögensvorteil zu verschaffen. Der Vermögensvorteil des B liegt in der Erlangung des Benzins, ohne dieses bezahlt zu haben.

Somit ist der Tatbestand des Betruges erfüllt, so dass T einen Anspruch auf Ersatz des ihm entstandenen Schadens aus § 823 Abs. 2 BGB i. V. m. § 263 Abs. 1 BGB hat. T ist so zu stellen, als wenn der zum Schadensersatz verpflichtende Umstand nicht eingetreten wäre, § 249 Abs. 1 BGB. Ohne die Täuschung des B hätte T die Kaufpreisforderung unmittelbar geltend gemacht und Bezahlung des Benzins durch B noch vor Ort verlangt.

VII. Anspruch auf Schadensersatz gemäß § 823 Abs. 2 BGB i. V. m. § 246 Abs. 1 StGB

Darüber hinaus könnte T gegen B einen Anspruch aus § 823 Abs. 2 BGB i. V. m. § 246 Abs. 1 StGB haben. Beim Tatbestand der Unterschlagung handelt es sich ebenfalls um ein Schutzgesetz, weil es zumindest auch dem Schutz von Individualinteressen zu dienen bestimmt ist – nämlich dem Schutz des Eigentümers vor der Entziehung seines Eigentums[50].

Der Straftatbestand der Unterschlagung ist auch erfüllt, da B das zunächst rechtmäßig in seinen Besitz gelangte Benzin in objektiv erkennbarer und nach außen manifestierter Weise zunächst sich und sodann dem E zugeeignet hat. Die hier vertretene Lösung setzt voraus, dass auch eine wiederholte Zueignung den Tatbestand der Unterschlagung erfüllt[51].

B ist dem T also auch gemäß §§ 823 Abs. 2 BGB i. V. m. § 246 StGB zum Schadensersatz verpflichtet. Der Schaden des T liegt hier in den Kosten, die er aufwenden muss, um sich entsprechendes Benzin zu beschaffen, § 249 Abs. 1 BGB.

VIII. Anspruch auf Schadensersatz gemäß § 826 BGB

T könnte darüber hinaus einen Anspruch auf Schadensersatz gemäß § 826 BGB haben. § 826 BGB verpflichtet denjenigen, der einen anderen in einer gegen die guten Sitten verstoßenden Weise

vorsätzlich schädigt, zum Ersatz des hieraus resultierenden Schadens.

Es müsste also eine vorsätzliche sittenwidrige Schädigung vorliegen. Zur Beantwortung dieser Frage sind in der Regel die auch im Rahmen des § 138 Abs. 1 BGB geltenden Grundsätze heranzuziehen[52]. Nach der bereits vom RG entwickelten und im Laufe der Zeit von Rspr. und Literatur durch Fallgruppenbildung ausgefüllten Leerformel ist ein Verhalten als sittenwidrig anzusehen, das gegen das Anstandsgefühl aller billig und gerecht Denkenden verstößt[53]. Unter den Tatbestand der sittenwidrigen Schädigung werden insbesondere auch arglistige Täuschungen bei Vertragsschluss gefasst. Ist darüber hinaus der Tatbestand eines Betruges gemäß § 263 Abs. 1 StGB erfüllt, kann in der Regel auch von einer vorsätzlichen sittenwidrigen Schädigung ausgegangen werden[54]. B hat den T über die wahre Rechtslage – d. h. das Bestehen der Kaufpreisverbindlichkeit ihm gegenüber – willentlich und in Kenntnis aller Umstände im Unklaren gelassen.

Der Schaden des T ist in der bislang noch nicht realisierten Kaufpreisforderung zu sehen. Insoweit kann auf die zu § 823 Abs. 2 i. V. m. § 263 Abs. 1 StGB gemachten Ausführungen verwiesen werden.

IX. Anspruch gemäß § 812 Abs. 1 S. 1, 1. Alt. BGB i. V. m. § 818 Abs. 2 BGB

T könnte gegen B einen Anspruch auf Wertersatz gemäß § 812 Abs. 1 S. 1, 1. Alt. BGB haben. Dann müsste B etwas ohne rechtlichen Grund durch Leistung des T erlangt haben.

Infolge des Tankvorganges hat B den Besitz – nicht aber das Eigentum – am Benzin erlangt. Die Verschaffung des Besitzes erfolgte auch durch Leistung des T, da diese bewusst und zweckgerichtet – und zwar in Erfüllung des zwischen ihnen geschlossenen Kaufvertrages. Maßgeblich ist insoweit die Sicht des Leistungsempfängers zum Zeitpunkt der Besitzverschaffung – also der Tankvorgang selbst. Unerheblich ist insoweit, dass T im Nachhinein davon ausging, mit E kontrahiert zu haben[55]. Würde zur Beurteilung der Leistung im bereicherungsrechtlichen Sinne auf den Zeitpunkt des Bezahlvorgangs abgestellt, stünde der Leistungskondiktion entgegen, dass B die Besitzverschaffung durch T nicht als Leistung an sich auffassen durfte (objektiver Empfängerhorizont). In Betracht käme dann eine Eingriffskondiktion gem. § 812 Abs. 1 S. 1, 2. Alt. BGB.

In jedem Falle müsste B den Besitz am Benzin aber ohne rechtlichen Grund erlangt haben. B hat den Kaufvertrag angefochten, weil er sich über den Inhalt seiner auf den Abschluss des Kaufvertrages gerichteten Willenserklärung geirrt hat. Wird ein anfechtbares Rechtsgeschäft wirksam angefochten, so ist gemäß § 142 Abs. 1 BGB als von Anfang an nichtig anzusehen. Allerdings kann B den Kaufvertrag nicht in vollem Umfang anfechten, da er

49 Palandt/SPRAU, § 823 Rdn. 57 und 69 (66. Auflage).
50 MüKo/WAGNER, Kommentar zum BGB, § 823 Rdn. 340 (4. Auflage).
51 Sog. Konkurrenzlösung, die davon ausgeht, dass die Zweitzueignung tatbestandlich eine Unterschlagung darstellt, aber lediglich eine mitbestrafte Nachtat ist, vgl. Schönke/Schröder-ESER, § 246 Rdn. 19 (27. Auflage). Die sog. Tatbestandslösung geht davon aus, dass nach einer bereits erfolgten Zueignung oder Bereicherung eine erneute Zueignung nicht möglich ist (BGHSt 14, 34, 44 ff.). Für die Konkurrenzlösung spricht insbesondere, dass die Teilnahme an der Zweitzueignung strafbar bleibt.
52 Palandt/SPRAU, § 826 Rdn. 2 (66. Auflage).
53 RGZ 48, 114 (124). Vgl. auch MüKo/WAGNER, Kommentar zum BGB, § 826 Rdn. 7 ff. (4. Auflage).
54 MUSIELAK, Grundkurs BGB, Rdn. 800 (10. Auflage).
55 Wird der Sachverhalt dahingehend ausgelegt, dass T den Transporter von vornherein, also schon mit Beginn des Tankvorgangs bemerkt hatte, kommt eine Leistung im Verhältnis T/B gar nicht in Betracht. T hätte dann in jedem Falle unter Bezugnahme auf den vermeintlich mit E bestehenden Kaufvertrag geleistet.

sich an dem tatsächlich Gewollten festzuhalten lassen hat und der Kaufvertrag wirksam bleibt.

Mithin besteht kein Anspruch auf Wertersatz für das getankte Benzin aus §§ 812 Abs. 1 S. 1, 1. Alt., 818 Abs. 2 BGB.

X. Anspruch gemäß § 816 Abs. 1 S. 1 BGB

T könnte gegen B allerdings einen Anspruch aus § 816 Abs. 1 S. 1 BGB haben. Trifft nämlich ein Nichtberechtigter über einen Gegenstand eine Verfügung, so ist er dem Berechtigten gegenüber zur Herausgabe des durch die Verfügung Erlangten verpflichtet.

Wegen des gutgläubigen Erwerbs des E hat B wirksam über das im Eigentum des T befindliche Benzin verfügt.

Fraglich ist allerdings, was B durch die Verfügung erlangt hat. Das ist regelmäßig der Gegenwert bzw. die Gegenleistung, die dem Nichtberechtigten aufgrund des seiner Verfügung zugrundeliegenden Rechtsgeschäftes zugeflossen ist[56]. Unmittelbar bzw. gegenständlich hat B aber nichts erlangt, was er herauszugeben hätte. Zu beachten ist allerdings, dass B in Erfüllung der den Leihvertrag modifizierenden Benzinersetzungsklausel über das im Fahrzeug befindliche Benzin verfügt hat und B im Hinblick auf diese Verbindlichkeit frei geworden ist. Die Befreiung von einer Verbindlichkeit stellt auch eine im Rahmen der §§ 812 ff. BGB kondizierbare Bereicherungsschuld dar, wobei sich der Umfang des Anspruchs vorliegend nach § 818 Abs. 2 BGB – also dem objektiven Wert bestimmt[57].

Mithin besteht ein Anspruch des T gegen B aus § 816 Abs. 1 S. 1 BGB in Höhe des objektiven Werts der Verbindlichkeit.

XI. Anspruch gemäß §§ 819 Abs. 1, 818 Abs. 4, 989, 990 BGB

Ein Anspruch gemäß §§ 819 Abs. 1, 818 Abs. 4, 989, 990 BGB scheidet trotz der Bösgläubigkeit des B aus, weil er den Besitz am Benzin nicht ohne rechtlichen Grund erlangt hat.

XII. Gesamtergebnis zu Frage 2

T hat gegen B einen Anspruch auf Bezahlung des Kaufpreises in Höhe von € 1,26 je Liter getanktes Superbenzin. Daneben bestehen Ansprüche des T gegen B aus § 823 Abs. 1 BGB, § 823 Abs. 2 BGB i. V. m. § 263 Abs. 1 und § 246 Abs. 1 StGB, § 826 BGB sowie aus § 816 Abs. 1 S. 1 BGB, jeweils in Höhe des objektiven Wertes des getankten Benzins.

---

56 MüKo/Lieb, Kommentar zum BGB, § 816 Rdn. 28 (4. Auflage).

57 Zur Anwendbarkeit des § 818 Abs. 2 BGB im Rahmen des § 816 BGB siehe ebenfalls MüKo/Lieb, Kommentar zum BGB, § 816 Rdn. 34 (4. Auflage). Die Anwendung des § 818 Abs. 2 BGB ist nur insofern ausgeschlossen, als der Anspruch aus § 816 Abs. 1 BGB auf das beschränkt sein soll, was der Nichtberechtigte vom Erwerber tatsächlich erlangt hat.

Fall 2

»Vom Luxuswagen zum Metallgerippe«: Schadens- und Aufwendungsersatzansprüche beim Gebrauchtwagenkauf*

Von Ass. jur. Claudia Arlt und Wiss. Mit. Martin Zwickel, Erlangen-Nürnberg

Gebrauchtwagenkauf – Agenturgeschäft – Abgrenzung Mangelschaden und Begleitschaden – Aufwendungsersatz – »Weiterfresserschaden«

Die Examensklausur wirft neben bereits bekannten oder entschiedenen »Standard-Streitfragen« mehrere ungeklärte und daher klausurträchtige Probleme auf, wie beispielsweise die dogmatische Konstruktion der Haftung des Unternehmers, wenn Schadensersatz im Rahmen eines Agenturmodells nicht vom Verbraucher-Verkäufer, sondern vom Kfz-Händler verlangt wird. Zudem wird die Problematik der Alternativität zwischen Aufwendungsersatz i. S. d. § 284 BGB und Schadensersatz neben der Leistung (§ 280 I BGB) angesprochen. Schließlich wird die Frage der Behandlung sog. »Weiterfresserschäden« nach der Schuldrechtsreform erörtert.

Konrad Knausrig (K) kaufte am 2. 5. 2007 bei Gebrauchtwagenhändler Volker Vollgas (V) einen gebrauchten Pkw der Marke Maybach zum Preis von 150.000 € (drei Jahre alt, 60.000 km Tachostand). K war bereit, diesen leicht über dem jetzigen objektiven Wert (140.000 €) für gleichwertige fahrbereite Pkw dieses Typs liegenden Kaufpreis zu bezahlen, da das Fahrzeug vom Vorbesitzer mit einem kostspieligen und deshalb selten verwendeten Effektlack lackiert worden war, durch den die Karosserie bei Lichteinfall in Spektralfarben schimmert. Bei den Vertragsverhandlungen in den Geschäftsräumen des V äußerte V gegenüber K, dass er selbst nicht der Verkäufer des Wagens sei, sondern den

Verkauf nur für den Vorbesitzer Rudi Rennstall (R) – der das Fahrzeug ausschließlich privat genutzt hatte – vermitteln solle. Damit war K einverstanden. In der Vertragsurkunde war K als Käufer und R als Verkäufer aufgeführt. V hatte R zuvor einen Neuwagen verkauft, die Vermittlung des Verkaufs des Gebrauchtwagens übernommen und für diesen dem R sogar einen Mindestpreis in Höhe von 150.000 € zugesagt, unabhängig davon, ob er diesen Preis wirklich würde erzielen können. Den tatsächlichen Kaufpreis sollte V selbst bestimmen können. Der Kaufpreis für den Neuwagen, den R erwarb, wurde in Höhe des anvisierten Verkaufspreises für den »Alten« zunächst gestundet.

Noch am gleichen Tag holte K das Fahrzeug bei V ab und fuhr damit nach Hause. Nach dieser Fahrt war K von der noblen Ausstattung des Luxusschlittens total begeistert und ließ gleich noch einen farblich passenden Plasmafernseher mit DVD-Funktion für 5.000 € (zuzüglich Installationskosten von 1.000 €) einbauen. Nach zwei Wochen bemerkte K, dass jeden Morgen in seiner Garage auf dem Boden ein Benzinfleck zu sehen war. Sofort

---

* Die Klausur wurde im Rahmen des »erlanger examenskurses« gestellt. Die Autoren waren zum Zeitpunkt der Erstellung der Klausur Wissenschaftliche Mitarbeiter am Lehrstuhl für Bürgerliches Recht, Zivilprozessrecht und Freiwillige Gerichtsbarkeit von Prof. Dr. Reinhard Greger. Die Autorin Arlt ist Doktorandin bei Prof. Dr. Greger. Der Autor Zwickel ist Wissenschaftlicher Mitarbeiter und Doktorand am Fachbereich Rechtswissenschaft der Friedrich-Alexander-Universität Erlangen-Nürnberg.

rief er empört V an und forderte diesen auf, das Leck in der Benzinleitung zu beseitigen. Obwohl V zuvor von seinem Mitarbeiter mehrmals darauf hingewiesen worden war, dass auf der Abstellfläche in den Geschäftsräumen unter dem Maybach öfters ein Benzinfleck beseitigt werden musste, entgegnete V trotzdem nur: »Ein Maybach hat solche Kinderkrankheiten nicht. Der Fleck muss schon vorher auf Ihrem Garagenboden vorhanden gewesen sein. Ich repariere jedenfalls nichts auf meine Kosten. Gegen Bezahlung kann ich das Fahrzeug aber natürlich gerne durchchecken.« K entgegnete: »Na gut, dann habe ich mich wohl getäuscht.« Eine Woche später tropft Benzin auf den heißen Motor, wodurch beim Zünden des Motors ein Brand im Motorraum entsteht, der sich innerhalb weniger Minuten auf das ganze Fahrzeug ausbreitet. Zurück bleibt nur ein Metallgerippe. K verlangt am 7. 12. 2007 von V Schadensersatz für den niedergebrannten Maybach, den zerstörten Plasmafernseher und die Einbaukosten.

Bearbeitervermerk:
Stehen K die geltend gemachten Ansprüche zu?
Fragen einer eventuellen Anfechtbarkeit sind außer Betracht zu lassen.

LÖSUNG

K verlangt von V den Ersatz mehrerer Schadens- bzw. Aufwendungsersatzpositionen (Ersatz für den zerstörten Maybach, den Plasmafernseher und die Einbaukosten).

A. Anspruch des K gegen V auf Schadensersatz für den zerstörten Pkw

Fraglich ist zunächst, ob K gegen V ein Anspruch auf Schadensersatz für den zerstörten Pkw zusteht.

I. Anspruch auf Schadensersatz statt der ganzen Leistung aus §§ 280 I, III, 283, 437 Nr. 3, 433 I 2, 434 BGB

Ein solcher Anspruch könnte sich aus §§ 280 I, III, 283, 437 Nr. 3, 433 I 2, 434 BGB ergeben.

1. Kaufvertrag, § 433 BGB
Die in § 437 BGB genannten Mängelrechte sind nur dann einschlägig, wenn ein Kaufvertrag (§ 433 I BGB) gegeben ist. Problematisch ist das Vorliegen eines Kaufvertrages zwischen K und V hier deshalb, weil V bei den Vertragsverhandlungen ausdrücklich nicht selbst als Verkäufer des Maybach auftrat, sondern als Vertreter des R.

a) Umgehungsgeschäft, § 475 I 2 BGB
K kaufte den Maybach für private Zwecke. Der Abschluss des Kaufvertrages erfolgte weder im Rahmen einer gewerblichen, noch einer selbständigen beruflichen Tätigkeit. Daher ist K als Verbraucher (§ 13 BGB) anzusehen. V hingegen handelte als Gebrauchtwagenhändler bei Verkauf eines Pkw in Ausübung seiner gewerblichen Tätigkeit und ist folglich Unternehmer (§ 14 BGB). Für Fälle des Kaufes einer beweglichen Sache durch einen Verbraucher von einem Unternehmer gelten die §§ 474 ff. BGB. Vorliegend könnte V dann als Verkäufer des Maybach anzusehen sein, wenn sich das Geschäft als Umgehung i. S. d. § 475 I 2 BGB darstellen würde. Ein Verstoß gegen das Umgehungsverbot liegt vor, wenn die rechtliche Beziehung zwischen den Parteien so gestaltet wird, dass in formaler Hinsicht ein Verstoß gegen § 475 I 2 BGB nicht festgestellt werden kann, obwohl nach Sinn und Zweck des § 475 I 1 BGB die Anwendung der Vorschrift eigentlich geboten wäre[1]. Es müssen also die Wirkungen einer Vorschrift auf einem anderen Weg beseitigt oder herbeigeführt werden[2]. Eine

Umgehungsabsicht ist nicht erforderlich[3]. Im Falle des hier gewählten sog. Agenturgeschäftes, d. h. bei Vermittlung des Weiterverkaufs von Fahrzeugen durch einen Händler, wobei der Händler im Namen des Eigentümers tätig wird, wäre eine solche Ausschaltung von Käuferrechten denkbar, da für den R als Verbraucher die Vorschriften über den Verbrauchsgüterkauf gerade keine Anwendung finden.

aa) Generelle Unzulässigkeit
In der Literatur wird teilweise vertreten, das sog. Agenturgeschäft stelle stets einen Fall des § 475 I 2 BGB dar. Ein Interesse des Käufers an der Beschränkung seiner Mängelrechte durch derartige Gestaltungen sei nie anzunehmen[4]. Demnach wäre ein Fall der Umgehung i. S. d. § 475 I 2 BGB gegeben. Gegen diese Auffassung spricht jedoch, dass im Zuge der Schuldrechtsmodernisierung die Forderung[5] erhoben wurde, die Möglichkeit einer Umgehung der §§ 474 ff. BGB durch ein Ausweichen auf Agenturgeschäfte von vorneherein zu verhindern[6]. Der Gesetzgeber ist dieser Forderung aber nicht gefolgt. Weiterhin lässt diese Meinung außer Acht, dass bei Annahme eines stets vorliegenden Umgehungsgeschäftes und der damit verbundenen Haftung des Unternehmers das Preisniveau generell steigen würde. Dies muss nicht stets dem Interesse des Verbrauchers entsprechen[7].

bb) Generelle Zulässigkeit
Teils wird mit der Begründung, wirtschaftlich sei immer ein Verkauf von privat an privat gewollt, beim Vermittlungsmodell nie eine Umgehung angenommen[8]. Folgt man dieser Meinung, wäre § 475 I 2 BGB vorliegend nicht einschlägig. § 475 I 2 BGB bezweckt jedoch, den Verbraucher angemessen zu schützen. Der Begriff der »anderweitigen Gestaltung« ist daher umfassend zu verstehen[9]. Mit dieser Intention des Gesetzgebers ist diese Auffassung nicht zu vereinbaren.

cc) Vermittelnde Auffassungen
Nach der Rechtsprechung des BGH liegt bei Agenturgeschäften im Bereich des gewerblichen Handels mit Sachen Privater nicht generell ein Umgehungsgeschäft i. S. d. § 475 I 2 BGB vor. Eine Umgehung sei aber dann anzunehmen, wenn das Agenturgeschäft missbräuchlich dazu eingesetzt werde, ein in Wirklichkeit vorliegendes Eigengeschäft des Händlers zu verschleiern[10]. Eine Verschleierung eines Eigengeschäfts soll danach nur gegeben sein, wenn bei wirtschaftlicher Betrachtungsweise der Gebrauchtwagenhändler als der Verkäufer des Fahrzeuges anzusehen ist. Dazu müsse dieser das wirtschaftliche Risiko des Verkaufes zu tragen haben[11]. Das wirtschaftliche Risiko des Verkaufs, also das Verwertungsrisiko, liege dann beim Eigentümer, wenn er selbst die Höhe des Kaufpreises bestimme, nur Vertragsbeziehungen zwischen ihm und dem Käufer begründet werden und der Händler nur eine Vermittlerrolle einnehme[12]. Wenn andererseits der Händler dem Eigentümer einen Mindestverkaufspreis für das Altfahrzeug garantiere und den entsprechenden Teil des Kaufpreises für den Neuwagen gestundet habe oder aber Ausgleichspflichten des

1 MünchKomm-BGB/LORENZ, 4. Aufl., § 475 Rdn. 27; MÜLLER NJW 2003, 1975.
2 Palandt/WEIDENKAFF BGB, 66. Aufl., § 475 Rdn. 6.
3 Palandt/WEIDENKAFF BGB, 66. Aufl., § 475 Rdn. 6.
4 HAAS/MEDICUS/ROLLAND/SCHÄFER/WENDTLAND Das neue SchuldR, 2002, Kap 5 Rdn. 455.
5 REINKING DAR 2001, 8 (10).
6 BGH NJW 2005, 1039 (1040).
7 MÜLLER NJW 2003, 1975 (1978).
8 ZIEGLER/RIEDER ZIP 2001, 1789 (1797).
9 AnwKomm/BÜDENBENDER, 1. Aufl., § 475 Rdn. 4.
10 BGH NJW 2005, 1039.
11 BGH NJW 2005, 1039.
12 BGH NJW 2005, 1039.

Händlers für einen zu niedrigen erzielten Kaufpreis vereinbart würden, sei bei wirtschaftlicher Betrachtungsweise von einem Ankauf durch den Händler auszugehen[13]. Diese Auffassung des BGH, eine Umgehung sei beim Einsatz zur Verschleierung eines Eigengeschäftes des Händlers anzunehmen, findet in der Literatur weitgehend Zustimmung[14]. Teilweise wird ebenfalls auf eine wirtschaftliche Betrachtungsweise abgestellt[15]. Um dem Transparenzgebot zu entsprechen, wird teilweise postuliert, dass aus dem Kaufvertrag eindeutig hervorgehen müsse, dass nicht der Händler, sondern der Eigentümer Verkäufer des Wagens sei[16].

Hier hat V dem K einen Mindestpreis von 150.000 € zugesagt und auch den Kaufpreis für den Neuwagen vollumfänglich gestundet. Den R trifft folglich keinerlei wirtschaftliches Risiko. Aus diesem Grund ist V, bei wirtschaftlicher Betrachtung, als eigentlicher Verkäufer anzusehen. § 475 I 2 BGB greift daher nach der vermittelnden Auffassung ein. Für die vermittelnde Auffassung spricht, dass es einerseits ein praktisches Bedürfnis für Agenturgeschäfte im Gebrauchtwagenkauf gibt[17], andererseits der Verbraucher aber auch vor einem Missbrauch dieser Gestaltungsform geschützt werden muss[18]. Von entscheidender Bedeutung muss sein, wie bei wirtschaftlicher Betrachtung die Chancen und Risiken des Gebrauchtwagenverkaufs zwischen bisherigem Eigentümer und Fahrzeughändler verteilt sind[19]. Diese Kriterien sind, da objektiv nachprüfbar, auch die verlässlichsten.

Die interessengerechteste und somit vorzugswürdige Lösung ist somit die vermittelnde Auffassung. Hier ist daher von einem Umgehungsgeschäft i. S. d. § 475 I 2 BGB auszugehen.

b) Konsequenzen des Vorliegens von § 475 I 2 BGB für die vertraglichen Beziehungen

Fraglich ist, welche Folgen das Vorliegen eines Umgehungsgeschäftes nach § 475 I 2 BGB für die Vertragsbeziehungen hat. Der Kaufvertrag wurde zwischen K und R geschlossen, wobei R von V gem. § 164 BGB vertreten wurde. Ein Vertrag zwischen K und V liegt folglich nicht vor. Umstritten ist deshalb, ob wegen § 475 I 2 BGB eine vertragliche Beziehung zwischen K und V anzunehmen ist oder ob zusätzlich oder ausschließlich ein Vertrag zwischen dem Voreigentümer und dem Verbraucher-Käufer existiert.

aa) Ablehnung eines Vertragsverhältnisses zwischen Käufer und Unternehmer

Soweit angenommen wird, dass der Voreigentümer alleinige Vertragspartei bleiben soll, und eine Privilegierung des Käufers durch Verdoppelung der Haftungssubjekte als ungerechtfertigt angesehen wird[20], kommt man zu einer Haftung des Unternehmers nur über eine Sachwalterhaftung auf Grund gesetzlicher Sonderverbindung (§ 311 III BGB)[21] bzw. zu einer Haftung aus § 823 II BGB i. V. m. § 475 I 2 BGB[22]. Vereinzelt wird im Verhältnis Käufer – Verkäufer die Auffassung vertreten, dem Verkäufer sei die Unternehmereigenschaft des »wirtschaftlichen« Vertragspartners zuzurechnen[23]. Der Voreigentümer, der oftmals Verbraucher ist, ist danach als Unternehmer anzusehen und unterliegt als solcher den strengeren Verbrauchsgüterkaufvorschriften.

Folgt man diesen Meinungen, bestünde kein Vertrag zwischen K und V, sondern nur zwischen R und K. Eine Haftung des V würde sich nicht aus den Gewährleistungsrechten (§§ 280 I, III, 283, 437 Nr. 3, 433 I 2, 434 BGB) ergeben.

bb) Annahme eines Vertragsverhältnisses zwischen K und V

Die Gegenauffassung befürwortet das Vorliegen eines Vertragsverhältnisses zwischen Käufer und Händler. Kontrovers diskutiert wird die dogmatische Begründung der Vertragsbeziehungen:

Ein Teil der Literatur favorisiert die *Nichtigkeit des vorgeschobenen Kaufvertrages* zwischen Käufer und Verkäufer. Teils wird dieser als Scheingeschäft gem. § 117 I BGB angesehen, sodass

gem. § 475 I 2 BGB ausschließlich ein Verbrauchsgüterkauf zwischen Käufer und Unternehmer vorliegen soll[24]. Dagegen spricht jedoch, dass ein Scheingeschäft nur dann anzunehmen ist, wenn die Parteien einverständlich nur den äußeren Schein eines Rechtsgeschäftes hervorrufen, die mit dem Geschäft verbundenen Rechtsfolgen aber nicht eintreten lassen wollen[25]. Nach h. M. ist das Umgehungsgeschäft deshalb kein Scheingeschäft nach § 117 I BGB, da die vereinbarten Rechtsfolgen hier ernsthaft gewollt sind[26]. Auch wenn man wegen der Zwischenschaltung des V von einem Strohmanngeschäft ausgehen wollte, würde der Vertragsschluss nicht an § 117 I BGB scheitern, da auch das Strohmanngeschäft regelmäßig ernsthaft gewollt und daher gültig ist[27].

Wenn man den Kaufvertrag als nichtig nach § 134 BGB ansehen will[28], müsste das Umgehungsgeschäft gegen ein gesetzliches Verbot verstoßen. Das Verbot von Umgehungsgeschäften ergibt sich aus § 475 I 2 BGB. Ob der Verstoß gegen ein Verbot jedoch zur Unwirksamkeit nach § 134 BGB führt, ist vom Inhalt und Zweck der maßgeblichen Verbotsnorm abhängig[29]. Unwirksam ist ein Geschäft, welches einen verbotenen Erfolg durch Verwendung von – scheinbar zulässigen – rechtlichen Gestaltungsmöglichkeiten zu erreichen sucht[30]. Vorliegend ist das Umgehungsgeschäft nicht nach § 134 BGB nichtig, da ein Vertrag zwischen zwei Verbrauchern nicht vom Gesetzgeber generell pönalisiert wird. Auch kann die Haftung des Unternehmers ohne die Nichtigkeit des Vertrages nach § 475 I 2 BGB erreicht werden.

cc) Annahme einer Doppelbeziehung

Nach einer anderen in der Literatur vertretenen und auch in der Rechtsprechung angedeuteten Ansicht[31] bleibt der durch den Händler als Vertreter vermittelte *Kaufvertrag unangetastet* und die Anwendung des § 475 I 2 BGB führt *daneben* zu einer *Eigenhaftung des Händlers* für den Sachmangel. Folge der Umgehung ist danach, dass (auch) V als Vertragspartner anzusehen ist. Nach der Rechtsprechung des BGH[32] muss sich der Unternehmer gem. § 475 I 2 BGB beim Weiterverkauf des Gebrauchtwagens so behandeln lassen, als hätte er selbst das Fahrzeug verkauft. K kann deshalb die Mängelrechte jedenfalls gegenüber V geltend ma-

13 BGH NJW 2005, 1039.
14 MünchKomm-BGB/Lorenz, 4. Aufl., § 475 Rdn. 29.
15 Bamberger/Roth/Faust Beck'scher Online-Kommentar BGB, 2007, § 474 Rdn. 7; aA Ziegler/Rieder ZIP 2001, 1789 (1797); Müller NJW 2003, 1975 (1979).
16 Müller NJW 2003, 1975 (1979); aA MünchKomm-BGB/Lorenz, 4. Aufl., § 475 Rdn. 29.
17 Beispielsfälle für praktische Bedürfnisse der Verbraucher bei Müller NJW 2003, 1975 (1979).
18 BGH NJW 2005, 1039.
19 BGH NJW 2005, 1039 (1040); Bamberger/Roth/Faust Beck'scher Online-Kommentar BGB, 2007, § 474 Rdn. 7.
20 MünchKomm-BGB/Lorenz, 4. Aufl., § 475 Rdn. 36.
21 So etwa Bruns NJW 2007, 761; Palandt/Grüneberg BGB, 66. Aufl., § 311 Rdn. 61, 66.
22 Hofmann JuS 2005, 8 (11, Fn. 36).
23 MünchKomm-BGB/Lorenz, 4. Aufl., § 475 Rdn. 36.
24 Müller NJW 2003, 1975 (1980).
25 BGH NJW 1980, 1572.
26 Palandt/Heinrichs BGB, 66. Aufl., § 117 Rdn. 5; Bamberger/Roth/Wendtland Beck'scher Online-Kommentar BGB, 2007, § 117 Rdn. 16; MünchKomm-BGB/Kramer, 4. Aufl., § 117 Rdn. 19.
27 Palandt/Heinrichs BGB, 66. Aufl., § 117 Rdn. 6 unter Berufung auf BGHZ 21, 378.
28 Bruns NJW 2007, 761.
29 Palandt/Heinrichs BGB, 66. Aufl., § 134 Rdn. 28.
30 Palandt/Heinrichs BGB, 66. Aufl., § 134 Rdn. 28 unter Berufung auf BGH NJW 2006, 1066.
31 Hofmann Jus 2005, 8 (11); Bamberger/Roth/Faust Beck'scher Online-Kommentar BGB, 2007, § 474 Rdn. 7.
32 BGH NJW 2005, 1039; BGH NJW 2007, 759, hierzu Coester-Waltjen, JK 10/07, BGB § 475/3.

chen[33]. Teilweise wird dieser Rechtsprechung des BGH ein obiter dictum entnommen, wonach ein Vertrag zwischen dem Gebrauchtwagenhändler und dem Käufer fingiert werde[34]. Diese Konstruktion wird auch von Teilen der Literatur favorisiert[35]. Das Offenkundigkeitsprinzip des § 164 I 2 BGB steht dem nicht entgegen, da dieses nur vor ungewolltem Kontrahieren mit einem nicht gewünschten Vertragspartner schützen möchte, K aber mit V einen zusätzlichen Vertragspartner erhält und sich seine Rechtsstellung erweitert. Festzuhalten ist also, dass auch nach dieser Ansicht ein Kaufvertrag zwischen K und V anzunehmen ist. Eine Entscheidung zwischen den beiden Auffassungen, die einen Vertrag annehmen, kann daher dahinstehen. Entscheidender Vorteil einer Verdopplung der Haftungssubjekte ist aber, dass dem Verbraucher auch die Rechte gegen denjenigen, mit dem er kontrahiert hat, belassen werden. Im Falle der Insolvenz des Unternehmers kann der Verbraucher sich nach dieser Auffassung auch an seinen ursprünglichen Vertragspartner halten.

dd) Streitentscheidung
Da die verschiedenen Auffassungen zu einem unterschiedlichen Ergebnis kommen, ist der Streit zu entscheiden:

Gegen die Auffassung, die eine Vertragshaftung des Händlers ablehnt, spricht, dass sowohl Sachwalterhaftung als auch Deliktsrecht nur Schadensersatz, nicht aber Mängelrechte gewähren. Zudem wäre der Anspruch des Käufers gegen den Händler dann verschuldensabhängig. Ein Verschuldensmoment ist in § 475 I 2 BGB jedoch nicht vorgesehen. Bei einer Zurechnung der Unternehmereigenschaft an den Verbraucher-Verkäufer würde dieser nur auf Grund des Verhaltens des Unternehmers wegen §§ 474 ff. BGB einer strengeren Haftung unterliegen. Dies ist mit dem Normzweck der Verbraucherschutzvorschriften, die eine Wirkung zu Gunsten des Verbrauchers vorsehen[36], unvereinbar[37]. Diese Ansicht ist deshalb abzulehnen. Daher ist vom Vorliegen eines Kaufvertrages zwischen K und V auszugehen.

2. Sachmangel

a) Vorliegen eines Sachmangels[38]
Weder liegt eine ausdrückliche Beschaffenheitsvereinbarung nach § 434 I 1 BGB vor, noch wurde eine Vereinbarung über einen über die gewöhnliche Verwendung hinausgehenden Einsatzzweck des Wagens gem. § 434 I 2 Nr. 1 BGB getroffen. Gemäß § 434 I 2 Nr. 2 BGB ist eine Sache auch dann frei von Sachmängeln, wenn sie sich für die gewöhnliche Verwendung eignet und eine Beschaffenheit aufweist, die bei Sachen der gleichen Art üblich ist und die der Käufer nach der Art der Sache erwarten kann. Nach ganz h. M. müssen diese Voraussetzungen kumulativ vorliegen[39]. An dem von K gekauften Pkw ist ein Leck in der Benzinleitung aufgetreten. Ein Kraftfahrzeug mit einer undichten Benzinleitung ist für die gewöhnliche Verwendung ungeeignet, da ständig Benzin austritt und dagegen Vorkehrungen getroffen werden müssen. Bei anderen Gebrauchtfahrzeugen tritt ein Leck in der Benzinleitung nur äußerst selten auf.

b) Zum Zeitpunkt des Gefahrübergangs
Problematisch ist hier jedoch, dass der Mangel erst nach zwei Wochen bei K aufgetreten ist. Nach § 476 BGB wird, wenn sich ein Sachmangel innerhalb von sechs Monaten seit Gefahrübergang zeigt, vermutet, dass die Sache bereits bei Gefahrübergang mangelhaft war. »Zeigen« meint dabei das Erkennbarwerden des Mangels, erfasst also Sachmängel, welche zur Zeit des Gefahrübergangs schon vorhanden waren, aber noch nicht erkennbar oder aufgetreten waren[40]. Ein Sachmangel kann sich dem Käufer auch dann erst nach Gefahrübergang zeigen, wenn er ihn – wie hier – im Falle einer eingehenden Untersuchung schon bei Übergabe hätte entdecken können[41]. Diese Vermutung greift jedoch nicht durch, wenn sie mit Art der Sache oder des Mangels unvereinbar ist.

aa) Unvereinbarkeit mit der Art der Sache
K hat von V einen Gebrauchtwagen gekauft. Die amtliche Begründung bezeichnet als Beispiel für die Unvereinbarkeit der Vermutung mit der Art des Kaufgegenstandes namentlich Kaufverträge über gebrauchte Sachen[42]. Nach einer Ansicht ist die Beweislastumkehr daher beim Kauf gebrauchter Sachen stets ausgeschlossen[43]. Dagegen spricht aber, dass es keinen allgemeinen Erfahrungssatz dafür gibt, dass bei Gebrauchtwaren Mängel stets erst nach Gefahrübergang eintreten[44].

Die h. M. nimmt einen Ausschluss der Beweislastumkehr daher nur an, wenn eine Gesamtschau es im konkreten Einzelfall als unwahrscheinlich erscheinen lässt, dass der Mangel bereits z. Zt. des Gefahrüberganges vorhanden war[45]. Für diese Lösung spricht vor allem auch, dass der Gesetzgeber gebrauchte Sachen ausdrücklich in § 474 I 2 Halbs. 1 BGB erwähnt hat. Nur im Falle öffentlicher Versteigerungen ist die Beweislastumkehr nicht anzuwenden. Auch nach dem BGH findet § 476 BGB grundsätzlich auch bei gebrauchten Sachen Anwendung[46].

bb) Unvereinbarkeit mit der Art des Mangels
Weiterhin könnte die Vermutung mit der Art des Mangels unvereinbar sein. Nach dem BGH[47] begründet jedoch ein Sachmangel, der – wie auch ein Leckschaden – typischerweise jederzeit nach Gefahrübergang eintreten kann und für sich genommen keinen hinreichend wahrscheinlichen Rückschluss auf sein Vorliegen bei Gefahrübergang zulässt, trotzdem keine Unvereinbarkeit mit der Art des Mangels. Unvereinbarkeit ist nur gegeben, wenn es sich um äußerliche Beschädigungen der Kaufsache handelt, die auch dem fachlich nicht versierten Käufer hätte auffallen müssen[48], da dann eine Beanstandung des Mangels bei der Übergabe zu erwarten ist. Die Gegenauffassung will bei solchen Schäden die Vermutung entfallen lassen[49]. Für den BGH spricht aber die ratio der Norm: § 476 BGB dient dem Verbraucherschutz und berücksichtigt den Umstand, dass einem Gewerbetreibenden der Nachweis, dass ein Mangel bei Gefahrübergang noch nicht vorgelegen hat, im Regelfall leichter fällt als dem Verbraucher der Beweis des Gegenteils[50]. Ein Leck in der Benzinleitung wäre nur bei einer

---

33 BGH NJW 2007, 759; Müller NJW 2003, 1975 (1980); Bamberger/Roth/Faust Beck'scher Online-Kommentar BGB, 2007, § 474 Rdn. 7; Hofmann JuS 2005, 8 (11); aA MünchKomm-BGB/Lorenz, 4. Aufl., § 475 Rdn. 36.
34 So Lorenz NJW 2005, 1889 (1895).
35 Bamberger/Roth/Faust Beck'scher Online-Kommentar BGB, 2007, § 474 Rdn. 7.
36 Bamberger/Roth/Faust Beck'scher Online-Kommentar BGB, 2007, § 475 Rdn. 1.
37 Ebenso Bamberger/Roth/Faust Beck'scher Online-Kommentar BGB, 2007, § 474 Rdn. 7.
38 Die gesetzliche Systematik (subjektiv-objektiver Mangelbegriff) gibt die Prüfungsreihenfolge vor:
Zunächst ist § 434 I 1 BGB zu prüfen, dann §§ 434 I 2 Nr. 1 und 2 BGB (so auch AnwKomm/Büdenbender, 1. Aufl., § 434 Rdn. 2).
39 MünchKomm-BGB/H. P. Westermann, 4. Aufl., § 434 Rdn. 18.
40 Palandt/Weidenkaff BGB, 66. Aufl., § 476 Rdn. 7.
41 Palandt/Weidenkaff BGB, 66. Aufl., § 476 Rdn. 7 unter Berufung auf BGH NJW 2005, 3490, hierzu Coester-Waltjen, JK 07/06, BGB § 476/3.
42 BegrRE, BT-Drucks 14/6040, 245.
43 AnwKomm/Büdenbender, 1. Aufl., § 476 Rdn. 14; Westermann NJW 2002, 241 (252).
44 Bamberger/Roth/Faust Beck'scher Online-Kommentar BGB, 2007, § 476 Rdn. 18.
45 Ähnlich Lorenz NJW 2004, 3020 (3022).
46 BGH NJW 2004, 2299.
47 BGH NJW 2005, 3490; s. a. jüngst BGH NJW 2007, 2619 und 2621 m. Anm. Lorenz, 2623.
48 BGH NJW 2005, 3490.
49 So etwa Lorenz NJW 2004, 3020 (3022).
50 BGH NJW 2005, 3490 (3492), wobei nicht erforderlich ist, dass der Verkäufer hinsichtlich des Mangels bessere Erkenntnismöglichkeiten hat als der Käufer, BGH NJW 2007, 2619 Ls. 1.

Unterboden- bzw. Motoruntersuchung erkennbar gewesen, wobei zweifelhaft ist, ob ein Laie einen solchen Schaden überhaupt bemerken könnte. Somit ist die Vermutung nicht mit der Art des Mangels unvereinbar.

cc) Reichweite der Vermutung des § 476 BGB
Der vorliegende Mangel könnte aber schließlich noch außerhalb der Reichweite der Vermutung des § 476 BGB liegen. § 476 BGB stellt nach einem in der Literatur teils scharf kritisierten[51] Urteil des BGH[52] nur eine zeitlich wirkende Vermutung dahingehend auf, dass ein vom Käufer bewiesener (Grund-)Mangel als bereits zum Zeitpunkt des Gefahrübergangs als vorhanden gilt. Dieser Disput ist aber nur von Relevanz, wenn zweifelhaft ist, ob der jetzt sichtbar gewordene Defekt im Zeitpunkt der Übergabe schon vorhanden war. Hier ist die Sachlage aber anders: Bereits vor Vertragsschluss wurde V von einem seiner Angestellten darauf aufmerksam gemacht, dass in den Geschäftsräumen auf der Abstellfläche des Maybach Flecken aufgetreten sind. Der Beweis des Vorliegens eines Mangels kann deshalb von K geführt werden.

3. Weitere Voraussetzungen des Gewährleistungsrechts
Die die Gewährleistungsrechte ausschließende Regelung des § 442 BGB greift vorliegend nicht ein. Auch eine Verjährung der Gewährleistungsansprüche nach § 438 BGB kommt nicht in Betracht. Damit ist der Zugriff auf das allgemeine Leistungsstörungsrecht eröffnet.

4. Besondere Voraussetzungen des § 283 BGB

a) Anwendbarkeit
Für die Abgrenzung zwischen Schadensersatz neben und statt der Leistung ist zu fragen, ob im letztmöglichen Nacherfüllungszeitpunkt der Schaden durch die Nacherfüllung beseitigt worden wäre[53]. Hätte V rechtzeitig eine Reparatur der mangelhaften Benzinleitung vorgenommen, so wäre der Mangel vollständig behoben worden; das Fahrzeug wäre nicht in Brand geraten und zerstört worden. Es geht im vorliegenden Fall um das sog. Äquivalenzinteresse, d. h. das Interesse an vertragsgemäßer Leistung. Gegenstand des Verkaufs war das ganze Fahrzeug, nicht nur isoliert die Benzinleitung. Betroffen ist folglich genau die Leistung, die geschuldet war und nun endgültig ausgeblieben ist. Mithin ist der Schaden am selben Rechtsgut eingetreten, weshalb es sich um Schadensersatz statt der Leistung handelt.

b) Unmöglichkeit der Nacherfüllung[54]
Der Anspruch auf Schadensersatz statt der Leistung richtet sich nach § 281 BGB, wenn die Nacherfüllung (§ 439 BGB) noch erfolgen kann. Bei – nachträglicher – Unmöglichkeit der Nacherfüllung hingegen ist § 283 BGB einschlägig.

aa) Unmöglichkeit der Nachbesserung
Laut Sachverhalt ist das Fahrzeug vollständig abgebrannt. Nachbesserung durch V kann aus objektiver Sicht nicht mehr erfolgen, da dieser sonst verpflichtet wäre, ein ganz neues Fahrzeug herzustellen.

bb) Unmöglichkeit der Nachlieferung
Allerdings könnte eine Nachlieferung in Betracht zu ziehen sein. K hat von V ein Gebrauchtfahrzeug erworben. Der Leistungsgegenstand war individuell festgelegt. Es handelte sich also um einen Stückkauf. Ob beim Stückkauf eine Nachlieferung überhaupt möglich ist, ist streitig: Teilweise wird ein Nachlieferungsanspruch beim Stückkauf strikt abgelehnt[55]. Von den Vertretern dieser Auffassung wird die Nachlieferung beim Stückkauf entweder als aliud-Lieferung i. S. d. § 434 III BGB und somit als untauglicher Nacherfüllungsversuch angesehen oder bereits das Bestehen eines Anspruchs auf Nachlieferung für den Stückkauf

verneint. Nach einer weiteren Meinung ist eine Nacherfüllung bei Ersetzbarkeit (»Fungibilität«) der Sache durch eine andere, vergleichbare Sache möglich[56]. Diese Auffassung wird teilweise wieder eingeschränkt, sodass ein Nachlieferungsanspruch nur für den Kauf objektiv vertretbarer Sachen (§ 91 BGB) gegeben sein soll[57]. Nach einer neueren Entscheidung des BGH[58] ist eine Ersatzlieferung ausnahmsweise möglich, wenn die Sache nach der Vorstellung der Parteien, also subjektiv, durch eine gleichartige oder gleichwertige Sache ersetzt werden kann, sie also nach dem (hypothetischen) Parteiwillen (§§ 133, 157 BGB) erfüllungstauglich ist. Nach dem BGH ist dies bei gebrauchten Pkw regelmäßig zu verneinen[59]. Im vorliegenden Fall kann eine Entscheidung des Meinungsstreits aber dahinstehen: Auf Grund der sehr starken Individualisierung des Fahrzeuges durch die Speziallackierung ist das Fahrzeug nicht austauschbar. Daher liegt objektiv keine vertretbare Sache i. S. d. § 91 BGB vor. Es ist unwahrscheinlich, dass das betroffene Fahrzeug durch eine gleichwertige oder gleichartige Sache ersetzt werden kann. Fahrzeuge dieses Typs gibt es nur sehr wenige. Die außergewöhnliche Lackierung in Effektfarben führt dazu, dass auch auf subjektiver Seite kein anderer Pkw erfüllungstauglich wäre, da auf Grund der speziellen Optik und der Seltenheit des Fahrzeugtyps ein vergleichbares Fahrzeug wohl nicht existiert und es K gerade auf den Kauf genau dieses Kfz ankommt.

cc) Zwischenergebnis
Da V auf Grund des Brandes nun nicht mehr in der Lage ist, seiner Nacherfüllungspflicht nachzukommen, ist ihm diese nachträglich unmöglich geworden nach § 275 I BGB (anfänglich handelte es sich um einen behebbaren Mangel). § 283 BGB ist daher einschlägig.

c) Erheblichkeit der Pflichtverletzung (§§ 283 S. 2, 281 I 3 BGB)
Der Mangel ist überdies erheblich i. S. d. §§ 283 S. 2, 281 I 3 BGB. Ein Flüssigkeitsverlust an Fahrzeugen ist i. d. R. mit gravierenden Folgen für die Fahrzeugtechnik verbunden.

In einem neueren Urteil[60] bejaht der BGH zudem die Erheblichkeit der Pflichtverletzung bei Arglist[61]. V hat K verschwiegen, dass öfters Benzinflecke unter dem Pkw Maybach zu sehen waren. K konnte unter Berücksichtigung der Verkehrsanschauung redlicherweise darüber Aufklärung erwarten, da zwar keine allgemeine Pflicht besteht, ungefragt alle Umstände zu offenbaren[62], es sich bei möglichen Defekten der Benzinleitung aber wegen der damit verbundenen erheblichen Gefahren um besonders wichtige Umstände handelt. V traf daher die Pflicht, auf das Auftreten der Benzinspuren und seine fehlenden diesbezügli-

---

51 Lorenz NJW 2004, 3020 (3022).
52 BGH NJW 2004, 2299.
53 Ähnlich Palandt/Heinrichs BGB, 66. Aufl., § 280 Rdn. 18.
54 An dieser Stelle gingen viele Bearbeiter ohne Erörterung des § 283 BGB auf § 281 BGB ein. Dies war aber für die weitere Klausurlösung insofern unproblematisch, als im Sachverhalt ausdrücklich angesprochen ist, dass V keinesfalls auf seine Kosten eine Reparatur vornehmen wollte. Dies ist als ernsthafte und endgültige Leistungsverweigerung i. S. d. § 281 II BGB anzusehen und macht eine Fristsetzung zur Nacherfüllung entbehrlich.
55 Ackermann JZ 2003, 1154 (1156); für den echten Stückkauf: Tiedtke/Schmitt JuS 2005, 583 (586).
56 Canaris JZ 2003, 831 (838); Palandt/Weidenkaff BGB, 66. Aufl., § 439 Rdn. 15.
57 Pammler NJW 2003, 1992 (1994).
58 BGH NJW 2006, 2839.
59 BGH NJW 2006, 2839.
60 BGH NJW 2006, 1960.
61 Diese Rechtsprechung des BGH wird in der Literatur teils scharf mit dem Argument kritisiert, durch die Berücksichtigung der Arglist im Rahmen der Erheblichkeit werde ein Strafcharakter erzeugt, der dem Gesetz fremd sei. Vgl. hierzu Hey JURA 2006, 855 (858); Lorenz NJW 2006, 1925 (1927).
62 Palandt/Heinrichs BGB, 66. Aufl., § 123 Rdn. 5.

chen Untersuchungen der Ursache der Benzinflecke hinzuweisen[63]. Arglist erfordert (zumindest bedingten) Vorsatz, keine Absicht[64]. Sie ist gegeben, da V durch die Hinweise seiner Angestellten mit möglichen Schäden rechnen musste. Er machte seine Aussage über die Mangelfreiheit »ins Blaue hinein«.

5. Vertretenmüssen

Zudem dürfte das Vertretenmüssen des K nicht ausgeschlossen sein (§ 280 I 2 BGB). Im Fall des § 283 BGB ist der Bezugspunkt des Vertretenmüssens, d. h. die Frage, ob es für das Vertretenmüssen des Verkäufers auf die Unmöglichkeit der Nacherfüllung oder aber auf das Vertretenmüssen der Lieferung der mangelhaften Sache ankommt, umstritten. Nach der ganz h. M. ist im Rahmen der §§ 437 Nr. 3, 283 BGB auf das Vertretenmüssen des Unmöglichwerdens der Nacherfüllung abzustellen[65]. V hat das Leistungshindernis zu vertreten, da er auf Grund seiner Kenntnis von den Benzinflecken auf dem Boden in seinen Geschäftsräumen mit einem Entflammen als typischem Schadensverlauf rechnen musste und diesen Erfolg vermeiden konnte und musste. Er handelte also zumindest fahrlässig nach § 276 II BGB[66].

Selbst wenn man dies anders beurteilt, hätte V die Unmöglichkeit der Nacherfüllung gem. § 287 S. 2 BGB zu vertreten. V war im Zeitpunkt des Entflammens mit der Nacherfüllungspflicht in Schuldnerverzug gem. § 286 BGB, da der Nacherfüllungsanspruch fällig, wirksam und einredefrei bestand und V durch die Verweigerung der Reparatur die Nacherfüllungspflicht vorsätzlich nicht nachkam, also auch die Verzögerung zu vertreten hat (§ 286 IV BGB); auch hat K den V ausreichend nach § 286 I BGB gemahnt. Die Fristsetzung nach § 281 BGB enthält auch eine Mahnung i. S. d. § 286 BGB.

6. Schaden

a) Zerstörter Pkw

Fraglich ist, in welcher Höhe der Anspruch des K gegen V auf Schadensersatz statt der Leistung besteht. Nach § 249 I BGB gilt der Grundsatz der Naturalrestitution, d. h. der vor dem schädigenden Ereignis bestehende Zustand ist wiederherzustellen. Allerdings ist im vorliegenden Fall von dem Pkw nur noch ein Schrottgerippe übrig geblieben. K begehrt jedoch von V Schadensersatz in Geld. § 249 II BGB sieht vor, dass bei Beschädigung einer Sache auch der zur Wiederherstellung des Fahrzeuges erforderliche Geldbetrag verlangt werden kann. § 249 II BGB betrifft die Wiederherstellung des vor dem schädigenden Ereignis vorhandenen Zustandes, nicht der Sache. Deshalb zieht der BGH § 249 II BGB auch dann heran, wenn das Fahrzeug irreparabel beschädigt ist und der Wiederbeschaffungswert verlangt wird[67]. Die Beschaffung eines gleichartigen und gleichwertigen Ersatzfahrzeuges sowie die Reparatur sind Fälle der Naturalrestitution.

Bei ordnungsgemäßer Erfüllung, d. h. bei ordnungsgemäßer Nacherfüllung, hätte K jetzt einen Pkw im Wert von 140.000 € in seinem Vermögen. Daher sind K die Kosten der Wiederbeschaffung einer wirtschaftlich gleichwertigen Sache zu ersetzen[68]. Dies ist vorliegend der objektive Wert i. H. v. 140.000 €.

b) Plasmafernseher und Einbaukosten

Fraglich ist, ob K von V im Rahmen des Schadensersatzes statt der Leistung auch Ersatz für den zerstörten Plasmafernseher und die Einbaukosten verlangen kann. Vorliegend geht es wegen der vollständigen Zerstörung des Fernsehers um einen Schaden an einem anderen Rechtsgut, der durch die ordnungsgemäße Nachlieferung nicht mehr beseitigt werden könnte. Für derartige Mangelfolgeschäden an anderen Rechtsgütern ist § 280 I BGB die richtige Vorschrift[69]. V ist deshalb nicht berechtigt, aus §§ 280 I, III, 283, 437 Nr. 3, 433 I 2, 434 BGB auch Ersatz für den Plasmafernseher zu verlangen.

Überdies ist der Gläubiger im Rahmen des Schadensersatzes nach § 283 BGB so zu stellen, wie er gestanden hätte, wenn der Schuldner ordnungsgemäß geleistet hätte (positives Interesse)[70]. Bei ordnungsgemäßer Nacherfüllung durch V hätte K jedoch auch die Ausgaben für den Plasmafernseher aufgewendet, weshalb kein nach § 283 BGB ersatzfähiger Schaden vorliegt. Zwar hat die Rechtsprechung nach der sog. Rentabilitätsvermutung, welche auch bei § 283 BGB anwendbar ist, einen Aufwendungsersatz im Rahmen des Schadensersatzes statt der Leistung zugelassen, wenn es sich um kommerzielle Aufwendungen handelt, die unmittelbar mit dem Erwerb zusammenhängen[71]. Bei den von K getätigten Aufwendungen für Erwerb und Einbau des Plasmafernsehers handelte es sich dagegen um reine Privatinvestitionen, mit welchen er keinen wirtschaftlichen Erfolg anstrebte.

7. Mitverschulden (§ 254 I BGB)

Nachdem K unmittelbar bei V angemahnt hat, das Leck zu beseitigen, kommt ein Mitverschulden i. S. v. § 254 I BGB nicht in Betracht.

8. Zwischenergebnis

Ein Anspruch auf Schadensersatz statt der Leistung für den zerstörten Pkw aus §§ 280 I, III, 283, 437 Nr. 3, 433 I 2, 434 BGB besteht i. H. v. 140.000 €.

II. Anspruch auf Schadensersatz aus § 823 I BGB[72]

Zudem könnte K gegen V einen Anspruch auf Schadensersatz nach § 823 I BGB haben.

1. Rechtsgutsverletzung

Voraussetzung des § 823 I BGB ist zunächst das Vorliegen einer Rechtsgutsverletzung. Hierbei ist zu berücksichtigen, dass § 823 I BGB, anders als §§ 823 II, 826 BGB, keinen Vermögensschutz bietet. Eine Eigentumsverletzung liegt aber nur dann vor, wenn nicht nur das Äquivalenzinteresse betroffen ist, für das die Mängelrechte Sonderregelungen bereitstellen, sondern auch das sog. Integritätsinteresse[73]. Das Integritätsinteresse könnte vorliegend betroffen sein, weil zunächst nur die Benzinleitung mangelhaft war und sich der Schaden dann erst nach und nach auf das gesamte Fahrzeug ausgeweitet hat.

a) Rechtsprechung zum »Weiterfresserschaden« vor der Schuldrechtsreform

Ein Mangel, der bei Gefahrübergang auf einen Teil des Kaufgegenstandes begrenzt ist und der nach Gefahrübergang die

---

63 Zu einem ähnlichen Fall OLG Köln NJW-RR 1997, 1214.
64 Palandt/Heinrichs BGB, 66. Aufl., § 123 Rdn. 11.
65 Reinicke/Tiedtke Kaufrecht, 7. Aufl., Rdn. 535; Lorenz NJW 2002, 2497 (2503).
66 Auf Grund der von V unterlassenen Untersuchung des Pkw vor dem Verkauf käme auch ein Anspruch des K aus §§ 280 I, 241 II, 311 II BGB (c.i.c.) in Betracht. Aus Konkurrenzgründen ist die Haftung aus c.i.c. aber vorliegend ausgeschlossen. Das gilt nach überwiegender Meinung auch bei Arglist (vgl. Schulze/Ebers JuS 2004, 462 m. w. N.; Palandt/Weidenkaff BGB, 66. Aufl., § 437 Rdn. 51 b).
67 BGH NJW 2004, 1943.
68 Palandt/Heinrichs BGB, 66. Aufl., § 249 Rdn. 21.
69 Palandt/Heinrichs BGB, 66. Aufl., § 280 Rdn. 18; aA Hesseler/Kleinhenz JuS 2007, 706 (708).
70 BGHZ 126, 131; Palandt/Heinrichs BGB, 66. Aufl., § 283 Rdn. 6 i. V. m. § 281 Rdn. 25.
71 BGHZ 57, 78 (80).
72 Oftmals wurde von den Bearbeitern auf Grund einer Bejahung des Anspruches auf Schadensersatz statt der Leistung ein Eingehen auf § 823 I BGB nicht für erforderlich gehalten. Im Gutachten hat aber eine Bearbeitung unter allen in Betracht kommenden Gesichtspunkten zu erfolgen.
73 Palandt/Sprau BGB, 66. Aufl., § 823 Rdn. 10, 177.

weitere Beschädigung oder die Zerstörung der Kaufsache selbst herbeiführt, wird als sog. »Weiterfresserschaden« bezeichnet[74]. Der BGH hat eine Rechtsgutsverletzung bei diesen Schäden anerkannt[75]. Diese Rechtsprechung verfolgte v. a. das Ziel, die Unbilligkeit der kurzen Verjährungsfrist im Kaufrecht (sechs Monate) auszugleichen, da die Verjährung im Deliktsrecht demgegenüber drei Jahre ab Kenntnis vom Anspruch betrug, ohne diese Kenntnis 30 Jahre ab Begehung der unerlaubten Handlung (§ 852 BGB a. F.).

Der BGH stellte zur Qualifikation von »Weiterfresserschäden« darauf ab, dass der Schaden mit dem ursprünglichen Mangelunwert nicht stoffgleich sein dürfe[76]. An der Stoffgleichheit fehlt es, wenn der ursprüngliche Mangel ein funktional abgrenzbares Einzelteil der gesamten Kaufsache betrifft, der Mangel mit wirtschaftlich vertretbarem Aufwand aufzufinden sowie zu beheben gewesen wäre und der ursprüngliche Mangelunwert, verglichen mit der späteren Schadenshöhe, verhältnismäßig gering ist[77].

Im vorliegenden Fall war die Benzinleitung klar vom Pkw abgrenzbar. Zudem ist ein Leck in Leitungen eines Pkw relativ leicht behebbar. Im Vergleich zum gesamten Maybach stellt ein Leck in der Benzinleitung einen völlig geringfügigen Mangel dar, da die Schlauchleitung im Vergleich zum Gesamtfahrzeug einen nur ganz geringen Wert aufweist. Die vom BGH eingeführten Kriterien sind daher erfüllt. Stoffgleichheit liegt nicht vor. Es ist nicht nur das Äquivalenzinteresse betroffen.

b) Fortführung dieser Rechtsprechung nach der Schuldrechtsreform

Fraglich ist indes, ob diese Rechtsprechung des BGH zum »Weiterfresserschaden« auch nach der Schuldrechtsreform noch aufrechterhalten werden kann. Der Gesetzgeber selbst stellt die Rechtsprechung zum »Weiterfresserschaden« ausdrücklich in Frage, überlässt aber die Lösung des Problems Rechtsprechung und Literatur[78].

aa) Argumente gegen die Fortführung

Gegen die Fortführung der »Weiterfresser-Rechtsprechung« spricht, dass im Zuge der Schuldrechtsreform die Verjährungsfrist bei Mängelrechten auf mindestens zwei Jahre (bei beweglichen Sachen) ausgeweitet wurde (§ 438 I Nr. 3, II BGB). Im Deliktsrecht wurde die Verjährung hingegen auf die regelmäßige Verjährungsfrist nach § 195 BGB (drei Jahre) verkürzt; die kenntnisunabhängige Verjährung von 30 Jahren wurde gestrichen (A.II.1.a). Insofern fand eine Angleichung der Verjährungsvorschriften statt. Daher wird teils die Meinung vertreten, der Grund für die »Weiterfresser-Rechtsprechung« sei entfallen[79]. Zudem ist zu berücksichtigen, dass die Anerkennung eines Anspruches aus § 823 I BGB mit dem Erfordernis der Fristsetzung zur Nacherfüllung in Konflikt tritt[80]. Bei einer Haftung des Verkäufers aus § 823 I BGB wäre ihm das in § 439 BGB normierte »Recht zur zweiten Andienung« genommen.

bb) Argumente für die Fortführung

Jedoch übersieht die Auffassung, welche die »Weiterfresser-Rechtsprechung« als überholt ansieht, dass der Verjährungsbeginn im Deliktsrecht und bei den Mängelrechten weiterhin erhebliche Unterschiede aufweist: Die Verjährung beginnt bei den Mängelrechten mit der Ablieferung der Sache beim Käufer (§ 438 II BGB), d. h. der Verschaffung des unmittelbaren Besitzes durch den Verkäufer. Demgegenüber beginnt die Verjährung bei der im Deliktsrecht anwendbaren regelmäßigen Verjährungsfrist des § 195 BGB gem. § 199 I Nr. 1 und 2 BGB mit Jahresschluss (1. Unterschied) und ab Kenntnis bzw. Kennenmüssen der den Anspruch begründenden Umstände und der Person des Schuldners, § 199 Abs. 1 Nr. 2 BGB (2. Unterschied). Fehlt es am letztgenannten subjektiven Element, verjähren Sachschäden spätestens nach zehn Jahren, § 199 Abs. 3 Nr. 1 BGB. Die Differenz

beträgt daher immer noch bis zu acht Jahren. Als Argument für die Fortführung könnte weiterhin die Gleichschaltung mit der Produkthaftung angesehen werden. Zudem ist vorliegend die Nacherfüllung unmöglich (A.I.3.), sodass sich hier keine Kollision mit dem Fristerfordernis zur Nacherfüllung ergibt.

cc) Zwischenergebnis

Die Problematik der »Weiterfresserschäden« hat sich demnach nach der Schuldrechtsreform allenfalls etwas entschärft. Sie hat sich jedoch nicht gänzlich erledigt. An der bisherigen Rechtsprechung zu den »Weiterfresserschäden« ist daher festzuhalten[81].

Eine Eigentumsverletzung liegt somit vor.

2. Verletzungshandlung

Voraussetzung des § 823 I BGB ist weiterhin das Vorliegen einer Verletzungshandlung. Fraglich ist, ob diese hier in aktivem Tun (Lieferung des Maybach) oder im Unterlassen der Überprüfung des Pkw zu sehen ist[82]. Die Abgrenzung zwischen Tun und Unterlassen erfolgt nach überwiegender Auffassung nach der Gefahrerhöhung durch den Täter: d. h. derjenige, der sich dem fremden Rechtsgut gefährlich nähert, handelt aktiv; derjenige, der ohne die Gefahr durch sein Tun zu erhöhen, die Gefahr nicht abwendet, unterlässt[83]. Vorliegend hat V trotz des Hinweises durch seine Angestellten den Pkw nicht auf Mängel hin untersucht, sodass er die Gefahr ohne eigenes Tun erhöht hat. Maßgeblich ist somit das Unterlassen der Untersuchung des Fahrzeuges. Zwar bestehen für den Verkäufer generell keine gesonderten Pflichten zur Überprüfung eines Fahrzeuges. Anders ist dies jedoch, wenn besondere Anhaltspunkte für Mängel vorliegen[84]. Ein Benzinfleck auf dem Boden unter einem Fahrzeug deutet i. d. R. auf Undichtigkeiten hin. Folglich hätte V dadurch zumindest zu einer näheren Überprüfung des Maybach veranlasst werden müssen.

3. Haftungsbegründende Kausalität

Die haftungsbegründende Kausalität, d. h. die Kausalität zwischen Handlung und Rechtsgutsverletzung, ist zu bejahen, da ohne das Unterlassen der Überprüfung seitens des K niemals eine Zerstörung des Fahrzeuges eingetreten wäre (Äquivalenz). Ein Fahrzeugbrand infolge einer unterlassenen Überprüfung auf Mängel liegt auch nicht außerhalb jeder Lebenswahrscheinlichkeit (Adäquanz). Der Schutzzweck des § 823 I BGB umfasst derartige Eigentumsverletzungen.

4. Rechtswidrigkeit

Bei unmittelbaren Rechtsgutsverletzungen durch positives Tun ist nach der herrschenden Lehre vom Erfolgsunrecht die Rechtswidrigkeit als indiziert anzusehen[85]. Anders verhält es sich bei nur mittelbaren Rechtsgutsverletzungen oder Unterlassungen[86]. In diesen Fällen ist die Rechtswidrigkeit positiv festzustellen. Vorliegend ist von einem Unterlassen auszugehen (A.II.2.). Rechtswidrigkeit liegt dann vor, wenn eine Verhaltens- bzw. Verkehrs-

---

74 Masch/Herwig ZGS 2005, 24 (25).
75 BGHZ 67, 359 ff. (sog. Schwimmschalter-Entscheidung).
76 BGHZ 86, 256 ff. (sog. Gaszug-Fall).
77 BGH NJW 1985, 2420.
78 BT-Drs 14/6040, S. 229.
79 Lorenz/Riehm Lehrbuch zum neuen Schuldrecht, 1. Aufl., Rdn. 582.
80 Klose MDR 2003, 1215 (1218); Grigoleit ZGS 2002, 78 (79).
81 So auch Koch AcP 203 (2003), 603 (617); Bamberger/Roth/Spindler Beck'scher Online-Kommentar BGB, 2007, § 823 Rdn. 65.
82 Palandt/Sprau BGB, 66. Aufl., § 823 Rdn. 2.
83 Staudinger/Hager BGB, 2003, § 823 Rn H7.
84 OLG Köln NJOZ 2001, 1679 (1680).
85 Palandt/Sprau BGB, 66. Aufl., § 823 Rdn. 24.
86 Palandt/Sprau BGB, 66. Aufl., § 823 Rdn. 26; MünchKomm-BGB/Wagner, 4. Aufl., § 823 Rdn. 7.

sicherungspflicht verletzt wurde[87]. Wie sich bereits aus obigen Ausführungen ergibt, hat V eine ihm obliegende Überprüfungspflicht verletzt. Daher ist Rechtswidrigkeit zu bejahen.

5. Verschulden

Zudem müsste Verschulden (Vorsatz oder Fahrlässigkeit) des V vorliegen (§ 823 I BGB). Es ist jedenfalls fahrlässig, einer bemerkten Undichtigkeit einer Benzinleitung nicht nachzugehen. Es entspricht der im Verkehr erforderlichen Sorgfalt (§ 276 II BGB), die Ursache auftretender Benzinflecken unter einem Pkw zu erkunden. Hier wurde folglich die Überprüfungspflicht in fahrlässiger Weise verletzt.

6. Schaden

Ein Schaden i. H. v. 140.000 € ist eingetreten (A.I.6.a).

7. Haftungsausfüllende Kausalität

Kausalität zwischen Rechtsgutverletzung und Schaden liegt vor.

8. Mitverschulden

Nachdem K dem V sofort den Mangel mitteilte, sind Anhaltspunkte für ein Mitverschulden nicht ersichtlich.

9. Ergebnis

V hat dem K den objektiven Wert des Pkw (140.000 €) zu ersetzen.

B. Anspruch des K gegen V auf Schadensersatz für den Plasmafernseher

I. Anspruch auf Schadensersatz neben der Leistung aus §§ 280 I, 437 Nr. 3, 433 I 2, 434 BGB

Wie unter A.I.6. erörtert, handelt es sich beim zerstörten *Plasmafernseher* um einen nach §§ 280 I, 437 Nr. 3, 433 I 2, 434 BGB ersatzfähigen Begleitschaden, da dieser durch den Brand zerstört wurde. In den typischen Sachverhaltskonstellationen der Anschaffung von Zubehör ist dieses dagegen regelmäßig weiter verwendbar, sodass kein Begleitschaden vorliegt. Hier liegt der Fall wegen der Mitzerstörung aber anders. Ein Schuldverhältnis liegt vor (siehe A.I.1.). V hat durch die Lieferung einer mangelhaften Sache eine Pflicht aus dem Schuldverhältnis verletzt (siehe A.I.2.). Beim Schadensersatz neben der Leistung ist Bezugspunkt für das Vertretenmüssen die ursprüngliche Pflichtverletzung[88]. V hatte Kenntnis von den Benzinflecken unter dem Pkw. Daher hat er das Fahrzeug zumindest fahrlässig (§ 276 II BGB) mit Mängeln behaftet an K geliefert. Ferner ist die Kausalität zwischen Pflichtverletzung und Schaden zu bejahen.

Im Rahmen des § 280 I BGB sind alle Schäden zu ersetzen, die durch die Pflichtverletzung endgültig entstanden sind und durch Nachbesserung oder Ersatzlieferung nicht beseitigt werden können[89]. Ohne die Lieferung des Pkw mit dem Leck in der Benzinleitung hätte K nun einen Fernseher im Wert von 5.000 € in seinem Vermögen.

Fraglich ist, ob auch die *Einbaukosten* dem Schadensersatz neben der Leistung unterfallen. Bei den Einbaukosten handelt es sich um freiwillige Ausgaben, d. h. nicht um Schäden, die auch nicht durch V herausgefordert wurden. Anders als beim Plasmafernseher konnte es bei den Einbaukosten gerade nicht zu einer Substanzzerstörung kommen. Weiterhin führte der bloße Einbau auch nur zu einer sehr geringen Werterhöhung, da ein potentieller Käufer wohl nicht 1.000 € mehr für den Wagen nur wegen der Einbaukosten zahlen würde. Überdies sind die Aufwendungen, die der Käufer im Vertrauen auf die Mangelfreiheit der Sache gemacht hat, nicht vom Schadensersatz erfasst, da die Tatsache, dass der Verkäufer ursprünglich nicht mangelfrei geleistet hat, für sie nicht kausal ist[90].

Daher besteht ein Schadensersatzanspruch des K gegen V i. H. v. 5.000 € aus §§ 280 I, 437 Nr. 3, 433 I 2, 434 BGB nur für den zerstörten Fernseher.

II. Anspruch auf Aufwendungsersatz gem. §§ 284, 437 Nr. 3, 433 I 2, 434 BGB

1. Anspruchsvoraussetzungen des § 284 BGB

Aufwendungen i. S. d. § 284 BGB sind die vom Gläubiger im Hinblick auf den Erhalt der Leistung freiwillig erbrachten Vermögensopfer[91]. Die Aufwendungen können ideeller oder kommerzieller Natur sein[92]. K hat für den Erwerb des Fernsehers 5.000 € aufgewendet. Die Investition in den Plasmafernseher tätigte K nach wirksamer Begründung des Schuldverhältnisses. Die Aufwendungen wurden also im Vertrauen auf den Erhalt der Leistung gemacht[93]. Zudem besteht kein Anlass, daran zu zweifeln, dass K die Aufwendungen billigerweise machen durfte, da bei einem Luxusfahrzeug im Wert von 140.000 € eine Ausstattung mit wertvoller Unterhaltungselektronik nicht völlig unüblich ist. Die Aufwendungen des Käufers für eine mangelhafte Sache sind regelmäßig vergeblich, wenn der Käufer die Sache zurückgibt oder sie jedenfalls nicht bestimmungsgemäß nutzen kann und deshalb auch die Aufwendungen nutzlos sind[94]. Gleiches muss gelten, wenn die Zubehörteile mit der mangelhaften Sache untergehen. Ob Zubehörteile, die der Käufer für das mangelhafte Fahrzeug erworben hat, für ihn anderweitig verwendbar wären, ist für die Ersatzpflicht grundsätzlich ohne Bedeutung[95]. Daher wirkt sich die Zerstörung nicht auf den Anspruch aus. Ein Anspruch aus § 284 BGB ist daher grundsätzlich gegeben[96].

2. Verhältnis zum Anspruch aus §§ 280 I, 437 Nr. 3, 433 I 2, 434 BGB

Jedoch ist zu berücksichtigen, dass der Anspruch aus § 284 BGB nur an die Stelle eines Anspruchs auf Schadensersatz statt der Leistung tritt, der auf Ersatz des positiven Interesses gerichtet ist. § 284 BGB findet daher keine Anwendung, wenn dem Geschädigten ein Anspruch auf Ersatz von Begleitschäden nach § 280 I BGB zusteht[97]. K kann von V daher nicht nach §§ 284, 437 Nr. 3, 433 I 2, 434 BGB Ersatz der Aufwendungen für den Plasmafernseher verlangen.

IV. Anspruch auf Schadensersatz aus § 823 I BGB

V hat die Überprüfung des Maybach unterlassen (s. o., A.II.2.). Durch den entstandenen Brand wurde der Fernseher des K

87 BGH NJW 1996, 2507 ff.
88 Bamberger/Roth/FAUST Beck'scher Online-Kommentar BGB, 2007, § 437 Rdn. 140.
89 CANARIS ZIP 2003, 322; Palandt/HEINRICHS BGB, 66. Aufl., § 280 Rdn. 18.
90 Bamberger/Roth/FAUST Beck'scher Online-Kommentar BGB, 2007, § 437 Rdn. 137. **Hinweis:** Ebenso gut vertretbar erscheint es, unter Berufung auf den Restitutionsgedanken die Einbaukosten dem Schadensersatz neben der Leistung nach §§ 280 I, 437 Nr. 3, 433 I 2, 434 BGB zuzuordnen. Folgt man diesem Lösungsweg, so ist darauf abzustellen, dass es im Rahmen von § 280 BGB zum Eigentumsverlust an einem Einbau zu einer Wertsteigerung des Pkw um 1.000 € geführt hat.
91 Palandt/HEINRICHS BGB, 66. Aufl., § 284 Rdn. 5.
92 BGH NJW 2005, 2848.
93 Palandt/HEINRICHS BGB, 66. Aufl., § 284 Rdn. 6.
94 BGH NJW 2005, 2848 (2850).
95 BGH NJW 2005, 2848 (2850).
96 Nach BGH NJW 2005, 2848 ist bei Zuerkennung von Aufwendungsersatz für die gezogenen Nutzungen ein Abzug vorzunehmen. Ausführungen hierzu wurden mangels Angaben im Sachverhalt zur Nutzbarkeit des Pkw nicht erwartet.
97 Staudinger/OTTO BGB, 2004, § 284 Rdn. 23; Bamberger/Roth/UNBERATH Beck'scher Online-Kommentar BGB, 2007, § 284 Rdn. 8.

zerstört. Somit liegt eine Eigentumsverletzung in Form der Substanzverletzung vor, da das Eigentum zum Zeitpunkt des Schadensereignisses geschützt ist[98]. Daher spielt es keine Rolle, dass die Pflichtverletzung durch V bereits vor Eigentumserwerb des K stattfand; die Setzung der Ursache und der Eintritt des Schadens können auseinander fallen[99]. Hätte V die gebotene Überprüfung durchgeführt, wäre das Fahrzeug nicht in Brand geraten und der Fernseher noch intakt. Es liegt auch nicht außerhalb jeder Lebenswahrscheinlichkeit, dass Benzin in den heißen Motorraum tropft und durch den anschließenden Brand Gegenstände im Pkw zerstört werden. Derartige Schäden sind ferner vom Schutzzweck der Norm erfasst. Die haftungsbegründende Kausalität liegt somit vor. V hat das Fahrzeug fahrlässig nicht untersucht (A.II.5.). Der Schaden beträgt vorliegend 5.000 € (B.I.). Auch die haftungsausfüllende Kausalität, d. h. die Kausalität zwischen Rechtsgutsverletzung und Schaden, liegt vor. K hat gegen V einen Anspruch auf Schadensersatz i. H. v. 5.000 € i. S. d. § 823 I BGB.

V. Ergebnis

K hat gegen V einen Anspruch auf Schadensersatz für den Plasmafernseher i. H. v. 5.000 €.

C. Anspruch des K gegen V auf Ersatz der Aufwendungen für den Einbau des Fernsehers gem. §§ 284, 437 Nr. 3, 433 I 2, 434 BGB

Ein Anspruch aus §§ 280 I, 437 Nr. 3, 433 I 2, 434 BGB besteht nicht (B.I.).

K könnte gegen V einen Anspruch auf Ersatz der Aufwendungen für den Einbau des Fernsehers gem. §§ 284, 437 Nr. 3, 433 I 2, 434 BGB haben.

Kaufvertrag und Sachmangel liegen vor (A.I.1. und A.I.2.). § 284 BGB gewährt einen Anspruch auf Aufwendungsersatz nur anstelle des Schadensersatzes statt der Leistung. Daher müssen dessen Voraussetzungen vorliegen. Wie oben bereits geprüft wurde (A.I.), sind die Voraussetzungen des Schadensersatzes statt der Leistung gegeben. K hat 1.000 € in den Einbau des Fernsehers

investiert. Diese Kosten wären auch bei ordnungsgemäßer Vertragserfüllung seitens des V angefallen. Mithin handelt es sich nicht um Schäden (unfreiwillige Vermögenseinbußen), sondern um freiwillige Vermögenseinbußen (Aufwendungen). Die Aufwendungen müssen nicht unmittelbar mit dem Erwerb zusammenhängen (Wortlaut). Zu den zu ersetzenden Aufwendungen gehören auch Einbaukosten[100]. Der Einbau des Plasmafernsehers erfolgte auch im Vertrauen auf den Erhalt der Leistung, da die Aufwendungen in der Zeit nach Abschluss des Kaufvertrages getätigt wurden. K durfte die 1.000 € auch billigerweise investieren, da sie nicht in einem offensichtlichen Missverhältnis zum Wert des Maybach stehen. Allerdings besteht der Aufwendungsersatz i. S. d. § 284 BGB stets nur anstelle des Schadensersatzes statt der Leistung (hier für den Maybach). Der von K mit dem Einbau verfolgte Zweck wurde vereitelt[101], denn die Einbaukosten waren für K auf Grund des Brandes nutzlos.

Zu beachten ist aber, dass K ein Anspruch auf Aufwendungsersatz für die Einbaukosten nur dann zusteht, wenn er keinen Schadensersatz statt der Leistung für den zerstörten Pkw geltend macht (§ 284 BGB: »anstelle«).

D. Ergebnis

K steht ein Wahlrecht zu:

Er kann von V Schadensersatz statt der Leistung i. H. v. 140.000 € für den Pkw und Schadensersatz neben der Leistung i. H. v. 5.000 € für den zerstörten Plasmafernseher verlangen. Alternativ hierzu hat K einen Anspruch auf Ersatz vergeblicher Aufwendungen für den Einbau des Plasmafernsehers (1.000 €). Im vorliegenden Fall wird K sich folglich für Schadensersatz statt und Schadensersatz neben der Leistung entscheiden, da er so einen höheren Ersatzbetrag erhalten kann.

---

98 BGH NJW 1993, 655 (656 f.).
99 Staudinger/HAGER BGB, 2003, § 823 Rn B79.
100 BGH NJW 2005, 2848.
101 MünchKomm-BGB/ERNST, 4. Aufl., § 284 Rdn. 23.

Fall 3

Walburgas Ende

Von Wiss. Ass. Dr. Fabian Klinck, Passau

Gesetzlicher Eigentumserwerb – Besitzerwerb durch Hilfspersonen – Eigentümer-Besitzer-Verhältnis – ius variandi

Diese Referendarexamensklausur hat ihren Schwerpunkt im Sachen- und allgemeinen Schuldrecht. Sie verlangt von ihrem Bearbeiter, in knapper Zeit eine Vielzahl einschlägiger Anspruchsgrundlagen zu prüfen, und bietet demjenigen Gelegenheit, ins höchste Notenspektrum vorzustoßen, der die im Sachverhalt weniger offensichtlich angelegten und teils recht anspruchsvollen Probleme erkennt.

SACHVERHALT

D begibt sich auf die Weide des E und stiehlt dessen trächtige Stute Walburga, ein Reitpferd im Wert von € 5.000. P, der Pferdeknecht

des Herrenreiters H, ist von diesem mit dem Kauf einer Stute beauftragt worden und kauft D das Pferd für € 1.500 ab, wobei er im Namen des H auftritt. P erkennt die Diskrepanz zwischen Preis und Wert der Stute, hält aber dennoch D für den Eigentümer. Er will das gute Geschäft nicht durch Nachfragen gefährden, sondern für sich ausnutzen: Dem nichtsahnenden H sagt P, das Pferd habe € 5.000 gekostet. Nachdem er diese Summe von H erhalten hat, gibt er davon € 1.500 dem D; den Rest behält er für sich.

Nach einigen Monaten gebiert Walburga das Fohlen Felix, worüber H sehr erfreut ist. Zu dieser Zeit leidet er nämlich unter drückenden Geldsorgen. Schweren Herzens verkauft er daher Walburga für € 1.000 an den Pferdeschlachter S. Der Preis entspricht dem Wert des unverarbeiteten Fleisches der Walburga. S schlachtet das Tier, verarbeitet es weiter und erlöst aus dem Verkauf des Fleisches € 1.500. Die Weiterverarbeitung hatte einen Wert von € 250.

H gelingt es aufgrund seines besonderen Verhandlungsgeschicks, das Fohlen, das einen Wert von € 750 hat, für € 1.000 an K zu verkaufen. H liefert prompt, jedoch zahlt K trotz drängender Aufforderungen des H nicht. Schließlich setzt H dem K eine »letzte Zahlungsfrist« von einem Monat, nach deren Ablauf er das Fohlen zurückhaben und von dem Kaufvertrag nichts mehr wissen wolle. K zahlt nicht, zumal das Fohlen inzwischen auf seiner gut bewachten und beaufsichtigten Koppel unglücklich in eine Hanfschlinge gelaufen ist und sich so erdrosselt hat. H verlangt nach Fristablauf das Fohlen zurück. Als K ihm das tote Fohlen geben will, verweigert H die Annahme; er möchte nun Schadensersatz, da er aufgrund seiner Geldsorgen einen Monat zuvor einen Kredit über € 1.000 zu einem Zinssatz von 12% aufnehmen musste.

1. Wem gehörte das Fohlen, als H es an K verkaufte?
2. Nachdem E von der ganzen Geschichte erfahren hat, will er von Ihnen wissen, welche Ansprüche ihm gegen die Beteiligten zustehen.

LÖSUNG

A. Wem gehörte das Fohlen?

E ist gemäß § 953[1] mit Geburt des Fohlens dessen Eigentümer geworden, wenn Felix Frucht der Walburga ist (I), E bei Geburt des Felix Eigentümer der Walburga war (II) und kein anderer gemäß §§ 954 ff. Eigentum erworben hat (III)[2].

I. Das Fohlen als Frucht

Früchte sind nach § 99 I die Erzeugnisse einer Sache und die sonstige Ausbeute. Vorliegend geht es zwar um Tiere, nicht um Sachen; jedoch finden sachenrechtliche Vorschriften auf Tiere sinngemäße Anwendung, § 90 a S. 2. Felix ist ein Erzeugnis der Walburga. Entsprechend § 99 I[3] ist er daher Frucht der Stute.

II. Eigentum an der Muttersache

Um gemäß § 953 Eigentum an Felix erwerben zu können, müsste E bei dessen Geburt Eigentümer der Stute gewesen sein. Ursprünglich war er dies auch. Er könnte sein Eigentum aber durch Übereignung des D an H verloren haben, § 929 S. 1.

H selbst trat mit D nicht in Kontakt; jedoch trat P im Namen des H auf. P hat H bei Abschluss der dinglichen Einigung wirksam vertreten, wenn er in dessen Namen mit Vertretungsmacht eine eigene Willenserklärung abgab, § 164 I. P handelte im Namen des H. Im »Auftrag« des H an P, eine Stute zu kaufen, ist die Erteilung einer Innenvollmacht gemäß § 167 I (1) enthalten[4]. Dass P eine eigene Willenserklärung abgab, ist daran zu sehen, dass er eine gewisse Freiheit in Preisgestaltung und Auswahl des Pferdes genoss. P täuschte den H später über den wahren Preis der Stute, doch berührt das Fragen des Innenverhältnisses und nicht die Wirksamkeit der Stellvertretung nach außen[5]. P hat H bei der dinglichen Einigung im Sinne des § 929 S. 1 wirksam vertreten. Eine dingliche Einigung zwischen D und H liegt vor.

Des Weiteren müsste D die Stute an H übergeben haben. Tatsächlich wurde die Stute dem P übergeben, doch hat H dadurch unmittelbaren Besitz erworben, wenn P sein Besitzdiener war, § 855[6]. P arbeitet als Pferdeknecht in gewisser sozialer Abhängigkeit für H und hat dessen Weisungen in Bezug auf die Pferde Folge zu leisten. Er ist Besitzdiener des H, so dass H durch die Übergabe an P unmittelbaren Besitz an der Stute erlangte[7].

D jedoch war nicht befugt, über die von ihm gestohlene Stute zu verfügen; ein Erwerb gemäß § 929 S. 1 scheidet aus.

In Frage kommt jedoch ein gutgläubiger Erwerb gemäß § 932 I. Dazu dürfte H freilich in Ansehung des fehlenden Eigentums des D an der Stute nicht bösgläubig gewesen sein. Da er bei der

dinglichen Einigung von P vertreten wurde, ist gemäß § 166 I nicht sein guter Glaube entscheidend, sondern der des P. Bösgläubig ist, wer das fehlende Eigentum des Verfügenden kennt oder grob fahrlässig nicht kennt, § 932 II. Positive Kenntnis davon, dass D dem E die Stute gestohlen hatte, hatte D nicht. Er kannte jedoch die enorme Differenz zwischen dem Wert der Stute und dem Preis, den er zahlen sollte. Daher traf ihn die Pflicht, sich der ordnungsgemäßen Herkunft des Pferdes zu vergewissern[8]. Diese verletzte P, als er einem Verdacht nicht nachging, der sich jedem Redlichen aufdrängen musste. P war in seiner Unkenntnis des fehlenden Eigentums des D grob fahrlässig und deshalb gemäß § 932 II (2) bösgläubig. Diese Bösgläubigkeit wird H gemäß § 166 I zugerechnet. Ein gutgläubiger Erwerb scheidet daher aus.

E ist Eigentümer der Stute und damit der Muttersache der Frucht Felix geblieben. Er hat an Felix mit dessen Geburt gemäß § 953 Eigentum erworben, wenn kein Eigentumserwerb gemäß §§ 954 ff. eingetreten ist.

III. Eigentumserwerb des H gemäß § 955 I

In Betracht kommt hier nur ein Fruchterwerb des H gemäß § 955 I. H besaß Walburga in dem Glauben, sie gehöre ihm; er war Eigenbesitzer, § 872. Jedoch könnte der Erwerb gemäß § 955 I 2 ausgeschlossen sein. Das ist der Fall, wenn H kein Recht zum Besitz hatte und er bei Besitzerwerb nicht gutgläubig war oder vor Geburt des Felix von seiner fehlenden Besitzberechtigung erfuhr.

H war zum Eigenbesitz der Stute nicht berechtigt, selbst jedoch bei Besitzerwerb und auch bei der Geburt des Fohlens gutgläubig. P dagegen war, wie oben dargelegt, in seiner Unkenntnis der fehlenden Berechtigung des D grob fahrlässig und damit bösgläubig. Diese Bösgläubigkeit aber kann H nicht aufgrund unmittelbarer Anwendung des § 166 zugerechnet werden, denn es

---

1 Alle §§ sind solche des BGB.
2 Vgl. zur Systematik der §§ 953 ff. WIELING, Sachenrecht, Bd. 1, 2. Aufl., 2006, § 11 III, S. 456 ff., WILHELM, Sachenrecht, 3. Aufl., 2007, Rdn. 1039 ff., und Staudinger/GURSKY, Neubearb. 2004, Vorbem. zu §§ 953 ff. Rdn. 3.
3 Der Frage, ob nach § 90 a die sachenrechtlichen Vorschriften auf Tiere direkt oder nur analog anzuwenden sind, kann wegen des Analogieverbots gemäß Art. 103 II GG im Strafrecht Relevanz zukommen, KÜPER, JZ 1993, 435 ff. Im Zivilrecht hat § 90 a aber allenfalls geringe Bedeutung, vgl. die Glossen von K. SCHMIDT, JZ 1989, 790 ff., und BRAUN, JuS 1992, 758 ff.
4 Die Vollmachtserteilung ist eine Willenserklärung, die auch konkludent abgegeben werden kann, BORK, Allgemeiner Teil des Bürgerlichen Gesetzbuchs, 2. Aufl., 2006, Rdn. 1460. Eine konkludente Bevollmächtigung geht meist mit der Begründung des Innenverhältnisses einher, LARENZ/WOLF, Allgemeiner Teil des Bürgerlichen Rechts, 9. Aufl. 2004, § 47 Rdn. 19; dies ist im Zweifel – wenn also entgegenstehende Anhaltspunkte fehlen – vor allem dann anzunehmen, wenn die Erfüllung einer übertragenen Aufgabe eine Vollmacht erfordert, MEDICUS, Allgemeiner Teil des BGB, 9. Aufl., 2006, Rdn. 928; MünchKommBGB/SCHRAMM, 5. Aufl., 2006, § 167 Rdn. 40, dort auch umfangreich zur konkludenten Innenvollmacht allgemein, Rdn. 37–45.
5 Zur Beschränkung der Vollmacht durch das Innenverhältnis und ihren Grenzen PAWLOWSKI, Allgemeiner Teil des BGB, 7. Aufl., 2003, Rdn. 678 ff., und BORK (o. Fn. 4), Rdn. 1480–1496.
6 Zur von der herrschenden Meinung abgelehnten Stellvertretung im Besitzerwerb KLINCK, AcP 205 (2005), 487 ff. Für sie besteht hier kein Bedürfnis, da H eigenen Besitzwillen bezüglich der von P zu erwerbenden Stute hat und die tatsächliche Sachgewalt durch den Besitzdiener P selbst ausübt, den Besitztatbestand also in eigener Person erfüllt.
7 Die Abgrenzung von Besitzmittlung und Besitzdienerschaft kann schwierig sein, der vorliegende Fall ist jedoch eindeutig. Wer P dennoch als Besitzmittler ansieht, muss im zweiten Teil eine Vindikationslage zwischen E und P annehmen und § 993 berücksichtigen.
8 Zur Nachforschungspflicht im Rahmen des § 932 ausführlich WIELING, Sachenrecht I (o. Fn. 2), § 10 III 3 d, S. 377 f. Zu den »Erkundigungsobliegenheiten« auch Staudinger/WIEGAND (o. Fn. 2), § 932 Rdn. 55–85. Dabei handelt es sich in Wahrheit freilich um echte Rechtspflichten, deren schuldhafte Verletzung etwa eine deliktische Haftung aus § 823 I auslöst, WIELING, Sachenrecht I (o. Fn. 2), § 10 III 3 d, S. 377 Fn. 32.

geht hier nicht um die Folgen einer Willenserklärung, sondern die Folgen des Besitzerwerbs als eines Realaktes[9]. Es ist umstritten, wie eine Zurechnung der Bösgläubigkeit in Fällen wie dem vorliegenden zu konstruieren ist[10]. Nach einer ersten Meinung ist eine Zurechnung analog § 831 I vorzunehmen[11]. Da sich eine Exkulpationsmöglichkeit aus dem Sachverhalt nicht ergibt, muss H wegen der Beweislastverteilung des § 831 I 1, 2 als bösgläubig angesehen werden. Nach einer zweiten Meinung erfolgt die Zurechnung analog § 166 I[12], jedenfalls bei vertreterähnlicher Stellung des Gehilfen[13]. Diese ist hier wegen der Vollmacht des P anzunehmen. Beide Ansichten gelangen zu demselben Ergebnis: einer Zurechnung der Bösgläubigkeit des P. Eine Auseinandersetzung mit ihnen kann dahinstehen[14]. Gemäß § 955 I 2 ist ein Erwerb des H nach § 955 I 1 ausgeschlossen[15].

IV. Ergebnis

E ist gemäß § 953 Eigentümer des Fohlens geworden.

B. Ansprüche des E

I. Ansprüche des E gegen D

1. §§ 687 II, 678; §§ 687 II, 681 S. 2, 667; Geschäftsführung ohne Auftrag

D hat mit der Veräußerung der Stute an H wissentlich ein Geschäft des E geführt[16]. Aus dieser angemaßten Eigengeschäftsführung des D hat E einen Anspruch aus §§ 687 II, 681 S. 2, 667 auf Herausgabe der erlangten € 1.500 oder aus §§ 687 II, 678 auf Schadensersatz[17]. Die Höhe dieses Anspruchs bemisst sich nach §§ 249 ff.: D hat E so zustellen, wie er stünde, hätte D das Geschäft des E nicht geführt. Die vorrangig zu leistende Naturalrestitution der mittlerweile geschlachteten Stute ist unmöglich. D schuldet ihretwegen daher Wertersatz gemäß § 251 I (1) i. H. v. € 5.000. Zusätzlich haftet er gemäß § 252 auch für den Wert des Fohlens (€ 750) als entgangenen Gewinn, zu dem auch die Sachfrüchte zählen. Insgesamt schuldet D daher € 5.750 Schadensersatz.

2. §§ 985 ff.; Eigentümer-Besitzer-Verhältnis

a) Wegen der Weitergabe der Stute an P, die stattfand, während zwischen D und E eine Vindikationslage bestand[18], haftet der bösgläubige D dem E aus §§ 989, 990 I 1 auf Schadensersatz i. H. v. € 5.750.

b) Aus §§ 990 I 1, 987 I hat E einen Anspruch auf Nutzungsherausgabe; jedoch ist die Weiterveräußerung weder Frucht noch Gebrauchsvorteil und daher gemäß § 100 keine Nutzung. Das Fohlen als Frucht hingegen ist eine Nutzung, doch hat D sie weder gezogen noch schuldhaft zu ziehen unterlassen.

3. §§ 992, 823 I, II, 826; Delikt

E hat gegen D wegen des Diebstahls der Stute aus §§ 823 I, 823 II i. V. m. § 242 I StGB, § 826[19], zudem wegen ihrer Weitergabe an P aus §§ 992, 823 I, 826 einen Anspruch auf Schadensersatz i. H. v. € 5.750.

4. § 812 I 1 (2); Eingriffskondiktion

Unabhängig von der Frage, ob man neben Ansprüchen aus dem Eigentümer-Besitzer-Verhältnis gegen den bösgläubigen Besitzer bereicherungsrechtliche Ansprüche zulassen will[20], hat E wegen des Diebstahls gegen D weiterhin einen Anspruch aus § 812 I 1 (2) auf Herausgabe der Bereicherung. Da er bösgläubig ist und das Pferd selbst nicht mehr herausgeben kann, haftet er gemäß §§ 819 I, 818 IV, 292 I, 989 auf Schadensersatz i. H. v. € 5.750.

5. § 816 I 1; Eingriffskondiktion

Der Anspruch aus § 816 I 1 ist zunächst nicht gegeben, da die Veräußerung der Stute durch D an H nicht wirksam war. E aber kann die Verfügung des D gemäß § 185 II 1 (1) genehmigen und dadurch wirksam werden lassen. Nach heute wohl allgemeiner Ansicht[21] kann er sich auf diese Weise auch den Anspruch aus § 816 I 1 auf € 1.500[22] verschaffen.

9 Dass auch im Besitzerwerb Stellvertretung möglich ist (o. Fn. 6), ändert nichts daran, dass §§ 164 ff. nicht unmittelbar anwendbar sind, denn sie regeln nur die Stellvertretung bei Abgabe einer Willenserklärung. Das wiederum bedeutet freilich nicht, dass eine Stellvertretung nicht auch bei anderen Rechtshandlungen möglich wäre.

10 Zu diesem Meinungsstreit vgl. GURSKY, 20 Probleme aus dem BGB: Das Eigentümer-Besitzer-Verhältnis, 7. Aufl., 2005, 12. Problem, S. 67 ff.

11 MEDICUS, Bürgerliches Recht, 21. Aufl., 2007, Rdn. 581; DERS., in: MünchKommBGB, 4. Aufl., 2004, § 990 Rdn. 12; Erman/EBBING, BGB, 11. Aufl., 2004, § 990 Rdn. 4; WESTERMANN, JuS 1961, 79, 82; BAUR/STÜRNER, Sachenrecht, 17. Aufl., 1999, § 5 II 1 c, Rdn. 15. WILHELM lehnt jede Zurechnung des bösen Glaubens ab und will § 831 nur in seiner gewöhnlichen Funktion und im Hinblick auf § 992 anwenden, vgl. AcP 183 (1983), 1, 16 ff.; DENS., Sachenrecht (o. Fn. 2), Rdn. 1244 f.

12 WIELING, Sachenrecht I (o. Fn. 2), § 4 IV 2 b, S. 176, und § 12 II 3 c, S. 563 f.; WOLFF/RAISER, Sachenrecht, 10. Bearb., 1957, § 13 II, S. 45; BERG, JuS 1965, 190, 194; RABE, Die Behandlung der Bösgläubigkeit des Besitzdieners beim Besitzerwerb nach § 990, 1970, S. 163 ff.; KIEFNER, JA 1984, 189, 192 ff.; WALTERMANN, AcP 192 (1992), 181, 194 ff.; GURSKY, in: WESTERMANN, Sachenrecht, 7. Aufl., 1998, § 14.3, S. 100; DERS., in: Staudinger, Neubearb. 2006, § 990 Rdn. 47 f.

13 So differenziert etwa BGHZ 32, 53, 56 ff., dem ein Teil der in Fn. 12 zitierten Literatur folgt. Damit gab der BGH seine Rechtsprechung aus BGHZ 16, 259, 263 ff. auf, wo der Sache nach § 831 Anwendung fand.

14 Überzeugender ist die Ansicht, die auf eine Analogie zu § 166 I zurückgreift. Wer dagegen auf die »deliktische Natur« des Anspruchs aus § 990 abhebt, setzt sich dem Verdacht aus, das Problem der Schadensersatzhaftung und der Wissenzurechnung zu vermengen; dazu WIELING, Sachenrecht I (o. Fn. 2), § 4 IV 2 b, S. 176, und § 12 II 3 c, S. 563 f.

15 Wer hier irrig guten Glauben des H annimmt und den Eigentumserwerb weiter prüft, muss sich mit der Frage auseinandersetzen, ob nicht das Fohlen nach § 935 abhanden gekommen war; vgl. dazu unten bei und in Fn. 47.

16 Zum Recht der Geschäftsführung vgl. die Aufsatzreihe von MARTINEK/THEOBALD in JuS 1997/1998. Zu Geschichte und System des Geschäftsführungsrechts vgl. die instruktive Kommentierung von Erman/EHMANN (o. Fn. 11), vor § 677.

17 Selbstverständlich schließt die Geltendmachung des einen Anspruchs die des anderen aus, Erman/EHMANN (o. Fn. 11), § 687 Rdn. 3 a. E.

18 Es ließe sich durchaus vertreten, dass E sich nicht mehr auf ein fehlendes Besitzrecht des D berufen darf, wenn er ihn aus §§ 687 II, 681 S. 2, 667 in Anspruch nimmt: Wer die Vorteile des geführten Geschäfts abschöpfen will, handelt widersprüchlich (Verbot des *venire contra factum proprium*, § 242), wenn er sich zugleich auf die Unrechtmäßigkeit der Geschäftsführung und des dazu notwendigen Besitzes an der von ihr betroffenen Sache beruft.

19 Man muss § 992 hier mitzitieren, wenn man aus dieser Norm den Gegenschluss zieht, dass die Sperrwirkung des § 993 I auch für Delikte gilt, die das Eigentümer-Besitzer-Verhältnis erst begründen; dagegen aber Staudinger/GURSKY (o. Fn. 12), § 992 Rdn. 3.

20 Die Konkurrenz zwischen Bereicherungsrecht und dem Recht des Eigentümer-Besitzer-Verhältnisses ist lebhaft umstritten; vgl. den Überblick über die Meinungen und ihre Argumente bei GURSKY, 20 Probleme (o. Fn. 10), 9. Problem, S. 43 ff.; WIELING, Sachenrecht I (o. Fn. 2), § 12 I 3 c und d, S. 550 ff. Nahezu unumstritten ist aber, dass Bereicherungsansprüche gegen Nichtherausgabe der Sache selbst neben §§ 987 ff. bestehen, Staudinger/GURSKY (o. Fn. 12), Vorbem. zu §§ 987–993 Rdn. 39; WILHELM, Sachenrecht (o. Fn. 2), Rdn. 1342.

21 Palandt/SPRAU, BGB, 67. Aufl., 2008, § 816 Rdn. 9 m. w. N.; BGH JZ 1961, 24; BGH NJW 1972, 1197, 1198; BGHZ 107, 340, 341 (st. Rspr.); anders etwa noch HECK, Grundriß des Schuldrechts, 1929, § 142, S. 426 f.

22 Für den hier gegebenen Fall, dass die aufgrund der Verfügung erlangte Gegenleistung weniger wert ist als der Verfügungsgegenstand, ist es ganz herrschende Ansicht, dass nur der geringere Wert der Gegenleistung, nicht der Wert des Verfügungsobjekts nach § 816 I 1 BGB kondiziert werden kann; anders aber neben REUTER/MARTINEK, Ungerechtfertigte Bereicherung, 1983, § 8 I 4 e, S. 325 ff., auch WIELING, Bereicherungsrecht, 4. Aufl., 2007, § 4 III 1 d cc, S. 62 f. Heftig umstritten ist die Frage, ob der Wert der Gegenleistung auch herausverlangt werden kann, soweit er den Verkehrswert der Sache übersteigt, dazu unten bei Fn. 48 f.

II. Ansprüche des E gegen P

1. §§ 985 ff.; Eigentümer-Besitzer-Verhältnis

E hat gegen P keine Ansprüche aus § 985 ff., denn P war als Besitzdiener des H nicht selbst Besitzer, so dass bezüglich der Stute schon keine Vindikationslage vorlag[23].

2. § 823 I, II; Delikt

Wegen des Erwerbs der Stute durch P hat E keinen Anspruch aus § 823 II i. V. m. § 259 I StGB, da kein Vorsatz des P bezüglich einer Hehlerei vorliegt. Jedoch haftet P, dem als Besitzdiener der Schutz des § 993 I nicht zukommt, aus § 823 I: Durch Entgegennahme und Vorenthalten der Walburga hat er das Eigentum des E verletzt, und zwar schuldhaft, weil er grob fahrlässig nicht erkannte, dass Walburga dem D nicht gehörte[24]. Daraus folgt ein Schadensersatzanspruch, der, wie oben dargestellt, gemäß §§ 251, 252 inhaltlich auf Zahlung von € 5.750 gerichtet ist.

3. §§ 812 ff.; Bereicherungsrecht

E hat gegen P keine Ansprüche aus §§ 812 ff.: Es liegt keine Leistung des E vor, sondern nur eine des D, und zwar an H, so dass § 812 I 1 (1) als Anspruchsgrundlage ausscheidet. Durch Eingriff in das Eigentum des E ist P lediglich Besitzdiener geworden. Anders als der Besitz ist die bloße Besitzdienerschaft keine vermögenswerte Position; sie ist, wie § 860 zeigt, völlig vom Besitz an der Sache abhängig. P haftet E auch nicht aus § 812 I 1 (2)[25].

III. Ansprüche des E gegen H

1. §§ 985 ff.; Eigentümer-Besitzer-Verhältnis hinsichtlich der Stute

E war Eigentümer, H unberechtigter Besitzer der Stute. Da H auch bösgläubig i. S. d. § 990 I (1) war, haftet er gemäß § 987 I auf Nutzungsersatz (sogleich a) und gemäß § 989 auf Schadensersatz (unten b).

a) Das Fohlen ist als Frucht eine Nutzung der Stute.

aa) Manche nehmen allerdings an, § 987 I gebe nur in Ansehung solcher Nutzungen einen Herausgabeanspruch, deren Eigentümer der Besitzer geworden sei; habe, wie hier, der Eigentümer der Muttersache Eigentum an der Frucht erworben, könne er diese nur nach § 985 vindizieren, nicht aber nach § 987 I herausverlangen, weil ein solcher zusätzlicher Anspruch überflüssig sei und nur Komplikationen schaffe[26]. Andere lassen dem Eigentümer die Wahl zwischen der Vindikation und dem Anspruch aus § 987 I[27]. Diese Ansicht verdient den Vorzug: Die wirkliche oder vermeintliche – Mühe des Rechtsanwenders mit einer solchen Anspruchskonkurrenz kann es nicht rechtfertigen, dem Eigentümer die Wahl zwischen zwei Anspruchsgrundlagen zu nehmen. Auch ist der Anspruch aus § 987 I neben der Vindikation keineswegs überflüssig: Er berechtigt in der Insolvenz des Besitzers zwar nicht zur Aussonderung gemäß § 47 InsO, kann dem Eigentümer aber dennoch im Vergleich mit der Vindikation Vorteile bringen, wie gerade der vorliegende Fall zeigt. Auf den Anspruch aus § 987 I nämlich finden – anders als auf die Vindikation[28] – die Regeln des allgemeinen Schuldrechts Anwendung[29]. E kann also das Fohlen von H nicht nur vindizieren, sondern auch als Nutzung der Stute aus § 987 I herausverlangen. Das Fohlen freilich kann nicht mehr herausgegeben werden, allenfalls dessen Kadaver. Von seiner Herausgabepflicht aus § 987 ist H also nach § 275 I wegen Unmöglichkeit freigeworden.

bb) Fraglich ist aber, ob E nun statt Herausgabe des Fohlens gemäß §§ 280 I, III, 283, 987 I Schadensersatz verlangen kann. Dies setzt voraus, dass H den Umstand, der zur Unmöglichkeit der Herausgabe des Fohlens führte, zu vertreten hat. Zwar handelte H bezüglich der letztlich zur Unmöglichkeit der Herausgabe führenden Veräußerung des Fohlens schuldhaft, nämlich vor-

sätzlich; dies genügt jedoch nicht: Der Schuldner muss nicht nur die Verletzungshandlung selbst zu vertreten haben, sondern auch die verletzte Pflicht kennen oder seine Unkenntnis zu vertreten haben[30]. Zum Zeitpunkt der Veräußerung des Fohlens müsste H also seine Pflicht, das Fohlen an E herauszugeben, gekannt oder fahrlässig nicht gekannt haben. Durch Zurechnung der Bösgläubigkeit des P beim Besitzerwerb wird H zwar zum bösgläubigen Besitzer; dies allein bedeutet jedoch nicht, dass er auch die aus §§ 985, 990, 987 folgende Pflicht kennen musste, das Fohlen an E herauszugeben. H selbst konnte nach den Umständen nicht ahnen, dass er weder Eigentümer des Fohlens geworden noch zu dessen Besitz berechtigt war. Da er sich des P nicht zur Erfüllung einer Verbindlichkeit gegenüber E bediente, scheidet auch eine Verschuldenszurechnung nach § 278 S. 1 aus[31]. Wegen schuldloser Unkenntnis von seiner Herausgabepflicht stellt die Veräußerung des Fohlens an K keine schuldhafte Pflichtverletzung dar. H schuldet E keinen Schadensersatz statt der Leistung aus §§ 990 I 1, 987, 280 I, III, 283.

Ohne Rücksicht auf ein Verschulden des H kann E jedoch gemäß § 285 I das stellvertretende *commodum* verlangen. H ist die Herausgabe des Fohlens aufgrund des Geschäfts mit K unmöglich geworden. Fraglich ist nun, was H aus diesem Geschäft erlangt hat. Ursprünglich erlangt war die Forderung gegen K i. H. v. € 1.000 aus dem Kaufvertrag. Sie könnte aber durch Rücktrittserklärung des H gemäß § 323 I erloschen sein. Fraglich ist jedoch, ob H wirksam den Rücktritt erklärte. K hat die Zahlung des

---

23 Dass der Besitzdiener der Vindikation nicht ausgesetzt ist, ist heute anerkannt, vgl. Staudinger/GURSKY (o. Fn. 12), § 985 Rdn. 56; WESTERMANN/GURSKY (o. Fn. 12), § 30 II 2, S. 190; WIELING, Sachenrecht I (o. Fn. 2), § 12 I 1 b pr., S. 533. Anderer Meinung war noch HECK, Grundriß des Sachenrechts, 1930, § 66.5, S. 273 f.: Es gelte § 985 analog.

24 Dieses Ergebnis kann nicht teilen, wer mit WIEGAND in der Nachforschungspflicht des Erwerbers im Rahmen des § 932 nur eine Obliegenheit sieht (vgl. o. Fn. 8), denn nur die Verletzung einer Rechtspflicht kann Schadensersatzansprüche auslösen. Tatsächlich ist es allgemeine Ansicht, dass bei einfach fahrlässiger Unkenntnis und gutgläubigem Erwerb der Erwerber dem ehemaligen Eigentümer nicht deliktisch haftet, weil der Erwerb gemäß § 932 rechtmäßig ist, WIELING, Sachenrecht I (o. Fn. 2), § 10 VI 1, S. 409.

25 Auf einen »Vorrang der Leistungskondiktion« oder eine »Subsidiarität der Nichtleistungskondiktion« kommt es daher gar nicht an; zu beiden Sätzen etwa MEDICUS, Bürgerliches Recht (o. Fn. 11), Rdn. 666 ff.; zu den ihnen zugrundeliegenden Wertungen eingehend WIELING, Bereicherungsrecht (o. Fn. 22), § 6, S. 89 ff.

26 So etwa Staudinger/GURSKY (o. Fn. 12), Vorbem. zu §§ 987–993, Rdn. 6 m. w. N.; Palandt/BASSENGE (o. Fn. 21), § 987 Rdn. 2; offenbar auch WOLFF/RAISER (o. Fn. 12), § 85 II 1 b, S. 330 f.

27 MünchKommBGB/MEDICUS (o. Fn. 11), § 987 Rdn. 15; WILHELM, Sachenrecht (o. Fn. 2), Rdn. 1276; WIELING, Sachenrecht I (o. Fn. 2), § 12 II 3 e Fn. 66; ROTH, JuS 1997, 897, 898; SCHREIBER, **JURA** 1992, 532, 535.

28 Vgl. für die ganz herrschende Meinung Staudinger/GURSKY (o. Fn. 12), § 985 Rdn. 7 ff. Manche wandten § 283 BGB a. F. auf die Vindikation an, dazu ablehnend GURSKY, a. a. O., Rdn. 48, und wollen nun in den früher von dieser Norm erfassten Fällen – teilweise eingeschränkt durch die Wertungen der §§ 993 I a. E., 989, 990 – § 281 BGB n. F. anwenden, so etwa Palandt/BASSENGE (o. Fn. 21), § 985 Rdn. 14 m. w. N. Vgl. dazu eingehend und kritisch GURSKY, **JURA** 2004, 433 ff., sowie MünchKommBGB/MEDICUS (o. Fn. 11), § 985 Rdn. 40.

29 Staudinger/GURSKY (o. Fn. 12), § 987 Rdn. 15; WILHELM, Sachenrecht (o. Fn. 2), Rdn. 1271, Palandt/BASSENGE (o. Fn. 21), § 987 Rdn. 4. Zur Anwendbarkeit der Normen des zweiten Buchs des BGB auf das dritte Buch WIELING, Sachenrecht I (o. Fn. 2), § 1 I 3, S. 8 f.; zur Anwendbarkeit des § 280 a. F. auf den Anspruch aus § 987 ROTH, JuS 1997, 897, 898. – Zur Natur der Ansprüche aus §§ 987 ff. Staudinger/GURSKY (o. Fn. 12), Vorbem. zu §§ 987–993, Rdn. 36 ff.; v. TUHR, Der Allgemeine Teil des Deutschen Bürgerlichen Rechts, Bd. 1, 1910, § 15 III b, S. 247.

30 Ausführlich HUBER, Leistungsstörungen, Bd. 1, 1999, § 28, S. 694 ff. – Zum entsprechenden Problem im Rahmen der Schadensersatzhaftung nach §§ 990, 989 sogleich.

31 Da es hier nicht um die rechtlichen Folgen einer Willenserklärung, sondern um Verschulden geht, kommt § 166 I nicht zur Anwendung. Auch eine analoge Anwendung kommt neben § 278 S. 1 mangels planwidriger Regelungslücke nicht in Betracht.

Kaufpreises, zu der er verpflichtet war, nicht erbracht. H hat ihm zur Erfüllung dieser Pflicht eine angemessene Nachfrist gesetzt, die fruchtlos verstrichen ist. Die Rücktrittserklärung liegt nach Auslegung gemäß dem objektiven Empfängerhorizont im Rückgabeverlangen des H. Durch den folglich wirksamen Rücktritt des H hat sich das Primärleistungsverhältnis in ein Rückgewährschuldverhältnis gemäß §§ 346 ff. umgewandelt, der Kaufpreisanspruch des H ist erloschen. Statt das Fohlen herauszugeben, muss K nunmehr gemäß § 346 II 1 Nr. 3 Wertersatz für das Fohlen leisten, da dieses untergegangen ist. § 346 III 1 Nr. 3 schließt die Wertersatzpflicht des K nicht aus, da nicht er, sondern H zum Rücktritt berechtigt ist. Bei Berechnung des Wertersatzes ist die vereinbarte Gegenleistung zugrundezulegen, § 346 II 2 (1); H schuldet folglich € 1.000. Ein Anspruch auf Schadensersatz statt der Herausgabe des Fohlens gemäß §§ 346 IV, 283 kommt dagegen jedenfalls deshalb nicht in Betracht, weil K den Untergang des Fohlens nicht zu vertreten hat.

Fraglich ist aber, ob H auch Schadensersatz statt der ursprünglichen Hauptleistung, also der Kaufpreiszahlung verlangen, E mithin nach § 285 auch auf einen solchen Anspruch des H zugreifen kann. § 325 n. F. stellt klar, dass der Gläubiger auch nach erklärtem Rücktritt noch gemäß §§ 280 I, 283 Schadensersatz statt der Leistung verlangen kann, nach h. M. jedoch nur, soweit dadurch keine mit einem Rücktritt unvereinbaren Folgen eintreten[32]. Danach kann H hier nicht nach der Surrogationsmethode vorgehen, die ja letztlich ein Festhalten am Leistungsaustausch bedeutet, sondern nur nach der Differenzmethode; er kann also K nicht das Fohlen belassen und den vollen Kaufpreis verlangen, sondern nur den entgangenen Gewinn geltendmachen[33]. Dieser Anspruch ist auf den daneben fortbestehenden Wertersatzanspruch aus § 346 II 1 Nr. 3 anzurechnen[34]. Bei den Kosten für den Kredit handelt es sich nicht um einen Nichterfüllungsschaden, denn sie würden bei (späterer) Erfüllung nicht wieder entfallen; vielmehr handelt es sich um einen Verzögerungsschaden, der nach § 280 II nur unter den Voraussetzungen des § 286 zu ersetzen ist[35]. Diese liegen vor: Die drängenden Zahlungsaufforderungen des H sind als Mahnungen anzusehen. H hat also einen Anspruch auf Zahlung von € 1.000 und 1% (ein Monat bei 12% Jahreszins) von € 1.000, also € 10, erlangt. Der Anspruch auf Erstattung der Zinsen beruht auf in der Person des H liegenden Umständen, und es ist daher fraglich, ob er im Sinne des § 285 aufgrund des Umstands erlangt wurde, der H die Herausgabe des Fohlens unmöglich machte. Ähnliches gilt für die Differenz zwischen dem Wert des Fohlens (€ 750) und dem vereinbarten Kaufpreis (€1000): Der gute Preis ist dem Verhandlungsgeschick des H geschuldet. Manche betrachten § 285 als Nachteilsausgleichsanspruch und wollen ihn folglich der Höhe nach auf den beim Gläubiger entstandenen Schaden begrenzen[36]. Nach dieser Ansicht hätte H nur den Wert des Fohlens, also € 750 herauszugeben. Nach der herrschenden Meinung dagegen soll im Rahmen des § 285 der gesamte Ersatzgegenstand ohne Rücksicht auf den Wert des verlorenen Gegenstandes herauszugeben sein, einschließlich der Nutzungen aus dem stellvertretenden *commodum*: Der Schuldner soll schlechthin alles herauszugeben haben, was er erlangt hat[37], und zwar auch Zinsen aus einer Drittschuld[38], selbst eine aus eigener Tätigkeit stammende Werterhöhung[39]. Demnach muss H auch den gegen K gerichteten Anspruch auf Ersatz des Zinsschadens herausgeben, den er als persönlichen Schadensposten erlangt hat.

b) H könnte dem E ferner wegen Unmöglichkeit der Herausgabe der Stute aus §§ 990 I 1, 989 auf Schadensersatz i. H. v. € 5.750 haften. Auch hier stellt sich das Problem, dass H seine Herausgabepflicht weder kannte noch kennen musste, sie also nach gewöhnlichen Maßstäben[40] nicht schuldhaft verletzen konnte. Hier aber will man dem erkennbaren gesetzgeberischen Willen folgen, den bösgläubigen oder verklagten Besitzer auch in solchen Fällen auf Schadensersatz haften zu lassen. Manche

nehmen zu diesem Zweck an, schon die grobe Fahrlässigkeit beim Besitzerwerb begründe bestimmte Verhaltenspflichten des Besitzers[41]. Das führt freilich in Fällen wie diesem nicht weiter, wenn der Besitzer nur kraft Zurechnung bösgläubig ist und von solchen Verhaltenspflichten nichts wissen kann. Dogmatisch gerader scheint der Weg, die Kenntnis des Besitzers von seiner Herausgabepflicht schlicht zu fingieren[42]. H haftet E aus §§ 990 I 1, 989 auf Schadensersatz i. H. v. € 5.750.

2. § 831 I; Delikt bei Erwerb der Stute durch P

Ferner haftet H für die deliktische Besitzbegründung durch P gemäß § 831 I[43] auf Schadensersatz i. H. v. € 5.750.

3. § 816 I 1; Eingriffskondiktion wegen Veräußerung der Stute an S

Genehmigt E gemäß § 185 II 1 (1) die Veräußerung der Stute durch H an S, hat H gemäß § 816 I 1 den daraus erlangten Anspruch gegen K auf Zahlung von € 1.000[44] an E abzutreten.

---

32 Nach herrschender Lesart ermöglicht § 325 dem Gläubiger nur eine Kumulation, gibt ihm aber nicht das Recht, vom einmal erklärten Rücktritt Abstand zu nehmen und an seiner Stelle auf ein Schadensersatzverlangen überzugehen (sog. *ius variandi*): vgl. etwa MünchKomm/Ernst, 5. Aufl., 2007, § 325 Rdn. 23; Staudinger/Otto, Neubearb. 2004, § 325 Rdn. 29. Das führt bei Untergang der zurückzugewährenden Sache und fehlendem Wertersatzanspruch zu ungerechten Ergebnissen, deren Korrektur schon zum alten Schuldrecht diskutiert wurde, wobei man Folgendes erwog: Anfechtung der Rücktrittserklärung in Analogie zu § 119 II, Schmidt, in: Esser, Schuldrecht, Bd. I/1, 8. Aufl., 1995, § 19 II 3, S. 312 ff., und Staudinger/Kaiser, 13. Bearb., 1995, § 349 Rdn. 35; Wegfall der Geschäftsgrundlage der Rücktrittserklärung, Palandt/Heinrichs, BGB, 60. Aufl., 2001, § 347 Rdn. 2; sogar Kondiktion der Rücktrittserklärung *ob rem*, OLG Saarbrücken, DRZ 1949, 280, und Staudinger/Werner, 9. Aufl., 1930, § 350 Anm. 2; schließlich Umdeutung der Rücktrittserklärung in ein Schadensersatzverlangen, Medicus, JuS 1990, 689, 694. Manchen meinen, es sei gerade Sinn und Zweck des § 325, den Gläubiger vor diesen Schwierigkeiten zu bewahren, und gehen daher von einem *ius variandi* das Gläubigers aus: so vor allem Emmerich, Das Recht der Leistungsstörungen, 6. Aufl., 2005, § 12 Rdn. 20; Soergel/Gsell, 13. Aufl., 2005, § 325 Rdn. 31.

33 Zu den beiden Methoden vgl. etwa Emmerich, Leistungsstörungen (o. Fn. 32), § 13 Rdn. 17 ff.

34 Die Kumulation von Schadensersatz und Rücktritt darf nicht dazu führen, dass der Gläubiger denselben Posten doppelt verlangen kann, und der entgangene Gewinn ist als Teil der nach § 346 II 2 (1) zu berücksichtigenden vereinbarten Gegenleistung schon im Wertersatz enthalten.

35 Zur weit verbreiteten Ansicht, wonach solche Posten dem Nichterfüllungsschaden unterfallen, vgl. Staudinger/Otto, Neubearb. 2005, § 281 Rdn. B 147.

36 Staudinger/Wiegand (o. Fn. 35), § 285 Rdn. 42, 48, im Anschluss an Stoll, FS Schlechtriem, 2003, 677 ff.

37 BGHZ 114, 34, 39; 75, 203, 207; MünchKommBGB/Emmerich (o. Fn. 32), § 285 Rdn. 20 ff., 27 f.; Palandt/Heinrichs (o. Fn. 21), § 285 Rdn. 9; Erman/Westermann (o. Fn. 11), § 285 Rdn. 16; Wieling/Finkenauer, Fälle zum Besonderen Schuldrecht, 6. Aufl., 2006, Fall 9, S. 102.

38 BGH NJW 1983, 929, 930.

39 Erman/Battes (o. Fn. 11), § 281 Rdn. 10; RGZ 138, 45, 50.

40 Vgl. oben Fn. 30.

41 So Baur/Stürner, Sachenrecht (o. Fn. 11), § 11 Rdn. 10 a. E.

42 So Wieling, Sachenrecht I (o. Fn. 2), § 12 III 3 a, S. 571; ähnlich Staudinger/Gursky (o. Fn. 12), § 989 Rdn. 16 (unwiderlegliche Vermutung); und schon Heck, Sachenrecht (o. Fn. 23), § 68 Anm. 7.

43 Erfassen §§ 993 I a. E., 992 auch Delikte, die die Vindikationslage erst begründen (o. Fn. 19), muss § 992 hier mitzitiert werden. Die Voraussetzungen des § 992 sind gegeben; über ihren Wortlaut hinaus erfasst diese Norm jede deliktische Besitzerlangung: Wieling, MDR 1972, 645, 649 f.; ders., Sachenrecht I (o. Fn. 2), § 12 III 5 b, S. 575 f. Anders Staudinger/Gursky (o. Fn. 12), § 992 Rdn. 16; MünchKommBGB/Medicus (o. Fn. 11), § 992 Rdn. 8.

44 Zur Höhe des Anspruchs vgl. o. Fn. 22. Da die Voraussetzungen des § 819 I nicht vorliegen, beschränkt sich der Anspruch auch nach der von Wieling vertretenen Ansicht auf den Wert der erhaltenen Gegenleistung; ebenso im Ergebnis wohl Reuter/Martinek, die aber nicht auf § 818 III abstellen wollen.

4. §§ 985, 990 I, 989; Eigentümer-Besitzer-Verhältnis hinsichtlich des Fohlens

H wurde mit Geburt des Fohlens dessen Besitzer, E jedoch gemäß § 953 Eigentümer, und H war zum Besitz des Fohlens nicht berechtigt. Nach dem oben Ausgeführten war H ferner bösgläubig. Da seine Kenntnis von der Pflicht, das Fohlen herauszugeben, zu fingieren ist[45], war die Weggabe des Fohlens auch im Sinne des § 989 schuldhaft. Aufgrund der Veräußerung des Fohlens haftet H dem E mithin gemäß §§ 985, 990 I 1, 989 auf Schadensersatz i. H. v. € 750. Dagegen bringt die Veräußerung keinen Anspruch des E auf Nutzungsersatz gemäß §§ 990 I 1, 987 I hervor[46]: Die Veräußerung einer Sache ist keine Nutzung.

5. § 816 I 1; Eingriffskondiktion wegen Veräußerung des Fohlens an K

E könnte gegen H auch einen Anspruch aus § 816 I 1 wegen der Veräußerung des Fohlens durch H an K auf Abtretung des gegen K gerichteten Anspruchs auf Zahlung von € 1.010 haben.

a) Wie bereits festgestellt, wurde E Eigentümer des Fohlens, und H war nicht zur Veräußerung des Fohlens berechtigt. Fraglich aber ist, ob die Verfügung, die Übereignung des Fohlens an K, dem E gegenüber wirksam ist. In Frage kommt wiederum nur ein gutgläubiger Erwerb des K gemäß § 932 I, der allenfalls an einer analogen Anwendung des § 935 I auf das Fohlen scheitern könnte. Nach herrschender und richtiger Meinung freilich ist eine Frucht nicht schon deshalb abhanden gekommen, weil die Muttersache abhanden kam[47]. K hat das Fohlen gemäß § 932 I gutgläubig von H erworben; die Verfügung des H ist gegenüber E wirksam. Die Voraussetzungen des § 816 I 1 sind gegeben.

b) »Erlangtes« i. S. d. § 816 I 1 ist nach einer Ansicht der objektive Wert[48], nach wohl herrschender Meinung dagegen der gesamte Veräußerungserlös[49]. Je nachdem, welcher der dieser Ansichten man folgt, hat H durch die Verfügung an K € 750 oder € 1.010 erlangt: Vom Boden der herrschenden Meinung aus erscheint es konsequent, auch den Anspruch auf Ersatz des Verzögerungsschadens i. H. v. € 10 als durch Eingriff in das Eigentum des E erlangt anzusehen[50], so dass E von H aus § 816 I 1 auf Grundlage dieser Ansicht Abtretung des gegen K gerichteten Anspruchs auf Zahlung von € 1.010 verlangen kann.

IV. Ansprüche des E gegen S

1. §§ 985 ff.; Eigentümer-Besitzer-Verhältnis

Zwar bestand zwischen E und S zur Zeit der Schlachtung der Walburga eine Vindikationslage; aus dieser folgen jedoch keine Ansprüche auf Nutzungs- oder Schadensersatz, denn S war gutgläubig, § 993 I aE.

2. § 816 I 1; Eingriffskondiktion

E könnte gegen S einen Anspruch aus § 816 I 1 wegen der Übereignung des Fleisches der Walburga haben. Dazu müsste S hinsichtlich dieser Verfügungen Nichtberechtigter, E Berechtigter und die Verfügung ihm gegenüber wirksam gewesen sein.

S könnte jedoch bereits vor Veräußerung des Fleisches gemäß § 950 I 1 dessen Eigentümer geworden sein. Die Wurst stellt gegenüber der unverarbeiteten Stute eine neue bewegliche Sache dar. Jedoch führt die Verarbeitung dann nicht zu einem Eigentumserwerb des Verarbeitenden, wenn der Wert der Verarbeitung erheblich geringer ist als der Stoffwert. Die Verarbeitung hatte laut Sachverhalt einen Wert von € 250. Fraglich ist, ob der Wert der lebenden Walburga (€ 5.000) oder der toten (€ 1.000) als Stoffwert anzusehen sind. Da S die Produktion des Fleisches von der toten Stute ausgehend aufnahm und sich der Wert des lebenden Tieres in dem des Endproduktes nicht niederschlug, erscheint es – entgegen der wohl h. M. – sachgerechter, den Fleischwert der Stute als Stoffwert zu veranschlagen[51], doch kann dies hier auf sich beruhen: Nach der Rechtsprechung ist der Wert

der Verarbeitung erheblich geringer als der Stoffwert, wenn er in einem Verhältnis zum Stoffwert von weniger als 40 zu 60 steht[52]. Der Verarbeitungswert beträgt vorliegend selbst dann nur ein Viertel des Stoffwertes, wenn man diesen mit dem Wert der toten Walburga ansetzt: Der Verarbeitungswert ist daher in jedem Fall erheblich geringer als der Stoffwert[53]. S hat daher durch Verarbeitung der Stute kein Eigentum an dem Fleisch erworben.

Fraglich ist, ob E Eigentümer des Fleisches wurde. Dieses ist gegenüber der Stute eine neue Sache; daher setzte sich das Eigentum an der Stute nicht ohne weiteres am Fleisch fort. Eine Anwendung der §§ 953 ff. scheint fraglich: Das Pferdefleisch ist kein Erzeugnis des Pferdes[54]; es ist auch kein Bestandteil[55]. §§ 953 ff. sollen aber das rechtliche Schicksal von aus einer Sache gewonnenen Produkten oder Teilen abschließend regeln, insoweit besteht eine planwidrige Regelungslücke. Man muss aufgrund der gleichgerichteten Interessenlage das Fleisch daher analog § 953 wie einen Bestandteil der Stute behandeln[56]. Da E zur Zeit der Verarbeitung Eigentümer der Stute war, ist er gemäß § 953 auch Eigentümer des Fleisches geworden, wenn sich aus §§ 954 ff. nichts anderes ergibt. In Frage kommt hier allenfalls ein Erwerb des S gemäß § 955 I. Diese Norm aber ist auf Bestandteile nicht anwendbar. Somit ist E Eigentümer des Fleisches geworden.

S hat folglich über Eigentum des E verfügt, und zwar als

---

45 Vgl. o. vor Fn. 42.

46 Der Anspruch wegen Nutzung des Fohlens ist strikt zu trennen vom oben unter B III 1 a geprüften Anspruch wegen des Fohlens als Nutzung der Stute.

47 WIELING, Sachenrecht I (o. Fn. 2), § 11 III 4 b, S. 462 f.; WESTERMANN/GURSKY (o. Fn. 12), § 57 II 3 c, S. 460; MünchKommBGB/OECHSLER (o. Fn. 11), § 955 Rdn. 6; Erman/EBBING (o. Fn. 11), § 955 Rdn. 16; ebenso schon JACUBEZKY, Das Recht 1902, 4, 5; anders etwa WOLFF/RAISER (o. Fn. 12), § 77 III 4, S. 231. Der herrschenden Meinung dürfte schon aus praktischen Gründen zu folgen sein: Es wäre jedes Ei, das die Henne in ihrem Leben legen wird, schon mit ihrer Geburt angelegt und daher, nachdem sie gestohlen wurde, abhanden gekommen.

48 Staudinger/LORENZ, 13. Bearb. 1999, § 816 Rdn. 25; MEDICUS, Bürgerliches Recht (o. Fn. 11), Rdn. 723.

49 St. Rspr.: RGZ 88, 351, 357; 138, 45, 47 ff.; BGH NJW 1953, 58, 59; BGHZ 29, 157, 159 ff.; ferner etwa WIELING, Bereicherungsrecht (o. Fn. 22), § 4 III 1 d aa, S. 60 f., und MünchKommBGB/LIEB, 4. Aufl., 2004, § 816 Rdn. 29 f. m. w. N.

50 Ebenso die wohl herrschende Meinung zu § 285, vgl. o. Fn. 37 ff.

51 Vgl. die Differenzierung bei WIELING, Sachenrecht I (o. Fn. 2), § 11 II 4 f, S. 446: Abzustellen ist auf den Wert der Sache auf derjenigen Produktionsstufe, von der aus die Weiterverarbeitung vorgenommen wird. Anders WESTERMANN/GURSKY (o. Fn. 12), § 53 II 4, S. 434: Dem Verarbeiter soll die Vernichtung fremder Arbeitserfolge nicht zugute kommen, Das vermengt Fragen der dinglichen Zuordnung mit solchen des Ausgleichs. Nicht eindeutig BAUR/STÜRNER, Sachenrecht (o. Fn. 11), § 53 B II 3, Rdn. 19. Wie GURSKY dagegen Staudinger/WIEGAND (o. Fn. 2), § 950 Rdn. 12; Erman/EBBING (o. Fn. 11), § 950 Rdn. 6; vgl. auch OLGR Karlsruhe 1999, 61.

52 Stellvertretend BGH NJW 1995, 2633 m. w. N. für die st. Rspr.

53 Hier galt es, der Versuchung zu widerstehen, in das bekannte Fahrwasser des »Jungbullenfalls« (BGHZ 55, 176 ff.) zu steuern und einen Eigentumserwerb des S an dem Fleisch der Walburga anzunehmen: In dieser Fallkonstellation – anders als in der vorliegenden – verliert der ursprüngliche Eigentümer das Eigentum an einer abhanden gekommenen Sache nach § 950 I 1, was bezüglich des Ausgleichsanspruchs nach §§ 951 I 1, 812 I 1 (2) besondere Probleme aufwirft, vgl. dazu etwa MEDICUS, Bürgerliches Recht (o. Fn. 11), Rdn. 725, 727.

54 Erzeugnisse sind im BGB nicht definiert; sie sind die organischen Produkte eines Tieres oder einer Pflanze, WIELING, Sachenrecht I (o. Fn. 2), § 2 V 2 a, S. 109, soweit die Muttersache nicht vernichtet wird. Rindfleisch ist keine Frucht des Rindes: REGELSBERGER, Pandekten I, 1893, § 103 I, S. 393; Erman/MICHALSKI (o. Fn. 11), § 99 Rdn. 6.

55 Insbesondere ist das Fleisch keine Ausbeute im Sinne des § 99, WIELING, Sachenrecht I (o. Fn. 2), § 2 V 2 b, S. 111, unter Hinweis auf die Protokolle der Zweiten Kommission. Die Substanz der Muttersache muss auch hier erhalten bleiben, Staudinger/JICKELI/STIEPER, Neubearb. 2004, § 99 Rdn. 9; Erman/MICHALSKI (o. Fn. 11), § 99 Rdn. 6.

56 Zu den Voraussetzungen einer Analogie PAWLOWKSI, Methodenlehre für Juristen, 3. Aufl., 1999, § 11.3, Rdn. 476–485, und LARENZ, Methodenlehre der Rechtswissenschaft, 6. Aufl., 1991, S. 49 ff.

Nichtberechtigter. Fraglich ist, ob die Verfügungen des S wirksam sind. In Betracht kommt allenfalls ein gutgläubiger Erwerb der Kunden des S. Dieser aber scheitert an § 935 I, wenn das Fleisch dem E abhanden gekommen ist. E war nie im Besitz des Fleisches, es kann ihm nicht abhanden gekommen sein. Fraglich ist, ob der »Makel« des § 935 von der Stute auf das aus ihr gewonnene Fleisch überging. Zwar ist dieses gegenüber der Stute eine neue Sache. Jedoch darf der Schutz des Eigentümers § 935 nicht dadurch unterlaufen werden, dass die gestohlene Sache in ihre Teile zerlegt und die Teile weiterveräußert werden. Die Schutzlücke ist daher durch eine analoge Anwendung des § 935 I auf Bestandteile einer abhanden gekommenen Sache zu schließen[57]. Ein gutgläubiger Erwerb des Fleisches ist somit nicht möglich; die Verfügungen des E sind zunächst unwirksam. Nach Genehmigung durch E gemäß § 185 II 1 (1) aber werden die Verfügungen des S wirksam, so dass E von S das durch die Verfügung Erlangte herausverlangen kann.

Legt man die herrschende Ansicht zugrunde[58], hat S aus seinen Verfügungen über das Fleisch der Walburga € 1.500 erlangt. Der Wert der vom Verfügenden getätigten Aufwendungen ist gemäß § 818 III oder den dieser Norm zugrundeliegenden Grundsätzen bereicherungsmindernd zu berücksichtigen[59]. Daher sind zumindest die Verarbeitungskosten abzuziehen, die sich im Preis niederschlugen; es bleiben € 1.250.

V. Ergebnis

D, P und H haften dem E (auch) als Nebentäter aus unerlaubter Handlung für denselben Schaden auf Schadensersatz i. H. v. € 5.750; gemäß § 840 I sind sie insoweit also Gesamtschuldner. Gut vertretbar erscheint es, in die Gesamtschuld auch den aus der Veräußerung des Fohlens folgenden Anspruch des E gegen H auf

Abtretung der gegen K gerichteten Forderungen einzubeziehen[60], zumal eine Gesamtschuld nach herrschender Ansicht keine Identität der Leistungsinhalte, sondern nur deren »besonders enge Verwandtschaft« und ein identisches Leistungsinteresse voraussetzt[61]. Ebenso kann man auch S in Höhe des gegen ihn gerichteten Anspruchs aus der Veräußerung des Pferdefleisches (€ 1.250) als Gesamtschuldner neben D, H und P ansehen[62]. Folgt man dem nicht, muss S nur gegen Abtretung der gegen D, P und H gerichteten Ansprüche in entsprechender Höhe zahlen, und H ist dem E zur Abtretung der Ansprüche gegen K nur gegen Abtretung der aus dem Verlust des Fohlens entspringenden Ansprüche gegen D und P verpflichtet, § 255. K, der von E lediglich aus abzutretendem Recht des H in Anspruch genommen werden kann, haftet nicht gesamtschuldnerisch mit den übrigen Beteiligten.

57 Wolff/Raiser (o. Fn. 12), § 77 IV 5 c, 287; Wieling, Sachenrecht I (o. Fn. 2), § 11 III 4 b, S. 463; Westermann/Gursky (o. Fn. 12), § 57 II 3 c, S. 460. Zwischen Bestandteilen und Früchten dagegen nicht differenzierend Staudinger/Gursky (o. Fn. 2), § 955 Rdn. 9, und Erman/Ebbing (o. Fn. 11), § 955 Rdn. 16, beide gegen eine Anwendung des § 935 im Rahmen des § 955.

58 Vgl. o. Fn. 48 f.

59 Palandt/Sprau (o. Fn. 21), § 816 Rdn. 25; Erman/Westermann (o. Fn. 11), § 816 Rdn. 21; Staudinger/Lorenz (o. Fn. 48), § 816 Rdn. 25; Weyers, in: Esser, Schuldrecht, Bd. II/2, 8. Aufl., 2000, § 50 II 2 c, S. 84 f.

60 So behandelt BGHZ 52, 39, 43 ff., die Rechtsbeziehung zwischen Dieb und nach § 816 für eine Weiterverfügung haftendem Abkäufer des Diebes »wie ein Gesamtschuldverhältnis«; für (Schutzzweck-)Gesamtschuld in solchen Fällen Erman/Ehmann (o. Fn. 11), § 421 Rdn. 24.

61 So BGHZ 43, 227, 233; zustimmend etwa Palandt/Grüneberg (o. Fn. 21), § 421 Rdn. 6 m. w. N.

62 Vgl. o. Fn. 60.

Fall 4

»Der wohltätige Erblasser«
Oder: Probleme der Nachfolgegestaltung im Spannungsfeld von Gemeinnützigkeit und Pflichtteilsrecht[1]

Von Prof. Dr. Dominique Jakob, M.I.L. (Lund), Zürich[2]

Pflichtteilsergänzungsanspruch im Fall der Spende an eine Stiftung – Pflichtteilsergänzungsanspruch im Fall der Errichtung einer Stiftung – Anrechnung empfangener Stiftungsleistungen – Anwendung des Schenkungsrechts auf die Errichtung einer Stiftung – Berechnung eines Pflichtteilsergänzungsanspruchs bei mehreren Beschenkten

SACHVERHALT

Der Soziologieprofessor Sebastian Simon (S) ist durch zahlreiche bedeutende Publikationen und innovative Seminare zum »Zeit- und Persönlichkeitsmanagement« ein wohlhabender Mann geworden. Nachdem er sich zur Ruhe gesetzt hat und auch keinen adäquaten Nachfolger für seine Projekte findet, beschließt er, noch zu seinen Lebzeiten die »Simon-Stiftung« zu errichten. Es handelt sich um eine rechtsfähige Stiftung bürgerlichen Rechts nach den §§ 80 ff. BGB, die Kurse für Personen anbieten soll, die unter Schwierigkeiten im Bereich der zeitlichen Organisation und häuslichen Ordnung leiden. Ein Hintergedanke ist, dass

1 Vorliegende Klausur wurde im Examensklausurenkurs an der Universität Regensburg gestellt. 89 Bearbeiter erreichten einen Schnitt von 4,89 Punkten. Es handelt sich um eine »exotische Klausur«, die ihren Aufhänger in dem eher unbekannten Rechtsgebiet Stiftungsrecht hat. Wie zu erwarten war, taten sich die meisten Bearbeiter mit der Aufgabenstellung schwer – unbekannte Aufhänger lösen bei den Studierenden nach wie vor eine Art Schockzustand aus, der den Blick auf das Wesentliche verstellen kann. Dabei gilt es bei derartigen Klausurtypen umso mehr, sich auf das allgemeine Handwerkszeug zu konzentrieren. Es handelt sich um das genaue Lektüre des Sachverhalts, die taktische Analyse der Fallfrage und das darauf basierende Erkennen und Herausarbeiten der Probleme. Unbekannte Vorschriften, auf die ausdrücklich verwiesen wird, sind dabei genau in Augenschein zu nehmen. Beherzigt man diese Herangehensweise, sind derartige Klausuren indes nicht als »Schocker«, sondern vielmehr als Chance anzusehen. Alle Kandidaten beginnen gleichsam bei Null, und so kann bereits das Beachten der Grundlagen zu deutlich besseren Ergebnissen führen, als dies bei bekannten und gewöhnlichen Aufgabenstellungen der Fall wäre. Die Herangehensweise an eine so beschaffene Klausur soll an dieser Stelle geübt werden. Die Lösungsskizze ist ausführlicher gehalten, als dies von den Studierenden erwartet wurde.

2 Der Autor ist Inhaber eines Lehrstuhls für Privatrecht an der Universität Zürich und war im WS 2006/2007 Lehrstuhlvertreter an der Universität Regensburg.

auch sein Sohn Emil Simon (E) unter derartigen Störungen leidet, und dieser damit zur Zielgruppe der durch die Stiftung geförderten Personen gehört.

Die Stiftung wird Anfang 2001 errichtet und es wird ihr ein Stiftungsvermögen von 3 Millionen € übertragen. In der Satzung wird dem Vorstand das Recht eingeräumt, »förderungswürdige Personen nach bestem Wissen und Gewissen auszuwählen«. Klagbare Ansprüche für bestimmte Personen werden aber nicht eingeräumt, auch nicht für E.

Dennoch wird E nach Errichtung der Stiftung unmittelbar in das Förderprogramm aufgenommen und er erhält in den folgenden 5 Jahren Förderungsleistungen von jährlich insgesamt 20.000,– €.

Eine weitere Million seines Vermögens wendet S im Jahre 2005 der »Dom-Stiftung« zu, einer bereits existierenden rechtsfähigen Stiftung bürgerlichen Rechts, deren Stiftungszweck die Renovierung des Regensburger Doms vorsieht.

S verstirbt am 1. 3. 2006. Nach dem Tod stellt man fest, dass sich das übrige Vermögen des S auf lediglich 500.000,– € beläuft. E, der einzige Nachkomme und Alleinerbe des S, ist erbost. Sein Vater könne doch nicht das ganze Vermögen an diese Stiftungen verschleudert haben. Er möchte daher als Erbe diese »Schenkungen« von den jeweiligen Stiftungen herausverlangen.

Der Vorstand der »Dom-Stiftung« meint, etwaige Ansprüche des E seien schon deswegen ausgeschlossen, weil S mit seiner Zuwendung einen gemeinnützigen Zweck gefördert habe. Gemeinnützigkeit müsse auch etwaigen erbrechtlichen Ansprüchen vorgehen. Außerdem liege keine Schenkung vor, da die »Dom-Stiftung« gar nicht bereichert sei. Das Geld sei zwar noch vorhanden. Die Stiftung sei jedoch satzungsmäßig dazu angehalten, das Geld ausschließlich für den Stiftungszweck, also treuhänderisch und nicht für sich selbst zu verwenden.

Auch die »Simon-Stiftung« wehrt sich. Sie führt an, dass man bei einer Stiftungserrichtung doch gar nicht von einer »Schenkung« im Rechtssinne ausgehen könne; schließlich werde dadurch keine existierende Rechtsperson mit einem Vermögen bedacht, sondern eine neue Rechtsperson errichtet. Jedenfalls müsse sich der E all das anrechnen lassen, was er selbst von der Stiftung erhalten habe. Dies seien in den letzten 5 Jahren immerhin 100.000,– € gewesen. In den nächsten 5 Jahren (10 Jahre sind die satzungsmäßige Höchstförderungsdauer) kämen voraussichtlich weitere 100.000,– € hinzu.

Schließlich findet E ein Dokument, aus dem hervorgeht, dass S kurz vor seinem Tode von der »Simon-Stiftung« das Stiftungsvermögen zurückgefordert hatte. Der Vorstand der »Simon-Stiftung« habe einer privaten (aber satzungswidrigen) Weisung des S nicht Folge geleistet; also habe sich der Vorstand und damit auch die Stiftung als grob undankbar erwiesen. E ist der Ansicht, dass er auch diesen Anspruch seines Vaters, der sich aus der Rückforderung »wegen groben Undanks« ergeben habe, als Erbe weiter geltend machen könne.

E sucht in dieser Angelegenheit Rechtsrat bei Rechtsanwalt Rissmann. In einem Gutachten, dass Sie für Rechtsanwalt Rissmann erstellen, sind folgende Fragen in der vorgegebenen Reihenfolge zu beantworten:

1. Hat E Ansprüche gegen die »Dom-Stiftung«?
2. Hat E Ansprüche gegen die »Simon-Stiftung«?
3. Berechnen Sie die Höhe der Ansprüche gegen die »Dom-Stiftung« und die »Simon-Stiftung«, je nachdem, wie Ihre Antworten in den Fragen 1 und 2 ausgefallen sind. Falls Sie Ansprüche sowohl in Frage 1 als auch in Frage 2 verneint haben: Zeigen Sie auf, wie sich die Ansprüche grundsätzlich berechnen würden.

Vermerk für die Bearbeiter:

Alle im Sachverhalt aufgeworfenen Rechtsprobleme sind (notfalls hilfsgutachtlich) zu behandeln.

Eine Stiftung ist eine juristische Person, die durch ein einseitiges privatrechtliches Rechtsgeschäft errichtet und danach durch eine staatliche Behörde anerkannt wird, wenn die dauernde und nachhaltige Erfüllung des Stiftungszwecks gesichert erscheint und der Stiftungszweck das Gemeinwohl nicht gefährdet (§§ 80 ff. BGB). Das Stiftungsvermögen wird der Stiftung im Stiftungsgeschäft gewidmet; nach Anerkennung der Stiftung hat der Stifter das Vermögen auf die Stiftung zu übertragen (§ 82 S. 1 BGB). Die Vorgaben für die Stiftungsverwaltung durch den Vorstand werden in einer Stiftungssatzung geregelt. Die Stiftung steht unter der Rechtsaufsicht einer staatlichen Aufsichtsbehörde, die u. a. die Einhaltung der satzungsmäßigen Vorgaben überwacht.

Stiftungsrechtliche Details oder Sonderkenntnisse werden zur Lösung des Falles nicht erwartet. Im Vordergrund steht das Erkennen und die Diskussion der aufgeworfenen Probleme. Auf die Lektüre der §§ 80 ff. BGB wird jedoch ausdrücklich verwiesen.

Klausurtaktische Vorüberlegungen

Die Klausur geht von der Situation aus, dass ein potentieller Erblasser noch zu Lebzeiten Verfügungen über einen Großteil seines Vermögens trifft, um seine Vermögensnachfolge zu gestalten. Dabei bedenkt er jedoch – weil er keinen geeigneten Rechtsnachfolger sieht – gerade nicht seinen zukünftigen Erben, sondern Dritte. Der Erbfall tritt ein und der Erbe will sich zur Wehr setzen – allein diese Grundkonstellation muss die Bearbeiter auf das klassische Instrument für das gewünschte Rechtsfolgeziel bringen, nämlich den so genannten Pflichtteilsergänzungsanspruch der §§ 2325 ff. BGB. Nun sind die Dritten, auf die das Vermögen übertragen wird, keine natürliche Personen, sondern Stiftungen, wobei auf die §§ 80 ff. BGB ausdrücklich verwiesen wird. Bereits an dieser Stelle muss sich damit aufdrängen, dass die Besonderheit dieser Klausur in der *Kombination von Pflichtteilsergänzungs- und Stiftungsrecht* liegen wird.

Aus der ersten Analyse von Sachverhalt und Fallfrage ergibt sich nunmehr, dass das Vermögen auf zwei *unterschiedliche Stiftungen* übertragen wird, die S-Stiftung und die D-Stiftung. Von beiden möchte Alleinerbe E das Geld in zwei jeweils separaten Fallfragen zurück erhalten. Dies spricht dafür, dass die beiden Vermögensübertragungen ein unterschiedliches Schicksal genommen haben und daher auch rechtlich unterschiedlich zu behandeln sind – sonst wäre deren getrennte Behandlung in zwei Fallfragen sinnlos. Verfolgt man diesen Gedanken weiter, springt der Unterschied sogleich ins Auge: Bei der D-Stiftung handelt es sich um eine Vermögensübertragung an eine bereits *existierende Stiftung*; bei der S-Stiftung wird mit der Vermögenszuwendung eine Stiftung erschaffen, es geht also um die vermögensmäßige Erstdotierung im Rahmen einer *Stiftungserrichtung*. Die Gemeinsamkeit in beiden Fällen besteht darin, dass E die Zuwendungen als »Schenkungen« zurückfordert – schon der Begriff »Schenkung« in Anführungszeichen deutet darauf hin, dass hier der zweite große Problemkreis aufgeworfen wird, denn sowohl die Rückforderung nach Pflichtteilsrecht als auch diejenige nach Schenkungsrecht setzen grundsätzlich *Schenkungen im Rechtssinne* voraus.

Diese Ahnung wird in den folgenden Abschnitten des Sachverhalts vertieft, in welchen Argumente vorgebracht werden, warum die Zuwendungen möglicherweise keine Schenkungen im Rechtssinne sein könnten. Die D-Stiftung führt an, dass der Zweck der Zuwendung zum einen gemeinnützig war. Zum anderen sei sie als Stiftung gehalten, das Geld für ihren Satzungszweck zu verwenden, weshalb sie nicht bereichert sei. Hier werden den Bearbeitern vom Klausurersteller also Argumente in den Mund gelegt, die aufgenommen, rechtlich verortet und diskutiert werden müssen.

Die Argumente der S-Stiftung führen zum gleichen Problem, aber in einer anderen Konstellation: Gerade die Stiftungserrichtung sei keine Schenkung, da – anders als oben (!) – keine existierende Person bedacht, sondern eine neue erschaffen werde. Die Stiftung (so auch der ausdrückliche Hinweis im Bearbeitervermerk) entsteht nämlich erst durch die Vermögenswidmung. Auf die nachfolgende Vermögensübertragung hat die Stiftung dann einen Anspruch (§ 82 S. 1 BGB). Schon dies spricht deutlich gegen die Annahme eines *Schenkungsvertrages* i. S. d. § 516 BGB. Kommt das Schenkungsrecht also nicht direkt zum Zuge, muss weiter gefragt werden, ob die Interessenlage derart vergleichbar ist, dass die schenkungsrechtlichen Vorschriften jedenfalls *analoge Anwendung* finden können. Wäre dies der Fall, wäre die Vermögensübertragung zwischen Stifter und Stiftung aber erheblich gelockert, weil der schenkweise Bedachte im Rechtsverkehr nur wenig Schutz genießt. Und so muss sich die schlussendliche Frage aufdrängen, ob es wirklich sein kann, dass das Vermögen der autonomen Rechtsperson Stiftung, die gerade in Ansehung ihres Vermögens anerkannt worden ist, tatsächlich aus schenkungsrechtlichen Gründen zurückgefordert werden kann – eine Frage, die schließlich wertungsmäßig zu beantworten sein wird.

Im Weiteren erfolgt ein nochmaliger Hinweis darauf, dass E auch in eigener Person Leistungen von der S-Stiftung bezogen hat und daher – bei der Frage des Pflichtteilsergänzungsanspruchs – eine *Anrechnung* dieser Leistungen nach § 2327 BGB zu prüfen ist. Hierbei sind zwei Zeiträume auseinander zu halten: Die zurückliegenden fünf Jahre Förderung (Anrechnung denkbar) und die zukünftigen, also noch ungewissen fünf Jahre Förderung (Anrechnung eher unwahrscheinlich). In beiden Fällen ist jedoch wiederum genau zu untersuchen, ob E durch diese Stiftungsleistung wirklich ein »Geschenk von dem Erblasser« erhalten hat, wie es § 2327 I BGB voraussetzt.

Schließlich kommt eine letzte Variante der Frage »Stiftungserrichtung gleich Schenkung« ins Spiel, deren Lösungsargumente wiederum aus dem Sachverhalt zu entnehmen sind. Es steht eine Rückforderung der Vermögensausstattung wegen »groben Undanks« (§ 530 BGB) im Raum, wobei sich neben der genannten Hauptfrage folgende weitere Fragen auffächern: Kann eine juristische Person undankbar sein? Wird das Verhalten des Vorstandes »zugerechnet«? Und liegt überhaupt grober Undank vor? Wären diese Fragen zu bejahen, hätte S als Erblasser *vor* seinem Tode einen Anspruch gegen die S-Stiftung aus §§ 530 I, 531, 812 BGB gehabt. Dieser Anspruch wäre dann mit seinem Tode nach § 1922 I BGB auf den *Gesamtrechtsnachfolger* E übergegangen, so dass sich insoweit auch die Anspruchsgrundlage ergibt.

Zu guter Letzt fordert eine dritte Fallfrage die Berechnung der jeweiligen Ansprüche. Dies lässt aus klausurtaktischer Sicht folgende Schlüsse zu: Zum einen besteht eine gewisse Wahrscheinlichkeit, dass auch tatsächlich Ansprüche vorliegen, die berechnet werden können. Dafür sprechen ebenfalls die konkreten Zahlen im Sachverhalt. Zum anderen sollte die Berechnung erst an dieser Stelle vorgenommen werden – separate Ausführungen zur Höhe der Ansprüche in den ersten beiden Fragen sind überflüssig und führen schlussendlich auch auf einen falschen Weg.

LÖSUNG

Frage 1: Anspruch des E gegen die D-Stiftung

Gegen die D-Stiftung kommt ein Pflichtteilsergänzungsanspruch in Betracht.

A. Anspruch aus §§ 2325 I, 2329 I S. 2 BGB

I. Aktiv- und Passivlegitimation

1. Anspruchsinhaber/Aktivlegitimation

E beerbt seinen Vater S als Alleinerbe (§§ 1922 I, 1924 I BGB). Als Sohn ist er außerdem pflichtteilsberechtigt (§ 2303 I BGB). Zwar ist E nicht durch Verfügung von Todes wegen von der Erbfolge ausgeschlossen worden. Jedoch könnte er auch als Alleinerbe einen Pflichtteilsergänzungsanspruch geltend machen[3], und zwar dann, wenn das Hinterlassene geringer ist als sein Pflichtteil unter Hinzurechnung der verschenkten Gegenstände (§ 2325 I BGB).

2. Anspruchsgegner/Passivlegitimation

Die D-Stiftung ist nicht zum Erben nach S eingesetzt worden. Nachdem jedoch keine weiteren Erben neben E vorhanden sind, kann letzterer einen eventuellen Pflichtteilsergänzungsanspruch gemäß § 2329 I S. 2 BGB direkt gegen die D als »Beschenkte« geltend machen.

Der Anspruch ist gegen die Stiftung als juristische Person zu richten, die von ihrem Vorstand vertreten wird (§§ 86 S. 1, 26 II BGB).

II. Vorliegen einer Schenkung im Sinne des § 2325 I BGB

Grundvoraussetzung ist, dass eine Schenkung im Sinne des § 2325 I BGB vorliegt. Fraglich ist jedoch, ob es sich bei einer Zuwendung an eine bestehende Stiftung (hier wohl: Spende) um eine Schenkung i. S. d. § 2325 BGB handelt. Dies ist nicht unumstritten.

1. Die Ansicht des OLG Dresden

In der Rechtsprechung wurde die Schenkungseigenschaft einer Spende an eine Stiftung verneint[4]. Das OLG Dresden war mit einem Pflichtteilsergänzungsanspruch beschäftigt, den die Erbin eines Gönners geltend machte, der einen Millionenbetrag der (bereits existierenden) Stiftung Frauenkirche Dresden zugewandt hatte. Unter dem Leitsatz »Zuwendungen an eine juristische Person, die zur Förderung eines gemeinnützigen Zwecks errichtet wurde, stellen keine Schenkungen i. S. v. § 2329 I BGB dar«, verneinte das Gericht die zur Schenkung notwendige Bereicherung des Empfängers, da das Vermögen (treuhänderisch) mit der Bestimmung übertragen worden sei, es zweckentsprechend zu verbrauchen.

2. Kritik in der Literatur

Diese Entscheidung wurde in der Literatur scharf kritisiert[5]. Das Gericht schränke nicht nur den Schenkungsbegriff systemwidrig ein, sondern stelle sich auch der Tendenz in der Rechtsprechung entgegen, eine Zuwendung sogar dann als Schenkung im Sinne des *Pflichtteilsrechts* zu behandeln, wenn man sie nicht unter § 516 BGB subsumieren möchte. Nach allgemeiner, nicht lokal-kulturpolitisch geprägter Ansicht hätte die Zuwendung an eine bereits existierende Stiftung als Spende und somit als Schenkung i. S. d. § 516 BGB *und* i. S. d. §§ 2325 ff. BGB oder zumindest als eine solche analog §§ 2325 ff. BGB behandelt werden müssen. Jedenfalls bei juristischen Personen liege nach allgemeiner Meinung auch bei einer Zuwendung zu einer Zweckverwirklichung eine Bereicherung vor; nur bei natürlichen Personen sei dies

---

3 Vgl. MünchKomm/LANGE, BGB, 4. Aufl. 2004, § 2325 BGB Rdn. 5.

4 OLG Dresden v. 2. 5. 2002, NJW 2002, 3181.

5 Siehe RAWERT, Charitable Correctness – Das OLG Dresden zu Spenden und Pflichtteilsergänzung, NJW 2002, 3151 ff.; MUSCHELER, Anmerkung zu OLG Dresden v. 2. 5. 2002, ZEV 2002, 417 f (der an Stelle einer Spende eine Zustiftung annimmt); SCHIFFER, Aktuelles Beratungs-Know-how Gemeinnützigkeits- und Stiftungsrecht, DStR 2003, 15 f.

strittig, wenn auch in letzterem Fall eine bejahende Ansicht im Vordringen sei[6].

3. Die Ansicht des BGH

Dem ist der BGH in seiner Revisionsentscheidung v. 10. 12. 2003[7] weitgehend gefolgt. Ausdrücklich nimmt er zur Streitfrage Stellung. Zwar sei die Stiftung gehalten, die Zuwendung des Erblassers zu Stiftungszwecken zu verwenden. Dies verleihe dem Erblasser aber keine Rechte im Sinne eines Treuhandverhältnisses, denn er habe kein wirtschaftliches Eigentum an den zugewendeten Geldern, kein Kündigungsrecht und keine Rückfallmöglichkeit der Gelder im Falle einer Insolvenz des Treugebers behalten. Ein Auftrag liege nicht vor, da die Stiftung die Gelder nicht zugunsten anderer verwenden sollte, sondern ausschließlich für sich selbst. Auch bei Zuwendungen mit festgelegtem Zweck wolle sich der Geber seines Vermögens endgültig entäußern, unabhängig von der jeweiligen Zuwendungsart (Spende oder so genannte Zustiftung). Weder die Eigenschaft des Empfängers als juristische Person noch die Verwendung der Spende für gemeinnützige oder sakrale Zwecke sei dabei von Bedeutung. Alles andere sei mit dem Zweck der geltenden Pflichtteilsergänzungsbestimmungen nicht zu vereinbaren, die eine Aushöhlung des Pflichtteilsrechts durch lebzeitige Rechtsgeschäfte des Erblassers verhindern wollten. Dieses Ergebnis möge – vor dem Hintergrund gemeinnütziger Stiftungsprojekte – rechtspolitisch fragwürdig sein. Abhilfe könne jedoch nur der Gesetzgeber schaffen[8].

4. Zwischenergebnis

Im Ergebnis ist daher auch eine zweckgebundene Spende an eine Stiftung als Schenkung im Sinne des § 2325 I BGB zu behandeln. § 2325 I BGB ist also direkt anwendbar (eine a. A. ist vertretbar)[9].

III. Eingreifen des Ausschlussgrundes des § 2330 BGB

Fraglich ist jedoch, ob der Ausnahmetatbestand des § 2330 BGB zur Anwendung gelangt, da die Zuwendung zu einem gemeinnützigen Zweck erfolgte.

1. Anstandsschenkung

Möglicherweise handelt es sich bei der Zuwendung an die D-Stiftung um eine Schenkung, die einer auf den Anstand zu nehmenden Rücksicht entsprach. Die Bedeutung des Tatbestands der Anstandsschenkung im Stiftungsrecht ist jedoch gering. Umfasst werden i. d. R. Gelegenheitsabgaben und Trinkgelder – es kommen also von vornherein allenfalls Kleinstspenden an existierende Stiftungen in Betracht. Bei einer Spende der vorliegenden Größenordnung ist eine Anstandsschenkung ausgeschlossen.

2. Sittliche Pflicht

Fraglich ist jedoch, ob S mit der Zuwendung einer sittlichen Pflicht entsprochen hat. Dies ist deswegen denkbar, weil er einem sakralen und damit gemeinnützigen Anliegen dienen wollte. Auch der Tatbestand der »sittlichen Pflicht« ist bei der Stiftung aber nur selten erfüllt. Abzustellen ist nämlich nicht darauf, ob die Zuwendung sittlich *gerechtfertigt* werden kann. Sie muss vielmehr derart sittlich *geboten* sein, dass ihr Unterlassen als Verletzung einer sittlichen Pflicht anzusehen wäre[10]. Die Gemeinnützigkeit einer Zuwendung als solche reicht hierfür nicht. Sittliche Pflicht und Gemeinnützigkeit sind Größen, die sich nicht decken[11].

Eine Erweiterung des Ausnahmetatbestandes des § 2330 BGB ist zwar rechtspolitisch in der Diskussion. Indes hat das BVerfG in seiner Entscheidung v. 19. 4. 2005[12] die Verfassungsmäßigkeit der bestehenden Pflichtteilsregelungen erneut betont und damit das Pflichtteilsrecht als verfassungsrechtlich gewährleistetes Recht gestärkt, was derartigen Ideen tendenziell entgegen zu stehen scheint[13].

Der Ausnahmetatbestand des § 2330 BGB ist damit nicht erfüllt[14].

IV. Ausschluss durch Zeitablauf

1. Ausschlussfrist des § 2325 III BGB

Zwar gilt die Zeitgrenze des § 2325 III BGB auch für den Anspruch aus § 2329 BGB[15]. Nachdem jedoch zur Zeit des Erbfalles noch keine zehn Jahre seit der Zuwendung verstrichen sind, greift der Ausschlusstatbestand des § 2325 III BGB nicht ein.

2. Einrede der Verjährung

Auch die Verjährung nach § 2332 II BGB ist noch nicht eingetreten. Seit Eintritt des Erbfalles sind keine drei Jahre vergangen.

B. Ergebnis

E hat gegen die D-Stiftung einen Pflichtteilsergänzungsanspruch aus §§ 2325, 2329 I BGB. Zur Höhe des Anspruchs wird in Frage 3 Stellung genommen.

Frage 2: Ansprüche des E gegen die S-Stiftung

A. Anspruch aus §§ 530 I, 531 I, II, 812 ff., 1922 I BGB

S hat vor seinem Tod das Stiftungsvermögen wegen groben Undanks zurückgefordert. Diese Erklärung kann als Widerruf i. S. d. § 531 I BGB ausgelegt werden (§§ 133, 157 BGB). Wäre dieser Widerruf wirksam gewesen, hätte dem S vor seinem Tode ein Bereichungsanspruch zugestanden, welcher wiederum im Wege der Gesamtrechtsnachfolge auf E übergegangen wäre (nicht zu verwechseln mit der Konstellation in § 530 II BGB). Dazu

6 Zu letzterem insbesondere RAWERT, NJW 2002, 3152.
7 BGHZ 157, 178 ff. = NJW 2004, 1382. Siehe zu dieser Entscheidung (allesamt zustimmend) SCHIFFER, Die Dresdner Frauenkirche, die Stiftung und der Pflichtteil, NJW 2004, 1565 ff.; OTTE, Anmerkung zu BGH v. 10. 12. 2003 – IV ZR 249/02 (OLG Dresden), JZ 2004, 973 ff.; LIEDER, Pflichtteilsergänzungsanspruch wegen Zuwendungen an gemeinnützige Stiftung – Anmerkung zum Urteil des BGH vom 10. 12. 2003 – IV ZR 249/02, ZSt 2004, 74 ff.; SAENGER, Die Stiftung als Geldsammlerin für Pflichtteilsberechtigte, verarmte Schenker und Sozialkassen?, ZSt 2004, 183 ff.; MATSCHKE, Pflichtteilsergänzungsanspruch und Gemeinnützige Stiftung, ZSt 2004, 263 f.; KILIAN, Der erbrechtliche Pflichtteilsanspruch aus der Sicht des Eigentums- und Erbrechtsgrundrecht Art. 14 I GG, ZSt 2004, 204 f.
8 Zu rechtspolitischen Gedanken zu möglichen Modifikationen des Pflichtteilsrechts im Hinblick auf stifterliche Tätigkeit siehe WERNER, Stiftungen und Pflichtteilsrecht – Rechtliche Überlegungen, ZSt 2005, 87 f.; RICHTER, Das Verhältnis von Zuwendungen an Stiftungen und Pflichtteilsergänzungsansprüchen, ZErb 2005, 138 f.; KILIAN, ZSt 2004, 204 ff.; SAENGER, ZSt 2004, 188 f.; MATSCHKE, ZSt 2004, 263 f. Allgemein OTTE, Das Pflichtteilsrecht – Verfassungsrechtsprechung und Rechtspolitik, AcP 202 (2002), 317 ff.; SCHLÜTER, Die Änderung der Rolle des Pflichtteilsrechts im sozialen Kontext, in: CANARIS u. a. (Hrsg.), 50 Jahre Bundesgerichtshof, Festgabe aus der Wissenschaft, 2000, 1047 ff.
9 Eine Kenntnis der hier ausführlich wiedergegebenen Entscheidungen im Fall »Frauenkirche Dresden« wurde von den Bearbeitern nicht erwartet. Entscheidend war das Erkennen und Diskutieren der im Sachverhalt deutlich angesprochenen Probleme.
10 Siehe BGH v. 7. 3. 1984, NJW 1984, 2939 f.; MEDICUS, Pflichtteilsergänzung wegen Zuwendungen an Stiftungen, in: HELDRICH/SCHLECHTRIEM/SCHMIDT (Hrsg.), Recht im Spannungsfeld von Theorie und Praxis, Festschrift für HELMUT HEINRICHS zum 70. Geburtstag, 1998, 392; MünchKomm/REUTER, BGB, 5. Aufl. 2006, § 82 BGB Rdn. 6.
11 Siehe zum Ganzen Palandt/EDENHOFER, BGB, 66. Aufl. 2007, § 2330 BGB Rdn. 1 ff.
12 BVerfGE 112, 332 ff. = NJW 2005, 1561 ff.
13 So auch RÖTHEL, Pflichtteil und Stiftungen: Generationengerechtigkeit versus Gemeinwohl, ZEV 2006, 12.
14 Auch insoweit gilt: Die Bearbeiter müssen das Problem erkennen und diskutieren.
15 BGH v. 16. 10. 1974, NJW 1974, 2319.

müssen freilich die Voraussetzungen des § 530 I BGB vorgelegen haben.

I. Stiftung als Schenkung?

Fraglich ist, ob es sich bei dem Vorgang der *Stiftungserrichtung* um eine Schenkung handelt oder das Schenkungsrecht zumindest analog anzuwenden ist.

1. Direkte Anwendung der schenkungsrechtlichen Normen

Mit der überwiegenden Anzahl der Autoren[16] ist anzunehmen, dass die Stiftungserrichtung keine Schenkung darstellt. Dies ergibt sich schon daraus, dass das *Stiftungsgeschäft* ein *einseitiges* Rechtsgeschäft ist und kein Vertrag, wie ihn § 516 I BGB voraussetzt[17]. Es fehlt daher an der notwendigen *Einigung*. Außerdem mangelt es an der unentgeltlichen Zuwendung an eine andere *existierende* Person, da die Stiftung erst mit dem »zugewendeten« Vermögen entsteht und die Vermögensausstattung Voraussetzung für ihre Entstehung ist[18]. Das Stiftungsgeschäft ist also keine Schenkung, sondern vielmehr ein *Rechtsgeschäft sui generis*[19]. Auch die tatsächliche *Vermögensübertragung*, die der Stiftungserrichtung nachfolgt, kann nicht als Schenkung angesehen werden. Denn auf dieses Vermögen hat die Stiftung einen gesetzlichen Anspruch (§ 82 S. 1 BGB).

2. Analoge Anwendung der schenkungsrechtlichen Normen

Damit ist aber über die analoge Anwendung der Schenkungsnormen oder zumindest einzelner von ihnen noch nichts gesagt. Die Meinungsvielfalt hierzu ist breit[20]. Dabei dreht sich der Streit nicht um das Vorliegen einer Regelungslücke[21]. Diese ist mit einiger Sicherheit anzunehmen[22]. Vielmehr geht es um die Vergleichbarkeit der Interessenlagen.

a) Vergleichbarkeit der Interessenlagen

Vertreter der analogen Anwendung stellen den Akt der Freigiebigkeit des Stifters in den Vordergrund, der für die Stiftungserrichtung keine Gegenleistung erlange und dessen Vermögen dauerhaft gemindert sei. Die Interessenlage bei der Stiftungserrichtung sei demnach mit derjenigen der Schenkung vergleichbar[23].

b) Verkehrsschutz

Dieser Ansicht tritt eine Reihe von Autoren entgegen und lehnt die Anwendung der §§ 519–534 BGB mit folgenden Argumenten ab. Die Stiftung werde gerade in Ansehung ihres Vermögens juristische Person. Das Stiftungsvermögen sei nicht nur für die Stiftung von existentieller Bedeutung, sondern auch Geschäftsgrundlage der staatlichen Anerkennung. Man könne also nicht die Anerkennung von der nachhaltigen Sicherung der Verfolgung des Stiftungszwecks abhängig machen (§ 80 II BGB), das Stiftungsvermögen aber gleichzeitig den schenkungsrechtlichen Vorschriften der §§ 519, 528, 530 BGB aussetzen[24]. Zum anderen helfe ein Blick auf das Vereinsrecht. Fraglos haften Mitglieder eines gemeinnützigen Vereins für die Erfüllung ihrer Beitragspflicht nicht nach Schenkungsrecht, sondern nach den allgemeinen schuldrechtlichen Regeln. Dies könne für den Stifter nicht anders sein. Auch bei der Stiftung gehe es darum, eine lebensfähige Rechtsperson zu bewahren, damit der Rechtsverkehr nicht durch verkehrsuntaugliche Mitglieder gestört werde[25]. Und schließlich gehöre es zu den Beratungspflichten der Anerkennungsbehörde, einen Stifter auch auf eventuelle (stifterindividuelle) Gefahren im Zusammenhang mit der Stiftungserrichtung hinzuweisen, so dass der Stifter (etwa im Hinblick auf die in den §§ 519, 528 f. BGB geregelte Situation) Vorkehrungen treffen könne[26]. Die Stiftung selbst könne dies nicht[27]. Alles in allem führe die Anwendbarkeit der schenkungsrechtlichen Vorschriften zu einer Existenzgefährdung der Stiftung, die mit der Autonomie der Stiftung nicht vereinbar sei[28].

3. *Ratio legis* des § 530 BGB

Möchte man eine pauschale Alles-oder-Nichts-Lösung vermeiden, ließen sich die jeweiligen schenkungsrechtlichen Regelungskomplexe auch unabhängig auf ihre Übertragbarkeit auf das Stiftungsrecht untersuchen. Jeder dieser Komplexe hat eine eigene *ratio legis* und kann eigenständig auf seine Analogiefähigkeit überprüft werden[29]. Vorliegend geht es um die §§ 530 ff. BGB analog.

Ratio legis der §§ 530 ff. BGB ist ein (als generalklauselartige Rechtsobliegenheit) formuliertes Gebot der Ethik, das in Fällen erheblicher Abweichungen von der Sozialmoral die moralische Geschäftsgrundlage der Schenkung als entfallen ansieht und dem Schenker ein Widerrufsrecht gewährt. Er selbst behält also die Entscheidungsfreiheit, aus der Pflichtverletzung Konsequenzen zu ziehen oder nicht. Aufgrund dieses *menschlich-moralischen Pietätsverhältnisses* wird die Vorschrift meist schon dann nicht mehr angewendet, wenn es sich – wie bei der Stiftung der Fall – beim Empfänger um eine *juristische Person* handelt[30].

Unabhängig davon bedarf besagtes Pietätsverhältnis zu seiner Entstehung einer *Erklärung* des Beschenkten. Die beschenkte Stiftung gibt aber weder eine rechtliche noch eine moralische

16 So die ganz h. M.; siehe etwa Medicus, in: Festschrift Heinrichs, 382 ff. (der insbesondere auf die fehlende Einigung über die Unentgeltlichkeit abstellt); Staudinger/Rawert, BGB, 13. Bearb. 1995, § 80 BGB Rdn. 11; Rawert/Katschinski, Stiftungserrichtung und Pflichtteilsergänzung, ZEV 1996, 161 f.; Soergel/Neuhoff, BGB, 13. Aufl. 2000, § 80 BGB Rdn. 9; Erman/Werner, 11. Aufl. 2004, § 80 BGB Rdn. 4; MünchKomm/ Reuter, §§ 80, 81 BGB Rdn. 18; Palandt/Heinrichs, § 82 BGB Rdn. 1. A. A. RG v. 27. 6. 1881, RGZ 5, 138, 144 ff.

17 Muscheler, Stiftung und Schenkung, AcP 203 (2003), 473 und 474 ff. zu weiteren Argumenten, die seines Erachtens aber nicht durchgreifen.

18 Muscheler, AcP 203 (2003), 476 f.

19 Siehe Staudinger/Rawert, § 80 BGB Rdn. 11; MünchKomm/Reuter, §§ 80, 81 BGB Rdn. 18.

20 Einige Autoren bejahen eine solche Analogie, andere lehnen sie generell ab; wieder andere ziehen lediglich einzelne Normen der §§ 519–534 BGB heran. Siehe dazu die umfassenden Nachweise bei Muscheler, AcP 203 (2003), 496 und die folgenden Ausführungen.

21 Im zweiten Entwurf zum BGB wurde in dieser Frage ausdrücklich auf Rechtsprechung und Wissenschaft verwiesen; siehe Mugdan, Materialien I, 662. Dazu MünchKomm/Reuter, §§ 80, 81 BGB Rdn. 18; Staudinger/Rawert, § 80 BGB Rdn. 11; Medicus, in: Festschrift Heinrichs, 387 f. Ausführlich Muscheler, AcP 203 (2003), 487 ff.

22 Dazu Muscheler, AcP 203 (2003), 487 ff., 496.

23 Vgl. etwa Soergel/Neuhoff, § 80 BGB Rdn. 9; Palandt/Heinrichs, § 82 BGB Rdn. 1; Erman/Werner, § 82 BGB Rdn. 2 (ablehnend allerdings gegenüber §§ 530 ff. BGB); Andrick/Suerbaum, Stiftung und Aufsicht, 2001, 141 (ebenfalls ausgenommen der §§ 530 ff. BGB); RGRK/Steffen, BGB, 1982, § 82 BGB Rdn. 4; Wochner, Stiftungen und stiftungsähnliche Körperschaften als Instrument dauerhafter Vermögensbindung, MittRhNotK 1994, 89, 95.

24 Vgl. MünchKomm/Reuter, §§ 80, 81 BGB Rdn. 19, § 82 BGB Rdn. 3; Seifart/v. Campenhausen/Hof, Handbuch des Stiftungsrechts, 2. Aufl. 1999, § 7 Rdn. 37. Siehe auch Saenger, ZSt 2004, 187.

25 Vgl. MünchKomm/Reuter, § 82 BGB Rdn. 3.

26 Siehe Staudinger/Rawert, § 80 BGB Rdn. 11; Rawert/Katschinski, ZEV 1996, 163 Fn. 18; Seifart/v. Campenhausen/Hof, § 7 Rdn. 37.

27 Siehe Seifart/v. Campenhausen/Hof, § 7 Rdn. 37; Staudinger/Rawert, § 80 BGB Rdn. 11; Saenger, ZSt 2004, 187.

28 Vgl. Seifart/v. Campenhausen/Hof, § 7 Rdn. 37; Aigner, Der Schutz der Stiftung vor Einflussnahme Dritter, Dissertation, 2000, 37. Eine derart ausführliche Begründung wurde von den Bearbeitern nicht erwartet; die (eigenen) Argumente hätten sich aber an den vorstehenden Linien ausrichten sollen.

29 Vgl. Muscheler, AcP 203 (2003), 498.

30 So die wohl noch überwiegende Ansicht, siehe etwa BGH, NJW 1962, 955; OLG Düsseldorf, NJW 1966, 550; Staudinger/Cremer, 13. Bearb. 1995, § 530 BGB Rdn. 12; Palandt/Weidenkaff, § 530 BGB Rdn. 1; Jauernig/ Vollkommer, Bürgerliches Gesetzbuch, 11. Aufl. 2004, §§ 530–533 BGB Rdn. 1. A. A. aber MünchKomm/Kollhosser, 4. Aufl. 2004, § 530 BGB Rdn. 9 unter Berufung auf die Organtheorie; zustimmend Bamberger/ Roth/Gehrlein, BGB, 2003, § 530 BGB Rdn. 3; Erman/Herrmann, § 530 BGB Rdn. 3; Muscheler, AcP 203 (2003), 500; Staudinger/Wimmer-Leonhardt, Neubearb. 2005, § 530 BGB Rdn. 30.

Stellungnahme und schon gar keine Annahmeerklärung ab[31]. Sie kann sich die Annahme der Zuwendung gar nicht aussuchen. Es wird eben keine fremde Person beschenkt, sondern durch die Zuwendung des Stifters sein »Eigengewächs« geschaffen. Zeigt sich in der Folge ein Stiftungs*organ* dem Stifter gegenüber in solcher Weise (grob) undankbar, dass es einem *Verstoß gegen das Stiftungsstatut* gleichkommt, muss die Stiftungsaufsichtsbehörde einschreiten. Widerruf ist hier das falsche Mittel, weil sonst die Existenz der Stiftung vom Fehlverhalten ihrer Organe abhängig wäre, was schon im Hinblick auf eine verlässliche Teilnahme der Stiftung am allgemeinen Rechtsverkehr nicht richtig sein kann. Lässt sich ein solcher Organverstoß aber nicht verifizieren, kann auch nicht von grobem Undank gesprochen werden, da der Stifter selbst durch seine Satzungsgestaltung den Handlungsrahmen der Stiftung und ihrer Organe bestimmt.

Ein Widerrufsrecht nach §§ 530 ff. BGB besitzt der Stifter also nicht[32].

II. Grober Undank

Unabhängig davon, ob man die Anwendung der §§ 530 ff. BGB (analog) bejaht, scheitert der Anspruch im Klausurfall jedenfalls am Vorliegen groben Undanks; es handelt sich um keine schwere, moralisch verwerfliche Verfehlung der Stiftung, wenn der Stiftungsvorstand einem privaten und sogar *satzungswidrigen* Anliegen des Stifters keine Folge leistet.

Der Ausschlussgrund des § 534 BGB hätte dagegen nicht gegriffen (siehe oben).

III. Ergebnis

Ein Anspruch aus §§ 530 I, 531 I, II, 812 ff., 1922 I BGB besteht nicht.

B. Anspruch aus §§ 2325, 2329 I BGB

Des Weiteren kommt auch in dieser Konstellation ein Pflichtteilsergänzungsanspruch in Betracht.

I. Aktiv- und Passivlegitimation

Siehe oben.

II. Anwendbarkeit der §§ 2325 ff. BGB

1. Direkte Anwendbarkeit der §§ 2325 ff. BGB
Fraglich ist, ob die Errichtung einer rechtsfähigen Stiftung bürgerlichen Rechts nach den §§ 80 ff. BGB eine Schenkung darstellt. Dies ist jedoch mit der herrschenden Meinung zu verneinen (siehe dazu im Detail die Begründung zu § 516 BGB, die auch im Rahmen des § 2325 BGB gilt). Damit ist über die analoge Anwendung der §§ 2325 ff. BGB nachzudenken.

2. Analoge Anwendung der §§ 2325 ff. BGB
Zur Annahme einer Analogie bedarf es einer Regelungslücke sowie der teleologischen Vergleichbarkeit der Interessenlagen. Beides ist in dieser Sachverhaltsvariante zu bejahen. § 2325 BGB ist eine Vorschrift, die den *Drittschutz* intendiert. Und so ist nach dem Sinn und Zweck der Vorschrift die gesetzlich nicht erfasste Konstellation »Ausstattungsversprechen bei der Stiftungserrichtung« mit der in § 2325 BGB geregelten »Schenkung« teleologisch vergleichbar[33]. Denn es macht für den Dritten keinen Unterschied, ob der Erblasser einer *bestehenden Stiftung* Geld zuwendet, eine *Schenkung mit der Auflage einer Stiftungserrichtung* tätigt oder selbst eine *neue Stiftung* errichtet[34] – drittschützende Normen, die das Außenverhältnis betreffen, müssen daher

analog anwendbar sein. Im Fall der §§ 2325 ff. BGB besteht inzwischen weitgehende Einigkeit[35].

Dem steht nicht entgegen, dass oben die analoge Heranziehung der §§ 516 ff. BGB abgelehnt wurde, also derjenigen schenkungsrechtlichen Vorschriften, die im *Innenverhältnis* von Stifter und Stiftung gelten. Denn bei den §§ 2325 ff. BGB geht es nicht um Wertungen, die das Zweipersonenverhältnis zwischen Stifter und Stiftung betreffen, sondern um solche des *Außenverhältnisses* zum Rechtsverkehr, in welchem *Drittinteressen* zu berücksichtigen sind: Die Interessen der übrigen Erben (Pflichtteilsberechtigten) sind aber durch die Errichtung einer Stiftung gleichermaßen betroffen wie durch den Vollzug einer Schenkung, so dass die Interessenlagen vergleichbar sind. In der Konsequenz gelangt man bei der analogen Heranziehung der drittschützenden Normen auch nicht zur Anwendung der *schenkungsrechtlichen*, sondern der *erbrechtlichen* Vorschriften. Der Vergleich mit der Schenkung wird hier sozusagen nur als Vorfrage im Rahmen des Erbrechts relevant.

Mit der entsprechenden Anwendung des § 2325 BGB geht auch die entsprechende Anwendung des § 2329 BGB einher. Denn die Anwendung des § 2325 BGB auf die Stiftungserrichtung macht überhaupt nur Sinn, wenn bei Versagung des Anspruchs gegen die Erben auch die Stiftung als Zuwendungsempfängerin analog § 2329 BGB in Anspruch genommen werden kann[36].

III. Anspruchsausschluss nach § 2330 BGB

Folgt man dem, ist auch § 2330 BGB prinzipiell analog anwendbar[37]. Jedoch handelt es sich auch in dieser Konstellation weder um eine Anstandsschenkung, noch um eine Zuwendung, die einer sittlichen Pflicht unterlag (siehe bereits oben). Ebenso ist die Tatsache, dass ein Nachfolger für die eigenen Projekte geschaffen werden sollte, zwar ein sinnvolles Anliegen, jedoch nicht vom engen Ausnahmetatbestand des § 2330 BGB erfasst.

IV. Anrechnung nach § 2327 BGB

Fraglich ist jedoch, ob auch § 2327 BGB angewendet werden kann. Nach dieser Vorschrift hat sich der Pflichtteilsberechtigte, der vom Erblasser *in eigener Person* ein Geschenk empfangen hat, dieses auf den Anspruch anrechnen zu lassen. Denn im vorliegenden Fall ist zu beachten, dass E aus der von S errichteten Stiftung selbst Stiftungsleistungen bezogen hat.

1. Direkte Anwendung des § 2327 BGB
Direkt ist § 2327 BGB kaum anwendbar – die Leistung der Stiftung an den Stiftungsdestinatär ist weder eine Schenkung der Stiftung (Rechtsgrund der Zuwendung ist keine Schenkungs-*causa*, sondern der Stiftungszweck)[38] noch eine solche des Stifters (Zuwendender ist die Stiftung als eigenständige Rechtsperson)[39].

2. Analoge Anwendung des § 2327 BGB
Doch auch analog kann diese Vorschrift nur dann angewendet

31 Vgl. Muscheler, AcP 203 (2003), 501. Siehe auch Medicus, in: Festschrift Heinrichs, 383.

32 So auch Muscheler, AcP 203 (2003), 501. I. E. ebenso Erman/Werner, § 82 BGB Rdn. 2; Andrick/Suerbaum, 141.

33 Siehe zur Herleitung dieser richtigen Ansicht ausführlich Muscheler, AcP 203 (2003), 486 ff.; Rawert/Katschinski, ZEV 1996, 162 ff.; Aigner, 53 ff. Außerdem Jakob, Schutz der Stiftung, 2006, 278 ff.

34 Siehe dazu Muscheler, AcP 203 (2003), 492 f.

35 Zu vereinzelten Gegenstimmen und Ausnahmen von der analogen Anwendung siehe Jakob, 279 Fn. 1139.

36 Siehe Rawert/Katschinski, ZEV 1996, 166.

37 Siehe dazu Medicus, in: Festschrift Heinrichs, 392, 396 und sogleich.

38 Ausführlich dazu Jakob, 178 ff.

39 Ausführlich dazu Jakob, 334 ff.

werden, wenn insoweit die Interessenlage mit einer Schenkung des Vaters (Stifter) an den Sohn (Begünstigter) teleologisch vergleichbar ist. Da die teleologische Vergleichbarkeit nicht pauschal und generell bei jeder Stiftungsbegünstigung gegeben sein kann[40], sind Abgrenzungskriterien zu entwickeln.

Zum einen muss ein *direkter Schenkungszusammenhang* zwischen *Zuwendung* und *Erblasser* vorliegen, der eine Vergleichbarkeit mit einem »anrechnungspflichtigen Eigengeschenk« i. S. d. § 2327 BGB rechtfertigt. Zum anderen muss es im Zeitpunkt des Erbfalls und der Anrechnung einen *konkreten Anrechnungsbetrag* geben, um Rechtsunsicherheit zu vermeiden.

Im vorliegenden Fall sind zwei Konstellationen auseinander zu halten. Zum einen ist zu beurteilen, ob die Stiftungsleistung, die E bereits in den vorangegangenen fünf Jahren erhalten hat, die vorgegebenen Maßgaben erfüllt. Zum anderen ist zu bewerten, ob die Stiftungsleistung, die E in den kommenden fünf Jahren möglicherweise noch empfangen wird, den Kriterien genügt.

a) Zukünftige Stiftungsleistung
Die Stiftungssumme, die E erst in Zukunft erhalten wird, muss ausscheiden. Zwar hat E eine *Aussicht* auf weitere fünf Jahre Förderung. Jedoch sind die tatsächlichen Stiftungsleistungen derzeit ihrer Höhe nach völlig offen, da sie aus den ungewissen Erträgen des Stiftungsvermögens für einen ungewissen Zeitraum (Dauer der Förderung?, Existenz der Stiftung?) auszukehren sind. Im Zeitpunkt des Anrechnungsfalles könnte einem sofort fälligen Anspruch auf Zahlung eines Geldbetrages (Pflichtteilsergänzungsanspruch) nur eine hypothetische Aussicht entgegengehalten werden. Man stößt damit auf ein Berechnungsproblem, für das sich kaum seriöse Kapitalisierungsmaßstäbe finden lassen. Und selbst wenn die Höhe einer Ausschüttung einigermaßen wahrscheinlich ist (wie auch im vorliegenden Fall), ist die teleologische Vergleichbarkeit nicht gerechtfertigt. Denn wenn es eine in § 2313 BGB normierte Wertung des Pflichtteilsrechts ist, dass aufschiebend bedingte, ungewisse oder unsichere Positionen in die Berechnung des Pflichtteils keinen Eingang finden dürfen, so ist es nur konsequent, solche im Erbfall noch nicht verwirklichten Aussichten auch bei der Anrechnung auf den Pflichtteilsergänzungsanspruch außer Acht zu lassen[41] (a. A. nur schwer vertretbar).

b) Bereits empfangene Stiftungsleistung
Doch auch die Berücksichtigung der bereits ausgezahlten Beträge ist problematisch. Zwar handelt es sich insoweit um eine klar abgegrenzte und schon vor dem Erbfall ausgekehrte Summe. Indessen fehlt es hier am *direkten Schenkungszusammenhang* zwischen Zuwendung und Erblasser. Denn E wurde zwar vom Vorstand als förderungsberechtigte Person ausgewählt; er hatte aber laut Satzung *keinen klagbaren Anspruch* auf die Stiftungsleistung. Damit lag der Ausschüttung keine Entscheidung *des Stifters* zugrunde, sondern eine autonome Entscheidung *der Stiftung*[42]. Letztere hätte auch einen anderen Destinatär bedenken *können*. Die Zuwendung ist also keine solche des Stifters, der direkte Zusammenhang zwischen Erblasser und Schenkung, den § 2327 BGB voraussetzt, fehlt. Für das Glück, von der Stiftung als Destinatär ausgewählt worden zu sein, soll der Pflichtteilsberechtigte nicht bestraft werden.

Alles in allem scheidet daher auch eine Anrechnung der bereits erhaltenen Stiftungsleistungen aus[43] (a. A. mit guter Begründung vertretbar).

V. Zeitliche Begrenzungen

Weder ist die Ausschlussbestimmung des § 2325 III BGB erfüllt, noch kann sich die S-Stiftung auf Verjährung im Sinne des § 2332 II BGB berufen.

C. Ergebnis

Dem E steht daher ein Pflichtteilsergänzungsanspruch gegen die S-Stiftung aus §§ 2325 I, 2329 I S. 2 BGB zu.

Frage 3: Die Höhe der Ansprüche[44]

A. Grundregel des § 2329 III BGB

§ 2329 I BGB enthält eine Rechtsfolgeverweisung auf das Bereicherungsrecht. Der Anspruch geht hier auf Zahlung einer Geldsumme und wird in seiner Höhe berechnet, indem die Schenkungsbeträge zum hinterlassenen Erbteil hinzugerechnet werden und dann anhand der relevanten Pflichtteilsquote der fiktive Pflichtteil gewonnen wird. Zieht man von diesem die hinterlassene Erbsumme ab, erhält man den Ergänzungspflichtteil. Wegen des Verweises auf das Bereicherungsrecht kann sich der Beschenkte gegebenenfalls auf Entreicherung (§ 818 III BGB) berufen.

Fraglich ist nun jedoch, ob und wie es sich auswirkt, dass S nicht nur der D-Stiftung, sondern auch der S-Stiftung eine Zuwendung gemacht hat. Die Lösung dieser Frage enthält § 2329 III BGB: Hiernach haftet der frühere Beschenkte (Zeitpunkt: Vollzug der Schenkung[45]) nur insoweit, als der spätere Beschenkte (etwa wegen Entreicherung oder Vorliegens einer sittlichen Pflicht) nicht verpflichtet ist[46].

B. Berechnung

Vorliegend ist die S-Stiftung die frühere, die D-Stiftung die spätere Beschenkte. Die Berechnung hat also mit der D-Stiftung zu beginnen.

I. Anspruch gegen die D-Stiftung

Zur Erbmasse von 500.000,– € werden die Schenkungen i. H. v. 1.000.000,– € und 3.000.000,– € hinzugerechnet. Der fiktive Pflichtteil hätte nach der Quote des E (1/2) damit 2.250.000,– € betragen. Nachdem er lediglich 500.000,– € erhalten hat, besteht demnach ein (Gesamt-) Pflichtteilsergänzungsanspruch i. H. v. 1.750.000,– €.

Nachdem die D-Stiftung einen Schenkungsbetrag i. H. v.

40 So aber das RG v. 30. 4. 1903, RGZ 54, 399, 401 im Falle einer Familienstiftung; ihm folgend Staudinger/FERID/CIESLAR, 12. Aufl. § 2327 BGB Rdn. 5. Ebenso wohl Staudinger/OLSHAUSEN, 13. Bearb. 1998, § 2327 BGB Rdn. 12. Vgl. auch STEFFEK, Die Anforderungen an das Stiftungsgeschäft von Todes wegen, Dissertation, 1996, 39. Dagegen MünchKomm/REUTER, § 82 BGB Rdn. 6.
41 Vgl. RAWERT/KATSCHINSKI, ZEV 1996, 165, die zudem die in § 2306 BGB getroffene Wertung des Pflichtteilsrechts heranziehen. Ebenso MünchKomm/REUTER, § 82 BGB Rdn. 6.
42 Ebenso RAWERT/KATSCHINSKI, ZEV 1996, 165, die zu Recht darauf hinweisen, dass die Unabhängigkeit von Stifter und Stiftung auch dann gilt, wenn der Stifter Vorstand der Stiftung ist.
43 Ebenso RAWERT/KATSCHINSKI, ZEV 1996, 166; AIGNER, 57. Anders FRÖHLICH, Die selbständige Stiftung im Erbrecht, Dissertation, 2004, 166 ff., 179, die »sämtliche bis zum Tag der letzten mündlichen Verhandlung erbrachten Stiftungsleistungen« berücksichtigen möchte, »gleich ob der Begünstigte auf sie einen Anspruch hatte oder nicht«; a. A. auch MUSCHELER, AcP 203 (2003), 492 Fn. 56, allerdings ohne Begründung. Gegen jedwede Anrechnung CORNELIUS, Zuwendungen an Stiftungen und Pflichtteilsergänzung, ZErb 2006, 233 f.
44 Die Höhe der jeweiligen Ansprüche wird hier exemplarisch für die oben hergeleiteten Ansprüche berechnet. Kamen die Bearbeiter oben zu abweichenden Ergebnissen, änderte sich die Berechnung entsprechend. Wurden die Ansprüche gänzlich verneint, wurde erwartet, dass die Bearbeiter den Berechnungsweg unter Benennung der relevanten Vorschrift (§ 2329 I, III BGB) aufzeigen.
45 MünchKomm/LANGE, § 2329 BGB Rdn. 14.
46 Vgl. Staudinger/OLSHAUSEN, § 2329 BGB Rdn. 56.

1.000.000,– € erhalten hat, ist sie auch nur in dieser Höhe verpflichtet. Für eine Entreicherung (§ 818 III BGB) sind im Sachverhalt keine Anhaltspunkte ersichtlich (»Geld … noch vorhanden«).

II. Anspruch gegen die S-Stiftung

Folglich trifft die S-Stiftung als früher Beschenkte noch eine Haftung i. H. v. 750.000,– €. Auch sie kann sich möglicherweise auf Entreicherung berufen. Nachdem die 3 Millionen Zuwendung allerdings das Grundstockvermögen der Stiftung bilden und Stiftungsleistungen grundsätzlich nur aus den *Erträgen* dieses Grundstocks zu erbringen sind[47], ist unwahrscheinlich, dass die S-Stiftung Entreichung bezüglich des Restbetrages v. 750.000,– € beweisen kann[48].

C. Ergebnis

E kann einen Anspruch gegen die D-Stiftung i. H. v. 1 Million € und gegen die S-Stiftung i. H. v. 750.000,– € geltend machen.

Schlussbetrachtung

Das Ergebnis der Klausur mag von den Bearbeitern als unangemessen empfunden werden, entspricht aber der derzeitigen Rechtslage, die keine erbrechtliche Privilegierung gemeinnütziger Zuwendungen vorsieht[49]. Um die Wirkungen des Pflichtteilsergänzungsrechts auszuschalten, hätte der Erblasser vor seinem Tode auf einen (teilweisen) Pflichtteilsverzicht des E hinwirken müssen[50].

47 Grundsatz der *Vermögenserhaltung*. Siehe dazu nur CARSTENSEN, Vermögensverwaltung, Vermögenserhaltung und Rechnungslegung gemeinnütziger Stiftungen, 2. Aufl. 1996, 42 ff., dort auch zu den unterschiedlichen Literaturmeinungen 58 ff.; SEIFART/v. CAMPENHAUSEN/HOF, § 10 Rdn. 34 ff.; Staudinger/RAWERT, Vorbem zu §§ 80 ff. BGB Rdn. 17; SCHWARZ, ZSt 2004, 68 f.

48 Zur Beweislast des Beschenkten Staudinger/OLSHAUSEN, § 2329 BGB Rdn. 27.

49 *De lege ferenda* werden verschiedene Ansätze diskutiert: Etwa die Herausnahme gemeinnütziger Zuwendungen aus dem Pflichtteilsergänzungsanspruch, jedenfalls in angemessener Höhe (dazu JAKOB, 519 ff. m. w. N.), oder das Modell eines »Freiteils für gemeinnützige Zuwendungen«, in dem die Stiftung rechnerisch als ein (weiteres) »Kind« des Stifters in die Pflichtteilsberechung eingeht (dazu HÜTTEMANN/RAWERT, Pflichtteil und Gemeinwohl – Privilegien für gute Zwecke, ZEV 2007, 107 ff.). Der Gesetzgeber sieht in seinem Referentenentwurf v. 16. 3. 2007 eine allgemeine, nicht stiftungsspezifische Linderung vor: Ein *pro rata*-Absteigen der ausgleichspflichtigen Quote, nach welchem die Anrechnung mit jedem Jahr, das seit der Zuwendung verstrichen ist, um 10 Prozentpunkte sinkt; siehe SCHERER/LEHMANN, ZEV-Report Zivilrecht, ZEV 2007, 318 f.

50 Die Klausur war vom Schwierigkeitsgrad sicherlich an der oberen Grenze angesiedelt und enthielt dazu einige stiftungsrechtliche Sonderprobleme. Auf die genaue Ausarbeitung dieser Probleme kam es bei der Bewertung indes nicht an. Bewertet wurde, ob die Bearbeiter mit gesundem Problembewusstsein die im Fall deutlich angelegten Problemlagen im Spannungsfeld von Erbrecht und Stiftungsrecht erkennen, diskutieren und zu einer nachvollziehbaren Lösung bringen konnten. Wenn Bearbeiter auf stiftungsrechtliche Eigenarten dennoch vertieft einzugehen vermochten, wurde dies ausschließlich positiv bewertet.

Fall 5

»Erben oder nicht erben, das ist hier die Frage!«[1]
Von Rechtsanwalt Dr. jur. Gerhard Schober, Hohenwart

Anwaltsklausur – Erbscheinsverfahren – (analoge) Anwendbarkeit des § 14 Heimgesetz – gemeinschaftliches Testament

SACHVERHALT

Am 1. Juni 2007 erscheint Stefan Waldmüller in der Kanzlei des Rechtsanwalts Dr. Michael Rimbeck, Hauptplatz 7, 85276 Pfaffenhofen/Ilm, und bringt folgendes Anliegen vor:

»Herr Rechtsanwalt, Sie müssen mir unbedingt helfen. Ich stehe vor einem erbrechtlichen Problem, das mir mittlerweile über den Kopf gewachsen ist.

Nun zur Sache: Martin Harrer, mein bester Freund, wohnhaft Gritschstraße 10 in Pfaffenhofen/Ilm, ist am 3. März 2007 im Alter von 50 Jahren verstorben.

Martin hatte im Juli 1994 eine gewisse Berta Bergmann geheiratet, die Jürgen Bergmann, ihr Kind aus einer anderen Verbindung, mit in die Ehe brachte. Jürgen studiert jetzt im 3. Semester Jura und ist 23 Jahre alt. Zur gegenseitigen Absicherung haben die Eheleute im Oktober 1994 zwei mit ›Testament‹ überschriebene Vereinbarungen getroffen, die ich Ihnen mitgebracht habe (Anlagen 1 und 2).

Wegen eines Seitensprungs hat sich Martin im Jahre 1997 von seiner Frau Berta scheiden lassen.

Doch damit nicht genug. Vier Jahre nach der Scheidung erlitt er wegen seiner ungünstigen körperlichen Konstitution einen Schlaganfall. Seitdem war er nicht mehr in der Lage, sich um die Dinge des täglichen Lebens zu kümmern. Auf seinen Wunsch hin wurde ich, weil wir seit einer Ewigkeit gut befreundet sind, im Januar 2002 vom Amtsgericht Pfaffenhofen zu seinem Betreuer bestellt.

Im Juli 2002 hat Martin ein neues privatschriftliches Testament errichtet, in dem er mich zu seinem Alleinerben eingesetzt hat (Anlage 3). Damit wollte er meine Übernahme der Betreuungstätigkeit honorieren. Dabei haben wir mündlich vereinbart, dass diese Erbeinsetzung endgültig sein soll.

Der schwere Schicksalsschlag meines Freundes führte nach und nach zu einer Aussöhnung mit seiner früheren Frau und zu einer erneuten Heirat mit Berta im November 2003.

Mittlerweile ist noch ein privatschriftliches Testament des Martin vom 5. Dezember 2003 aufgetaucht, in dem er meine Einsetzung als Alleinerbe widerruft. Dieses Schriftstück ist aber nur noch in kopierter Form vorhanden (Anlage 4).

Bezüglich des Originals verhielt es sich folgendermaßen:

Nach meinen Ermittlungen hat sich die Originalurkunde zunächst in amtlicher Verwahrung befunden. Anscheinend ist sie an Martin zurückgegeben worden, woraufhin dieser mehrere Kopien angefertigt haben muss, die jetzt aufgetaucht sind.

1 Es handelt sich hierbei um eine aktualisierte Original-Examensklausur aus dem Zweiten Juristischen Staatsexamen in Bayern. Bei der Bearbeitung der Aufgabe konnten die Prüfungsteilnehmer ein Gesamtergebnis von 6,94 Punkten erreichen.

So weit, so gut. Jedenfalls habe ich das Original, als ich wieder einmal Besorgungen für Martin zu erledigen hatte, in einer Schreibtischschublade gefunden. Enttäuscht darüber, dass nach der Wiederheirat anscheinend nun doch alles seine Frau erben sollte bzw. ihr Sohn, habe ich mit ihm darüber gesprochen. Er erklärte mir, dass sich nach der Wiederheirat die Situation grundlegend geändert habe und ich das verstehen müsse.

Im Jahre 2005 ereilte meinen Freund ein weiterer Schicksalsschlag. Seine Frau Berta, erst 51 Jahre alt, verunglückte bei einem Autounfall tödlich. Anschließend überwarf er sich mit deren Sohn Jürgen und wollte nichts mehr mit ihm zu tun haben. Wegen dieser Vorkommnisse hat mir Martin am 20. August 2005 den Auftrag erteilt, das Widerrufstestament vom 5. Dezember 2003 zu zerreißen, was ich dann noch am selben Tag getan habe. Für diesen ganzen Vorgang gibt es sogar einen Zeugen, den Georg Hauser. Das ist ein Nachbar des Martin. Der war an dem Tag zufällig mit anwesend und hat alles beobachtet, einschließlich der Vernichtung des Testaments. Der Grund für das Ganze war, dass Jürgen auf keinen Fall etwas bekommen sollte.

Dies hat den Sohn von Berta aber nicht gehindert, einen Erbschein als Alleinerbe des Martin zu beantragen, den er mittlerweile auch erhalten hat.

Er behauptet, wegen der Wiederheirat seien die Vereinbarungen vom Oktober 1994 zwischen seiner Mutter und seinem Stiefvater wirksam. Deshalb stehe ihm die Alleinerbschaft zu. Das Testament, das mich begünstigt, sei unbeachtlich. Zum einen sei Martin wegen der angeordneten Betreuung zum Zeitpunkt der Errichtung testierunfähig gewesen. Zum anderen verstoße die Bestimmung eines Betreuers zum Alleinerben gegen § 14 Heimgesetz. Nach dieser Norm sei die Einsetzung des Heimträgers bzw. der sonst im Heim Beschäftigten als Erben der Heimbewohner untersagt. Dadurch solle vor allem eine finanzielle Ausnutzung der Bewohner wegen der häufig vorliegenden Abhängigkeit zum Heim und zu den dort Arbeitenden verhindert werden. Da die Interessenlage zwischen Betreuer und Betreutem ähnlich sei, müsse § 14 Heimgesetz auch in diesem Verhältnis gelten. Auch wäre es sittenwidrig, wenn ich als Betreuer etwas vom Erbe bekäme, während er als Stiefsohn leer ausginge. Im Übrigen aber läge ein wirksamer Widerruf vor. Dies habe ihm ein älterer Studienkollege berichtet, den er in diesem Fall um Rat gefragt habe.

Herr Rechtsanwalt, Sie müssen nun etwas unternehmen. Zunächst existierte nur ein Beschluss des Nachlassgerichts vom 18. April 2007 (Anlage 5). Dagegen habe ich selbst Beschwerde eingelegt (Anlage 6). Nun wurde aber trotzdem dem Jürgen ein Erbschein als Alleinerbe erteilt (Anlage 7), obwohl ich doch selbst gleich nach dem Tod des Martin einen entsprechenden Erbschein zu meinen Gunsten beim Nachlassgericht Pfaffenhofen beantragt habe. Um meinen eigenen Erbschein geht es mir mit der Beschwerde nicht. Ich will vielmehr nur, dass der falsche Erbschein des Jürgen aus der Welt geschafft wird. Am liebsten wäre es mir, wenn wir mit der bereits eingelegten Beschwerde zum Erfolg kommen könnten.

Bitte verfassen Sie, falls dies aussichtsreich erscheint, einen Schriftsatz an das Beschwerdegericht, der meiner Beschwerde zum Erfolg verhilft.«

Daraufhin wird die Unterredung beendet. Stefan Waldmüller unterzeichnet eine entsprechende Vollmacht für Dr. Rimbeck und übergibt ihm die Anlagen 1 mit 7.

Anlage 1:

Pfaffenhofen, den 5. Oktober 1994

Testament (auszugsweise)

Ich, Martin Harrer, und meine Frau Berta setzen uns gegenseitig zu Alleinerben ein. Nach dem Tode des Letztversterbenden soll Bertas Sohn Jürgen unser Schlusserbe sein. Diese Verfügungen sind bindend. Das Testament entspricht unserem gemeinsamen Willen.

Der Nachlass besteht voraussichtlich aus folgenden Gegenständen: ...

Martin Harrer

(Das Testament ist eigenhändig von Martin Harrer ge- und unterschrieben.)

Anlage 2:

Pfaffenhofen, den 5. Oktober 1994

Testament

Ich, Berta Harrer, geb. Bergmann, schließe mich dem Testament meines Mannes vom 5. Oktober 1994 voll und ganz an.

Berta Harrer

(Die Erklärung ist eigenhändig von Berta Harrer ge- und unterschrieben worden. Sie wurde auf einem gesonderten Blatt verfasst. Das gesonderte Blatt für die Erklärung der Ehefrau wurde deshalb benutzt, weil der von Martin Harrer für die Niederschrift der Haupterklärung verwendete Bogen vollständig beschrieben war.)

Anlage 3:

Pfaffenhofen, den 15. Juli 2002

Testament

Ich, Martin Harrer, bestimme meinen treuen Freund Stefan Waldmüller, der auf meinen ausdrücklichen Wunsch hin die Mühen der Betreuung auf sich genommen hat, zu meinem Alleinerben.

Martin Harrer

(eigenhändig ge- und unterschrieben)

Anlage 4:

Pfaffenhofen, den 5. Dezember 2003

Testament

Ich, Martin Harrer, erkläre folgendes: Wegen der Wiederheirat mit meiner Frau Berta widerrufe ich hiermit mein Testament vom 15. Juli 2002.

Martin Harrer

(eigenhändig ge- und unterschrieben, in Kopie vorgelegt)

Anlage 5:

Amtsgericht Pfaffenhofen/Ilm   18. April 2007

Ingolstädter Straße 45
85276 Pfaffenhofen
– Nachlassgericht –

Az.: VI 345/07

Beschluss

Die Erteilung eines Erbscheins in folgender Form:

»Erbschein:

Es wird bezeugt, dass der am 3. März 2007 verstorbene Martin Harrer, geb. am 2. Februar 1957 in Pfaffenhofen/Ilm, zuletzt wohnhaft in der Gritschstraße 10 in 85276 Pfaffenhofen/Ilm, von Jürgen Bergmann, geb. am 11. Januar 1984, aufgrund Testaments vom 5. Oktober 1994

allein

beerbt worden ist.«

wird bewilligt werden, falls gegen den Beschluss nicht binnen einer Frist von zwei Wochen Beschwerde eingelegt wird.

Gründe:

Bei den Verfügungen der Ehegatten vom 5. Oktober 1994 handelt es sich um ein gemeinschaftliches Testament. Wegen der Wiederheirat des Ehepaars Harrer im November 2003 ist das Testament als von Anfang an gültig anzusehen. Da die gegenseitigen Erbeinsetzungen nach dem ausdrücklichen Willen der Verheirateten wechselbezüglich sein sollten, konnte der Erblasser seine Verfügung bei Lebzeiten seiner damaligen Ehefrau Berta Harrer nicht durch sein Testament vom 15. Juli 2002 einseitig aufheben (§ 2271 I 2 BGB). Jürgen Bergmann ist deshalb Alleinerbe.

Dr. Bachmaier
Richter am Amtsgericht

Anlage 6:

Stefan Waldmüller   Pfaffenhofen, den 10. Mai 2007
Talstraße 52
85084 Langenbruck

An das Landgericht Ingolstadt | Landgericht Ingolstadt
Auf der Schanz 37 | Eingang: 11. Mai 2007
85049 Ingolstadt

Gegen den Beschluss des AG Pfaffenhofen vom 18. April 2007 (Az.: VI 345/07) lege ich hiermit Beschwerde ein und beantrage, diesen aufzuheben.

Dass Jürgen Bergmann Alleinerbe ist, stimmt nicht. Vielmehr steht ihm gar nichts zu.

Dies entsprach auch dem Willen des Martin kurz vor seinem Tod, da er sich mit Jürgen überworfen hatte. Die Durchsetzung seines letzten Willens bin ich meinem Freund schuldig. Damit will ich auf jeden Fall verhindern, dass Jürgen Bergmann sich aus dem Nachlass des Martin bereichern kann.

Stefan Waldmüller

Anlage 7:

Amtsgericht Pfaffenhofen
Ingolstädter Straße 45
85276 Pfaffenhofen
– Nachlassgericht –

Az.: VI 345/07

Erbschein

Es wird bezeugt, dass der am 3. März 2007 verstorbene Martin Harrer, geb. am 2. Februar 1957 in Pfaffenhofen/Ilm, zuletzt wohnhaft in der Gritschstraße 10 in 85276 Pfaffenhofen/Ilm, von Jürgen Bergmann, geb. am 11. Januar 1984, aufgrund Testaments vom 5. Oktober 1994

allein

beerbt worden ist.

Pfaffenhofen, den 28. Mai 2007
Dr. Bachmaier
Richter am Amtsgericht

Vermerk für die Bearbeiter:

Der Schriftsatz des Rechtsanwaltes Dr. Rimbeck ist zu entwerfen. Der Schriftsatz hat diejenigen Rechtsausführungen zu enthalten, die das Begehren des Beschwerdeführers stützen. Der Tatsachenvortrag ist erlassen.

Soweit in dem Schriftsatz ein Eingehen auf alle aufgeworfenen Rechtsfragen nicht erforderlich erscheint, sind diese in einem Hilfsgutachten zu erörtern.

Es ist zu unterstellen, dass die Einsetzung des Stefan Waldmüller als Betreuer notwendig und rechtmäßig war.

Ob der Erblasser am 15. Juli 2002, 5. Dezember 2003 und am 20. August 2005 testierunfähig war, lässt sich nicht aufklären.

Auf den nachfolgend abgedruckten Auszug aus dem Heimgesetz wird hingewiesen. Andere Bestimmungen des Heimgesetzes spielen für die Bearbeitung der Aufgabe keine Rolle.

Auszug aus dem Heimgesetz:

§ 5 Heimvertrag

(1) Zwischen dem Träger und der künftigen Bewohnerin oder dem künftigen Bewohner ist ein Heimvertrag abzuschließen. Der Inhalt des Heimvertrags ist der Bewohnerin oder dem Bewohner unter Beifügung einer Ausfertigung des Vertrags schriftlich zu bestätigen.

. . .

(3) Im Heimvertrag sind die Rechte und Pflichten des Trägers und der Bewohnerin oder des Bewohners, insbesondere die Leistungen des Trägers und das von der Bewohnerin oder dem Bewohner insgesamt zu entrichtende Heimentgelt, zu regeln. Der Heimvertrag muss eine allgemeine Leistungsbeschreibung des Heims, insbesondere der Ausstattung, enthalten. Im Heimvertrag müssen die Leistungen des Trägers, insbesondere Art, Inhalt und Umfang der Unterkunft, Verpflegung und Betreuung einschließlich der auf die Unterkunft, Verpflegung und Betreuung entfallenden Entgelte angegeben werden. Außerdem müssen die weiteren Leistungen im Einzelnen gesondert beschrieben und die jeweiligen Entgeltbestandteile hierfür gesondert angegeben werden.

. . .

§ 14 Leistungen an Träger und Beschäftigte

(1) Dem Träger ist es untersagt, sich von oder zugunsten von Bewohnerinnen und Bewohnern oder den Bewerberinnen und Bewerbern um einen Heimplatz Geld- oder geldwerte Leistungen über das nach § 5 vereinbarte Entgelt hinaus versprechen oder gewähren zu lassen.

. . .

(5) Der Leitung, den Beschäftigten oder sonstigen Mitarbeiterinnen oder Mitarbeitern des Heims ist es untersagt, sich von oder zugunsten von Bewohnerinnen und Bewohnern neben der vom Träger erbrachten Vergütung Geld- oder geldwerte Leistungen für die Erfüllung der Pflichten aus dem Heimvertrag versprechen oder gewähren zu lassen. Dies gilt nicht, soweit es sich um geringwertige Aufmerksamkeiten handelt.

LÖSUNG

A. Beschwerdebegründungsschriftsatz

Dr. Michael Rimbeck   5. Juni 2007
Hauptplatz 7
85276 Pfaffenhofen/Ilm

An das
Landgericht Ingolstadt
Auf der Schanz 37
85049 Ingolstadt

Beschwerdebegründung

Erbscheinssache
über den Nachlass des Martin Harrer aus Pfaffenhofen/Ilm,
verstorben am 3. März 2007 in Pfaffenhofen/Ilm
zu AG-Nachlassgericht-Pfaffenhofen/Ilm-VI 345/07
hier: Beschwerde des Stefan Waldmüller vom 10. Mai 2007

In vorbezeichneter Sache stelle ich namens und im Auftrag des Beschwerdeführers den Antrag:

Das Amtsgericht Pfaffenhofen/Ilm wird angewiesen, den dem Jürgen Bergmann am 28. Mai 2007 erteilten Erbschein – VI 345/07 – einzuziehen.

Begründung

I. Tatsachenvortrag (erlassen)
II.

1 Die von meinem Mandanten am 10. Mai 2007 eingelegte Beschwerde ist nach einer vorzunehmenden Umdeutung zulässig.

a) Die Beschwerde richtete sich ursprünglich gegen den Beschluss des Amtsgerichts Pfaffenhofen/Ilm vom 18. April 2007. Als solche war sie statthaft im Sinn des § 19 Abs. 1 FGG, da eine mit der Beschwerde angreifbare Verfügung des Nachlassgerichts vorliegt. Es handelt sich bei dem Beschluss des Amtsgerichts Pfaffenhofen/Ilm vom 18. April 2007 um einen sog. Vorbescheid, d. h. um eine Entscheidungsankündigung, die gesetzlich als Entscheidungsform zwar nicht so vorgesehen ist, von der Rechtsprechung aber in Ausnahmefällen zur Verringerung der Gefahren eines unrichtigen Erbscheins für zulässig erachtet wird[2]. Der Vorbescheid stellt eine anfechtbare Verfügung im Sinne des § 19 Abs. 1 FGG dar, weil zwischen der anfechtbaren Erbscheinserteilungsanordnung und der Ankündigung einer solchen kein entscheidender verfahrensrechtlicher Unterschied besteht, der Vorbescheid seine Existenzberechtigung vielmehr gerade erst aus dieser Überprüfbarkeit herleitet.

b) Die Beschwerde war nicht verfristet. Zwar wurde im Beschluss vom 18. April 2007 eine Frist von 2 Wochen eingeräumt, die hier überschritten wurde. Die vom Nachlassgericht gesetzte Frist hat aber lediglich die Bedeutung, dass das Gericht mit der Erteilung des Erbscheins bis zum Ablauf der von ihm bestimmten Frist warten will. Bezweckt wird also nur eine Verfahrensbeschleunigung (sog. Zuwartefrist)[3]. Da auch kein Fall der sofortigen Beschwerde gem. § 22 FGG vorliegt, war eine Beschwerdefrist nicht zu wahren.

c) Der ursprünglich eingelegten Beschwerde fehlt jedoch mittlerweile das Rechtsschutzbedürfnis. Denn inzwischen ist dem Jürgen Bergmann der beantragte Erbschein erteilt worden. Damit ist der Vorbescheid vollzogen worden. Die Beschwerde ändert aber am Faktum des Vollzuges nichts. Denn selbst eine erfolgreiche Beschwerde führt nur zur Aufhebung des Beschlusses. Der bereits erteilte Erbschein kann dadurch nicht mehr beseitigt werden. Auf dessen Einziehung kommt es meinem Mandanten aber gerade an. Die Beschwerde wurde deshalb mit Vollzug des Vorbescheids mangels Rechtsschutzbedürfnisses unzulässig.

d) Die Beschwerde ist jedoch analog § 140 BGB umzudeuten. Nach dem Vollzug eines Vorbescheids durch das Nachlassgericht ist eine Umdeutung vom Beschwerdeziel »Beseitigung des Beschlusses« in »Einziehung des erteilten Erbscheins« generell möglich, sofern der Beschwerdeführer erkennbar den entsprechenden Willen besitzt, dass er auch die Beseitigung des Erbscheins will[4].

Wie sich aus dem oben dargestellten Sachverhalt ergibt, ist hiervon vorliegend auszugehen. Das Beschwerdeziel meines Mandanten ist damit nicht mehr die Aufhebung des Vorbescheids, sondern die Einziehung des erteilten Erbscheins. Hinsichtlich der Begründetheit der Beschwerde kommt es daher nicht darauf an, ob der Vorbescheid hätte ergehen dürfen, weil er nicht mehr Gegenstand der Prüfung ist (im Übrigen liegen hier die Voraussetzungen des Vorbescheids vor: zwei sich widersprechende Anträge, Entscheidungsreife und schwierige Sach- und Rechtslage).

e) **Die umgedeutete Beschwerde ist zulässig.**

aa) Insbesondere fehlt es nicht deshalb an der Statthaftigkeit nach § 19 I FGG, weil das Nachlassgericht bisher mit dem Einziehungsbegehren noch nicht befasst war und deshalb in Bezug auf das Einziehungsbegehren eine Entscheidung erster Instanz fehlt. Es ist nämlich nicht einzusehen, weshalb der Beschwerdeführer beim Amtsgericht ein solches Begehren in die Wege leiten sollte, wo doch das Gericht durch die Erbscheinserteilung schlüssig seine Auffassung zu einem künftigen Einziehungsbegehren bereits mitgeteilt hat und die zu erwartende ablehnende Entscheidung des Nachlassgerichts wieder mit der Beschwerde angefochten werden müsste. Aus prozessökonomischen Gründen (keine unerwünschte Wiederholung von Verfahren aus rein formalen Gründen) ist die Beschwerde daher als statthaft anzusehen[5].

bb) Die für die Beschwerde zu beachtenden Formerfordernisse des § 21 I, II FGG wurden gewahrt. Die Beschwerde wurde beim Beschwerdegericht, Landgericht Ingolstadt ordnungsgemäß eingereicht[6]. Eine Vertretung ist zwar nach § 13 FGG zulässig, ein Anwaltszwang besteht aber nicht[7].

cc) Eine Frist ist nicht zu wahren (vgl. oben).

dd) Auch das Rechtsschutzbedürfnis ist jetzt gegeben.

ee) Die Beschwerdeberechtigung meines Mandanten folgt vorliegend aus § 20 I FGG (da § 20 II FGG nur für das Antragsverfahren gilt, die Einziehung des Erbscheins aber von Amts wegen erfolgt, ist § 20 II FGG nicht anwendbar).

Der Sinn des § 20 I FGG ist es, Popularbeschwerden zu verhindern[8]. Soll ein erteilter Erbschein eingezogen werden, weil der Beschwerdeführer behauptet, Erbe zu sein, dann muss, um diesen Zweck zu erreichen, bei unterstellter Unrichtigkeit des Erbscheins der Beschwerdeführer in seinen Rechten verletzt sein. Da aber jeder behaupten kann, Erbe zu sein, muss gefordert werden, dass er wirklich Erbe ist. Deshalb hat das Beschwerdegericht das Bestehen des behaupteten Erbrechts des Beschwerdeführers innerhalb des § 20 I FGG abschließend festzustellen[9]. Da bei unterstellter Unrichtigkeit des erteilten Erbscheins das Testament vom 15. Juli 2002 meinen Mandanten zum Alleinerben macht, ist seine Beschwerdeberechtigung gegeben, wenn, wie nach-

2 Palandt/EDENHOFER, 66. Aufl., § 2353 Rdn. 22.
3 Palandt/EDENHOFER, 66. Aufl., § 2353 Rdn. 28.
4 Palandt/EDENHOFER, 66. Aufl., § 2353 Rdn. 26.
5 BGHZ NJW 1959, 1729; Palandt/EDENHOFER, 66. Aufl., § 2353 Rdn. 26.
6 Vgl. § 19 II FGG, Art. 5 Nr. 10 GerOrgG.
7 Palandt/EDENHOFER, 66. Aufl., § 2353 Rdn. 25.
8 BayObLG FamRZ 1992, 1205.
9 Siehe zum Ganzen: KG FamRZ 1995, 837 ff.; BGH MDR 1963, 39; Palandt/EDENHOFER, 66. Aufl., § 2353 Rdn. 27.

folgend dargelegt wird, das Testament vom 15. Juli 2002 wirksam ist.

(1) Die Verfügung von Todes wegen vom 15. Juli 2002 erfüllt die Voraussetzungen des § 2247 BGB.

(2) Eine Zustimmung des Betreuers zur Errichtung des Testaments war nicht notwendig. Für die Errichtung und den Widerruf eines Testaments kommt eine Mitwirkung des Betreuers nicht in Betracht[10]. Die Wirksamkeit richtet sich ausschließlich danach, ob der Betreute im Zeitpunkt der Vornahme der Verfügung oder des Widerrufs testierfähig war, da sich selbst bei angeordnetem Einwilligungsvorbehalt dieser nicht auf Verfügungen von Todes wegen erstrecken kann[11].

(3) Martin Harrer war testierfähig. Allein der Umstand, dass er unter Betreuung stand, genügt für den Nachweis der Testierunfähigkeit nicht[12]. Sollten nicht aufklärbare Zweifel bestehen, ob der Erblasser bei der Errichtung des Testaments testierfähig gewesen ist, würde, da der Gesetzgeber von der Testierfähigkeit als Normalfall ausgeht, derjenige, der sich auf den Ausnahmefall der Testierunfähigkeit beruft, die Feststellungslast tragen[13]. Dies wäre hier Jürgen Bergmann. Folglich kann er sich nicht auf die Unwirksamkeit des Testaments gem. § 2229 IV BGB berufen, da die Nichtaufklärbarkeit der Testierunfähigkeit zu seinen Lasten gehen würde.

(4) Die Erbeinsetzung des Betreuers verstößt nicht gegen § 134 BGB i. V. m. § 14 HeimG. Eine direkte Anwendung des § 14 HeimG scheidet aus, da der Erblasser nicht in einem Heim untergebracht war. Eine analoge Anwendung des § 14 HeimG mit der Folge der Nichtigkeit der Erbeinsetzung des Betreuers kommt nicht in Betracht, da zwischen Betreuer und betreuter Person kein dem Verhältnis Heimbewohner und Heimpersonal so vergleichbarer Interessenkonflikt besteht, dass in analoger Anwendung des § 14 HeimG auch die Einsetzung des Betreuers als nichtig zu betrachten wäre[14]. Bei § 14 HeimG handelt es sich um ein dem Schutz der Heimbewohner dienendes Verbotsgesetz im Sinn des § 134 BGB, das sich gegen die Vornahme einer entsprechenden Erbeinsetzung richtet. Denn Ziel dieser Norm ist es, eine unterschiedliche Behandlung der Bewohner eines Heims zu verhindern und die Bewohner vor finanzieller Ausnutzung oder sonstiger Benachteiligung zu schützen, sowie die Testierfreiheit zu sichern. § 14 HeimG bezieht sich nach seinem Wortlaut, Sinn und Zweck nur auf das Verhältnis Heimbewohner und Heimträger bzw. Heimpersonal. Auch wenn in manchen Fällen zwischen dem Betreuer und dem Betreuten wegen der Stellung des Betreuers als gesetzlicher Vertreter ähnliche Abhängigkeiten wie im Verhältnis von Heimbewohner und Heim entstehen können, kann nicht von einer generellen Rechtsähnlichkeit der Sachverhalte ausgegangen werden, die Voraussetzung für eine Analogie wäre. Der Gesetzgeber hat bei der Reform der Vormundschaft und Pflegschaft für Volljährige durch das Betreuungsgesetz bewusst davon abgesehen, aus der Erbberechtigung generell zu folgern, dass sie einen Ausschlussgrund für die Bestellung zum Betreuer darstellt. Vielmehr wollte er die Entscheidung darüber, ob eine Interessenkollision vorliegt, wenn der künftige gesetzliche oder eingesetzte Erbe zum Betreuer bestellt wird, der Prüfung und Entscheidung im Einzelfall überlassen[15].

Dagegen hat er in § 1897 III BGB ausdrücklich alle Personen, die zu einer Anstalt, einem Heim oder einer sonstigen Einrichtung, in welcher der Volljährige untergebracht ist oder wohnt, in einem Abhängigkeitsverhältnis oder in einer anderen engen Beziehung stehen, von der Bestellung zum Betreuer ausgeschlossen. Darüber hinaus scheidet eine analoge Anwendung des § 14 HeimG auch wegen des darin liegenden Eingriffs in die Testierfreiheit aus. Die Vorschrift greift durch die darin vorgesehene Einschränkung in die unter dem Schutz der Erbrechtsgarantie des Art. 14 I 1 GG stehende Testierfreiheit des Erblassers ein. Art. 14 I GG enthält ein Grundrecht der Erbrechtsfreiheit[16]. Diese gewährleistet für den Erblasser die Testierfreiheit, für den eingesetzten oder den gesetzlichen Erben das Erwerbsrecht. Beide Bestandteile der Erbrechtsfreiheit unterliegen der gesetzlichen Inhalts- und Schrankenbestimmung gem. Art. 14 I 2 GG. Allein der Gesetzgeber bestimmt Inhalt und Schranken. Die Entscheidung darüber, ob Abhängigkeiten, die sich aus einem Betreuungsverhältnis ergeben, Einschränkungen der Testierfreiheit veranlasst erscheinen lassen, muss dem Gesetzgeber vorbehalten bleiben. Eine analoge Anwendung der Verbotsnorm des § 14 HeimG scheitert daher auch aus diesem Grund[17].

(5) Die Einsetzung meines Mandanten zum Erben ist auch nicht sittenwidrig im Sinn des § 138 I BGB. Bei der »Inhaltskontrolle« letztwilliger Verfügungen nach § 138 I BGB ist vom Grundsatz der Testierfreiheit auszugehen. Dies ist das bestimmende Element der Erbrechtsgarantie und wird unmittelbar durch das Pflichtteilsrecht und im Übrigen durch das Verbot sittenwidriger Verfügungen begrenzt. Die Einschränkung der Testierfreiheit durch die Anwendung der Generalklausel des § 138 I BGB kommt nur dann in Betracht, wenn sich das Verdikt der Sittenwidrigkeit auf eine klare, deutlich umrissene Wertung des Gesetzgebers oder allgemeine Rechtsauffassung stützen kann[18].

Eine Wertung des Gesetzgebers, dass die Zuwendung an den Betreuer als sittenwidrig anzusehen ist, fehlt indessen. Der Gesetzgeber hat, wie oben bereits ausgeführt, bewusst die Erbberechtigung nicht als generellen Ausschlussgrund für die Betreuerbestellung geregelt. Hieraus folgt andererseits, dass die Einsetzung des Betreuers zum Erben durch den Betreuten nicht deshalb allein als in rechtlicher Hinsicht anstößig angesehen werden kann. Auch eine allgemeine Rechtsauffassung, dass die Zuwendung an einen Betreuer sittenwidrig ist, weil er vom Gericht zur Wahrung der Interessen des Betreuten eingesetzt ist, kann nicht festgestellt werden. Zwar ist gem. § 43 BRRG, § 70 BBG und Art. 79 BayBG Beamten untersagt, Belohnungen oder Geschenke

---

10 Palandt/EDENHOFER, 66. Aufl., § 2229 Rdn. 5.
11 Vgl. § 1903 II BGB.
12 Palandt/EDENHOFER, 66. Aufl., § 2229 Rdn. 5.
13 Palandt/EDENHOFER, 66. Aufl., § 2229 Rdn. 13.
14 Palandt/HEINRICHS, 66. Aufl., § 134 Rdn. 19; BayObLG FamRZ 1998, 702 = NJW 1998, 2369.
15 BayObLG FamRZ 1998, 702 = NJW 1998, 2369.
16 Palandt/EDENHOFER, 66. Aufl., vor § 1922 Rdn. 4.
17 BayObLG FamRZ 1998, 702 = NJW 1998, 2369.
18 Palandt/HEINRICHS, 66. Aufl., § 138 Rdn. 49.

in Bezug auf ihr Amt ohne Zustimmung des Dienstherren anzunehmen. Grundlage dieser Regelungen ist das Erfordernis der Unbestechlichkeit und Uneigennützigkeit des öffentlich-rechtlichen Dienst und Treueverhältnisses. Eine Privatperson, die vom Gericht zum Betreuer bestellt wird, unterliegt in der allgemeinen Rechtsauffassung jedoch nicht den Anforderungen des Öffentlichen Dienstes. Unter welchen Voraussetzungen im Einzelfall Sittenwidrigkeit anzunehmen ist, wenn der Betreuer seine Stellung dazu missbraucht, die Entscheidung des Betreuten in rechtlich anstößiger Weise zu beeinträchtigen, bedarf hier keiner Entscheidung. Denn es ist zu berücksichtigen, dass der Erblasser und mein Mandant aufgrund lang andauernder Freundschaft miteinander verbunden waren und mein Mandant auf ausdrücklichen Wunsch des Erblassers zu seinem Betreuer bestellt wurde. Daher liegen keine Umstände vor, aus denen sich die Sittenwidrigkeit herleiten ließe.

(6) Die Zurücksetzung des Jürgen Bergmann ist ebenfalls nicht sittenwidrig. Zwar ist anerkannt, dass in Ausnahmefällen die Enterbung Angehöriger zur Sittenwidrigkeit der Verfügung führen kann[19]. Zum einen ist aber zu berücksichtigen, dass der Jürgen Bergmann als Stiefkind nicht mit dem Erblasser verwandt ist und ihm daher kein gesetzliches Erbrecht zustehen kann[20], das man ihm mit einer Verfügung von Todes wegen entziehen könnte. Zum anderen rechtfertigt sich die Annahme der Sittenwidrigkeit im Hinblick auf die verfassungsrechtlich geschützte Testierfreiheit nur in ganz besonders gelagerten Ausnahmefällen. Für einen solchen Ausnahmefall fehlen aber Anhaltspunkte. Zusammenfassend bleibt also festzuhalten, dass das Testament vom 15. Juli 2002 nicht gegen § 134 BGB in Verbindung mit § 14 HeimG analog verstößt und auch nicht sittenwidrig ist.

(7) Durch das Testament vom 5. Dezember 2003 ist im Ergebnis kein wirksamer Widerruf nach §§ 2253, 2254 BGB erfolgt. In diesem Rahmen kann dahinstehen, ob dem Erblasser zur Zeit der Errichtung des Widerrufstestaments vom 5. Dezember 2003 ein Widerrufsrecht zustand bzw. ob dieses Testament wirksam errichtet worden ist, denn jedenfalls wurde es selbst wirksam widerrufen.

Allerdings ergibt sich der Widerruf des Testamentes vom 5. Dezember 2003 nicht schon aus der Rücknahme aus der amtlichen Verwahrung. Zwar kann auch ein eigenhändig errichtetes Testament in besondere amtliche Verwahrung genommen werden[21], jedoch führt die Rückgabe an den Erblasser gem. § 2256 III BGB nicht zur Unwirksamkeit der Verfügung.

Jedoch wurde das Widerrufstestament seinerseits nach § 2255 BGB widerrufen. Der Widerruf durch schlüssige Handlung erfordert objektiv eine körperliche Veränderung des Testaments und subjektiv die Absicht des Erblassers, die Verfügung aufzuheben[22]. Der Erblasser persönlich muss zu seinen Lebzeiten die Urschrift der Urkunde vernichtet haben. Dies ist auch anzunehmen, wenn er sich eines Dritten bedient. Folglich ist die Zerstörung durch den Beschwerdeführer im Auftrag und mit Willen des Erblassers, die, wie oben dargestellt, der Nachbar des Erblassers, Georg Hauser, bezeugen kann, ausreichend. Der Widerruf nach § 2255 BGB

ist ebenfalls eine Verfügung von Todes wegen. Damit muss der Erblasser im Zeitpunkt der Zerstörung testierfähig gewesen sein[23]. Wie bereits oben dargelegt, wirkt sich die Nichtaufklärbarkeit zu Lasten des Jürgen Bergmann aus. Auch hier war eine Mitwirkung des Betreuers nicht notwendig. Damit ist das Widerrufstestament vom 5. Dezember 2003 selbst wieder gem. § 2255 BGB wirksam widerrufen worden.

Folglich ist gem. § 2257 BGB das Testament vom 15. Juli 2002 weiterhin wirksam.

Als Zwischenergebnis kann damit die Alleinerbenstellung meines Mandanten aufgrund des Testaments vom 15. Juli 2002 bei unterstellter Unrichtigkeit des erteilten Erbscheins festgehalten werden. Mein Mandant ist bereits deshalb beschwerdeberechtigt.

(8) Zwar ist grundsätzlich weiter zu klären, ob das den Jürgen Bergmann begünstigende Testament vom 5. Oktober 1994 unwirksam und damit der Erbschein unrichtig ist. Nur dann liegt nämlich eine Beeinträchtigung meines Mandanten vor. Hierbei handelt es sich jedoch um eine sog. doppelrelevante Tatsache, da in der Begründetheit der Beschwerde zu prüfen ist, ob der Erbschein unrichtig ist. Deshalb genügt die Möglichkeit der Rechtsbeeinträchtigung für die Bejahung des § 20 I FGG. Andernfalls würde man die Begründetheitsprüfung bereits in der Zulässigkeit vorwegnehmen[24].

Unterstellt man, dass das den Jürgen Bergmann begünstigende Testament unwirksam ist, dann wäre mein Mandant Alleinerbe. Die Erteilung des Erbscheins an Jürgen Bergmann würde in diesem Fall meinen Mandanten zwangsläufig beeinträchtigen. Damit ist die Voraussetzung der Beschwerdeberechtigung erfüllt.

2 Begründetheit der umgedeuteten Beschwerde

Die Beschwerde ist zudem begründet, da der erteilte Erbschein unrichtig ist.

Der Erbschein ist fehlerhaft, da er mit der materiellen Rechtslage nicht im Einklang steht. Jürgen Bergmann ist nämlich nicht Erbe geworden.

a) Insbesondere ergibt sich ein gewillkürtes Erbrecht für Jürgen Bergmann nicht aufgrund der Testamente vom 5. Oktober 1994.

Die Testamente vom 5. Oktober 1994 sind grundsätzlich gem. den §§ 2268 I, 2077 I 1 BGB mit der Scheidung des Ehepaares Harrer in ihrem ganzen Inhalt unwirksam geworden, wenn die Ehe der Testierenden vor dem Tod eines der Ehegatten aufgelöst wird. Dem liegt der Gedanke zugrunde, dass die Ehegatten bei der Errichtung eines gemeinschaftlichen Testaments im Regelfall vom Bestehen der Ehe bis zum Tode ausgehen[25].

aa) Die Verfügungen stellen ein gemeinschaftliches Testament dar.

(1) Für ein gemeinschaftliches Testament ist es gem. § 2265 BGB zunächst nötig, dass die Eheleute bereits bei Abgabe der Erklärungen verheiratet sind. Das ist hier der Fall.

19 Palandt/Heinrichs, 66. Aufl., § 138 Rdn. 49 ff.
20 Vgl. § 1589 BGB.
21 Vgl. § 2248 BGB.
22 Palandt/Edenhofer, 66. Aufl., § 2255 Rdn. 1.
23 Palandt/Edenhofer, 66. Aufl., § 2255 Rdn. 2.
24 Siehe zum Ganzen: KG FamRZ 1995, 837 ff.; BGH MDR 1963, 39; Palandt/Edenhofer, 66. Aufl., § 2353 Rdn. 27.
25 Palandt/Edenhofer, 66. Aufl., § 2268 Rdn. 1.

(2) Weiter waren die Formvorschriften gewahrt. Die Erklärungen halten insbesondere die Formvorgaben des § 2267 BGB ein.

Die Errichtung eines gemeinschaftlichen Testaments in getrennten Urkunden wird allgemein als zulässig erachtet. Der Wille der Ehegatten, gemeinsam letztwillig über ihren Nachlass zu verfügen, muss jedoch im Inhalt der Urkunde und damit formgerecht zum Ausdruck kommen[26].

Das gemeinschaftliche Testament leidet insbesondere nicht deshalb an einem Formmangel, weil die Beitrittserklärung der Ehefrau auf einem besonderen Blatt niedergeschrieben wurde.

Letztwillige Verfügungen von Eheleuten, die aus einer eigenhändig ge- und unterschriebenen Haupterklärung des einen und einer eigenhändig ge- und unterschriebenen Beitrittserklärung des anderen Ehegatten bestehen, entsprechen der Form des § 2267 BGB in der vor dem Inkrafttreten des Testamentsgesetzes vom 31. Juli 1938 geltenden Fassung. Die durch § 28 II TestG mit Wirkung vom 4. August 1938 eingeführte, seit 1. April 1993 als § 2267 BGB n F geltende Formerleichterung schließt nicht aus, dass Eheleute weiterhin nach § 2267 BGB a F verfahren. Schon aus dem Wortlaut der nunmehr maßgeblichen Vorschrift des § 2267 BGB n F, wonach die Mitunterzeichnung des von einem Ehegatten formgerecht errichteten Testaments durch den anderen Ehegatten genügt, ergibt sich, dass die früher vorgeschriebene Beitrittserklärung zwar nicht mehr erforderlich, aber auch nicht schädlich ist[27].

Auch sollten durch die Neufassung der Vorschrift nicht neue Formvorschriften aufgestellt werden, sondern mit dem Wegfall der früher zwingend vorgeschriebenen Beitrittserklärung die Errichtung eines privatschriftlichen gemeinschaftlichen Testaments erleichtert werden. Es genügt daher die Niederschrift der Beitrittserklärung auf einem besonderen Blatt, wenn ihre Beziehung zur Haupterklärung feststeht[28]. Dies ist in vorliegendem Fall anzunehmen. Denn es wurden die Verfügungen der Eheleute Harrer am gleichen Tag getroffen und die Ehefrau hat für ihre Erklärung nur deshalb ein gesondertes Blatt benutzt, weil das vom Erblasser für die Niederschrift verwendete Schriftstück vollständig beschrieben gewesen ist. Auch geht der Wille, gemeinsam testieren zu wollen, eindeutig aus der Haupterklärung hervor. Damit sind die Erklärungen der beiden Ehegatten vom 5. Oktober 1994 als formgerecht errichtetes gemeinschaftliches Testament gem. den §§ 2265, 2267, 2247 BGB zu werten.

Das Testament wurde deshalb durch die Scheidung im Jahre 1997 gem. den §§ 2268 I, 2077 I 1 BGB seinem ganzen Inhalte nach unwirksam.

bb) Durch die Wiederheirat der geschiedenen Ehegatten wurde es nicht automatisch wieder wirksam.

(1) Teilweise wird zwar vertreten, dass das Testament mit der zweiten Eheschließung erneut gültig wird, wenn dies dem Willen der Ehegatten im Zeitpunkt ihrer Wiederheirat entspricht[29].

Dies ist aber abzulehnen. Bei einem gemeinschaftlichen Testament kommt ein solches Wiederaufleben nicht in Betracht, weil es schon vor dem Eintritt des ersten Erbfalls Rechtswirkungen entfaltet, insbesondere die Testierfreiheit der Ehegatten nach § 2271 I 2 BGB beschränkt. Sind diese Rechtswirkungen mit der Aufl.ösung der Ehe weggefallen,

so leben sie mit der Wiederheirat der geschiedenen Ehegatten nicht wieder auf, denn es wird nicht die alte Ehe wiederhergestellt, sondern eine neue geschlossen. Daher kann der Wille der Ehegatten, das unwirksam gewordene Testament erneut in Kraft zu setzen, keine Beachtung finden, wenn er nicht in der für letztwillige Verfügungen vorgeschriebenen Form zum Ausdruck kommt[30]. Die gegenteilige Auffassung mag zwar im Einzelfall zu Ergebnissen führen, die den Vorstellungen der Ehegatten entsprechen. Hat ein Ehegatte zwischenzeitlich anderweitig verfügt, so ergeben sich jedoch im Hinblick auf die Bindungswirkung des § 2271 I 2 BGB kaum lösbare Probleme.

(2) Die Gültigkeit des gemeinschaftlichen Testaments ergibt sich auch nicht im Wege der Auslegung. Zwar bleiben die Verfügungen eines gemeinschaftlichen Testaments gem. § 2268 II BGB insoweit wirksam, als anzunehmen ist, dass sie auch für den Fall der Aufl.ösung der Ehe getroffen sein würden. Daher ist durch Auslegung der letztwilligen Verfügung zu ermitteln[31], ob deren Weitergeltung für den Fall der Ehescheidung dem wirklichen Willen oder, falls ein solcher nicht festgestellt werden kann, dem mutmaßlichen (hypothetischen) Willen der Ehegatten im Zeitpunkt der Testamentserrichtung entsprochen hat[32]. Der Sachverhalt bietet aber keine Anhaltspunkte dafür, dass die Ehegatten schon im Zeitpunkt der Errichtung des Testaments mit der Scheidung ihrer damaligen Ehe gerechnet haben. Ein auf die Fortgeltung dieses Testaments gerichteter wirklicher Wille der Testierenden kommt daher nicht in Betracht.

Zu einem anderen Ergebnis kann man deshalb nur noch mit der ergänzenden Auslegung kommen. Dabei kommt es aber ebenfalls nicht allein auf den Willen des Erblassers an, um dessen Verfügung es geht. Da diese Bestandteil eines gemeinschaftlichen Testaments ist, ist daher bei der Auslegung zu prüfen, ob ein nach dem Verhalten des einen Ehegatten mögliches Auslegungsergebnis auch dem Willen des anderen Teils entsprochen hat[33]. Da es auf den Zeitpunkt ankommt, zu dem die letztwillige Verfügung errichtet wurde, können spätere Umstände nur als Anzeichen für einen bereits in jenem Zeitpunkt vorhandenen Erblasserwillen berücksichtigt werden. Umstände, die zeitlich nach der Ehescheidung liegen, sind bei der ergänzenden Auslegung gem. §§ 2077 III, 2268 II BGB ohne Bedeutung.

Zwar bejaht die Rechtsprechung unter bestimmten Voraussetzungen den Fortbestand einer solchen Verfügung über die Scheidung hinaus:

Die Wiederheirat der geschiedenen Ehegatten sei ein den Status der Testierenden in gleicher Weise wie die Scheidung betreffender Umstand, der des-

26 BayObLG FamRZ 1994, 194; BGHZ 9, 113, 116 ff.
27 BayObLG FamRZ 1994, 194 ff.; Palandt/EDENHOFER, 66. Aufl., § 2267 Rdn. 1.
28 BayObLG FamRZ 1994, 194 ff.; Palandt/EDENHOFER, 66. Aufl., § 2267 Rdn. 1; a A MünchKomm/MUSIELAK, 3. Aufl., § 2267 Rdn. 11.
29 KEUK, Der Erblasserwille post testamentum und die Auslegung des Testaments, 1965, 53.
30 Ganz herrschende Meinung Palandt/EDENHOFER, 66. Aufl., § 2268 Rdn. 2; BayObLG NJW 1996, 133 m. w. N.
31 Vgl. §§ 133, 2084 BGB.
32 Palandt/EDENHOFER, 66. Aufl., § 2268 Rdn. 2; BayObLG NJW 1996, 133.
33 BGH NJW 1993, 256; BayObLG NJW-RR 1993, 1157.

halb bei der ergänzenden Auslegung des gemeinschaftlichen Testaments gem. § 2268 II BGB Berücksichtigung finden könnte. Denn mit der erneuten Eheschließung werden die familienrechtlichen Beziehungen neu bekundet, die die Grundlage für die Errichtung des gemeinschaftlichen Testaments gebildet haben. Die Ehegatten könnten gem. § 2265 BGB erneut gemeinschaftlich testieren, wenn sie dies wollten und dazu Veranlassung sähen. Je nach den Umständen des Einzelfalls könne auch die Erwartung des Fortbestands der Ehe bis zum Tod, die der Errichtung eines gemeinschaftlichen Testaments in der Regel zugrunde liegt, nach dem Verständnis der testierenden Ehegatten letztlich berechtigt erscheinen, wenn sie nach der Scheidung ein zweites Mal heiraten und diese Ehe erst durch den Tod eines der Ehegatten aufgelöst wird. Dies komme jedenfalls dann in Betracht, wenn die zweite Ehe verhältnismäßig kurze Zeit nach der Scheidung geschlossen wird und keiner der Ehegatten in der Zwischenzeit anderweitig letztwillig verfügt hat[34]. Der obergerichtlichen Rechtsprechung zufolge ist daher in jedem Einzelfall zu prüfen, ob die Eheleute ihre letztwillige Verfügung auch dann getroffen hätten, wenn sie die Scheidung und ihre anschließende Wiederverheiratung als möglich voraus gesehen hätten. In solchen Fällen kann die Auslegung ergeben, dass die testierenden Ehegatten ihre beiden Ehen – auch in Bezug auf die Erbfolge – letztlich als Einheit angesehen haben.

Ob dieser Rechtsprechung zu folgen ist, kann dahinstehen. Denn auch bei Zugrundelegung dieser Rechtsprechung kann das gemeinschaftliche Testament vom 5. Oktober 1994 vorliegend nicht fortbestehen. Im vorliegenden Fall liegen nämlich keine ausreichenden Anhaltspunkte dafür vor, dass der Erblasser und seine Ehefrau unter diesen Umständen den Fortbestand des Testaments mit all seinen Wirkungen auch während der Übergangsphase bis zur Wiederheirat gewollt hätten. Zum einen waren die beiden zwischen der Scheidung ca. 6 Jahre von 1997 bis November 2003 nicht verheiratet. Dass man einen Fortbestand auch für eine solch lange Phase will, ist kaum anzunehmen. Hinzu kommt, dass der Erblasser zwischenzeitlich anderweitig verfügt hatte. Dieses Testament hat der Erblasser zudem erst widerrufen, als die Wiederheirat bereits erfolgt war. Es ist daher nicht anzunehmen, dass der Erblasser bei der Errichtung des gemeinschaftlichen Testaments von vornherein wollte, dass solche späteren Verfügungen unwirksam sind.

Damit ergibt die ergänzende Auslegung die Unwirksamkeit des gemeinschaftlichen Testaments vom 5. Oktober 1994. Der Erblasser konnte deshalb am 15. Juli 2002 frei testieren. § 2271 I 2 BGB hatte er nicht zu beachten. Somit ist mein Mandant wegen der wirksamen Verfügung vom 15. Juli 2002 Alleinerbe geworden.

b) Damit scheidet auch ein mögliches gesetzliches Erbrecht des Jürgen Bergmann von vornherein aus[35].

Folglich steht als Ergebnis fest, dass Jürgen Bergmann weder gewillkürter noch gesetzlicher Erbe ist. Der Erbschein ist sachlich unrichtig und die Beschwerde deshalb begründet.

Dr. Rimbeck

B. Hilfsgutachten

I. Das Widerrufstestament vom 5. Dezember 2003 war wirksam errichtet.

1 Dem Erblasser stand noch ein Widerrufsrecht zu. Das Recht zum jederzeitigen Widerruf von Testamenten folgt aus der Testierfreiheit und ergibt sich aus dem Testament als eine erst im Tode wirksame Verfügung. Auf das Recht zum Widerruf kann der Erblasser nicht wirksam verzichten, auch nicht durch letztwillige Verfügung[36]. Aus der mündlichen Vereinbarung, die der Erblasser mit dem Beschwerdeführer geschlossen hat, folgt nicht das Gegenteil. Ein derartiger Vertrag ist nämlich nach § 2302 BGB nichtig[37]. Evtl. ist aber eine Umdeutung der Absprache in einen Erbvertrag mit dann bindender Wirkung in Betracht zu ziehen[38]. Eine Umdeutung scheitert aber schon deshalb, weil dafür die notarielle Beurkundung der Vereinbarung nötig wäre[39]. Die mündliche Absprache ist also nichtig.

2 Gem. § 2254 BGB muss der Widerruf der Testamentsform entsprechen. Dies ist der Fall[40].

3 § 2229 IV BGB steht nicht entgegen. Die Feststellungslast trifft jetzt den Beschwerdeführer. Den Nachweis kann er aber nicht führen.

4 Zur nicht notwendigen Mitwirkung des Betreuers vgl. oben A II 1 e ee (2).

5 Der Erblasser muss die Absicht haben, das Testament aufzuheben[41]. Diese Voraussetzung ist erfüllt.

6 Beweisprobleme könnten auftreten, weil die Urkunde nur noch als Fotokopie verfügbar ist. Zwar sind nach den §§ 2355, 2356 BGB die Verfügungen von Todes wegen grundsätzlich in ihrer Urschrift vorzulegen. Ist diese jedoch nicht mehr vorhanden, so kann nach § 2356 I 2 BGB die Errichtung und der Inhalt eines Testaments auch mit Hilfe anderer Beweismittel dargetan werden, insbesondere durch Vorlage einer Durchschrift, einer Abschrift oder einer Ablichtung des Testaments[42]. Damit ist es unschädlich, dass nur noch Kopien des Testaments auffindbar sind.

Das Widerrufstestament vom 5. Dezember 2003 wurde daher wirksam und vor Gericht beweisbar errichtet.

II. Verfahrensfehler bei der Erteilung des Erbscheins.

Verfahrensfehler bei der Erteilung des Erbscheins sind nicht erfolgt.

Wurde der Erbschein durch ein örtlich unzuständiges Gericht erteilt, muss er eingezogen werden, auch wenn er materiell richtig ist[43]. Grund dafür ist, dass beim örtlich zuständigen Gericht ein weiterer Antrag gestellt werden könnte und deshalb die Gefahr sich widersprechender Erbscheine besteht. Vorliegend war aber nach §§ 73 I 1 FGG, 7 I BGB das Nachlassgericht Pfaffenhofen/Ilm örtlich zuständig.

Auch ist die funktionelle Zuständigkeit des Richters nach § 16 I Nr. 6 RPflG gewahrt worden.

Weitere Verfahrensmängel, die zu einer Unrichtigkeit des Erbscheins führen, sind nicht ersichtlich.

34 BayObLG NJW 1996, 134.
35 Vgl. § 1937 BGB.
36 Palandt/EDENHOFER, 66. Aufl., § 2253 Rdn. 1.
37 Palandt/EDENHOFER, 66. Aufl., § 2302 Rdn. 1.
38 Palandt/EDENHOFER, 66. Aufl., § 2302 Rdn. 7.
39 Vgl. § 2276 I BGB.
40 Vgl. § 2247 BGB.
41 Palandt/EDENHOFER, 66. Aufl., § 2254 Rdn. 1.
42 BayObLG FamRZ 1993, 117 = NJW-RR 1992, 1358; Palandt/EDENHOFER, 66. Aufl., § 2356 Rdn. 10.
43 Palandt/EDENHOFER, 66. Aufl., § 2361 Rdn. 4.

Fall 6

(Original-)Referendarexamensklausur im Arbeitrecht: Der »low performer«
Von Prof. Dr. Ulrich Preis, Referendar Benjamin Joppich, Köln, und Regierungsrat z. A. Joschka Schneider, Bonn[*]

Kündigungsschutz bei Leistungsmängeln – Abgrenzung verhaltens- und personenbedingte Kündigung – Zugang von Kündigungserklärungen

SACHVERHALT[1, 2]

A ist seit 1986 ununterbrochen bei einem Einzelhandelsunternehmen, der U-GmbH (U), als einer von rund 35 Kommissionierern in deren Zentrallager beschäftigt. Dort bearbeitet er Warenbestellungen, indem er Lieferungen durch Entnahmen aus dem Lager zusammenstellt, auf Vollständigkeit und Beschaffenheit hin überprüft und anschließend fachgerecht verlädt.

Als U im Jahr 2002 in eine bedrohliche betriebswirtschaftliche Situation gerät, werden einige unternehmerische Entscheidungen getroffen. Unter anderem wird ein Prämiensystem eingeführt, wodurch die Mitarbeiter zu überobligatorischen Leistungen animiert werden sollen. So können sich die Kommissionierer ab Januar 2003 zusätzlich zu dem unverändert fortbestehenden Zeitlohn eine monatliche Prämie verdienen. Zur Bemessung dieser Prämie hat U die einzelnen Arbeitsschritte der Kommissionierer mit Planzeiten versehen und dadurch eine Normalleistung definiert. Soweit ein Kommissionierer schneller bzw. mehr als vorgesehen arbeitet, mithin die Normalleistung übertrifft, erhält er eine entsprechende Prämie.

Gleichzeitig führt U ein neues EDV-System ein. Die Kommissionierer sollen fortan alle Warenentnahmen mit Hilfe von EDV-Geräten abbuchen sowie den weiteren Verlauf des Versandauftrags in das System eingeben. Hierdurch wird u. a. die für die Prämienzahlung erforderliche Leistungserfassung ermöglicht. Die Kommissionierer werden Ende November 2002 im Rahmen einer eintägigen Fortbildung in der Handhabung der EDV-Geräte geschult und haben den Dezember 2002 über die Gelegenheit, die Geräte probehalber in der Praxis zu benutzen.

Die Leistungserfassung ergibt, dass A im Verhältnis zu den anderen Kommissionierern eine deutlich niedrigere Arbeitsleistung erbringt. Dies ist darin begründet, dass A erhebliche Probleme im Umgang mit dem neuen EDV-Gerät hat und für dessen korrekte Bedienung erheblich mehr Zeit aufwenden muss als alle anderen Kommissionierer. A erbringt im Jahr 2003 nur rund 60% der Durchschnittsleistung. Deshalb erteilt U dem A mit Schreiben vom 12. 11. 2003 eine Abmahnung, in der seine Minderleistungen im Einzelnen aufgelistet sind. Ferner fordert U den A dazu auf, eine Leistung von mindestens 100% zu erbringen. Anderenfalls werde das Arbeitsverhältnis gekündigt.

Die Abmahnung bleibt aber erfolglos. Auch im ersten Quartal 2004 liegen die monatlichen Leistungswerte des A um rund 35 bis 40% unter der Durchschnittsleistung aller Kommissionierer. Demgegenüber übertreffen die anderen Kommissionierer die von U festgelegte Normalleistung durchschnittlich um 5% und erarbeiten sich somit regelmäßig Prämien. A wird mit Schreiben vom 28. 4. 2004 nochmals von U mit gleichem Inhalt abgemahnt.

Im Rahmen einer auswärtigen Betriebsfeier am Abend des 20. 8. 2004 führen der Personalleiter (P) und der Betriebsratsvorsitzende (B) des Unternehmens ein vertrauliches Gespräch, in dem P dem B seine Absicht mitteilt, das Arbeitsverhältnis mit A durch ordentliche Kündigung zum 28. 2. 2005 zu beenden. Zur Begründung verweist P auf die unterdurchschnittliche Arbeitsleistung des A sowie auf die beiden erfolglosen Abmahnungen. B

sichert P zu, den Fall in der nächsten Betriebsratssitzung zu behandeln.

Der Betriebsrat stimmt einer Kündigung grundsätzlich zu, schlägt aber vor, A zunächst ein neues Vertragsangebot zu unterbreiten, wobei die Grundvergütung entsprechend der Minderleistung herabzusetzen sei. Nachdem A indes das Angebot der U, zu einer um ein Drittel geringeren Grundvergütung weiterzuarbeiten, ablehnt, kündigt P im Namen der U das Arbeitsverhältnis mit A durch Schreiben vom 27. 8. 2004 zum 28. 2. 2005. Dabei wurde berücksichtigt, dass ein anderweitiger, den Qualifikationen des A entsprechender Arbeitsplatz im Betrieb der U nicht vorhanden ist.

Um A den Brief mit der Kündigung zu übergeben, begibt sich die Sekretärin (S) des P am Freitag, den 27. 8. 2004, zur Wohnung des A. Dort trifft sie aber nur dessen Ehefrau (F) an, die eine Entgegennahme des Schreibens mit den Worten »Ich nehme nichts an, was nicht an mich adressiert ist!« ablehnt. Deshalb gibt S das Schreiben am Montag, den 30. 8. 2004 auf den Postweg. Schließlich wirft der Postbote den Brief am Morgen des 31. 8. 2004 in den Briefkasten des A. Dieser hatte jedoch ab dem 30. 8. 2004 zwei Wochen Urlaub genommen und war, wie S bekannt war, in die Niederlande verreist. Von dem Inhalt des Kündigungsschreibens nimmt A erst nach seiner Rückkehr am 11. 9. 2004 Kenntnis.

A erhebt daraufhin am Montag, den 20. 9. 2004 Klage vor dem örtlich zuständigen Arbeitsgericht auf Feststellung, dass das Arbeitsverhältnis durch die Kündigung der U vom 27. 8. 2004 nicht aufgelöst wurde. A hält die Kündigung für sozial ungerechtfertigt. Zur Begründung führt er unter anderem an, dass die Ergebnisse eines Prämiensystems keine Kündigung rechtfertigen könnten. Außerdem bemerkt A, er habe – was zutrifft – stets sein Bestes gegeben und dies habe doch offenbar bis zur Einführung des Prämiensystems der U auch ausgereicht. Auch bemühe er sich im Umgang mit dem neuen EDV-System, sehe sich aber außerstande, dieses schneller zu bedienen und so in seiner Arbeitszeit mehr Kommissionsaufträge zu erledigen.

Wie wird das Arbeitsgericht entscheiden[3]?

LÖSUNG[4]

Das Arbeitsgericht wird der Klage des A stattgeben, wenn diese zulässig und begründet ist.

---

[*] Dr. Ulrich Preis ist Universitätsprofessor und geschäftsführender Direktor des Instituts für Deutsches und Europäisches Arbeits- und Sozialrecht, Universität zu Köln; Benjamin Joppich Rechtsreferendar am Landgericht Köln, Joschka Schneider Regierungsrat z. A. im Bundesministerium für Arbeit und Soziales in Bonn.

[1] Der Sachverhalt war Gegenstand des nordrhein-westfälischen Referendarexamens und wurde im Rahmen der »A-604« des Großen Klausurenkurses im Rechtswissenschaftlichen Seminar der Universität zu Köln gestellt. Im Original war der Aufgabenstellung eine kalendarische Übersicht beigefügt.

[2] Dem Fall liegt zugrunde das Urteil des BAG v. 11. 12. 2003 BAGE 109, 87 = AP Nr. 48 zu § 1 KSchG 1969 Verhaltensbedingte Kündigung m. Anm. Mauer = NJW 2004, 3545 = NZA 2004, 1506. Vgl. hierzu aus der Ausbildungsliteratur Singer/Schiffer, JA 2006, 833; instruktiv zu »Störungen des Austausch- und Äquivalenzverhältnisses als Kündigungstatbestand« Greiner, RdA 2007, 22.

[3] Ein Entscheidungstenor ist nicht zu formulieren. Es ist ein umfassendes Rechtsgutachten zu erstellen, das auf sämtliche aufgeworfenen Rechtsfragen, ggf. in Form eines Hilfsgutachtens, eingeht.

[4] Der ausformulierte Lösungsvorschlag entspricht in seiner Ausführlichkeit

A. Zulässigkeit[5]

I. Allgemeine Sachentscheidungsvoraussetzungen

1. Zuständigkeit

A wendet sich als Arbeitnehmer mit seiner Klage vor dem örtlich zuständigen Arbeitsgericht gegen die schriftliche Kündigung durch seinen Arbeitgeber U. Insofern liegt eine die ausschließliche Zuständigkeit des Arbeitsgerichts begründende bürgerliche Rechtsstreitigkeit im Sinne des § 2 I Nr. 3 b ArbGG vor. Der Rechtsweg zu den Arbeitsgerichten ist gegeben. Verhandelt wird vor dem nach § 8 I ArbGG instanziell und nach § 46 II ArbGG i. V. m. §§ 12 ff. ZPO örtlich zuständigen Arbeitsgericht im Urteilsverfahren, vgl. §§ 2 I, V; 46 I ArbGG.

2. Partei- und Prozessfähigkeit

Hinsichtlich der Partei- und Prozessfähigkeit des A als natürliche Person bestehen keine Zweifel. Die Parteifähigkeit der U richtet sich gem. § 46 II ArbGG i. V. m. § 50 I ZPO nach der Rechtsfähigkeit und die Prozessfähigkeit gem. § 46 II ArbGG i. V. m. § 52 I ZPO nach der Geschäftsfähigkeit. U kann als Gesellschaft mit beschränkter Haftung gem. § 13 I GmbHG selbst Träger von Rechten und Pflichten sein respektive klagen und verklagt werden. Die U-GmbH ist damit rechts- und parteifähig. Das Gesetz ordnet in § 35 I GmbHG für die GmbH als juristische Person des Handelsrechts eine gesetzliche Vertretung an, mithin vertritt der Geschäftsführer die Gesellschaft im Prozess.

II. Statthafte Klageart

A wendet sich gegen die schriftliche Kündigung des Arbeitsverhältnisses durch U vom 27. 8. 2004. Einschlägige Klageart ist demnach die Kündigungsschutzklage nach § 4 S. 1 KSchG.

III. Besondere Sachentscheidungsvoraussetzungen

Die Kündigungsschutzklage ist eine besondere Feststellungsklage[6]. Insoweit wäre an sich nach § 46 II ArbGG i. V. m. § 256 ZPO die Darlegung eines besonderen Feststellungsinteresses erforderlich. Im Falle der Kündigungsschutzklage nach § 4 S. 1 KSchG ergibt sich das Feststellungsinteresse des Arbeitnehmers aber bereits daraus, dass die Klageerhebung notwendig ist, um die Präklusionswirkung des § 7 KSchG zu verhindern[7].

IV. Zwischenergebnis

Die Klage des A ist zulässig.

B. Begründetheit

Die Klage des A ist begründet, wenn das Arbeitsverhältnis nicht durch die von U ausgesprochene Kündigung zum 28. 2. 2005 aufgelöst wurde. Dazu müsste die Kündigung sozialwidrig sein oder aus anderen Gründen rechtsunwirksam sein.

I. Einhaltung der Klagefrist des § 4 S. 1 KSchG[8]

Die Kündigung wäre nach § 7 KSchG rechtswirksam, wenn die Kündigungsschutzklage nicht fristgerecht nach § 4 S. 1 KSchG erhoben wurde.

1. Anwendbarkeit und Rechtsfolge von § 4 S. 1 KSchG

§ 4 S. 1 KSchG gilt gem. § 23 I 1, 2 KSchG unabhängig von der Betriebsgröße und ist demnach vorliegend anwendbar. Nach § 4 S. 1 KSchG muss eine Kündigungsschutzklage binnen drei Wochen nach Zugang der Kündigung erhoben werden. Nach Ablauf dieser Frist gilt die Kündigung gem. § 7 KSchG als von Anfang an

rechtswirksam. Zwar ist streitig, ob diese Rechtsfolge alle Unwirksamkeitsgründe umfasst oder z. B. die Frage der Kündigungsberechtigung[9] und der Einhaltung der Kündigungsfrist[10] ausklammert. Dieser Streit kann jedoch dahinstehen, wenn die Klage gem. § 4 S. 1 KSchG fristgerecht erhoben wurde.

2. Berechnung der Klagefrist

Für die Berechnung der Klagefrist gelten über die Verweisung des § 46 II ArbGG i. V. m. § 222 I ZPO die §§ 187 ff. BGB. Entscheidend ist, wann A die Kündigung zugegangen ist. Hierbei kommen drei voneinander zu trennende Zeitpunkte in Betracht.

Frühester Zugangszeitpunkt könnte der 27. 8. 2004 sein, als S die schriftliche Kündigung an F übergeben wollte, diese jedoch die Annahme verweigerte. Dann hätte die Klageerhebung bis zum 17. 9. 2004 erfolgen müssen. Die Klage des A ist aber erst am 20. 9. 2004 beim Arbeitsgericht eingegangen, so dass die Frist des § 4 S. 1 KSchG in diesem Falle nicht eingehalten worden wäre. Die Kündigung könnte aber auch erst durch den Einwurf in den Briefkasten des A am 31. 8. 2004 zugegangen sein. Dann wäre die Drei-Wochen-Frist am 21. 9. 2004 abgelaufen und die Klageerhebung am 20. 9. 2004 demnach noch rechtzeitig erfolgt. Erst recht läge eine fristgerechte Klageerhebung vor, wenn man die Urlaubsrückkehr des A am 11. 9. 2004 als maßgeblichen Zugangszeitpunkt ansehen würde. Demnach wäre die Kündigung gem. § 7 KSchG nur dann rechtswirksam, wenn die versuchte Übergabe der schriftlichen Kündigung an F am 27. 8. 2004 einen Zugang der Kündigung bewirkte.

a) Zugang der Kündigung am 27. 8. 2004 gem. § 130 BGB durch Übergabeversuch an F

Eine Willenserklärung ist dem Empfänger i. S. d. § 130 I BGB zugegangen, sobald sie in verkehrsüblicher Weise in die tatsächliche Verfügungsgewalt des Empfängers gelangt und für ihn unter gewöhnlichen Verhältnissen die Möglichkeit besteht, von dem Inhalt des Schreibens Kenntnis zu nehmen[11]. Dies vorausgesetzt, erscheint es in zweierlei Hinsicht problematisch, einen Zugang

---

nicht dem Anforderungsprofil an einen Klausurbearbeiter in der Ersten Juristischen Staatsprüfung. Ungeachtet dessen betrifft die Klausur im Kern den Pflichtfachstoff Arbeitsrecht. Die Vertrautheit mit der Kündigungsschutzklage und die Kenntnis gängiger arbeitsrechtlicher Klausurprobleme wie z. B. die Anforderungen an eine ordnungsgemäße Anhörung des Betriebsrats nach § 102 BetrVG ist vorauszusetzen. Hinsichtlich der schwerpunktmäßig zu beurteilenden Frage, ob eine Kündigung wegen dauerhafter und erheblicher Minderleistung des Arbeitnehmers sozial zu rechtfertigen ist, kommt es neben dem systematischen Verständnis der in § 1 II KSchG genannten Kündigungsgründe vor allem auf eine gesteigerte juristische Argumentationsfähigkeit an. Die Kenntnis des dem Fall zu Grunde liegenden Urteils des BAG v. 11. 12. 2003 (s. o. Fn. 2) ist nicht erforderlich, wenngleich die hierin streitgegenständliche »Low-Performer-Problematik« inzwischen durchaus geläufig sein dürfte.

5 Die Zulässigkeit der Klage weist keine besonderen Probleme auf und sollte deshalb in der gebotenen Kürze abgehandelt werden. Wengleich nicht falsch, ist es überflüssig, das vollständige Prüfungsprogramm aufzulisten und die jeweiligen Kriterien »mangels anders lautender Sachverhaltsangaben« oder als »unproblematisch vorliegend« zu bejahen. Über die Rechtswegzuständigkeit hinaus muss zwingend auf die Statthaftigkeit der Kündigungsschutzklage als besondere Form der Feststellungsklage eingegangen und das erforderliche Feststellungsinteresse (abstrakt) begründet werden. Im Übrigen ist jedenfalls bezüglich U ein Hinweis auf die ihre Partei- und Prozessfähigkeit begründenden Normen angezeigt.

6 BAG v. 2. 4. 1987 NZA 1987, 808 (810); ErfK/KIEL, 7. Aufl. 2007, § 4 KSchG Rdn. 9; A/P/S/ASCHEID, 2. Aufl. 2004, § 4 KSchG Rdn. 18; KR-FRIEDRICH, 8. Aufl. 2007, § 4 KSchG Rdn. 17.

7 BAG v. 11. 2. 1981 DB 1981, 2233 (2233); ErfK/KIEL (Fn. 6), § 4 KSchG Rdn. 9.

8 Die Klagefrist des § 4 S. 1 KSchG ist wegen § 7 KSchG eine Frage der Begründetheit.

9 So BENDER/SCHMIDT, NZA 2004, 358 (362).

10 So BAG v. 15. 12. 2005 NJW 2006, 2284 (2285 f.).

11 BGH v. 27. 10. 1982 NJW 1983, 929 (930); BAG v. 11. 11. 1992 NJW 1993, 1093 (1095); Palandt/HEINRICHS, BGB, 66. Aufl. 2007, § 130 Rdn. 5.

der Kündigungserklärung an A durch die fehlgeschlagene Übergabe an F anzunehmen. Fraglich ist zunächst, ob die Kündigung als verkörperte Willenserklärung bereits durch den Zustellungsversuch an einen Dritten derart in die Verfügungsgewalt des Empfängers geraten kann, dass ein Zugang bejaht werden kann. Darüber hinaus ist problematisch, ob die Annahmeverweigerung durch den Dritten einem Zugang entgegensteht.

aa) F als Empfangsbotin des A
Eine Willenserklärung muss nicht zwingend dem Empfänger gegenüber abgegeben werden, um nach § 130 I BGB wirksam zu sein. Sie geht einem Abwesenden auch dann zu, wenn der Erklärende sie einem Empfangsboten übergibt. Der Zugang ist in einem solchen Fall in dem Zeitpunkt erfolgt, in dem nach dem regelmäßigen Verlauf der Dinge die Weiterleitung an den Adressaten zu erwarten war[12]. Demnach wäre der Zustellversuch an F unschädlich, wenn diese Empfangsbotin des A ist. Empfangsbote ist, wer vom Empfänger zur Entgegennahme von Erklärungen bestellt worden ist oder nach der Verkehrsanschauung als bestellt und geeignet anzusehen ist, ohne Empfangsvertreter nach § 164 III BGB zu sein[13]. Ehegatten, die schriftliche Erklärungen innerhalb der gemeinsamen Wohnung entgegennehmen, fungieren unter Berücksichtigung der Gesamtumstände regelmäßig lediglich als unselbstständige Empfangseinrichtungen und nicht als Hilfsperson mit eigener Empfangszuständigkeit. Sie sind damit als Empfangsboten anzusehen[14]. F ist folglich Empfangsbotin des A. Der Versuch der S, den Zugang des Kündigungsschreibens durch Übergabe an die Ehefrau des eigentlichen Empfängers A herbeizuführen, ist folglich nicht zu beanstanden.

bb) Zurechenbare Zugangsvereitelung durch F
Fraglich ist jedoch, wie es sich auswirkt, dass F die Entgegennahme des Kündigungsschreibens kategorisch ablehnt. Es wäre denkbar, die grundlose Ablehnung durch einen Empfangsboten dem Erklärungsempfänger zuzurechnen, so dass dieser sich nach Treu und Glauben so behandeln lassen muss, als sei ihm das Schreiben im Zeitpunkt der Ablehnung zugegangen[15]. Dann wäre A nach § 242 BGB so zu behandeln, als sei ihm die Kündigung bereits am 27.8.2004 zugegangen. Gegen eine solche Auslegung des § 130 I 1 BGB ist jedoch einzuwenden, dass dann die Gefahr besteht, einen Zugang auch anzunehmen, wenn der Empfangsbote eigenmächtig, ohne ein Einvernehmen mit dem Erklärungsempfänger hergestellt zu haben, die Annahme der Erklärung verweigert. Wenn der Erklärungsempfänger aber keinen Einfluss auf das Verhalten des Empfangsboten genommen hat, kann auch kein rechtsmissbräuchliches Verhalten des Erklärungsempfängers angenommen werden, welches aber Voraussetzung für die Anwendung des § 242 BGB wäre[16, 17].
Hier ist ein derartiges Einvernehmen zwischen den Ehepartnern indes nicht ersichtlich. Demzufolge ist die Kündigungserklärung nicht bereits durch den Übergabeversuch der S am 27.8.2004 zugegangen.

b) Zwischenergebnis
Da die übrigen in Betracht kommenden Zugangszeitpunkte eine fristgerechte Klageerhebung zur Folge haben, kann die Frage, ob die Kündigung am 31.8. oder erst am 11.9.2004 zugegangen ist, dahinstehen. Eine Heilung möglicher Unwirksamkeitsgründe nach § 7 KSchG kommt mithin nicht in Betracht.

II. Wirksame Kündigungserklärung

Die Wirksamkeit einer Kündigung setzt zunächst eine wirksame Kündigungserklärung voraus.

1. Schriftform und Bestimmtheit der Kündigungserklärung
Bei einer Kündigung handelt es sich um eine einseitige, rechts-

gestaltende Willenserklärung, so dass ihre Wirksamkeit anhand der allgemeinen Vorschriften über Willenserklärungen zu beurteilen ist, §§ 104 ff. BGB[18]. Durch die schriftliche Kündigungserklärung der U gegenüber A wird dem Schriftformerfordernis in § 623 BGB entsprochen, so dass eine Nichtigkeit nach § 125 S. 1 BGB außer Betracht bleibt. Die inhaltlichen Anforderungen an die Bestimmtheit der Kündigungserklärung sind nicht zweifelhaft. Insbesondere hat U keine außerordentliche, sondern erkennbar eine ordentliche Kündigung zum regulären Kündigungstermin aussprechen wollen.

2. Personalchef als kündigungsberechtigte Person
Fraglich könnte sein, ob der die Kündigung erklärende P auch zur Kündigung berechtigt war. Im Grundsatz muss die Kündigung bei juristischen Personen vom Organ abgegeben werden[19]. Trotz des höchstpersönlichen Charakters des Kündigungsrechts ist eine Vertretung aber nicht ausgeschlossen[20]. Die Kündigung kann durch einen Bevollmächtigten erklärt werden, was auf Arbeitgeberseite die Regel sein dürfte. Regelmäßig besitzt der Betriebs- oder der Personalleiter eine Vollmacht zur Kündigung[21]. Es ist zu unterstellen, dass P als Personalchef entweder durch eine die Kündigungsvollmacht beinhaltende Generalvollmacht oder durch eine isolierte Vollmacht zur Kündigung berechtigt war. Mit Blick auf § 174 BGB wird davon auszugehen sein, dass das Kündigungsschreiben an A einen entsprechenden Nachweis der Bevollmächtigung enthielt. Im Übrigen wäre Gegenteiliges nicht schädlich, da Personalleiter ebenso wenig wie Prokuristen (wegen § 15 II HGB) eine Vollmachtsurkunde vorlegen müssen[22]. Das »Inkenntnissetzen« im Sinne des § 174 S. 2 BGB gegenüber den Betriebsangehörigen liegt in der Regel darin, dass der Arbeitgeber bestimmte Mitarbeiter zum Beispiel durch die Bestellung zum Prokuristen, Generalbevollmächtigten oder Leiter der Personalabteilung in eine Stellung beruft, mit der das Kündigungsrecht verbunden zu sein pflegt[23].

3. Zwischenergebnis
Insgesamt liegt also eine wirksame Kündigungserklärung der U an A vor.

III. Kündigungsfrist des § 622 II BGB

Weiterhin müsste die Kündigungsfrist gewahrt worden sein. Die Nichteinhaltung der Kündigungsfrist führt zwar im Regelfall nicht zur Unwirksamkeit der Kündigung. Die Auslegung einer

---

12 Palandt/Heinrichs (Fn. 11), § 130 Rdn. 8 f.
13 BSG v. 7. 10. 2004 NJW 2005, 1303 (1304); Palandt/Heinrichs (Fn. 11), § 130 Rdn. 9.
14 BGH v. 13. 1. 1951 NJW 1951, 313 (313); BSG v. 7. 10. 2004 NJW 2005, 1303 (1304); Palandt/Heinrichs (Fn. 11), § 130 Rdn. 9; MünchKomm-Einsele, BGB, 5. Aufl. 2006, § 130 BGB Rdn. 25.
15 Schwarz, NJW 1994, 891 (892).
16 BAG v. 11. 11. 1992 NJW 1993, 1093 (1095); OLG Hamm v. 16. 4. 1982 VersR 1982, 1070 (1070); Palandt/Heinrichs (Fn. 11), § 130 Rdn. 16; ErfK/Müller-Glöge (Fn. 6), § 620 BGB Rdn. 51.
17 Die (genaue) Kenntnis dieses Meinungsstreits kann vom Klausurbearbeiter nicht erwartet werden. Erforderlich ist jedoch, die Frage des Zugangs zu problematisieren. Wer der Gegenposition folgt und einen Zugang annimmt, muss zu Beginn der nachfolgenden Prüfungspunkte jeweils feststellen, ob die Heilungswirkung des § 7 KSchG eingreift. Dies ist bei den Prüfungspunkten II. und III. streitig.
18 ErfK/Müller-Glöge (Fn. 6), § 620 BGB Rdn. 15.
19 Preis, Arbeitsrecht Bd. 1, 2. Aufl. 2003, § 57 III, S. 648.
20 ErfK/Müller-Glöge (Fn. 6), § 620 BGB Rdn. 22.
21 Preis (Fn. 19), § 57 III, S. 649.
22 BAG v. 29. 10. 1992 NZA 1993, 307 (308); BAG v. 11. 7. 1991 NZA 1992, 449 (450 f.); ErfK/Müller-Glöge (Fn. 6), § 620 BGB Rdn. 25 f.; Stahlhacke/Preis, Kündigung und Kündigungsschutz im Arbeitsverhältnis, 9. Aufl. 2005, Rdn. 191 ff.
23 BAG v. 29. 10. 1992 NZA 1993, 307 (308).

solchen Kündigung hat jedoch zur Folge, dass die Kündigung erst zum nächstmöglichen Kündigungszeitpunkt wirksam wird[24].

1. Berechnung der Kündigungsfrist

In dem Arbeitsvertrag zwischen A und U ist keine Kündigungsfrist vereinbart, so dass auf die gesetzlich festgelegten Kündigungsfristen zurückzugreifen ist. Deren Länge hängt von der Dauer der Betriebszugehörigkeit ab[25]. A ist seit 1986 in dem Betrieb des U angestellt, so dass er zum Kündigungszeitpunkt 18 Jahre bei U beschäftigt war. Gemäß § 622 II 1 Nr. 6 BGB beträgt die Kündigungsfrist für Arbeitnehmer, die mehr als fünfzehn, aber noch keine zwanzig Jahre für den kündigenden Arbeitgeber tätig sind, sechs Monate zum Ende eines Kalendermonats.

2. Einhaltung der Kündigungsfrist

Die Kündigungsfrist wird durch den nach § 130 I BGB zu bestimmenden Zugang der Kündigung in Gang gesetzt[26]. Laut der Kündigungserklärung vom 27. 8. 2004 soll das Arbeitsverhältnis zum 28. 2. 2005 beendet werden. Die sechsmonatige Kündigungsfrist ist demnach nur dann gewahrt, wenn die Kündigung A bis Ende August 2004 zugegangen ist. Wie bereits festgestellt, ist die Kündigungserklärung A nicht durch die versuchte Übergabe von S an F zugegangen[27].

a) Fristwahrender Zugang des Kündigungsschreibens am 31. 8. 2004

Möglicherweise ist die Kündigung A aber mit dem Einwurf des Kündigungsschreibens durch den Postboten am 31. 8. 2004 zugegangen. Durch den Einwurf des Kündigungsschreibens am 31. 8. 2004 in den Briefkasten des A gelangt das Kündigungsschreiben in dessen Machtbereich[28]. Die Möglichkeit der Kenntnisnahme durch A bestand zu dem Zeitpunkt, zu dem unter normalen Umständen mit einer Leerung des Briefkastens zu rechnen war. Die Leerung des Briefkastens erfolgt regelmäßig vormittags[29], so dass der bereits morgens eingeworfene Brief am selben Tag zugeht. Demzufolge wäre die Kündigung fristwahrend am 31. 8. 2004 zugegangen.

aa) personalisiertes Zugangsverständnis im Arbeitsrecht[30]

Allerdings könnte die urlaubsbedingte Abwesenheit des A zu dem nunmehr maßgeblichen Zeitpunkt dem Zugang der Kündigungserklärung am 31. 8. 2004 entgegenstehen. Fraglich ist daher, ob die urlaubsbedingte Abwesenheit eines Arbeitnehmers derart von den gewöhnlichen Umständen abweicht, dass der Absender mit einer Kenntnisnahme durch den Empfänger nicht rechnen konnte.

Es ließe sich aufgrund der engen Beziehung zwischen Arbeitgeber und Arbeitnehmer vertreten, den Zugang i. R. d. Arbeitsverhältnisses individuell zu bestimmen. Dies hieße, dass der Arbeitgeber, der von der urlaubsbedingten Abwesenheit seines Arbeitnehmers weiß, berechtigterweise nicht damit rechnen kann, dass eine an die Heimatadresse seines Arbeitnehmers gerichtete Kündigungserklärung dem Arbeitnehmer vor seiner Urlaubsrückkehr zugeht[31]. Für eine subjektive Auslegung des § 130 I 1 BGB spricht, dass der Arbeitnehmer mit der Inanspruchnahme des Urlaubs lediglich ein in § 1 BUrlG verbürgtes Recht wahrnimmt, was ihm nicht zum Nachteil gereichen kann. Dann müsste der Arbeitgeber die urlaubsbedingte Abwesenheit respektieren. Entscheidend ist nach dieser Ansicht die Kenntnis des Arbeitgebers von der urlaubsbedingten Abwesenheit des Arbeitnehmers. P wird als Personalleiter über die Urlaubszeiten der Arbeitnehmer informiert sein. Angesichts der bei S bestehenden Kenntnis über die Ortsabwesenheit des A ist auch davon auszugehen, dass P weiß, dass A verreist ist[32]. Dessen Kenntnis wiederum wird, weil er bevollmächtigt ist, die GmbH in Personalangelegenheiten zu vertreten, U über § 166 I BGB zugerechnet. Mithin war U die Urlaubsabwesenheit des A bekannt. Nach dieser

Ansicht wäre die Kündigungserklärung A nicht allein durch den Einwurf in den Briefkasten am 31. 8. 2004, sondern erst durch die konkrete Möglichkeit zur Kenntnisnahme bei seiner Rückkehr am 10. 9. 2004 zugegangen, was für die Einhaltung des Kündigungstermins zum 28. 2. 2004 zu spät gewesen wäre.

bb) objektives Zugangsverständnis

Gegen ein besonderes Zugangsverständnis im Arbeitsrecht bestehen aber erhebliche Bedenken. Dem Wortlaut des § 130 I 1 BGB lässt sich nicht entnehmen, dass eine Kündigung z. B. der Wohnung dem Erklärungsempfänger auch dann zugeht, wenn dieser urlaubsbedingt ortsabwesend ist, dies jedoch nicht für eine Kündigungserklärung gelten soll, die das Arbeitsverhältnis betrifft. Der Zugang der Post während der urlaubsbedingten Abwesenheit ist ein allgemeines Risiko des Arbeitnehmers. Er muss dafür sorgen, dass ihn wichtige Post auch während des Urlaubs erreicht. Unterlässt der Arbeitnehmer derartige Vorkehrungen, hat dies auf den Zugang von Willenserklärungen jeglicher Absender keinen Einfluss. Abweichend zum allgemeinen Rechtsverkehr für den Fall der Rechtsbeziehungen zwischen Arbeitgeber und Arbeitnehmer besondere Zugangsvoraussetzungen zu errichten, entbehrt einer einsichtigen Begründung. Bereits deshalb ist eine spezifisch arbeitsrechtliche Auslegung des im Allgemeinen Teil des BGB stehenden § 130 I 1 BGB abzulehnen. Weiterhin sprechen Sinn und Zweck des § 130 I 1 BGB gegen ein subjektives Verständnis. Die klare Bestimmung des Zugangs einer Willenserklärung ist aus Gründen der Rechtssicherheit erforderlich. Der Absender einer Erklärung muss erkennen können, wann diese zugeht und damit wirksam ist. Dies wird jedoch erschwert, wenn der Zugang von der Ortsabwesenheit des Erklärungsempfängers abhängig gemacht wird. Da es prinzipiell zur Privatsphäre des Arbeitnehmers gehört, wie er seinen Urlaub verbringt, darf die Mitteilung eventueller Reisepläne keinen Einfluss auf den Zugang von Willenserklärungen haben. Eine Differenzierung derart, dass eine Kündigung gegenüber einem Arbeitnehmer ausgeschlossen ist, der den Arbeitgeber von seinen Reisevorhaben unterrichtet hat, während eine Kündigung von Arbeitnehmern möglich ist, die dem Arbeitgeber ihre Abwesenheit nicht mitgeteilt haben, erscheint ungerechtfertigt. Auch ist es möglich, dass der Arbeitnehmer seine Urlaubspläne kurzfristig ändert und trotz vorheriger Ankündigung nicht verreist. Dem Arbeitgeber würde damit bei einer subjektiven Auslegung des Zugangsbegriffes eine über das normale Transportrisiko hinausgehende Unsicherheit aufgebürdet. Daher ist auch im Arbeitsrecht von einem objektiven Zugangsbegriff auszugehen[33]. Durch eine objektive Auslegung des § 130 I 1 BGB besteht auch nicht die Gefahr einer Verkürzung

---

24 BAG v. 15. 12. 2005 NZA 2006, 791 (793); Bender/Schmidt, NZA 2004, 358 (363).

25 ErfK/Müller-Glöge (Fn. 6), § 622 BGB Rdn. 2.

26 ErfK/Müller-Glöge (Fn. 6), § 622 BGB Rdn. 23.

27 Siehe oben, B. I.

28 Vgl. Palandt/Heinrichs (Fn. 11), § 130 Rdn. 5.

29 BAG v. 8. 12. 1983 NJW 1984, 1651 (1652); weitergehend: Palandt/Heinrichs (Fn. 11), § 130 Rdn. 6 (Briefe, die bis 18:00 Uhr eingeworfen werden, gehen noch am gleichen Tage zu.).

30 Angesichts der Hinweise im Sachverhalt kann man erwarten, dass der verständige Klausurbearbeiter das Problem der urlaubsbedingten Abwesenheit des A aufwirft und sich hiermit auseinandersetzt. Eine dem vorliegenden Lösungsvorschlag vergleichbare Argumentationsdichte kann nicht erwartet werden und wäre ggf. bei der Bewertung positiv zu berücksichtigen.

31 BAG 16. 12. 1980 NJW 1981, 1470 (1470); Corts, DB 1979, 2081 (2083); Popp, DB 1989, 1133 (1135); Medicus, BGB AT, 8. Aufl. 2002, Rdn. 283.

32 Sollte S über die Urlaubsgesuche selbst entscheiden und deshalb nur sie alleine Kenntnis über die Ortsabwesenheit des A haben, kann die Kenntnis der S dem P analog § 166 I BGB zugerechnet werden, weil S dann als sog. Wissensvertreterin gehandelt hat.

33 BAG v. 16. 3. 1988 NJW 1989, 606 (607); BAG v. 2. 3. 1989 NJW 1989, 2213 (2214).

von Arbeitnehmerrechten. In der wesentlichen Frage der rechtzeitigen Erhebung der Kündigungsschutzklage nach § 4 S. 1 KSchG hat der Arbeitnehmer auch in diesem Fall die Möglichkeit, nachträglich eine Klagezulassung nach § 5 KSchG zu erlangen. Somit ist eine Abweichung vom objektiven Zugangsbegriff auch nicht durch die konkrete Interessenlage des Erklärungsempfängers geboten.

b) Zwischenergebnis
Die urlaubsbedingte Abwesenheit des A ändert demnach nichts an dem Befund, dass das Kündigungsschreiben mit dem Einwurf in den Briefkasten des A am 31. 8. 2004 zugegangen ist. Die Frist des § 622 II 1 Nr. 6 BGB für eine Kündigung zum 28. 2. 2004 ist folglich gewahrt.

IV. Anhörung des Betriebsrats

Die Kündigung könnte gem. § 102 I 3 BetrVG unwirksam sein. Voraussetzung hierfür ist, dass der Betriebsrat nicht angehört wurde. Nach dem Sinn und Zweck der Regelung gilt diese Rechtsfolge auch bei einer fehlerhaften Anhörung[34]. Für eine ordnungsgemäße Anhörung des Betriebsrats müsste der Arbeitgeber zunächst seiner Mitteilungspflicht gem. § 102 I 2 BetrVG genüge tun. Inhaltlich erfüllt der Arbeitgeber seine Mitteilungspflichten, wenn er dem Betriebsrat die Gründe der Kündigung nennt, die Personalien des zu kündigenden Arbeitnehmers mitteilt und die Art der Kündigung angibt[35]. P teilte dem B während einer Unterredung am Abend des 20. 8. 2004 den Kündigungssachverhalt des A mit, spezifiziert durch Grund, Art und Termin der Kündigung. Damit hat P den inhaltlichen Anforderungen an eine ordnungsgemäße Mitteilung im Sinne des § 102 I 2 BetrVG entsprochen. Die Mitteilung erfolgte gegenüber B, der als Betriebsratsvorsitzender nach § 26 II 2 BetrVG richtiger Adressat der Erklärung ist.

Gegen die ordnungsgemäße Einleitung des Anhörungsverfahrens könnte aber sprechen, dass B im Rahmen einer »auswärtigen Betriebsfeier« von P über die Kündigung informiert wurde. Fraglich ist, ob eine Mitteilung an den Betriebsrat deshalb unwirksam ist, weil sie außerhalb des Betriebes und der Arbeitszeit stattfindet. Einen Anhaltspunkt bietet das Gesetz in §§ 30 S. 1; 37 III; 39 I 1, III BetrVG. Hieraus ergibt sich, dass der Betriebsrat die ihm obliegenden gesetzlichen Aufgaben grundsätzlich während der Arbeitszeit durchführen soll. Demgemäß hat auch die Information des Betriebsrates regelmäßig während der Arbeitszeit des Betriebsratsmitglieds und innerhalb der Arbeitsräume zu erfolgen[36]. Allerdings zeigt § 37 III BetrVG, dass eine Betriebsratstätigkeit auch außerhalb der Arbeitszeit erforderlich sein kann und vom Gesetzgeber zugelassen wird. Dennoch verpflichtet der Grundsatz der vertrauensvollen Zusammenarbeit, § 2 I BetrVG, den Arbeitgeber, dafür zu sorgen, dass Betriebsratsmitglieder in ihrer Amtseigenschaft nur während der Arbeitszeit in Anspruch genommen werden. Anhörungsverfahren nach § 102 I BetrVG sind grundsätzlich während der Arbeitszeit in den Betriebsräumen einzuleiten[37]. Infolgedessen ist der Betriebsratsvorsitzende nicht dazu verpflichtet, Erklärungen des Arbeitgebers außerhalb der Arbeitszeit und der Betriebsräume entgegenzunehmen. Wenn aber der Betriebsratsvorsitzende, wie hier geschehen, die zur »Unzeit« erfolgte Mitteilung des Arbeitgebers nicht nur widerspruchslos entgegennimmt, sondern sogar eine Behandlung in der nächsten Betriebsratssitzung zusichert, wird eine formell einwandfreie Einleitung des Anhörungsverfahrens nach § 102 I BetrVG durch den Arbeitgeber zu bejahen sein[38]. Letztlich hat der Betriebsratsvorsitzende die vorgesehene Kündigung des A auch in die Betriebsratssitzung eingebracht und der Betriebsrat hat der Kündigung zugestimmt. Insgesamt hat damit ein ordnungsgemäßes Anhörungsverfahren nach § 102 I BetrVG statt-

gefunden. Eine Unwirksamkeit der Kündigung nach § 102 I 3 BetrVG scheidet aus.

V. Allgemeiner Kündigungsschutz aus § 1 KSchG

Die Kündigung gegenüber A könnte aber gem. § 1 I, II KSchG unwirksam sein, wenn sie sozial ungerechtfertigt ist.

1. Geltungsbereich des Kündigungsschutzgesetzes
Nach § 1 I KSchG findet das KSchG nur Anwendung, wenn der zu kündigende Arbeitnehmer bereits sechs Monate ununterbrochen in einem Arbeitsverhältnis stand. A ist seit 1986 ununterbrochen bei U beschäftigt und erfüllt damit die Wartezeit des § 1 I KSchG. Die U-GmbH beschäftigt zumindest 35 Kommissionierer, so dass die nach § 23 I KSchG für die Anwendbarkeit des § 1 KSchG erforderliche Mindestbetriebsgröße gegeben ist.

2. Soziale Rechtfertigung der Kündigung
Die ordentliche Kündigung des Arbeitsverhältnisses von A ist rechtsunwirksam, wenn sie nicht sozial gerechtfertigt ist. Sozial ungerechtfertigt ist die Kündigung nach § 1 II 1 KSchG, wenn sie nicht durch Gründe, die in der Person oder dem Verhalten des Arbeitnehmers liegen, oder durch dringende betriebliche Erfordernisse, die einer Weiterbeschäftigung des Arbeitnehmers in diesem Betrieb entgegenstehen, bedingt ist.

a) Betriebsbedingte Kündigung[39]
Zunächst wäre an eine betriebsbedingte Kündigung zu denken. Eine betriebsbedingte Kündigung ist gem. § 1 II, III KSchG sozial gerechtfertigt, wenn der Arbeitgeber eine unternehmerische Entscheidung trifft, durch die die Beschäftigungsmöglichkeit eines Arbeitnehmers dauerhaft wegfällt, der Arbeitnehmer weder auf einem anderen Arbeitsplatz weiterbeschäftigt werden kann noch sonstige mildere Mittel statt der Kündigung möglich sind und der Arbeitgeber die Sozialauswahl ordnungsgemäß durchführt[40].

Fraglich erscheint, ob die Einführung der EDV-Geräte eine derart gravierende innerbetriebliche Veränderung darstellt, dass die bisherige Kommissioniertätigkeit wegfällt und neue wesensverschiedene Arbeitsplätze geschaffen werden. Hiergegen spricht, dass die grundsätzliche Aufgabe der Kommissionierer, Warenbestellungen und Versandaufträge zu bearbeiten, bestehen bleibt. Auch bleibt das Zentrallager als Ort und Sachgrund für die Tätigkeit unverändert. Die einzige innerbetriebliche Veränderung liegt darin, dass die arbeitsvertraglichen Anforderungen an die Tätigkeit geändert werden. Aus technischen Gründen wird die zusätzliche Handhabung von EDV-Geräten notwendig, welche die gleich gebliebenen Arbeitsschritte dokumentiert. Eine betriebsbedingte Kündigung kommt bei geänderten Anforderungen an den konkreten Arbeitsplatz aber allenfalls dann in Betracht, wenn die vom Arbeitgeber aufgestellte Forderung nach zusätzlichen Kenntnissen des Mitarbeiters so weit außerhalb der üblichen Schwankungsbreite steht, dass sie vom Direktionsrecht

---

34 BAG v. 16. 9. 1993 DB 1994, 381 (381); Stahlhacke/Preis (Fn. 22), Rdn. 379.

35 ErfK/Kania (Fn. 6), § 102 BetrVG Rdn. 5; Stahlhacke/Preis (Fn. 22), Rdn. 396 ff.

36 ErfK/Kania (Fn. 6), § 102 BetrVG Rdn. 4.

37 BAG v. 27. 8. 1982 NJW 1983, 2835 (2835).

38 Vgl. BAG v. 27. 8. 1982 NJW 1983, 2835 (2835); ErfK/Kania (Fn. 6), § 102 BetrVG Rdn. 4.

39 Die maßgeblichen Gründe für die Kündigung liegen hier eindeutig entweder im Verhalten oder in der Person des Arbeitnehmers. Infolgedessen ist es nicht (besonders) negativ zu bewerten, wenn die Möglichkeit einer betriebsbedingten Kündigung nicht erkannt wird; keinesfalls ist eine betriebsbedingte Kündigung als fern liegend oder abwegig zu erachten.

40 Stahlhacke/Preis (Fn. 22), Rdn. 930 ff.

nicht mehr gedeckt ist[41]. Durch das arbeitsvertragliche Direktionsrecht kann der Arbeitgeber die im Arbeitsvertrag nur rahmenmäßig umschriebene Leistungspflicht nach Zeit, Ort und Art bestimmen, vgl. § 106 S. 1 GewO[42]. Das Direktionsrecht muss sich dabei innerhalb der durch den Arbeitsvertrag aufgestellten Grenzen bewegen, so dass dem Arbeitnehmer kein anderer Tätigkeitsbereich zugewiesen werden darf. Entscheidend ist daher, ob sich durch das neu eingeführte EDV-System das bisherige Tätigkeitsbild maßgeblich geändert hat. Gegen eine wesentliche Änderung der arbeitsvertraglich festgelegten Anforderungen spricht bereits, dass die Bedienung des Gerätes im Rahmen einer eintägigen Schulung zu erlernen war. Auch können mit Ausnahme des A alle Kommissionierer ohne Probleme mit den neuen Geräten umgehen. Demnach findet keine prägende Veränderung des Tätigkeitsbildes statt. Die vorgenommene »Technisierung« des Arbeitsplatzes liegt innerhalb der üblichen Schwankungsbreite und ist vom Direktionsrecht des Arbeitgebers gedeckt. Hieraus folgt im Umkehrschluss, dass die Arbeitsplätze der Kommissionierer als solche fortbestehen. Eine betriebsbedingte Kündigung scheidet aus.

b) Verhaltensbedingte Kündigung

Die Kündigung des A könnte aber als verhaltensbedingte Kündigung sozial gerechtfertigt sein. Eine verhaltensbedingte Kündigung ist gem. § 1 II KSchG sozial gerechtfertigt, wenn ein Arbeitnehmer schuldhaft eine Vertragspflicht verletzt. Darüber hinaus muss die Vertragsverletzung auch künftig negative Auswirkungen zeitigen und darf nicht durch mildere Mittel, insbesondere eine Abmahnung, abgewendet werden können. Schließlich ist anhand einer Interessenabwägung darüber zu entscheiden, ob die Vertragsverletzung so gewichtig ist, dass sie das Interesse des Arbeitnehmers am Erhalt des Arbeitsplatzes überwiegt[43].

aa) Pflichtverletzung

Problematisch erscheint bereits die rechtswidrige Verletzung einer arbeitsvertraglichen Pflicht durch A. U macht A den kündigungsrelevanten Vorwurf, keine ausreichende Arbeitsleistung zu erbringen. Grund zur Beanstandung ist dabei nicht die Qualität der von A erbrachten Leistung; der Vorwurf lautet vielmehr, dass A seit Einführung des neuen EDV-Gerätes in der vorgesehenen Zeit nicht genügend Ware kommissioniert, mithin mengenmäßig zu wenig arbeitet. Zur Begründung bezieht sich U, wie aus den beiden Abmahnungen hervorgeht, zum einen auf die Minderleistung des A im Vergleich zum Abteilungsdurchschnitt. Zum anderen fordert U den A auf, eine Leistung von mindestens 100% zu erbringen. Als Maßstab zur Definition der einhundertprozentigen Arbeitsleistung zieht U die im Rahmen eines Prämiensystems festgelegte »Normalleistung« heran.

Insoweit ist fraglich, ob die konkrete quantitative Arbeitsleistung des A tatsächlich als eine die vertraglichen Pflichten verletzende Minderleistung anzusehen ist. Dies hängt davon ab, zu welcher Leistung der Arbeitnehmer genau verpflichtet ist. Der konkrete Inhalt der Verpflichtung zur Arbeitsleistung ergibt sich zunächst aus dem Inhalt des Arbeitsvertrages. Dieser enthält regelmäßig Aussagen über Ort, Art und Zeit der zu leistenden Arbeit[44]. Diese Faktoren stehen hier aber nicht in Frage. Streitig ist vielmehr die Quantität der von A geforderten Arbeitsleistung, wozu der Arbeitsvertrag des A allerdings keine Angaben macht. Problematisch ist demzufolge, wie der Inhalt der Arbeitspflicht zu präzisieren ist, wenn der Arbeitsvertrag Qualität und Quantität der Leistung nicht regelt.

aaa) Objektiver Leistungsbegriff

Man könnte die vertraglich geforderte Arbeitsleistung objektiv bestimmen. Dann hätte der Arbeitgeber, »sofern arbeitsvertraglich nichts Abweichendes vereinbart ist, bei verständiger Aus-

legung des Arbeitsvertrages nach § 157 BGB einen Anspruch auf eine objektive Normalleistung des Arbeitnehmers und nicht nur darauf, dass der Arbeitnehmer die Arbeitsleistung im Rahmen des persönlichen Leistungsvermögens unter angemessener Anspannung seiner Kräfte und Fähigkeiten erbringt«[45]. Um eine Pflichtverletzung des A annehmen zu können, müsste demnach die von A erbrachte Arbeitsleistung dauerhaft hinter der objektiv zu bestimmenden Normalleistung liegen. A kommissioniert im Verhältnis zu den anderen Kommissionierern permanent deutlich weniger Ware. Die von ihm erbrachte Arbeitsleistung beträgt nur 65% der durch U definierten Normalleistung. Entscheidend ist damit, ob die durch U definierte Normalleistung die objektiv zu bestimmende Normalleistung widerspiegelt. Das wäre nicht der Fall, wenn U einen willkürlichen Leistungsmaßstab aufgestellt hätte, der bestimmte Personengruppen bevorzugt oder benachteiligt. Die Leistung wird nach einem Planzeiten- und Prämienabrechnungssystem gemessen, das auf einem Planzeitenkatalog aufbaut. Dass die von U dargelegte Methode der Ermittlung des Leistungsgrades Fehler aufweist, die einzelne Arbeitnehmer benachteiligen würde oder das prozentuale Verhältnis der Leistungsgrade zueinander verschiebt, ist nicht erkennbar. Vielmehr sind die einzelnen Arbeitsschritte unabhängig von den sie ausführenden Personen mit Planzeitwerten versehen. Aus dem Verhältnis der monatlichen Arbeitsleistung zu der monatlichen Arbeitszeit ergibt sich eine objektive Aussage über die erledigte Arbeitsmenge. Dies bietet einen objektiven Vergleichsmaßstab. Dass die Normalleistung jedenfalls nicht willkürlich definiert ist, zeigt im Übrigen auch der Umstand, dass sie von der Durchschnittsleistung der Kommissionierer um 5% nach unten abweicht.

Gegen die Durchschnittsberechnung zur Bestimmung der objektiven Normalleistung ließe sich jedoch einwenden, dass in einer sehr guten Arbeitsgruppe schon der an sich gute Arbeitnehmer, bezogen auf diese Gruppe, unterdurchschnittliche Arbeitsleistungen erbringt bzw. umgekehrt die Leistung eines absolut betrachtet schwachen Mitarbeiters im Vergleich zu einem noch schwächeren Kollegen überdurchschnittlich ist[46]. Allerdings liegt es in der Logik eines arithmetischen Mittels, dass sowohl die überdurchschnittlichen als auch die unterdurchschnittlichen Werte Berücksichtigung finden. Sofern die miteinander verglichenen Personen einer vergleichbaren Aufgabe nachgehen, kann nicht entgegnet werden, es seien überproportional viele »highperformer« mitberücksichtigt[47]. Dann ist nämlich die vermeintlich »hohe« Leistung eben nur Durchschnitt. Das einzige Kriterium, durch welches die Durchschnittsrechnung zulässigerweise beanstandet werden kann, ist die Größe des Arbeitnehmerkreises, aus dem der Durchschnitt gewonnen wird. Es gilt anhand der Tätigkeit den größten gemeinsamen Nenner zu finden ohne Unterschiede in der Aufgabe zu ignorieren. Die Vergleichsgruppe ist durch die Personen zu bilden, deren bisherige Tätigkeiten denen des zu kündigenden Arbeitnehmers entsprechen[48]. Die von U aufgestellte Leistungserfassung bezog alle Kommissionierer ein. Auch die Gruppengröße von 35 Personen ist geeignet, einen aussagekräftigen Durchschnittswert zu gewinnen. Gegen

41 A/P/S/Dörner (Fn. 6), § 1 KSchG Rdn. 248 a; Hunold, NZA 2000, 802 (806).

42 BAG v. 25. 10. 1989 NZA 1990, 561 (562); ErfK/Preis (Fn. 6), § 611 BGB Rdn. 275; Preis (Fn. 19), § 18 VI 1, S. 173 f.

43 Vgl. zu den Voraussetzungen einer verhaltensbedingten Kündigung Stahlhacke/Preis (Fn. 22), Rdn. 1168 ff.

44 Preis (Fn. 19), § 26 III, S. 280.

45 V. Hoyningen-Huene/Linck, KSchG, 14. Aufl. 2007, § 1 Rdn. 427.

46 So BAG 22. 7. 1982 AP § 1 KSchG 1969 Verhaltensbedingte Kündigung Nr. 5 m. Anm. Otto = EzA § 1 KSchG Verhaltensbedingte Kündigung Nr. 10 m. Anm. Weiss.

47 Greiner, RdA 2007, 22 (32).

48 Ebd.

die Maßstabsbildung bestehen demnach keine Bedenken, so dass die von U festgelegte Normalleistung einer objektiven Normalleistung entspricht. Die Leistungen des A unterschreiten die Normalleistung dauerhaft um mehr als ein Drittel. Nach dem objektiven Leistungsverständnis erbringt A eine Minderleistung, die wegen der erheblichen Abweichung auch als Pflichtverletzung zu werten ist.

bbb) Subjektiver Leistungsbegriff
Die zu erbringende Arbeitsleistung ließe sich aber auch subjektiv festlegen, so dass sich der Inhalt des Leistungsversprechens innerhalb des vom Arbeitgeber durch Ausübung des Direktionsrechts festgelegten Arbeitsinhalts nach dem persönlichen, subjektiven Leistungsvermögen des Arbeitnehmers bestimmt. Der Arbeitnehmer muss danach tun, was er soll und zwar so gut, wie er es kann. Die Leistungspflicht ist dann im Gegensatz zur objektiven Bestimmung nicht starr, sondern dynamisch und orientiert sich an der Leistungsfähigkeit des Arbeitnehmers[49]. A gibt nach seiner zutreffenden Aussage »sein Bestes«. Damit leistet er unter angemessener Anspannung seiner geistigen und körperlichen Kräfte auf Dauer und ohne Gefährdung seiner Gesundheit das, wozu er imstande ist. Der Umstand, dass seine Arbeitsleistung dennoch vergleichsweise unterdurchschnittlich bleibt, ist belanglos. Nach dem subjektiven Leistungsbegriff genügt derjenige, der nur unterdurchschnittlich leistungsfähig ist, mit einer unterdurchschnittlichen Leistung seiner Arbeitspflicht genauso wie von einem zu überdurchschnittlichen Leistungen fähigen Arbeitnehmer auch eine überdurchschnittliche Leistung gefordert werden kann. Dem subjektiven Leistungsverständnis zufolge liegt zumindest dem Grunde nach keine Schlechtleistung, mithin keine Pflichtverletzung durch A vor. Eine verhaltensbedingte Kündigung wäre bereits im Ansatz ungerechtfertigt.

ccc) Stellungnahme
Fraglich ist, welcher Leistungsbegriff vorzugswürdig ist. Unter systematischen Gesichtspunkten könnte die Haftung wegen Pflichtverletzungen nach § 280 I BGB, der auch auf Schlechtleistungen im Arbeitsverhältnis Anwendung findet[50], für eine objektive Bestimmung des Leistungsprogramms sprechen. Die i. R. v. § 280 I BGB ebenfalls erforderliche Pflichtverletzung ist nämlich objektiv zu bestimmen[51]. Dann scheint es sachgerecht, die für eine Kündigung notwendige Pflichtverletzung ebenfalls objektiv festzulegen. Gegen den Vergleich zu § 280 I BGB spricht jedoch, dass die objektive Bestimmung des Leistungsprogramms nur als Gegensatz zum subjektiven Tatbestandsmerkmal des Vertretenmüssens zu verstehen ist. Der Leistungsmaßstab an sich wird damit nicht normiert, sondern muss aus dem Schuldverhältnis selbst entnommen werden. Sieht das Schuldverhältnis eine subjektive Leistungspflichtbestimmung vor, besteht also kein Widerspruch zu der in § 280 I BGB vorzunehmenden Auslegung des Merkmals »Pflichtverletzung«[52].

Gegen den objektiven Leistungsbegriff spricht entscheidend der personale Charakter des Arbeitsverhältnisses. Der Arbeitsvertrag richtet sich im Gegensatz zum Dienstverschaffungsvertrag auf die Arbeitskraft des Arbeitnehmers als einen wesentlichen Teil der Persönlichkeit des Arbeitnehmers. Dieser drückt sich vor allem darin aus, dass der Arbeitnehmer grundsätzlich nicht einen bestimmten Arbeitserfolg schuldet, sondern nur verpflichtet ist, die eigene Arbeitskraft während der vereinbarten Arbeitszeit im Rahmen der vertraglichen und gesetzlichen Grenzen zur Leistung der »versprochenen Dienste« unter Aufwendung aller seiner Kräfte und Möglichkeiten voll einzusetzen[53]. Infolgedessen ist eine objektiv bestimmte Leistungsquantität oder -qualität mit der Individualität der persönlichen Arbeitspflicht unvereinbar. Der Umfang der Arbeitspflicht kann daher nur nach dem subjektiven Leistungsvermögen des jeweiligen Arbeitnehmers bestimmt werden. Der Arbeitsvertrag kann den Arbeitneh-

mer im Gegensatz zu der Regelung des § 243 I BGB nur dazu verpflichten, die »versprochenen Dienste« zu leisten.

Mit dieser Auslegung steht es im Einklang, dass es im Arbeits- und Dienstvertragsrecht keine Vorschriften zur Mängelgewährleistung gibt. Diese würden im Zweifel einen objektiv zu bestimmenden Fehlerbegriff voraussetzen (vgl. §§ 434 I 2, 633 I 2 BGB), was aufgrund des personalen Charakters der Arbeitsleistung aber unzulässig ist[54]. Insgesamt sprechen die besseren Gründe daher für den subjektiven Leistungsbegriff. Hiernach ist die vergleichsweise schlechte Arbeitsleistung des A nicht als Minderleistung zu qualifizieren. Eine Pflichtverletzung liegt nicht vor[55].

bb) Zwischenergebnis
Mangels Pflichtverletzung scheidet eine verhaltensbedingte Kündigung nach der vorzugswürdigen subjektiv Auslegung des Leistungsbegriffs damit aus.

c) Personenbedingte Kündigung
Möglicherweise lässt sich die Kündigung des A jedoch als personenbedingte Kündigung rechtfertigen. Dies setzt voraus, dass Gründe in der Person des Arbeitnehmers die Erreichung des Vertragszwecks unmöglich machen. Gründe in der Person des Arbeitnehmers sind solche, die auf den persönlichen Eigenschaften und Fähigkeiten des Arbeitnehmers beruhen[56]. Demnach müsste die Fähigkeit oder Eignung des A, die vertraglich geschuldete Arbeitsleistung zu erbringen, entfallen sein.

aa) Erhebliche Störung des Austauschverhältnisses
A ist nicht in der Lage, mit der neuen EDV-Technik so umzugehen, wie es die anderen Kommissionierer tun. Dies ist allerdings darauf beschränkt, dass A vergleichsweise länger braucht, um die entsprechenden Bedienungsvorgänge am Gerät vorzunehmen. Keineswegs ist er grundsätzlich außerstande, das EDV-Gerät zu bedienen. Die generelle Fähigkeit, mit der neu eingeführten Technik umzugehen und die vertraglich geschuldete Arbeitsleistung zu erbringen, ist ihm also nicht abzusprechen. Auch wenn A die vertraglich geschuldete Leistung an sich erbringen kann, weicht sie vom Umfang her erheblich von der vergleichbarer Arbeitnehmer ab. Problematisch ist, ob das bei A vorhandene graduelle Leistungsdefizit eine personenbedingte Kündigung rechtfertigen kann.

Voraussetzung hierfür ist, dass das dem Arbeitsvertrag zugrunde liegende Austauschverhältnis zwischen Leistung und Gegenleistung durch das Leistungsdefizit erheblich gestört ist[57]. Gegen die Annahme, eine Störung des Austauschverhältnisses liege bereits bei einer Leistungsminderung vor, spricht, dass der Arbeitnehmer trotz der verminderten Leistungsfähigkeit die von ihm vertraglich geschuldete Leistung erbringt. Eine solche Sichtweise würde jedoch verkennen, dass der Arbeitgeber ein berechtigtes Interesse an der Beendigung des Vertragsverhältnisses haben kann, selbst wenn der Arbeitnehmer zwar dauerhaft ent-

---

49 BAG v. 11. 12. 2003 NJW 2004, 2545 (2546); BAG v. 21. 5. 1992 NJW 1993, 154 (155); ErfK/Preis (Fn. 6), § 611 BGB Rdn. 794; Preis (Fn. 19), § 26 III 1, S. 281; Hromadka/Maschmann, Arbeitsrecht Bd. 1, 3. Aufl. 2005, § 6 Rdn. 83.
50 ErfK/Preis (Fn. 6), § 611 BGB Rdn. 835.
51 Palandt/Heinrichs (Fn. 11), § 280 BGB Rdn. 3.
52 Gotthardt, Arbeitsrecht nach der Schuldrechtsreform, 2. Auflage 2003, Rdn. 21 f.
53 ErfK/Preis (Fn. 6), § 611 BGB Rdn. 794.
54 Vgl. hierzu MünchArbR-Blomeyer, 2. Aufl. 2000, § 48 Rdn. 64 ff.
55 Andere Auffassung mit entsprechender Begründung vertretbar. In diesem Falle wären die nachfolgenden Ausführungen zur Negativprognose, einem möglichen milderen Mittel und der Interessenabwägung bereits hier anzubringen.
56 BAG v. 25. 8. 1988 NZA 1989, 464 (466); ErfK/Ascheid/Oetker (Fn. 6), § 1 KSchG Rdn. 170.
57 Greiner, RdA 2007, 22 (30).

sprechend dem subjektiven Leistungsbegriffs die vertraglich vereinbarte Leistung erbringt, er gleichwohl aber deutlich hinter dem objektiven Leistungsmaßstab hinterherhinkt.

Eine personenbedingte Kündigung kann also auch dann sozial gerechtfertigt sein, wenn der Arbeitnehmer aus Gründen, die in seiner Sphäre liegen, die jedoch nicht von ihm verschuldet sein müssen, zu der nach dem Vertrag vorausgesetzten Arbeitsleistung ganz oder teilweise nicht mehr in der Lage ist[58]. Der Arbeitnehmer, der trotz angemessener Bemühung die Normalleistung unterschreitet, verstößt dann zwar nicht gegen den Vertrag. Gleichwohl kann die dauerhafte, nicht verhaltensgesteuerte Minderleistung die zur Vertragsbedingung erhobene Erwartung des Arbeitgebers von einem ausgewogenen Verhältnis von Leistung und Gegenleistung erschüttern und zu einer Störung des Austauschverhältnisses führen, die ein Festhalten am Vertrag für die enttäuschte Vertragspartei als nicht mehr zumutbar erscheinen lässt[59].

Entscheidend ist, ob die objektive Minderleistung eine erhebliche Störung des Äquivalenzverhältnisses bewirkt. Die Parteien des gegenseitigen Vertrages gehen typischerweise davon aus, dass die Leistung des anderen Teils der eigenen gleichwertig ist[60]. Diese Vorstellung der Parteien ist regelmäßig Geschäftsgrundlage. Weichen die tatsächlichen Verhältnisse von den Erwartungen schwerwiegend ab, kann der in ihrer Erwartung enttäuschten Partei ein Recht zur Anpassung oder Kündigung zustehen.

Zunächst ist unter Bezugnahme auf obige Ausführungen davon auszugehen, dass die Erwartungen der U an die Leistung des A, nämlich die Erbringung der allgemein definierten Normalleistung, zulässig sind. Über die Zulässigkeit einer personenbedingten Kündigung des A entscheidet die Frage, ob seine Minderleistung derart »schwerwiegend« ist, dass die Geschäftsgrundlage gestört ist. Als Anhaltspunkt dienen Werte, aufgrund derer bereits über die Erheblichkeit von Minderleistung i. R. v. krankheitsbedingten Kündigungen geurteilt wurde. Das BAG hat es als erhebliche Minderleistung angesehen, wenn eine schwerbehinderte Arbeitnehmerin die Normalleistung dauerhaft um ein Drittel unterschritt[61]. A erbringt regelmäßig nur 60 bis 65% der Durchschnittsleistung und bleibt damit noch weiter unter der objektiven Normalleistung, als es die »Drittellehre« des BAG fordert. Folglich ist eine schwerwiegende Störung des Vertragsgleichgewichts anzunehmen, die geeignet ist, eine personenbedingte Kündigung zu tragen.

bb) Negative Prognose
Darüber hinaus setzt die Kündigung aus personenbedingten Gründen stets voraus, dass auch für die Zukunft nicht mit einer Wiederherstellung des Gleichgewichts von Leistung und Gegenleistung zu rechnen ist[62]. Die Prognose fällt durch die Aussage des A, er sehe sich außerstande, das EDV-Gerät schneller zu bedienen und dadurch mehr zu leisten, negativ aus.

cc) Erhebliche Beeinträchtigung betrieblicher Interessen
Allerdings wird durch die Person des Arbeitnehmers die Kündigung grundsätzlich nur dann bedingt, wenn erhebliche vertragliche oder betriebliche Interessen diese notwendig machen. Insoweit müssen konkrete Auswirkungen auf den Betrieb tatsächlich feststellbar sein; allein eine Gefahr für Arbeitsablauf oder Betriebsfrieden reicht nicht aus[63]. Ausnahmsweise kommt es auf das Vorliegen tatsächlicher Betriebsstörungen nicht an, wenn feststeht, dass wegen eines rechtlichen oder tatsächlichen Leistungshindernisses die Möglichkeit zur Vertragsdurchführung auf Dauer entfällt[64]. A beteuert, stets sein Bestes gegeben zu haben und gesteht gleichzeitig ein, seine Tätigkeit nicht schneller vollbringen zu können, mithin ist ihm eine Leistungssteigerung gänzlich unmöglich. Er ist zur Vertragsdurchführung dauerhaft nicht in der Lage. Demnach kommt es auf eine tatsächliche Betriebsstörung nicht an. Vielmehr indiziert die erhebliche Ver-

tragsstörung bereits die Notwendigkeit der personenbedingten Kündigung.

dd) Milderes Mittel
Eine personenbedingte Kündigung ist aber nur dann sozial gerechtfertigt, wenn kein milderes Mittel zur Wiederherstellung eines Vertragsgleichgewichts zur Verfügung steht[65]. Ein Einsatz des A auf einem anderen Arbeitsplatz ist ausgeschlossen. Darüber hinaus hat A ein Angebot der U, ihn zu geänderten Vertragsbedingungen zu beschäftigen, abgelehnt. Dabei lag die Herabsetzung der Grundvergütung um ein Drittel im neuen Vertragsangebot der U noch unter der nominellen Minderleistung des A und war infolgedessen jedenfalls angemessen. Soweit das BAG in seiner neueren Rechtsprechung auch bei einer personenbedingten Kündigung die Abmahnung zu den gleich geeigneten, milderen Mitteln zählt[66], wurde diesem Erfordernis durch die Abmahnungen der U vom 12. 11. 2003 und 28. 4. 2004 entsprochen[67].

ee) Interessenabwägung
Letztlich ist eine personenbedingte Kündigung aber nur dann gerechtfertigt, wenn unter Berücksichtigung der in der Rechtsordnung verankerten Wertentscheidungen zum Schutz der Person des Arbeitnehmers eine so starke Beeinträchtigung schutzwerter betrieblicher, unternehmerischer oder vertraglicher Interessen des Arbeitgebers vorliegt, dass diese im konkreten Fall die zugunsten des Arbeitnehmers bestehenden Rechtspositionen überwiegt[68].

Zugunsten des A könnte man argumentieren, dass die Einschränkung der Eignung oder Fähigkeit zur Erbringung der Arbeitsleistung zumindest auch auf betriebliche Umstände, nämlich die Einführung der neuen EDV-Geräte durch den Arbeitgeber zurückzuführen ist. Allerdings wird man dem Arbeitgeber auch zugestehen müssen, die technischen Anforderungen an den Arbeitsplatz zu novellieren. Sofern sich diese Änderungen, wie hier der Fall, auch innerhalb der üblichen Schwankungsbreite halten und infolgedessen vom Direktionsrecht gedeckt sind, erscheint es ungerechtfertigt, diese »betrieblichen Umstände« im Rahmen der Interessenabwägung zugunsten des Arbeitnehmers wirken zu lassen. Weiterhin ist auch das unternehmerische Interesse der U zu berücksichtigen, durch die Einführung des Prämiensystems die Kommissionierer insgesamt zu überobligatorischen Leistungen zu animieren. Insofern ist zu befürchten,

---

58 BAG v. 11. 12. 2003 NJW 2004, 2545 (2548); BAG v. 3. 6. 2004 NJW 2005, 90 (93); ErfK/Ascheid (Fn. 6), § 1 KSchG Rdn. 170.
59 Die besondere Schwierigkeit des Falles besteht darin, dass die Unterschreitung des objektiven Leistungsminimums zwar keine verhaltensbedingte Kündigung rechtfertigen kann, weil die Bestimmung des arbeitsvertraglichen Pflichtenprogramms einem subjektiven Leistungsmaßstab folgt, gleichwohl aber eine personenbedingte Kündigung tragen kann. Dogmatisch kann hierzu auf die in § 313 BGB geregelte Störung der Geschäftsgrundlage zurückgegriffen werden. Die zwar vertragsgemäße, den Arbeitgeber aber aufgrund der Äquivalenzstörung erheblich belastende Vertragsdurchführung ist an die tatsächlichen Gegebenheiten anzupassen bzw. durch eine Kündigung aufzulösen. Hierzu instruktiv Greiner, RdA 2007, 22 (28 f.).
60 BGH v. 13. 6. 1980 BGHZ 77, 359 (363).
61 BAG v. 26. 9. 1991 NZA 1992, 1073 (1076).
62 BAG v. 12. 4. 2002 NJW 2002, 3271 (3273).
63 BAG v. 20. 7. 1989 NJW 1990, 597 (598); Stahlhacke/Preis (Fn. 22), Rdn. 1193.
64 BAG v. 11. 12. 2003 NJW 2004, 2545 (2548).
65 Stahlhacke/Preis (Fn. 22) Rdn. 1199; KR-Etzel (Fn. 6), § 1 KSchG Rdn. 272.
66 Kritisch hierzu Preis (Fn. 19), § 64 I 4, S. 734.
67 Eine vorherige Abmahnung wäre aber auch deshalb entbehrlich gewesen, weil die personenbedingte Kündigung nicht an ein steuerbares Verhalten anknüpft, vgl. BAG v. 4. 6. 1997 AP § 626 BGB Nr. 137.
68 ErfK/Ascheid/Oetker (Fn. 6), § 1 KSchG Rdn. 141 ff.

dass es der Arbeitsmoral der anderen Kommissionierer abträglich sein wird, wenn sich herausstellt, dass es von Arbeitgeberseite geduldet wird, dass einzelne Arbeitnehmer bei gleicher Grundvergütung erheblich weniger leisten. Dies würde nicht zuletzt die definierte Normalleistung als Schwellenwert für die Prämienzahlung in Frage stellen. Letztlich spricht für die soziale Rechtfertigung der Kündigung, dass A das angemessene Angebot der U zur Weiterbeschäftigung abgelehnt hat. A hat sich damit sehenden Auges gegen eine Korrektur des vertragswidrigen Zustandes

gewehrt und muss demnach auch hinnehmen, dass U diesen vertragswidrigen Zustand beseitigt.

VI. Ergebnis

Die personenbedingte Kündigung des A ist gem. § 1 II KSchG sozial gerechtfertigt. Die Kündigungsschutzklage ist zulässig, aber unbegründet. Das Arbeitsgericht wird die Kündigungsschutzklage des A daher abweisen.

Fall 7 Schwerpunktbereich Gewerblicher Rechtsschutz und Urheberrecht

Mitschriften-AG und Handel mit gebrauchter Software*

Von Wiss. Mit. Kai Kochmann, Köln

Urheberrecht – Öffentlichkeitsbegriff – Konkludente Einwilligung – Softwareschutz – OEM-Versionen – Erschöpfungsgrundsatz

SACHVERHALT

Fall 1:

Anton (A) und Berta (B), die beide im 4. Semester Jura studieren, arbeiten im wöchentlichen Wechsel montags an einer Tankstelle. Im Sommersemester kollidiert ihr Arbeitstermin jedoch mit der Vorlesung »Urheberrecht« von Prof. Dr. Caesar (C). Um sich hinreichende Erfolgsaussichten bei der Abschlussklausur zu bewahren, vereinbaren A und B, dass der jeweils andere an seinem tankstellenfreien Tag die Vorlesung besucht und den Vortrag von C wortgetreu auf seinem Laptop mitprotokolliert. Die angefertigten Mitschriften schicken sich A und B dann gegenseitig per Email zu.

Nach dem Bestehen der Abschlussklausur denkt B, dass auch andere Studierende von den gemeinsamen Mitschriften profitieren sollten. Ohne Absprache mit A richtet sie die Homepage »www.mitschriften-ag.de« ein, auf der sie die von ihr und A angefertigten Mitschriften im Pdf-Format zum Herunterladen zur Verfügung stellt. Nachdem die Homepage innerhalb eines Jahres nur von vier Studierenden besucht wird, stellt B den Betrieb der Homepage wieder ein.

C, der erst jetzt von dem Treiben des A und der B erfährt, fragt sich, was er rechtlich unternehmen kann.

Fall 2:

Die erfolgreich agierende Softwarefirma Dora-GmbH (D) betreibt für die von ihrem angestellten Chefentwickler Emil (E) entwickelte Software einen gespaltenen Vertrieb. Auf der einen Seite bietet sie Fachhandelsversionen ihrer Programme an, die zum isolierten Erwerb durch Endverbraucher bestimmt sind. Davon getrennt vertreibt sie ihre Programme zur Erstausrüstung neuer Computer in einer einfacheren Ausstattung zu einem wesentlich günstigeren Preis. Die Original-CDs dieser sog. OEM-Versionen (OEM = Original Equipment Manufacturer) sollen ausschließlich zusammen mit neuen Hardwareprodukten veräußert werden. Mit den Hardwareherstellern und -distributoren, an die D ihre Software-CDs liefert, trifft sie entsprechende Vereinbarungen. Die Hardwarehersteller weisen auf ihren Produktverpackungen auf die Vertriebsbindung hin.

Friedrich (F) erwirbt bei einem PC-Versandhändler einen

neuen Laptop sowie eine CD mit der OEM-Version des bei D entwickelten Betriebssystems einschließlich einer einfachen Nutzungslizenz. Nach der Installation des Betriebssystems und einem kurzen Testlauf deinstalliert F die Software wieder und entscheidet sich stattdessen für ein frei verfügbares Konkurrenzprodukt aus dem Internet. Die gebrauchte CD sowie das dazugehörige Nutzungsrecht versteigert F über eine Online-Auktions-Plattform an Gustav (G) und erzielt einen Kaufpreis von € 87,63.

D bemerkt den Verkauf ihrer OEM-Version und fragt sich, welche urheberrechtlichen – nicht jedoch: lizenzvertraglichen – Ansprüche ihr gegenüber F zustehen.

Abwandlung: F hat die OEM-Software nicht auf einer CD geliefert bekommen, sondern vereinbarungsgemäß lediglich eine einfache Lizenz zur Nutzung des Programms erhalten. Das Programm konnte er sich auf der Homepage der D mit Hilfe eines Lizenzschlüssels herunterladen. Über das Online-Auktionshaus versteigert F nach Deinstallation des Betriebssystems dann lediglich die – von ihm nun nicht mehr benötigte – Lizenz sowie den dazugehörigen Lizenzschlüssel. Nach Abschluss der Auktion lädt der Höchstbietende G sich das Programm von D's Homepage herunter.

Wieder möchte D urheberrechtlich gegen F vorgehen. Mit Erfolg?

LÖSUNG

Fall 1: Ansprüche des C gegen A und B aus §§ 97 I, 98 UrhG[1]

C könnte gegen A und B Ansprüche auf Unterlassung, Beseitigung, Schadensersatz und Vernichtung aus §§ 97 I, 98 haben. Voraussetzung sämtlicher Anspruchsnormen ist, dass objektiv ein rechtswidriger Eingriff in das Urheberrecht oder ein nach dem UrhG geschütztes Recht vorliegt.

I. Geschütztes Rechtsgut

Der Vortrag des C stellt ein Sprachwerk i. S. von § 2 I Nr. 1 dar. Urheberrechtlichen Schutz genießt er jedoch nur dann, wenn

* Der Autor ist wissenschaftlicher Mitarbeiter am Institut für Medienrecht und Kommunikationsrecht der Universität zu Köln und dankt Prof. Dr. K.-N. Peifer für die kritischen Anmerkungen und die wertvolle Unterstützung. Der Sachverhalt wurde als Examensklausur des Schwerpunktbereichs »Gewerblicher Rechtsschutz und Urheberrecht« ausgegeben. Die Teilnehmer erzielten im Durchschnitt 6,09 Punkte.
1 §§ ohne Gesetzesangabe sind solche des UrhG.

es sich auch um eine persönliche, geistige Schöpfung des C handelt, § 2 II. Für eine »Schöpfung« ist erforderlich, dass die Vorlesung eine äußerlich wahrnehmbare Gestalt angenommen hat. Dem genügt C, indem er die Vorlesung gegenüber seinen Studierenden hält[2]. Der Vorlesung liegen zudem Gedanken des C zu Grunde, die auf die Studierenden veranschaulichend und belehrend – vielleicht sogar unterhaltsam – wirken. Sie stellt eine »geistige« Schöpfung dar. Nach lebensnaher Auslegung ist schließlich davon auszugehen, dass C den Vorlesungstext selbst konzipiert hat und sich sein Vortragsstil von der Masse des Alltäglichen abhebt. Auch eine »persönliche«, individuelle Schöpfung liegt vor. Im Ergebnis handelt es sich bei der Vorlesung um ein urheberrechtlich geschütztes Sprachwerk.

II. Aktivlegitimation des C

Als Schöpfer und mithin Urheber der Vorlesung ist C berechtigt, seine Urheberrechte gegenüber B und A geltend zu machen, § 7.

III. Urheberrechtsrelevante Eingriffshandlungen

In Betracht kommen Eingriffe in das Vervielfältigungs- und Verbreitungsrecht, soweit B die Mitschriften auf die Homepage »www.mitschriften-ag.de« gestellt hat, auch Eingriffe in das Recht auf öffentliche Zugänglichmachung sowie in das Veröffentlichungsrecht.

1. Vervielfältigungsrecht, §§ 15 I Nr. 1, 16
Unter Vervielfältigung i. S. des § 16 versteht man jede körperliche Festlegung eines Werks, die geeignet ist, das Werk den menschlichen Sinnen unmittelbar oder mittelbar wahrnehmbar zu machen[3]. Darunter fällt auch eine Speicherung auf digitalen Medien (CD, Festplatte etc.)[4], vgl. § 16 I (»gleichviel [...] in welchem Verfahren«). A und B haben den Vortrag des C wortgetreu in ihre Laptops eingegeben und dadurch digitale Speicherungen herbeigeführt. Das gegenseitige Übersenden der Mitschriften und der Upload auf die Homepage bedingten weitere digitale Speicherungen in den jeweiligen Email-Postfächern bzw. auf den Übermittlungsservern. Durch das Mitprotokollieren der Vorlesung und gegenseitige Zusenden der Dokumente haben A und B, durch den Upload hat B in das Vervielfältigungsrecht des C eingegriffen.

2. Verbreitungsrecht, §§ 15 I Nr. 2, 17
Die Verbreitung i. S. des § 17 beschränkt sich nach ganz h. M. auf eine Verwertung des Werks in körperlicher Form[5]. A und B haben die Mitschriften jedoch ausschließlich digital versendet, B hat sie zum digitalen Download bereitgestellt. Ein Eingriff in §§ 15 I Nr. 2, 17 scheidet aus.

3. Recht auf öffentliche Zugänglichmachung, §§ 15 II 2 Nr. 2, 19 a
Der Upload greift in das Recht auf öffentliche Zugänglichmachung ein, wenn die Mitschriften in einer Weise zugänglich gemacht wurden, dass sie von Mitgliedern der Öffentlichkeit von Orten und zu Zeiten ihrer Wahl abgerufen werden konnten, § 19 a. Nach dem Einstellen der Dokumente auf die Homepage konnten diese mit internetfähigen Rechnern weltweit und zu jeder Zeit herunter geladen werden. Dass die Homepage der B im konkreten Fall lediglich von vier Studierenden besucht wurde, steht einer öffentlichen Zugänglichmachung nicht entgegen. Entscheidend ist, dass es einer Vielzahl von Internetsurfern *möglich* war, auf die Dokumente zuzugreifen. B hat in das Recht des C auf öffentliche Zugänglichmachung eingegriffen.

4. Veröffentlichungsrecht, § 12 I
Das Einstellen der Dokumente auf die Homepage greift nur dann

in das Veröffentlichungsrecht des C ein, wenn dieser sein Werk durch die Vorlesung noch nicht selbst veröffentlicht hatte[6]. Die Veröffentlichung eines Werks setzt gem. § 6 I voraus, dass es mit Zustimmung des Berechtigten der Öffentlichkeit zugänglich gemacht wurde. Ob es sich bei den Besuchern einer universitären Vorlesung um »Öffentlichkeit« handelt, wird nicht einheitlich beurteilt. Dagegen wird eingewandt, dass ein Dozent auf Grund der rechtlichen Folgen einer vorzeitigen Veröffentlichung geneigt sein könnte, seine neuesten, noch nicht publizierten Forschungsergebnisse zum Schaden des wissenschaftlichen Fortschritts und der Qualität der Ausbildung nicht darzulegen[7]. Dabei wird jedoch verkannt, dass der Vortragende auch im Falle einer Nichtveröffentlichung nicht gegen den »geistigen Diebstahl« seiner Forschungs*ideen* geschützt wäre. Urheberrechtlich geschützt wird allein die konkrete Form, in der er die neuen Erkenntnisse vorträgt, nicht aber der Inhalt an sich. Für ein »öffentliches« Auditorium bei den heutigen universitären Vorlesungen spricht der Wandel der Universitäten von kleinen elitären Forschungs- und Lehrzentren zu anonymen Massenlehrbetrieben, selbst im Bereich der Schwerpunkte. Eine Zugangskontrolle findet bei Vorlesungen (anders jedoch bei Seminaren etc.) in der Regel nicht statt[8]. Der Sachverhalt enthält keine Angaben dazu, dass der Zugang zu der Urheberrechtsvorlesung des C in besonderer Weise begrenzt wurde. C hat sein Werk selbst veröffentlicht, ein Eingriff in sein Recht aus § 12 I scheidet aus[9].

IV. Schranken

Die vorgenannten Handlungen verletzten das Urheberrecht des C nicht, wenn sie auf Grund urheberrechtlicher Schrankenbestimmungen erlaubt waren.

1. Schranken des § 16
§ 53 I 1 bevorrechtigt Vervielfältigungen »zum privaten Gebrauch«. Privater Gebrauch meint den Gebrauch zur Befriedigung rein persönlicher Bedürfnisse des Nutzers selbst oder der mit ihm durch ein persönliches Band verbundenen Personen[10]. Daran fehlt es, wenn eine Vervielfältigung beruflichen Zwecken dient[11], so bei Kopien, die von Hochschullehrern, Anwälten oder Lehrern für ihre berufliche Tätigkeit angefertigt werden, oder bei Vervielfältigungen von Studierenden zum Zwecke ihrer Berufsausbildung[12]. Die von A und B hergestellten Vervielfältigungen erfolgten sämtlich zu Zwecken der Ausbildung und waren daher nicht von § 53 I 1 gedeckt.

Die Vervielfältigungen könnten aber geboten gewesen sein, um einen »eigenen wissenschaftlichen Gebrauch« sicherzustellen,

---

2 Eine Darbietung in unkörperlicher Form genügt, Wandtke/BULLINGER Praxiskommentar zum Urheberrecht, 2. Aufl. (2006), § 2 Rdn. 19.

3 BT-Drs. IV/270, S. 47; BGHZ 17, 266, 269 f. – Grundig-Reporter; BGHZ 112, 264, 278 – Betriebssystem; Schricker/LOEWENHEIM UrhR, 3. Aufl. (2006), § 16 Rdn. 5 (m. w. N.).

4 Dreier/SCHULZE UrhG, 2. Aufl. (2006), § 16 Rdn. 7.

5 BGHZ 11, 135, 144; Dreier/SCHULZE (Fn. 4), § 17 Rdn. 5 (m. w. N.).

6 Nach h. M. gewährt § 12 I lediglich das Recht zur Erstveröffentlichung, OLG München NJW-RR 1997, 493, 494; Dreier/SCHULZE (Fn. 4), § 12 Rdn. 6; Schricker/DIETZ (Fn. 3), § 12 Rdn. 7; a. A.: LG Berlin GRUR 1983, 761, 762.

7 HUBMANN INTERGU-Jahrbuch 1979, 469, 476.

8 Vgl. auch DREIER/Schulze (Fn. 4), § 6 Rdn. 10.

9 Ebenso gut vertretbar konnten die Teilnehmer von einem engeren Veröffentlichungsbegriff ausgehen und einen Eingriff in § 12 I bejahen, vgl. nur SCHACK Urheber- und Urhebervertragsrecht, 3. Aufl. (2005), Rdn. 329. Dann wäre auch ein immaterieller Schadensersatz (§ 97 II) zu erörtern gewesen.

10 Schricker/LOEWENHEIM (Fn. 3), § 53 Rdn. 12; DREIER/Schulze (Fn. 4), § 53 Rdn. 7 (m. w. N.).

11 BT-Drs. 15/38, S. 20; KG GRUR-RR 2004, 228, 232; Schricker/LOEWENHEIM (Fn. 3), § 53 Rdn. 12 a.

12 Schricker/LOEWENHEIM (Fn. 3), § 53 Rdn. 12 a.

§ 53 II 1 Nr. 1. Mit dem Einstellen auf die Homepage und dem Zuschicken der Mitschriften wurde indes kein »eigener« Gebrauch bezweckt und das wörtliche Mitschreiben war selbst dann, wenn man von einer »wissenschaftlich« intendierten Tätigkeit ausginge, zu diesem Zweck jedenfalls nicht »geboten«; insoweit hätte das Anfertigen aussagekräftiger Notizen über die wesentlichen Inhalte der Vorlesung ausgereicht. Auch § 53 II 1 Nr. 1 privilegiert das Verhalten von A und B also nicht.

Die Schranke des § 53 II 1 Nr. 4 lit. a Alt. 1 erlaubt nur die Vervielfältigung »kleiner Teile« eines Werks. A und B haben jedoch jeweils die gesamte Vorlesung des C mitprotokolliert.

2. Schranken des § 19a
In Betracht kommt § 52 a I. Allerdings begünstigt diese Schranke öffentliche Zugänglichmachungen nur, wenn sie für einen »bestimmt abgrenzbaren Personenkreis« erfolgen. Auf die von B online gestellten Dokumente konnte hingegen jeder zugreifen. Eine Erlaubnis nach § 52 a I liegt also nicht vor.

V. Rechtswidrigkeit

A und B handelten rechtmäßig, wenn eine Einwilligung des C vorlag. Für eine ausdrückliche Einwilligung des C finden sich im Sachverhalt keine Anhaltspunkte, er könnte jedoch die Eingriffshandlungen konkludent gestattet haben. Ausführliche Mitschriften über den Inhalt einer Vorlesung sind aus Sicht des Vortragenden wegen des beabsichtigten Lerneffekts in der Regel erwünscht. Insoweit kann man grundsätzlich von einer stillschweigenden Zustimmung dahingehend ausgehen, dass die Studierenden den Vortrag für »eigene« Lernzwecke – auch wörtlich und vollständig – mitschreiben dürfen. Die Herstellung weiterer Kopien, um sie Dritten zur Verfügung zu stellen, dürfte allerdings nicht von dieser Einwilligung umfasst sein. Regelmäßig möchten Professoren ihre Studierenden dazu motivieren, selbst an der Vorlesung teilzunehmen und eigene Mitschriften zu erstellen. Nur soweit A und B den Vortrag des C für eigene Zwecke mitschrieben, handelten sie auf Grund einer konkludenten Einwilligung des C rechtmäßig, im Übrigen überschritten sie die Grenzen dieser Einwilligung und handelten rechtswidrig[13].

VI. Rechtsfolgen

1. Beseitigung und Unterlassung, § 97 I 1 Alt. 1 u. 2
B hat den Betrieb der Homepage bereits eingestellt, so dass ein Anspruch auf Beseitigung nicht mehr besteht. C kann A und B jedoch auf Unterlassung in Anspruch nehmen; die erforderliche Wiederholungsgefahr wird durch die erstmalige Begehung der Urheberrechtsverletzung indiziert[14].

2. Schadensersatz, § 97 I 1 Alt. 3
Ein Schadensersatzanspruch des C setzt voraus, dass A und B die begangenen Urheberrechtsverletzungen zu vertreten haben. Bei Beachtung der erforderlichen Sorgfalt hätten sie erkennen können, dass sie in urheberrechtliche Befugnisse des C eingriffen. Sollten sie über die Rechtslage im Unklaren gewesen sein, hätten sie sich erkundigen müssen[15]. Sie handelten daher fahrlässig i. S. von § 276 II BGB. Für die Berechnung des Schadensersatzanspruchs sind in Rechtsprechung und Literatur drei Möglichkeiten anerkannt[16]. C kann seinen Schaden (einschließlich Gewinnausfall) konkret berechnen (§§ 249, 252 BGB), er kann die Herausgabe des von A und B erzielten Gewinns fordern (§ 97 I 2) und er kann den Betrag verlangen, den er erhalten hätte, wenn er die Verwertung der Vorlesung an A und B lizenziert hätte (sog. Lizenzanalogie). Aus dem Sachverhalt ergeben sich keine Anhaltspunkte für eine konkrete Schadensberechnung, insbesondere ist nicht ersichtlich, dass C seinen Vorlesungsvortrag noch in

anderer Weise (z. B. in Form eines Lehrbuchs) verwertet oder zu verwerten beabsichtigt. Auch haben A und B durch die Verwertung der Vorlesung keinen Gewinn erzielt. C kann jedoch den Betrag fordern, den er erhalten hätte, wenn er sein Vervielfältigungsrecht an A und B bzw. sein Recht auf öffentliche Zugänglichmachung an B lizenziert hätte.

3. Vernichtung und Überlassung, § 98
Gem. § 98 I kann C verlangen, dass die zustimmungswidrig erstellten Kopien seines Vortrags »vernichtet«, mithin dauerhaft von sämtlichen Speichermedien gelöscht werden. Eine Überlassung der Laptops ist dagegen unverhältnismäßig, vgl. § 98 II, III.

Fall 2 – Ausgangsfall: Ansprüche der D gegen F aus §§ 97 I, 98, 69 a ff.

Das Verhalten des F könnte Unterlassungs-, Beseitigungs-, Schadensersatz- und Vernichtungsansprüche der D aus §§ 97 I, 98, 69 a ff. begründen.

I. Geschütztes Rechtsgut

Mit Umsetzung der Software-Richtlinie[17] durch das zweite Gesetz zur Änderung des Urheberrechts (2. UrhRÄndG)[18] hat der deutsche Gesetzgeber »Computerprogramme« den Sprachwerken gem. § 2 I Nr. 1 zugeordnet. Die Voraussetzungen für den urheberrechtlichen Schutz von Computerprogrammen regelt das Urhebergesetz speziell in den §§ 69 a ff.[19]. § 69 a III bestimmt parallel zu § 2 II, dass Computerprogramme urheberrechtlich geschützt werden, wenn sie »individuelle Werke in dem Sinne darstellen, dass sie das Ergebnis der eigenen geistigen Schöpfung ihres Urhebers sind«. Die für eine »Schöpfung« erforderliche Verkörperung ist in der digitalen Abspeicherung der Software – gleich auf welchem Datenträger – zu sehen. Eine »geistige« Schöpfung scheidet bei Computerprogrammen nur aus, wenn sie ausschließlich – d. h. nicht nur unterstützend – von Software-Generatorprogrammen erstellt werden[20], was auf das von E entwickelte Betriebssystem nicht zutrifft. An das Merkmal der »eigenen«, individuell gestalteten Schöpfung sind keine hohen Anforderungen zu stellen, der urheberrechtliche Schutz von Software soll die Regel sein[21]. Betriebssystemprogramme erfordern in der Regel eine komplexe Struktur, die dem Programmierer ausreichend Raum für eine individuelle Gestaltung bietet. Es ist davon auszugehen, dass E diesen Gestaltungsspielraum unter Einsatz seines Einfallsreichtums genutzt, also ein eigenes, individuelles Werk geschaffen hat.

II. Aktivlegitimation der D

D müsste berechtigt sein, die aus dem urheberrechtlichen Schutz der Software folgenden Rechte gegenüber F geltend zu machen.

---

13 Auch hier waren andere Ansichten mit entsprechender Begründung gut vertretbar.
14 Vgl. BGHZ 14, 163, 167 – Constanze II; Wandtke/Bullinger/v. WOLFF (Fn. 2), § 97 Rdn. 34.
15 Vgl. Dreier/Schulze (Fn. 4), § 97 Rdn. 57.
16 DREIER/Schulze (Fn. 4), § 97 Rdn. 58 ff. (m. w. N.).
17 Richtlinie 91/250/EWG, ABl. Nr. L 122 vom 17. Mai 1991.
18 Gesetz vom 9. Juni 1993 BGBl. I, S. 910.
19 Der Gesetzgeber hat hier einen neuen Abschnitt in das UrhG eingefügt, um Ausstrahlungen der Sonderregelungen für Computerprogramme auf das »klassische« Urheberrecht soweit als möglich zu vermeiden, BT-Drs. 12/4022, S. 8.
20 Wandtke/Bullinger/GRÜTZMACHER (Fn. 2), § 69 a Rdn. 32; Schricker/ LOEWENHEIM (Fn. 3), § 69 a Rdn. 15.
21 BT-Drs. 12/4022, S. 9.

Nach dem urheberrechtlichen Grundgedanken der §§ 7, 43 wäre D auf eine Einräumung von Nutzungsrechten (§ 31) durch E angewiesen, bevor sie Rechte aus dem von ihm geschaffenen Werk geltend machen könnte. Für Computerprogramme wird dieser Grundsatz jedoch durch die speziellere Regelung des § 69 b verdrängt. Danach stehen dem Arbeitgeber bzw. Dienstherrn alle vermögensrechtlichen Befugnisse an den in Arbeits- oder Dienstverhältnissen geschaffenen Computerprogrammen zu, es sei denn, die Parteien haben etwas anderes vereinbart. E hat das Betriebssystem im Rahmen seines Arbeitsvertrages mit D erstellt. Für eine von § 69 b abweichende vertragliche Regelung zwischen D und E finden sich im Sachverhalt keine Anhaltspunkte. D ist also gem. § 69 b berechtigt, die aus dem Schutz der Software folgenden vermögensrechtlichen Befugnisse gegenüber F geltend zu machen.

III. Urheberrechtsrelevante Eingriffshandlungen

In Betracht kommen Eingriffe in das Vervielfältigungs- und das Verbreitungsrecht, also in vermögensrechtliche Befugnisse, auf die sich D gem. § 69 b berufen kann.

1. Vervielfältigungsrecht, 69 c Nr. 1

Die zu Testzwecken vorgenommene Installation des Betriebssystems erforderte eine zusätzliche Abspeicherung des Programms – üblicherweise auf der Festplatte – und mithin eine Vervielfältigung i. S. von § 69 c Nr. 1. Jedoch handelte es sich hierbei um eine bestimmungsgemäße Nutzung, zu der F auf Grund der einfachen Nutzungslizenz berechtigt war, so dass § 69 d I dieses Verhalten erlaubt.

2. Verbreitungsrecht, § 69 c Nr. 3

Durch die Veräußerung des Programms könnte F in das Verbreitungsrecht aus § 69 c Nr. 3 S. 1 eingegriffen haben. Der Begriff »Verbreitung« ist – in Anlehnung an § 17 – zunächst weit zu verstehen und erfasst das öffentliche Anbieten sowie das Inverkehrbringen von Werkstücken[22]. Aus § 31 I 2 folgt allerdings, dass das Verbreitungsrecht räumlich, zeitlich und inhaltlich beschränkt eingeräumt werden kann. Dingliche Wirkung entfaltet eine solche Beschränkung, wenn sie sich auf übliche, technisch und wirtschaftlich eigenständige und mithin klar abgrenzbare Nutzungsformen bezieht[23]. Nach dem Willen der D sollten die OEM-Versionen des bei ihr entwickelten Betriebssystems ausschließlich zusammen mit neuen Hardwareprodukten vertrieben werden. D vereinbarte dies mit den Hardwaredistributoren und auf den Produktverpackungen wurde ausdrücklich auf diese Vertriebsbindung hingewiesen.

Ob darin eine wirksame dingliche Beschränkung des Verbreitungsrechts zu sehen ist, mit der Folge, dass der »Solovertrieb« des F hiergegen verstieße, kann dahinstehen, wenn sich das Verbreitungsrecht bereits gem. § 69 c Nr. 3 S. 2 erschöpft hatte und die Erschöpfung eine etwaige dingliche Beschränkung der Vertriebsbindung suspendiert.

Das Verbreitungsrecht an einem Vervielfältigungsstück erschöpft sich, sobald das Werkstück mit Zustimmung des Rechtsinhabers im Gebiet der Europäischen Union oder eines anderen Vertragsstaates des Abkommens über den Europäischen Wirtschaftsraum im Wege der Veräußerung in Verkehr gebracht wird. Dadurch, dass D den von F später erworbenen Softwaredatenträger an einen Hardwarehersteller/-distributor lieferte, hat sie ihn selbst in Verkehr gebracht. Das Verbreitungsrecht an diesem Werkstück hatte sich erschöpft.

Es schließt sich die Frage an, ob die Erschöpfung dingliche Vertriebsbeschränkungen suspendiert[24], oder, ob Urheber und Verwerter auf Grund einer dinglichen Beschränkung auch den weiteren Vertrieb noch kontrollieren können[25]. Der Erschöpfungsgrundsatz ist Ausdruck des gesetzgeberischen Willens, dass

die dem Urheber eines Werks – zu Lasten der widerstreitenden Allgemeininteressen an freier Verwertung – eingeräumte Monopolstellung nur so weit reichen soll, wie zum Schutz des Urhebers erforderlich und angemessen. Dafür genügt es gem. §§ 17 II und 69 c Nr. 3 S. 2, wenn der Urheber für jedes körperliche Vervielfältigungsstück einmal den ihm zustehenden Lohn realisieren kann[26]. Nach dem ersten Inverkehrbringen durch oder mit Zustimmung des Urhebers überwiegt das – im Falle einer Übereignung auch durch Art. 14 I GG geschützte – Interesse der Nutzer, die in Verkehr gebrachten Werkstücke verkehrsfähig zu halten[27]. Würde man im Zusammenhang mit dem Erschöpfungsgrundsatz etwaige Vertriebsbeschränkungen auch nach dem ersten vom Willen des Berechtigten getragenen Inverkehrbringen berücksichtigen, könnten Urheber und Verwerter die in §§ 17 II und 69 c Nr. 3 S. 2 zu Gunsten des freien Warenverkehrs getroffene Grundentscheidung des Gesetzgebers nach Belieben konterkarieren und dadurch entwerten. Vorzugswürdig ist daher die Ansicht, nach der Vertriebsbindungen bei Erschöpfung keine dingliche Wirkung mehr entfalten.

Ob D das Verbreitungsrecht wirksam dinglich beschränkt hat, kann dahingestellt bleiben. Die Auslieferung des Softwaredatenträgers an einen Hardwarehersteller/-distributor suspendierte eine etwaige dingliche Wirkung jedenfalls[28]. Ein Eingriff des F scheidet aus.

IV. Ergebnis

D hat gegen F keine Ansprüche aus §§ 97 I, 98, 69 a ff.

Fall 2 – Abwandlung: Ansprüche der D gegen F aus §§ 97 I, 98, 69 a ff.

I.–II. Siehe Ausgangsfall

Hinsichtlich der Prüfung des geschützten Rechtsguts und der Aktivlegitimation wird auf die Ausführungen zum Ausgangsfall verwiesen.

III. Urheberrechtsrelevante Eingriffshandlungen

F müsste in eine vermögensrechtliche Befugnis der D eingegriffen haben.

1. Vervielfältigungsrecht, § 69 c Nr. 1

In Betracht kommt ein Eingriff in das Vervielfältigungsrecht aus § 69 c Nr. 1. Der Vervielfältigungsbegriff des § 69 c Nr. 1 ist weit auszulegen, er umfasst wie bei § 16 dauerhafte und vorübergehende sowie analoge und digitale Speicherungen[29]. F und G haben das Betriebssystem jeweils einmal von D's Homepage herunter geladen und digital abgespeichert, mithin eine Vervielfältigung vorgenommen. Der von G vorgenommene Download ist dem F zuzurechnen, wenn dieser ihn adäquat kausal »ver-

22 Wandtke/Bullinger/Grützmacher (Fn. 2), § 69 c Rdn. 25.
23 BGHZ 145, 7, 11 – OEM-Klausel (m. w. N.).
24 BGHZ 145, 7, 12 – OEM-Klausel; OLG München NJW 1998, 1649, 1650; OLG Frankfurt, NJW-RR 1997, 494; Berger NJW 1997, 300, 301 f.; Lehmann NJW 1993, 1822, 1825.
25 KG NJW 1997, 330, 331; OLG Frankfurt CR 2000, 581, 583; Fromm/Nordemann/Vinck, 9. Aufl. (1998), § 69 c Rdn. 6; Erben/Zahrnt CR 1998, 267, 268.
26 Vgl. BGHZ 129, 66, 73 – Mauerbilder; Schricker/Loewenheim (Fn. 3), § 17 Rdn. 36 (m. w. N.).
27 BGHZ 145, 7, 12 – OEM-Klausel; BGHZ 80, 101, 105 – Schallplattenimport I; BGH NJW-RR 1986, 1183 – Schallplattenvermietung.
28 Zu den vertraglichen Gestaltungsmöglichkeiten vgl. Marly Softwareüberlassungsverträge, 3. Aufl. (2000), Rdn. 925 ff.
29 Dreier/Schulze (Fn. 4), § 69 c Rdn. 5 ff. (m. w. N.).

anlasst« hat. Eine zurechenbare Veranlassung liegt insbesondere vor, wenn eine Eingriffshandlung durch irreführende Angaben über die Rechtslage[30] oder durch das Bereitstellen von geeigneten Einrichtungen oder Gegenständen[31] verursacht wird[32]. Die Mitteilung des Lizenzschlüssels befähigte G, das Programm herunter zu laden, und durch die Versteigerung der Lizenz suggerierte F, der Erwerber sei auf Grund dieser Lizenz zu einem eigenen Programmdownload berechtigt. Tatsächlich autorisierte die »einfache« Nutzungslizenz jedoch nicht zu einer Weitergabe an Dritte. F hat den durch G vorgenommenen Download adäquat kausal veranlasst, die dadurch bewirkte Vervielfältigung ist ihm zuzurechnen.

Möglicherweise kann sich F auch in diesem Fall auf den Grundsatz der Erschöpfung berufen. Eine direkte Anwendung des Erschöpfungsgrundsatzes scheidet auf Grund dessen systematischer Verortung hinter dem Verbreitungsrecht – vgl. §§ 69 c Nr. 3 S. 2 und 17 II – aus. Eine vordringende Ansicht tritt im Falle des Handelns mit gebrauchter Software jedoch für eine analoge Anwendung des Erschöpfungsgrundsatzes ein[33], wobei innerhalb dieser Ansicht umstritten ist, ob sich die Erschöpfung nur auf solche Vervielfältigungen bezieht, die vom Ersterwerber angefertigt und weitergegeben werden[34], oder ob auch selbst hergestellte Vervielfältigungen des Zweiterwerbers erfasst werden[35], wie im vorliegenden Fall der Download des G.

Zweifelhaft ist bereits, ob die für eine Analogie erforderliche »planwidrige« Regelungslücke vorliegt. Obwohl die Möglichkeit des Software-Downloads seit langem bekannt ist, hat der Gesetzgeber keine dem Erschöpfungsgrundsatz entsprechende Regelung für die Online-Übertragung von Software in das UrhG eingefügt[36]. Aber auch gegen die Annahme einer »vergleichbaren Interessenlage« bestehen Bedenken. Den – vom unmittelbaren Regelungsbereich der §§ 69 c Nr. 3 S. 2 und 17 II UrhG betroffenen – körperlichen Vervielfältigungsstücken einer Software sieht man schon auf Grund der äußerlichen Gestaltung (Verpackung, Label etc.) in aller Regel sicher an, ob sie vom Rechtsinhaber selbst oder mit dessen Zustimmung in den Verkehr gebracht worden sind. Dies trifft auf von den Nutzern selbst hergestellte Vervielfältigungsstücke nicht zu[37]. Insbesondere gewähren digitale Signaturen oder ähnliche Maßnahmen des »digital rights management« keinen vergleichbaren Schutz. Die Erfahrung zeigt, dass es jeweils nur eine Frage der – zumeist: kurzen – Zeit ist, bis neue digitale Schutzsysteme überwunden werden[38]. Urheber und Verwerter rein digital übertragener Werke bedürfen daher eines stärkeren Schutzes als solche, die körperliche Vervielfältigungsstücke in Verkehr bringen.

Jedenfalls wenn der Erwerber die Software nicht von dem Ersterwerber erhält, sondern sie sich selbst beschafft, wie hier G, fehlt es an einer vergleichbaren Interessenlage. Der Erschöpfungsgrundsatz würde in diesem Fall zu einer Verkehrsfähigkeit des Nutzungsrechts an sich führen. Dem steht die gesetzgeberische Grundentscheidung in § 34 I entgegen, wonach Nutzungsrechte eben nur mit Zustimmung des Urhebers weiter übertragen werden können[39].

2. Verbreitungsrecht, § 69 c Nr. 3

Eine Verbreitung i. S. von § 69 c Nr. 3 setzt nach h. M. die Übertragung eines körperlichen Vervielfältigungsstückes voraus[40]. F und G haben das Betriebssystem hingegen aus dem Internet herunter geladen, körperliche Vervielfältigungsstücke wurden nicht weitergegeben.

3. Recht auf öffentliche Zugänglichmachung, § 69 c Nr. 4

Dadurch, dass F den Lizenzschlüssels für das Betriebssystem zum Verkauf angeboten hat, hat er allenfalls diesen, nicht jedoch das urheberrechtlich geschützte Betriebssystem selbst öffentlich zugänglich gemacht.

IV. Schranken

Während der eigene Download des F gem. § 69 d I privilegiert war, handelte es sich bei dem Download des G nicht mehr um die Nutzung eines »Berechtigten«.

V. Rechtswidrigkeit

Eine wirksame Weiterübertragung von Nutzungsrechten setzt nach § 34 I 1 die Zustimmung des Urhebers voraus. Die einfache Nutzungslizenz berechtigte F aber nicht, die Lizenz und den Lizenzschlüssel an G weiterzuveräußern. F handelte rechtswidrig.

VI. Rechtsfolgen

1. Unterlassung, § 97 I 1 Alt. 2

Gem. § 97 I 1 Alt. 2 kann D von F verlangen, die Veräußerung von einfachen Lizenzen und Lizenzschlüsseln ihrer OEM-Softwareprodukte künftig zu unterlassen; die erforderliche Wiederholungsgefahr wird durch die erstmalige Verletzungshandlung indiziert.

2. Schadensersatz, § 97 I 1 Alt. 3

Für eine Schadensersatzpflicht des F müsste dieser die Urheberrechtsverletzung verschuldet haben. In Betracht kommt fahrlässiges Handeln i. S. von § 276 II BGB. Näher zu untersuchen ist, ob zu Gunsten des F berücksichtigt werden kann, dass der Fall des Handelns mit gebrauchten Softwarelizenzen aktuell sehr umstritten ist. Rechtsprechung und Literatur nehmen zu den Sorgfaltspflichten des Verletzers einen strengen Standpunkt ein. Danach muss sich derjenige, der ein fremdes urheberrechtlich geschütztes Werk nutzen will, über den Bestand des Schutzes und den Umfang seiner Nutzungsberechtigung Gewissheit verschaffen[41]. Wird eine Rechtsfrage in der Literatur streitig diskutiert und von den Instanzgerichten unterschiedlich beurteilt, so soll das Risiko eines Rechtsirrtums beim Verletzer liegen[42]. Wendet man diese Anforderungen auf den hier zu beurteilenden Fall an, so hat F die erforderliche Sorgfalt außer Acht gelassen. Er haftet

30 BGHZ 15, 338, 348 – GEMA; BGH NJW-RR 1987, 181, 182 – Videolizenzvertrag.
31 BGHZ 17, 266, 290 ff. – Grundig-Reporter; BGHZ 42, 118, 126 f. – Personalausweis.
32 Zum Ganzen: Fromm/Nordemann (Fn. 25), § 97 Rdn. 16.
33 LG Hamburg MMR 2006, 827, 828 f.; Dreier/Schulze (Fn. 4), § 69 c Rdn. 24; Wandtke/Bullinger/Grützmacher (Fn. 2), § 69 c Rdn. 36; Schricker/Loewenheim (Fn. 3), § 69 c Rdn. 33; a. A.: OLG München MMR 2006, 748, 748 f.; LG München MMR 2007, 328, 330 ff.; offen gelassen: OLG Hamburg MMR 2007, 317.
34 Innerhalb dieser Ansicht wird wiederum kontrovers diskutiert, ob der Ersterwerber ein körperliches Vervielfältigungsstück weitergeben muss (Schricker/Loewenheim [Fn. 3], § 69 c Rdn. 33), oder ob es genügt, wenn die Software vom Ersterwerber online übertragen und die eigene Vervielfältigung vollständig gelöscht wird (Wandtke/Bullinger/Grützmacher [Fn. 2], § 69 c Rdn. 36).
35 Vgl. Hoeren CR 2006, 573, 574 f., der zusätzlich § 69 d I heranzieht: Auf Grund der Erschöpfung sei der Zweiterwerber »Berechtigter« i. S. von § 69 d I.
36 LG München MMR 2007, 328, 330.
37 LG München MMR 2007, 328, 331.
38 Auch der Gesetzgeber geht offenbar von einem nur unzureichenden Schutz technischer – und damit insbesondere auch: digitaler – Schutzmaßnahmen aus und schützt diese in besonderer Weise gem. § 95 a, vgl. Erwägungsgrund 47 der Richtlinie 2001/29/EG.
39 LG München MMR 2007, 328, 331.
40 Schricker/Loewenheim (Fn. 3), § 69 c Rdn. 25; anders offenbar: LG Hamburg MMR 2006, 827, 828.
41 Dreier/Schulze (Fn. 8), § 97 Rdn. 57 (m. w. N.).
42 BGH NJW 1975, 2064, 2065 – Reichswehrprozess; BGHZ 141, 267, 284 – Laras Tochter; Dreier/Schulze (Fn. 8), § 97 Rdn. 57; Schricker/Wild (Fn. 3), § 97 Rdn. 54.

gegenüber D auf Schadensersatz. D kann ihren Schaden auf drei Arten berechnen[43]. Da ein eigener Schaden der D schwer darzulegen sein dürfte und auch nicht davon auszugehen ist, dass F einen höheren Gewinn erzielt hat, als ihn D selbst erzielt hätte, ist hier eine Berechnung auf Grundlage der Lizenzanalogie zweckmäßig.

3. Vernichtung, §§ 69 f, 98
Der Rechner, auf dem das Betriebssystem digital abgespeichert ist, befindet sich im Besitz und Eigentum des G, daher scheiden Ansprüche auf Vernichtung gegenüber F aus.

43 Vgl. 1. Fall, VI., 2.

»Grenzenlose Liebe«*
Von Wiss. Mit. Dr. Kathrin Kroll und Claudia Ramser, LL.M. Eur., Bonn

Internationales Privatrecht – Ehegüterrechtliche Rechtswahl – Europäisches Zivilprozessrecht – Verhältnis Brüssel IIa-VO und autonomes Zuständigkeitsrecht

SACHVERHALT

Die Französin Marie Ferrand (F) und der Deutsche Helmut Müller (M) haben 1998 in der Schweiz geheiratet, wo sie seit 1996 leben. Sie besitzen umfangreichen Grundbesitz, u. a. eine Eigentumswohnung in Zürich sowie ein Grundstück in der Nähe von Berlin. Dem M gehört zudem ein Grundstück in München, das er während der Ehe erworben hat. Am 15. August 2000 schließen die Eheleute in Zürich eine schriftliche Vereinbarung mit folgendem Inhalt:

*»Ziff. 1. Für das in München belegene Grundstück wählen wir im Hinblick auf die güterrechtlichen Verhältnisse deutsches Recht.
Ziff. 2. Für unser sonstiges Vermögen soll der gesetzliche Güterstand der Errungenschaftsgemeinschaft gemäß Art. 1400 franz. Code Civil gelten«.*

Im Mai 2005 lernt die F bei einer Urlaubsreise auf Mallorca den Deutschen Jürgen Drees (D) kennen. Sie ist sich sicher, die große Liebe ihres Lebens gefunden zu haben und zieht unmittelbar nach dem Urlaub (im Juni 2005) mit D nach Köln, wo sie seither lebt und auf keinen Fall wieder wegziehen möchte. Beide möchten so schnell wie möglich heiraten, so dass F bereits im Februar 2006 beim AG Köln die Scheidung von M beantragt, der nach wie vor in Zürich lebt. Sie macht güterrechtliche Ausgleichsansprüche gegen diesen geltend.

AUFGABEN

1. Welches Recht ist auf die güterrechtliche Auseinandersetzung zwischen den Eheleuten anwendbar?
2. Ist das angerufene Gericht für die Scheidung und die güterrechtlichen Ansprüche international zuständig?

BEARBEITERVERMERK

1. Auszug aus dem schweizerischen Bundesgesetz über das Internationale Privatrecht v. 18. 12. 1987 (IPRG):
Art. 52
(1) Die güterrechtlichen Verhältnisse unterstehen dem von den Ehegatten gewählten Recht.
(2) Die Ehegatten können wählen zwischen dem Recht des Staates, in dem beide ihren Wohnsitz haben oder nach der Eheschließung haben werden, und dem Recht eines ihrer Heimatstaaten. (...)

Art. 53
(1) Die Rechtswahl muss schriftlich vereinbart sein oder sich eindeutig aus dem Ehevertrag ergeben. Im Übrigen untersteht sie dem gewählten Recht. (...)
Art. 54
(1) Haben die Ehegatten keine Rechtswahl getroffen, so unterstehen die güterrechtlichen Verhältnisse:
a) dem Recht des Staates, in dem beide gleichzeitig ihren Wohnsitz haben, oder wenn dies nicht der Fall ist,
b) dem Recht des Staates, in dem beide Ehegatten zuletzt gleichzeitig ihren Wohnsitz hatten.
(2) Hatten die Ehegatten nie gleichzeitig Wohnsitz im gleichen Staat, so ist ihr gemeinsames Heimatrecht anwendbar.
(3) Hatten die Ehegatten nie gleichzeitig Wohnsitz im gleichen Staat und haben sie auch keine gemeinsame Staatsangehörigkeit, so gilt die Gütertrennung des schweizerischen Rechts.
2. Es ist zu unterstellen, dass alle übrigen Kollisionsnormen inhaltlich denjenigen des EGBGB entsprechen.
3. Auszug aus dem schweizerischen Zivilgesetzbuch v. 10. 12. 1907 (ZGB):
Art. 184
Der Ehevertrag muss öffentlich beurkundet und von den vertragsschließenden Personen sowie ggf. vom gesetzlichen Vertreter unterzeichnet werden.
4. Auszug aus dem französischen *Code Civil* v. 1804 (CC):
Art. 1394
Alle Eheverträge werden vor dem Notar in Gegenwart und mit gleichzeitiger Zustimmung der Personen geschlossen und beurkundet, die Vertragspartner oder deren Bevollmächtigte sind. (...)
5. Fragen des materiellen Rechts sind nicht zu prüfen.

LÖSUNG

Frage 1: Anwendbares Recht

I. Grundstück in München

1. Anwendbare Vorschriften
Völkerrechtliche Abkommen, die vorrangig zu beachten wären (Art. 3 II 1 EGBGB), sind nicht einschlägig. Insbesondere wurde

---

* Dr. Kathrin Kroll ist Wissenschaftliche Mitarbeiterin am Institut für Deutsches, Europäisches und Internationales Familienrecht, Prof. Dr. Nina Dethloff, LL.M., Universität Bonn. Claudia Ramser, LL.M. Eur., ehemalige Wissenschaftliche Mitarbeiterin am o. g. Institut, ist Referentin beim Bundesamt für Justiz, Bonn. Der Beitrag gibt ihre persönliche Auffassung wieder.

das Haager Übereinkommen über das auf Ehegüterstände anwendbare Recht vom 14. März 1978 von Deutschland nicht unterzeichnet. Es gilt damit deutsches internationales Privatrecht (EGBGB). Die güterrechtlichen Verhältnisse der Eheleute unterliegen dem Güterstatut. Dieses ist in Art. 15 EGBGB[1] geregelt[2].

2. Rechtswahl

Die Parteien könnten in Ziff. 1 der Vereinbarung vom 15. August 2000 für das in München belegene Grundstück deutsches Recht gemäß Art. 15 II Nr. 3 EGBGB gewählt haben.

a) Zulässigkeit der Rechtswahl

Die Eheleute haben in Ziff. 1 des Vertrages ausdrücklich die Anwendung deutschen Rechts für das Grundstück vereinbart. Gemäß Art. 15 II EGBGB, der die Parteiautonomie der Eheleute auf bestimmte Rechtsordnungen beschränkt, kann entweder das Recht des Staates, dem einer von ihnen angehört (Nr. 1), das Recht des Staates, in dem einer von ihnen seinen gewöhnlichen Aufenthalt hat (Nr. 2) oder für unbewegliches Vermögen das Recht des Lageortes (Nr. 3) gewählt werden. Das Grundstück befindet sich hier in München, so dass die Vereinbarung deutschen Rechts gemäß Art. 15 II Nr. 3 EGBGB[3] zulässig ist.

b) Beschränkte Rechtswahl

Fraglich ist allerdings, ob es sich bei dem Grundstück in München um »unbewegliches Vermögen« iSv Art. 15 II Nr. 3 EGBGB handelt. Der Begriff des unbeweglichen Vermögens bestimmt sich nach deutschem Recht[4], wobei Grundstückseigentum nach allgemeiner Ansicht darunter fällt[5]. Problematisch ist allerdings, dass es sich bei dem besagten Grundstück nicht um das *gesamte* unbewegliche Vermögen der Eheleute handelte. Vielmehr gehört diesen neben einem weiteren Grundstück in der Nähe von Berlin noch eine Eigentumswohnung in Zürich. Teilweise[6] wird die Anerkennung einer solchen *partiellen*, auf einzelne Gegenstände beschränkten Rechtswahl abgelehnt[7]. Dem stehe schon der Wortlaut des Art. 15 II Nr. 3 EGBGB entgegen, der sich auf »unbewegliches Vermögen« in seiner Gesamtheit, d. h. nicht auf einzelne Gegenstände beziehe[8]. Zudem erforderten sowohl die Einheit des Güterstandes als auch praktische Verkehrsinteressen eine enge Auslegung des Art. 15 II Nr. 3 EGBGB[9]. Es könne nicht sein, dass Ehegatten ausländischer Staatsangehörigkeit die Möglichkeit eingeräumt werde, für verschiedene Grundstücke in Deutschland auch verschiedene Güterstände wählen zu können, wodurch diese gegenüber Deutschen, denen diese Möglichkeit nach dem BGB verwehrt bleibe, privilegiert würden[10]. Diese Auffassung verkennt, dass die rein kollisionsrechtliche Wahl eines bestimmten Güterrechts noch nichts darüber aussagt, welche Möglichkeiten privatautonomer Gestaltung dieses den Ehegatten eröffnet[11]. Gerade bei der Wahl deutschen Rechts ist eine Vereinbarung verschiedener Güterstände für einzelne im Inland gelegene Grundstücke wegen des Gebots der Einheitlichkeit des Güterstandes nicht möglich[12]. Für die Zulassung einer partiellen Rechtswahl lassen sich insbesondere Partei- und Verkehrsinteressen anführen[13]. So ist es für die Eheleute vorteilhaft, wenn sie sich mit einer Rechtswahl nicht von vornherein auch für sämtlichen zukünftigen Erwerb festlegen müssen[14]. Die besseren Argumente sprechen somit für die Zulässigkeit der auf das Grundstück in München beschränkten Rechtswahl.

c) Form

Die Rechtswahl müsste formwirksam sein.

aa) Ehevertragsform, Art. 15 III, 14 IV EGBGB

Für güterrechtliche Rechtswahlvereinbarungen verweist Art. 15 III EGBGB hinsichtlich der Form auf Art. 14 IV EGBGB. Dieser unterscheidet grundsätzlich zwischen einer Rechtswahl im Inland und einer solchen im Ausland. Während erstere zwingend

der notariellen Beurkundung bedarf, genügt bei letzterer die Einhaltung der für einen Ehevertrag geltenden Formerfordernisse, wie sie – alternativ – von dem gewählten Recht oder dem Ortsrecht vorgesehen werden. Vorliegend wurde der Vertrag in Zürich, d. h. im Ausland unterzeichnet. Nach dem von den Parteien gewählten deutschen Recht ist für Eheverträge in § 1410 BGB zwingend die notarielle Beurkundung bei gleichzeitiger Anwesenheit beider Parteien vorgeschrieben. Diesen Erfordernissen entspricht die lediglich schriftliche Vereinbarung der Eheleute nicht. Das Ortsrecht, nämlich schweizerisches Recht, schreibt in Art. 184 ZGB für Eheverträge die öffentliche Beurkundung bzw. Unterzeichnung der vertragsschließenden Personen sowie ggf. eines gesetzlichen Vertreters vor. Auch diesen Formerfordernissen genügt der vorliegende Vertrag nicht. Ziff. 1 der Vereinbarung ist demnach formnichtig.

bb) Korrektur

Für die Wahl des Güterrechtsstatuts wird aber überwiegend eine Korrektur des Ergebnisses der Formnichtigkeit vorgeschlagen. Danach soll es – entgegen dem klaren Wortlaut des Art. 14 IV EGBGB – ausreichen, wenn diejenige Form beachtet wird, die das gewählte Recht bzw. das Ortsrecht für eine solche *Rechtswahl* vorsieht[15]. Die Einhaltung der in Art. 14 IV EGBGB geforderten

---

1 Gemäß der Übergangsvorschrift des Art. 220 III 2 EGBGB ist Art. 15 EGBGB der geltenden Fassung anzuwenden. Die Vorfrage nach dem Bestehen einer wirksamen Ehe ist selbständig anzuknüpfen und richtet sich nach Art. 13 I EGBGB.

2 Hinzuweisen ist auf Bestrebungen der EU-Kommission, das Internationale Güterrecht in Europa einheitlich zu regeln; vgl. hierzu das Grünbuch zu den Kollisionsnormen im Güterrecht unter besonderer Berücksichtigung der gerichtlichen Zuständigkeit und der gegenseitigen Anerkennung v. 17. 7. 2006, KOM (2006) 400 endg.

3 Art. 15 II Nr. 3 EGBGB ist gegenüber Nr. 1 in Bezug auf unbewegliches Vermögen die speziellere Alternative, die insoweit eine Ausnahme vom Grundsatz der Einheit des Güterstatuts darstellt.

4 Palandt/HELDRICH, BGB, 67. Aufl. (2008), Art. 15 EGBGB Rdn. 22 m. w. N.

5 Staudinger/MANKOWSKI, BGB (2003), Art. 15 EGBGB Rdn. 170.

6 Vgl. LANGENFELD, Handbuch der Eheverträge und Scheidungsvereinbarungen, 5. Aufl. (2005), Rdn. 824; DERS., BWNotZ 1986, 153; DERS., FamRZ 1987, 9, 13; WEGMANN, NJW 1987, 1740, 1743; KÜHNE, IPRax 1987, 69, 73; SCHOTTEN, DNotZ 1994, 566, 567 f.

7 Die Anerkennung einer partiellen Rechtswahl ist von der Frage zu trennen, ob die Eheleute das auf unterschiedliche Staaten verteilte Grundvermögen dem jeweiligen Lagerecht unterstellen können; eine solche »regional beschränkte Rechtswahl« wird für zulässig erachtet, vgl. Staudinger/MANKOWSKI (Fn. 5), Art. 15 EGBGB Rdn. 217 m. w. N.

8 WEGMANN, NJW 1987, 1740, 1743; die Gegenansicht stellt dagegen darauf ab, dass Art. 15 II Nr. 3 EGBGB gerade nicht »*das* unbewegliche Vermögen« bezeichnet, vgl. etwa Staudinger/MANKOWSKI (Fn. 5), Art. 15 EGBGB Rdn. 219.

9 WEGMANN, NJW 1987, 1740, 1743; SCHNEIDER, MittRhNotK 1989, 33, 42; LANGENFELD (Fn. 6), Rdn. 824; DERS., BWNotZ 1986, 153; DERS., FamRZ 1987, 9, 13.

10 LANGENFELD (Fn. 6), Rdn. 824; DERS., BWNotZ 1986, 153; DERS., FamRZ 1987, 9, 13.

11 Staudinger/MANKOWSKI (Fn. 5), Art. 15 EGBGB Rdn. 220.

12 LG Mainz Rpfleger 1993, 280, 281; Staudinger/MANKOWSKI (Fn. 5), Art. 15 EGBGB Rdn. 220, 228 ff.; KROPHOLLER, Internationales Privatrecht, 6. Aufl. (2006), § 45 IV 4 c).

13 Vgl. LG Mainz Rpfleger 1993, 280, 281; MünchKomm-BGB/SIEHR, Bd. 10, 4. Aufl. (2006), Art. 15 EGBGB Rdn. 49 m. w. N.; Palandt/HELDRICH (Fn. 4), Art. 15 EGBGB Rdn. 22; Staudinger/MANKOWSKI (Fn. 5), Art. 15 EGBGB Rdn. 218 ff.

14 BÖHRINGER, BWNotZ 1987, 104, 110; MünchKomm-BGB/SIEHR (Fn. 13), Art. 15 EGBGB Rdn. 49.

15 Vgl. MünchKomm-BGB/SIEHR (Fn. 13), Art. 15 EGBGB Rdn. 40; Erman/HOHLOCH, BGB, 11. Aufl. (2004), Art. 15 EGBGB Rdn. 31; Bamberger/Roth/OTTE, BGB (2006), Art. 15 EGBGB Rdn. 27; ANDRAE, Internationales Familienrecht, 2. Aufl. (2006), § 3 Rdn. 93; v. HOFFMANN/THORN, Internationales Privatrecht, 9. Aufl. (2007), § 8 Rdn. 41 Fn. 106; Staudinger/MANKOWSKI (Fn. 5), Art. 15 EGBGB Rdn. 101 ff. mit Verweis auf die für die Praxis nach wie vor unsichere Situation; a. A. KLEINHEISTERKAMP, IPRax 2004, 399, 400 f.; Palandt/HELDRICH (Fn. 4), Art. 15

spezifischen ehevertraglichen Formvorschriften sei demnach nicht erforderlich[16]. Vorliegend würde diese Ansicht dazu führen, dass entweder die nach dem gewählten Recht oder nach dem Ortsrecht vorgesehenen Formvorschriften für die Rechtswahl zur Anwendung gelangten. Das Ortsrecht, hier schweizerisches Recht, sieht in Art. 53 I IPRG für die Vornahme einer Rechtswahl lediglich die Einhaltung der Schriftform vor. Diese wurde hier gewahrt. Die Rechtswahl wäre demnach formgültig[17].

Zwar lässt sich gegen diese Ansicht der eindeutige Wortlaut des Art. 14 IV EGBGB anführen, dessen Aussagegehalt nicht wegen der nur »entsprechenden« Verweisung in Art. 15 III EGBGB eine geringere Qualität beigemessen werden kann[18]. Auch lassen die regelmäßig weit reichenden und schwer abschätzbaren Folgen einer Rechtswahl ein Schutz- und Belehrungsbedürfnis der Parteien vermuten, dem mit der Einhaltung der strengeren Ehevertragsform entsprochen werden kann[19]. Dennoch sprechen für eine weite Auslegung des Art. 14 IV EGBGB unterschiedliche historische und praktische Gründe: So wird zum einen angeführt, der Gesetzgeber habe bei der Ausgestaltung des Art. 14 IV EGBGB nur deswegen auf die Ehevertragsform abgestellt, weil sich entsprechende Rechtswahlmöglichkeiten – und damit verbundene Formvorschriften – im Internationalen Ehewirkungsrecht zum damaligen Zeitpunkt noch nicht herausgebildet hatten[20]. Im Internationalen Ehegüterrecht liegt die Situation dagegen anders. Die meisten Staaten kennen schon seit langem eine – wenn auch eingeschränkte – Anknüpfung an die Parteiautonomie[21]. Zum anderen besteht auch ein praktisches Bedürfnis dafür, dass die Eheleute bei Vornahme einer Rechtswahl nicht auch immer gleichzeitig einen Ehevertrag abschließen müssen. Vielmehr sollten diese darauf vertrauen dürfen, dass eine im Ausland nach dem dortigen Ortsrecht vorgenommene Rechtswahl auch anerkannt werde[22]. Auch der das IPR beherrschende Grundsatz des internationalen Entscheidungseinklangs, der die Anerkennung ausländischer Formerfordernisse bis zur Grenze des *ordre public* gebietet[23], spricht für die Anerkennung der milderen Rechtswahlform. Bis zur Schaffung einheitlicher kollisionsrechtlicher Formvorschriften auf europäischer Ebene[24] sollte bei Vornahme einer güterrechtlichen Rechtswahl die Einhaltung der dafür vorgesehenen Form ausreichen[25].

d) Zwischenergebnis
Die Rechtswahl in Ziff. 1 ist wirksam. Gemäß Art. 4 II EGBGB führt diese zu einer Sachnormverweisung, so dass die Vorschriften über die Auseinandersetzung der Zugewinngemeinschaft (§§ 1378 ff. BGB) Anwendung finden[26].

3. Ergebnis
Die güterrechtlichen Verhältnisse an dem in München belegenen Grundstück unterliegen deutschem Sachrecht.

II. Sonstiges Vermögen der Eheleute

1. Rechtswahl
In Betracht kommt die Vornahme einer Rechtswahl zugunsten des französischen Rechts im Sinne von Art. 15 II Nr. 1 EGBGB (Ziff. 2 der Vereinbarung).

a) Konkludente Rechtswahl
Problematisch ist hier allerdings, dass die Parteien für ihre vermögensrechtlichen Verhältnisse unter Ziff. 2 der Vereinbarung nicht französisches Recht, sondern den – nach diesem geltenden – gesetzlichen Güterstand der Errungenschaftsgemeinschaft gewählt haben. Bei der Wahl eines bestimmten Güterstandes handelt es sich aber gerade nicht um eine Rechtswahlvereinbarung im Sinne von Art. 15 II EGBGB, sondern um einen materiellrechtlichen Ehevertrag. Dieser wird – anders als eine Rechtswahl – nicht auf kollisionsrechtlicher, sondern auf sachrechtlicher Ebene vorgenommen[27]. Vorliegend könnte sich aber etwas anderes

daraus ergeben, dass die Eheleute explizit den »gesetzlichen Güterstand« des französischen Rechts berufen haben. Eine solche Wahl ist insofern bedeutungslos, als der gesetzliche Güterstand gerade von Gesetzes wegen Anwendung findet, sich eine vertragliche Vereinbarung desselben mithin erübrigt[28].

Es erscheint hier daher näher liegend, dass die Parteien mit der »Wahl« des Güterstandes der Errungenschaftsgemeinschaft keinen materiellrechtlichen Ehevertrag, sondern eine konkludente Rechtswahl zugunsten des französischen Rechts vornehmen wollten. Ob eine solche vorliegt, ist durch Auslegung zu ermitteln, wobei konkrete Anhaltspunkte für einen »kollisionsrechtlichen Rechtswahlwillen« gegeben sein müssen[29]. Dazu müssten die Eheleute insbesondere Kenntnis von der Rechtserheblichkeit ihrer Handlungen gehabt, und zumindest damit gerechnet haben, dass ein objektiver Empfänger ihre Äußerungen auch als Rechtswahl versteht[30]. Für die Annahme eines solchen kollisionsrechtlichen Rechtswahlwillens spricht hier eine Gesamtbetrachtung der beiden Klauseln. Wie gesehen, haben die Eheleute

EGBGB Rdn. 23; Rauscher, Internationales Privatrecht, 2. Aufl. (2002), 3. Teil III 4. d).

16 MünchKomm-BGB/Siehr (Fn. 13), Art. 15 EGBGB Rdn. 40; Staudinger/Mankowski (Fn. 5), Art. 15 EGBGB Rdn. 102.

17 Anders läge dagegen der Fall, wenn die Parteien deutsches Recht etwa in Form der Gütertrennung gewählt hätten. Dann läge neben der Rechtswahl gleichzeitig auch eine ehevertragliche Vereinbarung nach §§ 1408, 1414 BGB vor. Für diese müsste dann die Ehevertragsform des § 1410 BGB gewahrt werden.

18 Kleinheisterkamp, IPRax 2004, 399, 400 f.; Palandt/Heldrich (Fn. 4), Art. 15 EGBGB Rdn. 23; Rauscher (Fn. 15), 3. Teil III 4. d).

19 Kleinheisterkamp, IPRax 2004, 399, 401.

20 MünchKomm-BGB/Siehr (Fn. 13), Art. 15 EGBGB Rdn. 40.

21 Für eine rechtsvergleichende Übersicht vgl. Consortium Asser-UCL, Étude sur les régimes matrimoniaux des couples mariés et sur le patrimoine des couples non mariés dans le droit international privé et le droit interne des États membres de l'Union v. 30. 4. 2003, S. 118 ff.; abrufbar unter http://ec.europa.eu/justice_home/doc_centre/civil/studies/doc/regimes/report_regimes_030703_fr.pdf.

22 MünchKomm-BGB/Siehr (Fn. 13), Art. 15 EGBGB Rdn. 40, der die hier vorgestellte Korrektur allerdings auf Fälle beschränken will, in denen die Ehegatten eine nach Ortsrecht formgültige Wahl des gesetzlichen Güterstandes vornehmen. Eine solche Wahl ist aber nur deklaratorisch zu verstehen (siehe unter II 1. a)). Entscheidend ist vielmehr der Abschluss einer isolierten Rechtswahlvereinbarung.

23 Vgl. auch MünchKomm-BGB/Siehr (Fn. 13), Art. 15 EGBGB Rdn. 40, der zwischen den Bedürfnissen des inländischen und des ausländischen Rechtsverkehrs unterscheidet.

24 Im Grünbuch der EU-Kommission (Fn. 2) wird bereits auf die Einführung einheitlicher Formvorschriften hingedeutet; dazu Süß, ZErb 2006, 326, 327, der sich allerdings für die Beibehaltung der Ehevertragsform ausspricht.

25 Wer diese Ansicht ablehnt, kommt zur objektiven Anknüpfung gem. Art. 15 I, 14 I Nr. 2 EGBGB und – aufgrund Gesamtverweisung – zu Art. 52 II schweiz. IPRG. Dieser sieht, anders als Art. 15 II Nr. 3 EGBGB, die Möglichkeit der Teilrechtswahl für unbewegliches Vermögen allerdings nicht vor, vgl. Züricher Kommentar/Heini, IPRG, 2. Aufl. (2004), Art. 52 IPRG Rdn. 5; Dutoit, Droit Internationale Privé Suisse, Commentaire (2005), Art. 52 Rdn. 2. Es greift somit die objektive Anknüpfung in Art. 54 I b) IPRG, d. h. es kommt das Recht des Staates zur Anwendung, in dem beide Ehegatten zuletzt gleichzeitig ihren Wohnsitz hatten, mithin schweizerisches Recht. Nach dieser Ansicht richteten sich die güterrechtlichen Wirkungen an dem in München belegenen Grundstück nach schweizerischem ZGB.

26 Diese waren – laut Bearbeitervermerk – nicht im Einzelnen zu prüfen. In Betracht käme hier aber ein Anspruch der F auf Zugewinnausgleich gem. § 1378 I BGB, bei welchem auch das Grundstück des M zu berücksichtigen wäre; zu Einzelheiten des Zugewinnausgleichs, siehe Lüderitz/Dethloff, Familienrecht, 28. Aufl. (2007), § 5 Rdn. 100 ff.

27 Staudinger/Mankowski (Fn. 5), Art. 15 EGBGB Rdn. 126.

28 Güterrechtliche Vereinbarungen in einem Ehevertrag sind vielmehr grundsätzlich darauf gerichtet, Regelungen des gesetzlichen Güterstandes auszuschließen bzw. zu modifizieren, vgl. zum deutschen Recht Lüderitz/Dethloff (Fn. 26), § 5 Rdn. 145 ff.

29 Staudinger/Mankowski (Fn. 5), Art. 14 EGBGB Rdn. 143.

30 MünchKomm-BGB/Siehr (Fn. 13), Art. 15 EGBGB Rdn. 41; Staudinger/Mankowski (Fn. 5), Art. 14 EGBGB Rdn. 143.

zumindest in Ziff. 1 des Vertrages für das Grundstück in München eine ausdrückliche Rechtswahl zugunsten des deutschen Rechts getroffen. Damit haben sie einen Teil des in Ziff. 2 bezeichneten »sonstigen Vermögens« bewusst aus dem auf dieses anwendbare Recht herausgenommen und das Grundstück in München gleichsam einem »Sonderstatut« unterstellt. Dies lässt auf einen im Hinblick auf das gesamte Vermögen gebildeten Rechtswahlwillen der Eheleute schließen, der in beiden Klauseln der Vereinbarung verwirklicht wird. Eine in Ziff. 2 des Vertrages getroffene konkludente Rechtswahl liegt mithin vor.

b) Zulässigkeit der Rechtswahl
Die Eheleute haben für ihr sonstiges Vermögen französisches Recht gewählt. *F* ist französische Staatsangehörige, so dass die Rechtswahl gemäß Art. 15 II Nr. 1 EGBGB zulässig ist.

c) Form
Die Rechtswahl müsste aber auch formwirksam zustande gekommen sein.

aa) Ehevertragsform, Art. 15 III, 14 IV EGBGB
Gemäß Art. 15 III i. V. m. Art. 14 IV EGBGB[31] müssen für die hier vorgenommene Rechtswahl im Ausland die für einen Ehevertrag geltenden Formerfordernisse, wie sie – alternativ – von dem gewählten Recht oder dem Ortsrecht vorgesehen werden, beachtet werden. Nach dem gewählten, d. h. dem französischen Recht ist für Eheverträge gemäß Art. 1394 CC die notarielle Beurkundung und die Unterzeichnung in Gegenwart und mit gleichzeitiger Zustimmung der Vertragspartner oder deren Bevollmächtigter vorgesehen. Dieses Formerfordernis wurde hier nicht beachtet. Wie gesehen[32], fehlt es auch an der vom Ortsrecht in Art. 184 ZGB vorgeschriebenen öffentlichen Beurkundung bzw. Unterzeichnung der vertragsschließenden Personen sowie ggf. eines gesetzlichen Vertreters. Die Rechtswahl in Ziff. 2 des Vertrages entspricht damit nicht den Voraussetzungen der Art. 15 III, 14 IV EGBGB und ist demnach formnichtig.

bb) Korrektur
Auch hier kommt mit den oben genannten Argumenten eine Korrektur der Formnichtigkeit in Betracht[33]. Danach reicht für die vorliegende konkludente Wahl des französischen Rechts die Einhaltung der nach Art. 53 I IPRG[34] vorgesehenen Schriftform aus.

d) Zwischenergebnis
Die in Ziff. 2 vorgenommene Rechtswahl zugunsten des französischen Rechts ist formwirksam. Gemäß der Sachnormverweisung in Art. 4 II EGBGB sind die Vorschriften über den gesetzlichen Güterstand der Errungenschaftsgemeinschaft anwendbar[35].

2. Ergebnis
Die güterrechtlichen Verhältnisse am »sonstigen« Vermögen der Eheleute unterliegen französischem Recht[36].

III. Endergebnis

Die güterrechtlichen Wirkungen im Hinblick auf das Vermögen der Ehegatten richten sich nach französischem Recht mit Ausnahme derjenigen, die das in München belegene Grundstück betreffen. Diese unterliegen deutschem Recht. Eine solche Güterrechtsspaltung ist typische Folge der Zulässigkeit der partiellen Rechtwahl in Art. 15 II Nr. 3 EGBGB und führt zu einer gesonderten Beurteilung der jeweiligen Vermögensmasse durch die maßgeblichen Vorschriften[37].

Frage 2: Internationale Zuständigkeit

I. Scheidung

1. Art. 3 I lit. a 5. Str. Brüssel IIa-VO[38]
Die internationale Zuständigkeit deutscher Gerichte zur Entscheidung über den von F gestellten Antrag auf Ehescheidung könnte sich aus Art. 3 I lit. a 5. Str. Brüssel IIa-VO[39] ergeben.

a) Anwendungsbereich
Dazu müsste die Brüssel IIa-VO zunächst sachlich, räumlich und zeitlich anwendbar sein. In sachlicher Hinsicht ist die Brüssel IIa-VO auf zivilgerichtliche Verfahren zur Ehescheidung, Ehetrennung ohne Auflösung des Ehebandes und Ungültigerklärung der Ehe (Art. 1 I lit. a Brüssel IIa-VO) anzuwenden. F begehrt die Scheidung ihrer Ehe durch ein deutsches Gericht. Folglich ist der sachliche Anwendungsbereich der Brüssel IIa-VO eröffnet. Die Brüssel IIa-VO gilt in allen Mitgliedstaaten der Europäischen Union mit Ausnahme Dänemarks (Art. 2 Nr. 3 Brüssel IIa-VO)[40]. Damit ist sie auch von deutschen Gerichten anzuwenden. Zeitlich findet die Brüssel IIa-VO auf alle Verfahren Anwendung, die ab dem 1. März 2005 eingeleitet werden (Art. 64 I, 72 II Brüssel IIa-VO). F hat den Scheidungsantrag im Februar 2006 bei einem deutschen Gericht eingereicht. Demzufolge ist auch der zeitliche Anwendungsbereich der Brüssel IIa-VO eröffnet.

b) Tatbestand des Art. 3 I lit. a 5. Str. Brüssel IIa-VO
Des Weiteren ist für den Zuständigkeitsgrund des Art. 3 I lit. a 5. Str.

---

31 Da es sich vorliegend um eine (konkludente) Rechtswahlvereinbarung handelt, findet Art. 15 III EGBGB als *lex specialis* Anwendung. Anders läge dagegen der Fall, wenn die Eheleute einen rein materiellrechtlichen Ehevertrag abgeschlossen hätten. Hier würde nicht Art. 15 III EGBGB, sondern die allgemeine Formvorschrift für Verträge in Art. 11 EGBGB gelten, siehe Staudinger/MANKOWSKI (Fn. 5), Art. 15 EGBGB Rdn. 316.
32 S. oben I. 2. c) aa).
33 S. oben I. 2. c) bb).
34 Aufgrund der Tatsache, dass es sich vorliegend um eine konkludente Rechtswahl und nicht um eine ehevertragliche Vereinbarung handelt, ist allein die 1. Alt. des Art. 53 I IPRG (Schriftform) einschlägig.
35 Art. 1400 ff. CC; diese waren laut Bearbeitervermerk nicht im Einzelnen zu prüfen. Für einen Überblick zum französischen Güterrecht vgl. CHAUSSADE-KLEIN/HENRICH, in: Bergmann/Ferid/Henrich, Internationales Ehe- und Kindschaftsrecht, Frankreich (Stand 1. 5. 2007), S. 46 f.
36 Auch die objektive Anknüpfung – bei Annahme von Formnichtigkeit – würde hier zur Anwendbarkeit französischen Rechts führen. Der Verweis in Art. 15 I, 14 I Nr. 2 EGBGB in schweizerisches IPR (Fn. 25) führt zur Prüfung der Rechtswahl gem. Art. 52 IPRG. Das von den Eheleuten für ihr übriges Vermögen gewählte französische Recht ist das Heimatrecht der F, so dass die Rechtswahl gem. Art. 52 II IPRG zulässig ist. Auch die Form des Art. 53 I IPRG wurde beachtet (vgl. oben I. 2. c) bb)).
37 Palandt/HELDRICH (Fn. 4), Art. 15 EGBGB Rdn. 22. Die Güterrechtsspaltung bedeutet dagegen keine Abkehr vom materiellrechtlichen Grundsatz der Einheit des Güterstatuts, vgl. ANDRAE (Fn. 15), § 3 Rdn. 92.
38 Verordnung (EG) Nr. 2201/2003 des Rates über die Zuständigkeit und die Anerkennung und Vollstreckung von Entscheidungen in Ehesachen und in Verfahren betreffend die elterliche Verantwortung und zur Aufhebung der Verordnung (EG) Nr. 1347/2000 v. 27. 11. 2003, ABl. EG 2003, Nr. L 338, 1. Am 17. 7. 2006 hat die Kommission der Europäischen Gemeinschaften einen Vorschlag für eine Verordnung vorgelegt, die nicht nur die Zuständigkeiten der Verordnung (EG) Nr. 2201/2003 modifizieren, sondern auch Vorschriften betreffend das anwendbare Recht in Ehesachen einführen soll, KOM (2006) 399 endg.
39 Diese Verordnung im Sinne des Art. 249 II EG hat als Gemeinschaftsrecht in ihrem Anwendungsbereich Vorrang gegenüber den autonomen mitgliedstaatlichen Zuständigkeitsvorschriften.
40 Wegen der schwierigen Bestimmung des räumlich-persönlichen Anwendungsbereichs der Brüssel IIa-VO bietet es sich für die Prüfung an, diesen erst dann zum autonomen Prozessrecht abgrenzen, wenn feststeht, dass eine Zuständigkeit nach der Brüssel IIa-VO nicht gegeben ist, autonomes Prozessrecht aber einen Gerichtsstand eröffnen würde, vgl. FUCHS/HAU/THORN, Fälle zum Internationalen Privatrecht, 3. Aufl. (2007), Fall 9, Fn. 2; v. HOFFMANN/THORN (Fn. 15), § 8 Rdn. 61 a.

Brüssel IIa-VO erforderlich, dass *F* ihren gewöhnlichen Aufenthalt in Deutschland begründet und sich dort seit mindestens einem Jahr unmittelbar vor der Antragstellung aufgehalten hat. Der Begriff des gewöhnlichen Aufenthaltes ist im Rahmen dieser Verordnung autonom auszulegen[41]. In Anlehnung an die vom EuGH entwickelte Definition des »ständigen Wohnsitzes« ist darunter der Ort zu verstehen, »den der Betroffene als ständigen und gewöhnlichen Mittelpunkt seiner Lebensinteressen in der Absicht gewählt hat, ihm Dauerhaftigkeit zu verleihen, wobei für die Feststellung dieses Wohnsitzes alle hierfür wesentlichen tatsächlichen Gesichtspunkte zu berücksichtigen sind«[42]. Zwar befindet sich der Lebensmittelpunkt der *F* seit Juni 2005 in Deutschland, so dass sie hier gewöhnlichen Aufenthalt begründet hat. Zum Zeitpunkt der Antragstellung im Februar 2006 hielt sich *F* allerdings erst seit acht Monaten in Deutschland auf. Sie erfüllt demnach nicht die nach Art. 3 I lit. a 5. Str. Brüssel IIa-VO erforderliche Jahresfrist.

2. Art. 3 I lit. a 6. Str. Brüssel IIa-VO
Ein inländischer Gerichtsstand kommt mangels deutscher Staatsangehörigkeit der *F* auch nicht nach Art. 3 I lit. a 6. Str. Brüssel IIa-VO in Betracht[43].

3. § 606 a I Nr. 1 ZPO
Deutsche Gerichte könnten möglicherweise nach § 606 a I Nr. 1 ZPO zur Entscheidung über den von *F* gestellten Antrag auf Scheidung der Ehe international zuständig sein. Bei dem beantragten Scheidungsverfahren handelt es sich gemäß § 606 I 1 ZPO um eine Ehesache. *M* besitzt die deutsche Staatsangehörigkeit, so dass die Tatbestandsvoraussetzungen des § 606 a I Nr. 1 ZPO erfüllt sind. Es stellt sich allerdings die Frage, ob ein solcher Rückgriff auf autonomes Zuständigkeitsrecht zulässig ist. Problematisch ist nämlich, dass die Anwendung von § 606 a I Nr. 1 ZPO im Ergebnis dazu führt, dass das Erfordernis der zwölfmonatigen Wartefrist in Art. 3 I lit. a 5. Str. Brüssel IIa-VO umgangen würde[44]. Mit Einführung der Verordnungen Brüssel II bzw. Brüssel IIa wurde das Ziel verfolgt, ein einheitliches und kohärentes Zuständigkeitssystem zu schaffen, wobei die einzelnen Zuständigkeitskriterien eine hinreichend enge Verbindung der Verfahrensbeteiligten zu einem bestimmten Mitgliedstaat garantieren sollen[45]. Ergibt sich aus Art. 3, 4 und 5 Brüssel IIa-VO demnach keine mitgliedstaatliche Zuständigkeit, so liegt die Vermutung nahe, dass es an einer solchen Nähebeziehung zum Raum der Brüssel IIa-VO fehlt, und mitgliedstaatlichen Gerichten in einem derartigen Fall folglich keine Entscheidungszuständigkeit zukommen soll[46]. Gegen diese Schlussfolgerung spricht indes der Wortlaut des Art. 7 I Brüssel IIa-VO, der die Möglichkeit des Rückgriffs auf nationales Kompetenzrecht eröffnet, wenn die internationale Zuständigkeit eines Mitgliedstaates aus Art. 3, 4 oder 5 Brüssel IIa-VO nicht begründet werden kann[47]. Eine mögliche Verkürzung der Wartefrist ist insofern hinzunehmen.

Der Heranziehung von § 606 a I Nr. 1 ZPO für die Begründung der internationalen Zuständigkeit deutscher Gerichte könnte allerdings Art. 6 lit. b Brüssel IIa-VO entgegenstehen. Dessen Tatbestandsvoraussetzungen liegen aufgrund der deutschen Staatsangehörigkeit des *M* grundsätzlich vor. Für eine solche umfassende Sperrwirkung des Art. 6 lit. b Brüssel IIa-VO spricht, dass Art. 7 II Brüssel IIa-VO die Anwendung der Zuständigkeiten *lege fori* nur dann zulässt, wenn der Antragsgegner sich weder im Hoheitsgebiet eines Mitgliedstaates aufhält noch die Staatsangehörigkeit eines Mitgliedstaates bzw. dort sein *domicile* hat. Zweifelhaft ist aber, inwieweit aus der Regelung des Art. 7 II Brüssel IIa-VO Rückschlüsse hinsichtlich des Anwendungsbereiches von Art. 7 I Brüssel IIa-VO gezogen werden können. Es darf insoweit nicht verkannt werden, dass Art. 7 II Brüssel IIa-VO dem speziellen Zweck dient, den diskriminierenden Gehalt autonomer Zuständigkeitsvorschriften, die auf die Staatsangehörigkeit oder das *domicile* des Antragstellers abstellen, einzudämmen[48]. Unklar ist

auch, ob Art. 6 Brüssel IIa-VO überhaupt greift, wenn sich aus Art. 3, 4 oder 5 Brüssel IIa-VO keine Zuständigkeit eines Mitgliedstaates herleiten lässt. Die systematische Stellung des auf Art. 6 Brüssel IIa-VO folgenden Art. 7 I Brüssel IIa-VO kann auch als ein Indiz dafür gewertet werden, dass Art. 7 I Brüssel IIa-VO eine Ausnahmevorschrift zu Art. 6 Brüssel IIa-VO darstellt[49]. Auch wenn Art. 6 lit. b Brüssel IIa-VO hier aber als einschlägig erachtet wird[50] wäre dadurch die Anwendung des § 606 a I Nr. 1 ZPO nicht gesperrt. Vielmehr soll diese Vorschrift den Antragsgegner vor exorbitanten Gerichtsständen eines *anderen* Mitgliedstaates, d. h. außerhalb des Heimatstaates, schützen, nicht aber vor dem autonomen Zuständigkeitsrecht seines eigenen Heimatstaates[51]. Die internationale Zuständigkeit deutscher Gerichte zur Entscheidung über den von *F* gestellten Antrag auf Ehescheidung ergibt sich folglich aus § 606 a I Nr. 1 ZPO.

4. § 606 a I Nr. 4 ZPO
Nach der oben vertretenen Auffassung, wonach ein Rückgriff auf die autonomen nationalen Kompetenzregeln möglich ist, wäre

---

41 Vgl. BORRÁS, Erläuternder Bericht zu dem Übereinkommen über die gerichtliche Zuständigkeit und die Anerkennung und Vollstreckung gerichtlicher Entscheidungen in Ehesachen, ABl. EG 1998 C 221, 27 ff., Rdn. 32; HAU, FamRZ 2000, 1333, 1334; Staudinger/SPELLENBERG, Internationales Verfahrensrecht in Ehesachen (2005), Art. 3 EheGVO Rdn. 38; RAUSCHER/RAUSCHER, Europäisches Zivilprozessrecht, Bd. I, 2. Aufl. (2006), Art. 3 Brüssel IIa-VO Rdn. 12, Thomas/Putzo/HÜSSTEGE, Zivilprozessordnung, 28. Aufl. (2007), Art. 3 EuEheVO Rdn. 2.

42 EuGH v. 15. 9. 1994, Rs. C-452/93 (*Pedro Magdalena Fernandez/Kommission*), Slg. 1994, I-4295, Rdn. 22.

43 Damit kann die in der Literatur umstrittene Frage, ob dieser Zuständigkeitsgrund gegen das Diskriminierungsverbot des Art. 12 I EG verstößt hier dahinstehen. Einen solchen Verstoß bejahen etwa HAU, FamRZ 2000, 1333, 1336 f.; BOELE-WOELKI, ZfRV 42 (2001), 121, 123; GOTTWALD, in: Internationales Familienrecht für das 21. Jahrhundert, Symposium zum 65. Geburtstag von Ulrich Spellenberg (2006), 55, 68; HELMS, FamRZ 2002, 1593, 1596; DILGER, IPRax 2006, 617, 619; SCHACK, RabelsZ 65 (2001), 615, 623; SPELLENBERG, in: Einheit und Vielfalt des Rechts, Festschrift für Reinhold Geimer zum 65. Geburtstag (2002), 1257, 1270; Staudinger/SPELLENBERG (Fn. 41), Art. 3 EheGVO Rdn. 29; **a. A.** RAUSCHER/RAUSCHER (Fn. 41), Art. 3 Brüssel IIa-VO Rdn. 30; SCHLOSSER, EU-Zivilprozessrecht, 2. Aufl. (2002), Art. 2 EuEheVO Rdn. 4.

44 Vgl. SPELLENBERG (Fn. 43), FS Geimer, 1257, 1276; ROSENBERG/SCHWAB/GOTTWALD, Zivilprozessrecht, 16. Aufl. (2004), § 164 ZPO Rdn. 16; SCHACK, RabelsZ 65 (2001), 615, 632.

45 NIKLAS, Die europäische Zuständigkeitsordnung in Ehe- und Kindschaftsverfahren (2003), S. 99; HAU, FPR 2002, 616, 619.

46 Vgl. NIKLAS (Fn. 45), S. 99 f., wonach jedenfalls dann, wenn keine mitgliedstaatliche Zuständigkeit nach Art. 3–5 Brüssel IIa-VO gegeben ist, gegenüber dem nach Art. 6 Brüssel IIa-VO privilegierten Antragsgegner jeglicher Rückgriff auf autonomes Zuständigkeitsrecht ausgeschlossen sein soll.

47 So auch RAUSCHER/RAUSCHER (Fn. 41), Art. 7 Brüssel IIa-VO Rdn. 6 f., Art. 6 Brüssel-IIa Rdn. 8 f. (zum Verhältnis von Art. 7 I zu Art. 6 Brüssel IIa-VO).

48 RAUSCHER/RAUSCHER (Fn. 41), Art. 7 Brüssel IIa-VO Rdn. 5; Münch-Komm-ZPO/GOTTWALD, Zivilprozessordnung, 2. Aufl. (2001), Art. 8 EheGVO Rdn. 2.

49 So RAUSCHER/RAUSCHER (Fn. 41), Art. 6 Brüssel IIa-VO Rdn. 9 u. Art. 7 Brüssel IIa-VO Rdn. 6; v. HOFFMANN/THORN, (Fn. 15), § 8 Rdn. 64.

50 Nach der Entscheidung des EuGH v. 29. 11. 2007, Rs. C-68/07 (*Lopez/Lopez Lizazo*) scheint die hier vorliegende Konstellation, in der keine Zuständigkeit nach Art. 3–5 Brüssel IIa-VO greift, als einziger Anwendungsfall von Art. 6 Brüssel IIa-VO zu verbleiben.

51 HAU, FamRZ 2000, 1333, 1340; SPELLENBERG (Fn. 43), FS Geimer, 1257, 1276; BOELE-WOELKI, ZfRV 42 (2001), 121, 125; HAUSMANN, Europ. Leg. Forum 2000/01, 271, 279; DILGER, Die Regelungen zur internationalen Zuständigkeit in Ehesachen in der Verordnung (EG) Nr. 2201/2003 (2004), Rdn. 273; AnwaltKommentar/GRUBER, Allgemeiner Teil, Bd. I, 1. Aufl. (2005), Art. 6 EheVO 2003 Rdn. 12; Staudinger/SPELLENBERG (Fn. 41), Art. 6 EheGVO Rdn. 8; Thomas/Putzo/HÜSSTEGE (Fn. 41), Art. 6 EuEheVO Rdn. 1; ANDRAE (Fn. 15), § 2 Rdn. 52; eine umfassende Sperrwirkung des Art. 6 lit. b Brüssel IIa-VO wird hingegen vertreten von: McELEAVY, Int. Comp. L. Q. 51 (2002), 883, 886; NIKLAS (Fn. 45), S. 99 f.; BAUMBACH/LAUTERBACH/ALBERS/HARTMANN, Zivilprozessordnung, 65. Aufl. (2007), Art. 7 EuEheVO Rdn. 1; SCHLOSSER (Fn. 43), Art. 8 EuEheVO Rdn. 2.

grundsätzlich auch an eine internationale Zuständigkeit deutscher Gerichte für die Ehescheidung aus § 606 a I Nr. 4 ZPO zu denken. Dessen Voraussetzungen lägen auch vor: F hält sich gewöhnlich in Deutschland auf. Einer internationalen Zuständigkeit deutscher Gerichte steht keine negative Anerkennungsprognose entgegen. Durch die Brüssel IIa-VO (Art. 21 f.) ist die Anerkennung einer deutschen Scheidung in Frankreich gesichert, auch wenn die internationale Zuständigkeit des deutschen Gerichts für die Ehescheidung auf § 606 a ZPO basiert[52]. Es sind ferner keine Anhaltspunkte dafür ersichtlich, dass Anerkennungshindernisse nach Art. 22 Brüssel IIa-VO greifen würden. Wegen der deutschen Staatsangehörigkeit des M ergibt sich die internationale Zuständigkeit vorliegend aber bereits aus § 606 a I Nr. 1 ZPO, so dass es auf die Prüfung von Nr. 4 nicht mehr ankommt[53].

II. Güterrecht

1. Art. 2 I Brüssel I-VO[54]

Aus Art. 2 I Brüssel I-VO lässt sich keine internationale Zuständigkeit deutscher Gerichte zur Entscheidung über die güterrechtliche Auseinandersetzung herleiten, da diese Verordnung gemäß Art. 1 II Nr. 1 Brüssel I-VO auf die ehelichen Güterstände sachlich nicht anwendbar ist.

2. §§ 621 II 1, 606 a I Nr. 1 ZPO

Für die güterrechtliche Auseinandersetzung greift eine Verbundszuständigkeit deutscher Gerichte gemäß §§ 621 II 1, 606 a I Nr. 1 ZPO: Mit Beantragung der Ehescheidung durch F ist eine Ehesache bei einem deutschen Gericht anhängig (§§ 606 I 1, 622 I ZPO). Deutsche Gerichte sind zur Entscheidung über diese Ehesache international zuständig (§ 606 a I Nr. 1 ZPO). Ansprüche aus ehelichem Güterrecht sind nach § 621 I Nr. 8 ZPO Familiensache.

III. Ergebnis

Das angerufene Gericht ist sowohl für die beantragte Scheidung (§ 606 a I Nr. 1 ZPO) als auch für eine Entscheidung über die güterrechtlichen Ansprüche (§§ 621 II 1, 606 a I Nr. 1 ZPO) international zuständig.

---

52 Vgl. Staudinger/SPELLENBERG (Fn. 41), § 606 a ZPO Rdn. 207.
53 § 606 a I Nr. 4 ZPO greift in Fällen ein, in denen beide Ehegatten Ausländer sind und nur einer von ihnen seinen gewöhnlichen Aufenthalt im Inland hat, vgl. BAUMBACH/LAUTERBACH/ALBERS/HARTMANN (Fn. 51), § 606 a ZPO Rdn. 7.
54 Verordnung (EG) Nr. 44/2001 des Rates über die gerichtliche Zuständigkeit und Anerkennung und Vollstreckung von Entscheidungen in Zivil- und Handelssachen v. 22. 12. 2000, ABl. EG 2001 Nr. L 12, S. 1.

Fall 9

Der getäuschte Brandstifter*

Von Wiss. Mit. Marc Engelhart, Freiburg i. Br. und Wiss. Mit. Dr. Christoph Burchard LL.M. (NYU), Tübingen

Mordmerkmale – Versuch der Erfolgsqualifikation – Brandstiftungsdelikte – Konkurrenzen – Irrtum über Tatbestandsalternativen – agent provocateur

SACHVERHALT

Nachdem A und B eine Tankstelle überfallen haben, kehren sie auf den einsam gelegenen Hof des V, des Vaters von A, zurück. Dort wollen sie sich von dem erfolgreichen Beutezug ausruhen. Auf dem Hof bewohnt A das kleinere von zwei Häusern (das ehemalige Altenteil), die im Eigentum des V stehen. Das dreistöckige Haupthaus bewohnt der verwitwete V allein. Die Häuser stehen nur wenige Meter entfernt nebeneinander. Zwischen den Häusern liegt ein großer Stapel geschnittenes, gesäubertes und gegen Pilze behandeltes Reet des Nachbarn N, das dieser dort gegen ein kleines Entgelt für seinen Dachdeckerbetrieb, der sich (bislang nicht erfolgreich) auf Reeteindeckungen im Schwarzwald spezialisiert hat, lagern darf. Das Reet stammt aus einer nahen Schilfrohranpflanzung des N.

Am Abend erzählt A dem B, dass er gerade mit seinem Vater gesprochen habe und dass dieser von dem Überfall auf die Tankstelle erfahren habe. Der V habe bereits telefonisch seinen Stammtischbrüdern von dem Überfall erzählt. Es sei wohl nur noch eine Frage der Zeit, bis die Polizei auftauchen werde. Man müsse daher den V zum Schweigen bringen, bevor er noch mehr erzählen könne. Am besten wäre es, wenn V in einem Feuer umkomme, dazu müsse man nur das Schilfrohr des N im Hof anzünden. V sitze am Abend immer leicht angetrunken alleine in seinem Haus.

B, der auf Bewährung frei ist, fürchtet nichts so sehr wie neuen Ärger mit der Justiz und erklärt sich bereit, das Feuer zu legen, damit der V nichts mehr von dem Überfall auf die Tankstelle erzählen kann. Er denkt, dass der V von dem Feuer im alten Holzgebälk des Hauses schnell überrascht und eingeschlossen werde und somit eine Flucht nicht mehr gelingen könne, V aber wegen des genossenen Alkohols und des schnellen Abbrennens nicht besonders leiden werde. B weiß nicht, dass der V gar nicht auf dem Hof, sondern im Urlaub ist. A, der dem V keinen Schaden zufügen möchte, ist derzeit finanziell angeschlagen und möchte sich durch ein Feuer »warm sanieren«. Da er sich selbst die Finger nicht schmutzig machen will, hat er sich die Geschichte für B ausgedacht. Er geht davon aus, dass durch das Anzünden des Reets auch das von ihm bewohnte Haus abbrennen wird. Danach möchte er der Versicherung ein gegen Zerstörung versichertes wertvolles Gemälde melden, das angeblich in seinem Haus verbrannt sei, das er aber bereits vorher in einer Jagdhütte im Wald versteckt hat, und die Versicherungssumme kassieren.

Im Glauben, es handle sich um einfaches landwirtschaftlich geerntetes Schilfrohr, zündet der B am Abend mit einem Feuerzeug das gelagerte Reet an. Er weiß, dass das Feuer auch auf das

---

* MARC ENGELHART ist wissenschaftlicher Mitarbeiter am Max-Planck-Institut für ausländisches und internationales Strafrecht in Freiburg i. Br. CHRISTOPH BURCHARD ist wissenschaftlicher Mitarbeiter am Lehrstuhl von Professor Dr. JOACHIM VOGEL an der Universität Tübingen. Der Fall ist der erweiterte Teil einer im Examenszusatzklausurenkurs der Albert-Ludwigs-Universität Freiburg gestellten Klausur.

von A bewohnte Haus wegen dessen Nähe zum Reethaufen übersprungen wird. Er macht sich aber keine Sorgen, da ihm A gesagt hatte, dass außer V keiner da sei und A ein Verbrennen seines Hauses »als Opfer« hinnehme und er nur, falls das Haus doch nicht abbrenne, dort weiter wohnen wolle. Das Feuer greift von dem Reethaufen auf beide Häuser über, die bis auf die Grundmauern niederbrennen. Bevor A den Vorfall seiner Versicherung melden kann, fördert ein findiger Kommissar den wahren Vorgang zu Tage.

Aufgabenstellung und Bearbeitungshinweis

Wie haben sich A und B nach dem StGB strafbar gemacht?
- Etwaig erforderliche Strafanträge sind gestellt.
- Es ist davon auszugehen, dass sich A und B durch den Überfall auf die Tankstelle nach dem StGB strafbar gemacht haben. Eine weitergehende strafrechtliche Würdigung des Überfalls ist nicht notwendig.
- *Reet* (auch: Reeth, Ried, Rohr u. ä) bezeichnet Schilfrohr, das vielerorts in getrocknetem und (technisch wie chemisch) bearbeitetem Zustand zur Dacheindeckung verwendet wird.

LÖSUNG

A. Strafbarkeit des B

I. Das Abbrennen der Häuser[1]

1. §§ 211, 212, 22, 23[2]
V ist zum Zeitpunkt des Brandes nicht im Haus anwesend, so dass bezüglich eines Mordes nur ein untauglicher Versuch in Betracht kommt, der als Verbrechen gem. §§ 12 Abs. 1, 22, 23 unter Strafe steht.

a) Tatbestand

(i) Subjektiver Tatbestand (Tatentschluss)
Nach § 22 besteht der subjektive Tatbestand des Versuchs aus der Vorstellung des Täters von der Tat, womit der Vorsatz bezüglich der objektiven Tatbestandsmerkmale und die sonstigen subjektiven Tatbestandsmerkmale gemeint sind[3].

B will den V in einem von ihm gelegten Feuer umkommen lassen, er hat somit den Vorsatz zu einer Tötung des V i. S. v. § 212 StGB[4].

In Bezug auf ein Mordmerkmal gem. § 211 StGB kommen vier Möglichkeiten in Betracht: Heimtücke, Grausamkeit und Gemeingefährlichkeit als besondere Art und Weise der Tatbegehung (2. Gruppe) sowie Verdeckungsabsicht als besonders verwerflicher Zweck der Tötungshandlung (3. Gruppe).

(1) *Heimtückisch* handelt, wer die Arg- und Wehrlosigkeit des Opfers bewusst in feindlicher Willensrichtung zur Tötung ausnutzt[5]. V rechnet mit keinem Angriff seitens des B, er ist also arglos[6]. Für eine fehlende Arglosigkeit, wie sie z. B. bei Bewusstlosigkeit (auch in Folge von Trunkenheit) angenommen wird, genügt das (vermeintliche) leichte Angetrunkensein des V nicht. Das Feuer soll den V überraschen und so einschließen, dass keine Flucht mehr möglich ist. V ist daher auch aufgrund seiner Arglosigkeit in seiner Rettungsmöglichkeit eingeschränkt, mithin wehrlos.

Die Rechtsprechung verlangt subjektiv nur das bewusste Ausnutzen der Situation des Opfers durch den Täter in feindlicher Willensrichtung[7]. In der Literatur werden dagegen in Betonung des »Tücke«-Merkmals vielfach strengere Anforderungen gestellt, häufig ein verwerflicher Vertrauensbruch gefordert[8]. Dies ist jedoch abzulehnen, da die typische Situation eines Meuchelmords aus dem Hinterhalt nicht erfasst wird, bei dem Täter und Opfer gerade keinen persönlichen Kontakt haben. Es ist jedoch

berechtigt, angesichts der hohen Strafandrohung des § 211 und der fehlenden Differenzierbarkeit auf Straffolgenseite (Punktstrafe) einschränkend nur ein gewollt tückisch-verschlagenes Vorgehen als Heimtücke zu erfassen. Ein solches Vorgehen ist beispielsweise gegeben, wenn der Täter eine vorgefundene Lage planmäßig-berechnend bewusst zu einem Überraschungsangriff nutzt[9]. Indem B gerade das abendliche Angetrunkensein des V in Verbindung mit dem Überraschungseffekt eines sich schnell ausbreitenden Feuers im Gebälk des Hauses zur Tötung ausnutzen möchte, sind die Vorsatzanforderungen zu bejahen. B wollte heimtückisch handeln.

(2) *Grausam* handelt, wer durch die Tötung dem Opfer besonders schwere Qualen zufügt[10]. Der angestrebte Feuertod als äußerst schmerzliche Tötungsart erfüllt diese objektiven Voraussetzungen der Grausamkeit, die auch nicht deswegen ausgeschlossen sind, weil ein Feuertod per se derartige Schmerzen verursacht[11]. Die überwiegende Ansicht verlangt jedoch subjektiv ein Handeln aus gefühlloser und unbarmherziger Gesinnung[12]. Dem ist zuzustimmen, da dem Täter gerade die Verursachung und Ausnutzung von Qualen, die über eine normale Tötung hinausgehen, vorzuwerfen ist. Dieser Vorwurf ist erst dann zu bejahen, wenn der Täter die Schmerzen gerade in Kenntnis ihrer besonderen Wirkung zufügt. B nimmt an, das Angetrunkensein des V und das sich schnell ausbreitende Feuer lasse V nicht lange leiden, es fehlt ihm daher an einer entsprechenden Motivationslage. B wollte somit nicht grausam handeln.

(3) Eine Tötung mit *gemeingefährlichen Mitteln* liegt vor, wenn das Tatmittel in der konkreten Tatsituation eine Mehrzahl von Menschen an Leib und Leben gefährden kann, weil der Täter die Ausdehnung der Gefahr nicht in seiner Gewalt hat[13]. Entscheidend ist also, ob der Täter das Tatmittel derart kontrollieren kann, dass eine Gefährdung weiterer Personen ausgeschlossen ist. Mit dem Anzünden des Reethaufens hat B jegliche Kontrolle über das Feuer aus der Hand gegeben; die Frage ist allein, ob das Wissen um die Nichtanwesenheit anderer Personen als des V von Bedeutung ist. Eine konkrete Gefahr für das Leben unbeteiligter Personen ist jedoch nicht notwendig, so dass es gerade im Falle des Inbrandsetzens eines Hauses nicht darauf ankommt, ob sich dort zufälligerweise weitere Personen befinden oder nicht[14]. Dies ist konsequent, da die Gefährlichkeit des Tatmittels nicht von der

1 Bei B liegt insgesamt nur eine Handlung vor, nämlich das Anzünden des Reethaufens. Bezüglich des Aufbaus empfiehlt es sich daher, mit dem schwersten Delikt – Mord (§ 211) – zu beginnen. Sodann können die weiteren Tötungs- und Körperverletzungstatbestände behandelt werden, da diese mit dem Mord in sachlichem Zusammenhang stehen. Im Anschluss daran sollten die Brandstiftungsdelikte ebenfalls zusammen geprüft werden, denn diese Tatbestände nehmen vielfach aufeinander Bezug. In thematischem Zusammenhang mit den Brandstiftungsdelikten stehen die Eigentumsdelikte, deren Prüfung zuletzt erfolgt.
2 Alle §§ ohne Gesetzesangabe sind solche des StGB.
3 WESSELS/BEULKE, AT, 37. Aufl. (2007), Rdn. 598 ff.
4 Unbeachtlich ist dabei, dass B aufgrund der durch A hervorgerufenen Fehlvorstellung handelt, V wisse um den Überfall auf die Tankstelle. Dies berührt nur die Frage seines Motivs für die Tat, welches jedoch nicht zum strafrechtlich erheblichen Tatbestand des § 212 StGB gehört; vgl. KÜHL, AT, 5. Aufl. (2005), § 13 Rdn. 25.
5 Vgl. BGHSt 19, 321; ARZT/WEBER, BT (2000), § 2 Rdn. 44 ff.
6 Vgl. zur Definition der Arglosigkeit wie auch der Wehrlosigkeit BGHSt 20, 301; WESSELS/HETTINGER, BT/1, 31. Aufl. (2007), Rdn. 110 ff.
7 Vgl. etwa BGHSt GrS 11, 139; 30, 105, 116.
8 Vgl. nur ESER, in: Schönke/Schröder, 27. Aufl. (2006), § 211 Rdn. 26.
9 So WESSELS/HETTINGER, BT/1, 31. Aufl. (2007), Rdn. 114.
10 ESER, in: Schönke/Schröder, 27. Aufl. (2006), § 211 Rdn. 27.
11 KARGL, StraFO 2001, 371; NEUMANN, in: NK, 2. Aufl. (2005), § 211 Rdn. 75.
12 BGHSt 3, 180; TRÖNDLE/FISCHER, 54. Aufl. (2007), § 211 Rdn. 23 a; WESSELS/HETTINGER, BT/1, 31. Aufl. (2007), Rdn. 102; dagegen NEUMANN, in: NK, 2. Aufl. (2005), § 211 Rdn. 78.
13 BGHSt 38, 353, 354.
14 BGH NJW 1985, 1477; NEUMANN, in: NK, 2. Aufl. (2005), § 211 Rdn. 87;

Anzahl anwesender Personen abhängt. Insoweit genügt die abstrakte Gefährlichkeit des eingesetzten Mittels. V hatte den Vorsatz, mit gemeingefährlichen Mitteln zu handeln.

(4) In *Verdeckungsabsicht* handelt, wer zielgerichtet die Aufdeckung einer Straftat oder die Identifizierung des Täters verhindern will; eine solche Absicht scheidet aus, wenn die Straftat bereits aufgedeckt ist[15]. Fraglich ist daher, ob bereits dadurch eine Aufdeckung gegeben ist, dass der V (angeblich) den Stammtischbrüdern vom Überfall auf die Tankstelle erzählt hat. Nach neuerer Rechtsprechung liegt eine Aufdeckung nicht schon dann vor, wenn ein beliebiges Bekanntwerden der Tat gegeben ist. Vielmehr muss das Geschehen gerade den Ermittlungsbehörden bekannt sein; solange der Täter davon ausgeht, dass die Tatumstände noch nicht ausreichend für eine Strafverfolgung aufgedeckt sind, ist eine Verdeckungstat möglich[16]. Diese Auslegung überzeugt, denn auch hier greift die ratio der Verdeckungsabsicht, die den Fall erfassen möchte, dass der Täter ein Menschenleben vernichtet, um die eigene Bestrafung abzuwenden[17]. B möchte mit der Tötung des V gerade verhindern, dass die bei dem durch den Überfall auf die Tankstelle begangenen Straftaten noch über die Stammtischbrüder hinaus publik werden. Die Verdeckungsabsicht ist somit zu bejahen.

(ii) Objektiver Tatbestand (Unmittelbares Ansetzen)
Der Täter setzt zur Tat an, wenn er nach seinem Tatplan Handlungen vornimmt, die unmittelbar in die Tatbestandsverwirklichung einmünden sollen[18]. Nach der Vorstellung des B soll das Inbrandsetzen des Reethaufens ohne weitere Zwischenschritte seinerseits zur Tötung des V führen. B hat somit unmittelbar zur Tat angesetzt.

b) Rechtswidrigkeit, Schuld, Ergebnis
Rechtswidrigkeit und Schuld sind gegeben. B ist strafbar wegen versuchten Mordes.

2. §§ 221 Abs. 1, Abs. 2 Nr. 2, 3, 22, 23
Fraglich ist, ob B auch wegen versuchter (qualifizierter) Aussetzung strafbar ist.

a) Vorprüfung: Versuchsstrafbarkeit?
Die Aussetzung nach Abs. 1 ist als Vergehen und mangels spezieller Anordnung der Versuchsstrafbarkeit als Versuch nicht strafbar (vgl. §§ 12 Abs. 2, 23 Abs. 1). Somit kommt nur eine Versuchsstrafbarkeit der Qualifizierungen nach Abs. 2 oder 3 als Verbrechen gem. §§ 12 Abs. 1, 23 Abs. 1 in Verbindung mit dem Grunddelikt nach Abs. 1 in Frage: B strebt den Tod des V an, so dass die Verursachung einer schweren Gesundheitsschädigung (Abs. 2 Nr. 2) bzw. der Verursachung des Todes (Abs. 3) in Betracht zu ziehen ist[19]. Als Erfolgsqualifikationen ist bei Absatz 2 Nr. 2 und Absatz 3 eine Versuchsstrafbarkeit grundsätzlich denkbar (*Versuch der Erfolgsqualifikation*)[20]: Da für die Herbeiführung der schweren Folge nur wenigstens Fahrlässigkeit verlangt wird, kann diese auch vorsätzlich herbeigeführt werden[21]. Es stellt sich aber das Problem, ob eine Versuchsstrafbarkeit trotz der fehlenden Strafbarkeit des Grundtatbestands nach Abs. 1 möglich ist. Dies wird teilweise bejaht[22]. Allerdings würde damit das bloße Anstreben der qualifizierten Folge strafbarkeitsbegründende Wirkung hinsichtlich des nicht strafbaren Teils des Grunddelikts entfalten. Die strafschärfende Wirkung der Qualifikation ist jedoch gerade von einem strafbaren Grundverhalten abhängig[23]. An einem solchen strafbaren Grundverhalten fehlt es bei Vergehen, für die der Gesetzgeber keine Versuchsstrafbarkeit vorgesehen hat. In der vorliegenden Konstellation eines bloßen Versuchs des Grunddelikts mit dem Versuch der Erfolgsqualifikation ist eine Strafbarkeit daher abzulehnen[24].

b) Ergebnis
B ist daher nicht wegen versuchter Aussetzung strafbar.

3. §§ 223, 224 Abs. 1 Nr. 5, 22, 23
Die Versuchsstrafbarkeit ergibt sich aus §§ 223 Abs. 2, 224 Abs. 2. Mit dem versuchten Mord verwirklicht B als Durchgangsstadium zur Tötung zugleich eine versuchte Körperverletzung, die aufgrund der angestrebten Lebensgefährdung des V auch eine gefährliche i. S. v. § 224 Abs. 1 Nr. 5 ist.

4. § 306 Abs. 1 Nr. 1[25]

a) Objektiver Tatbestand

(i) Einfache oder mehrfache Tatbestandsverwirklichung
B hat mit den beiden Häusern des V und dem Reethaufen des N drei für ihn fremde Objekte durch eine einzige Handlung niedergebrannt. Fraglich ist, ob darin nur eine besonders intensive Eigentumsverletzung liegt oder aber die Verletzung zweier Eigentumspositionen bzw. drei eigenständige Brandstiftungen gegeben sind. Diese Frage stellt an sich ein Konkurrenzproblem dar, das aber bereits auf Tatbestandsebene zu klären ist: Liegt nur eine Tatbestandsverwirklichung vor oder aber die mehrmalige Verwirklichung desselben Tatbestandes in gleichartiger Idealkonkurrenz (§ 52 Abs. 1 Alt. 2)[26]?

Die Lösung für dieses Problem ist umstritten[27]. Man könnte pauschal nur eine Tatbestandsverletzung annehmen, würde damit aber vielfach die Dimension des verwirklichten Unrechts, vor allem in Fällen, in denen eine Vielzahl von Personen oder Objekten

eine andere Ansicht ist hier auch vertretbar, vgl. bspw. KREY/HEINRICH, BT/1, 13. Aufl. (2005), Rdn. 61 Fn. 128.

15 Vgl. etwa BGH NJW 2005, 1203 (= JuS 2005, 659); WESSELS/HETTINGER, BT/1, 31. Aufl. (2007), Rdn. 123 ff.

16 So explizit BGH NJW 2005, 1203; krit. zu dieser ausdehnenden Auslegung KUDLICH, JuS 2005, 659 (660).

17 ESER, in: Schönke/Schröder, 27. Aufl. (2006), § 211 Rdn. 130.

18 Zu dieser gängigen Formel (und den Einzelheiten) vgl. nur TRÖNDLE/FISCHER, 54. Aufl. (2007), § 22 Rdn. 9 ff.

19 In Bezug auf das Grunddelikt kommt nach dem Wortlaut des Gesetzes (Abs. 1 Nr. 1) ein Vorsatz des B in Frage, den V in eine hilflose Lage zu versetzen und ihn dadurch der Gefahr des Todes auszusetzen (zweistufige Tatbestandsstruktur). Eine Strafbarkeit setzt nach h. M. nicht voraus, dass wie vor dem 6. StrRG beim Merkmal des Versetzens in eine hilflose Lage eine Veränderung der räumlichen Situation des Opfers durch den Täter erfolgt, vgl. hierzu TRÖNDLE/FISCHER, 54. Aufl. (2007), § 221 Rdn. 6; HARDTUNG, in: MüKo, Bd. 3 (2003), § 221 Rdn. 10.

20 Der Versuch der Erfolgsqualifikation ist vom *erfolgsqualifizierten Versuch* abzugrenzen, bei dem bereits der Versuch des Grunddelikts die schwere Folge herbeiführt, vgl. dazu STERNBERG-LIEBEN, in: Schönke/Schröder, 27. Aufl. (2006), § 18 Rdn. 9.

21 Vgl. zu den verschiedenen Fallkonstellationen WESSELS/BEULKE, AT, 37. Aufl. (2007), Rdn. 617.

22 JAKOBS, AT, 2. Aufl. (1993), 25/26; JESCHECK/WEIGEND, Strafrecht AT, 5. Aufl. (1996), § 49 VII 2.

23 ULSENHEIMER, GA 1966, 257, 277; WESSELS/BEULKE, AT, 37. Aufl. (2007), Rdn. 617; siehe auch JÄHNKE, in: LK, 11. Aufl., Stand: 1. 7. 1999, § 221 Rdn. 40; MAURACH/SCHROEDER/MAIWALD, BT/1, 9. Aufl. (2003), § 9 Rdn. 25 ff.; TRÖNDLE/FISCHER, 54. Aufl. (2007), § 221 Rdn. 15.

24 Insoweit ist bei vollendetem Grunddelikt und bloßem Vorsatz bezüglich der Folge ein Versuch der Erfolgsqualifikation zu bejahen, denn dann liegt ein strafbares Grunddelikt vor, das als Anknüpfungspunkt für die Qualifizierung dienen kann.

25 Die Systematik der Brandstiftungsdelikte der §§ 306 ff. ist bereits nach dem Gesetzeswortlaut schwer zu durchdringen. Es empfiehlt sich daher, die Prüfung der Tatbestände, die z. T. aufeinander aufbauen, streng nach der gesetzlichen Reihenfolge vorzunehmen.

26 Konkurrenzfragen sind damit, einem klassischen Missverständnis zuwider, häufig bereits auf Tatbestandsebene von Relevanz und nicht erst bei der Prüfung von Tateinheit und -mehrheit (§§ 52, 53).

27 Siehe zu den verschiedenen Ansätzen JESCHECK/WEIGEND, Strafrecht AT, 5. Aufl. (1996), § 67 II 1; SAMSON/GÜNTHER, in: SK, 24. Lfg., Stand: März 1995, § 52 Rdn. 24 ff.; STREE/STERNBERG-LIEBEN, in: Schönke/Schröder, 27. Aufl. (2006), § 52 Rdn. 23 ff.

betroffen sind, nur unzureichend deutlich machen. Ebenso wenig würde die pauschale Annahme von Idealkonkurrenz dem Problem gerecht, da dies zur Folge hätte, dass jede einzelne verletzte Rechtsposition im Urteilstenor (der eigentlichen öffentlichen Kundgabe des Unrechts) angeführt würde. Vielmehr bietet sich eine *Unterscheidung nach Rechtsgütern* an, was eine Differenzierung nach dem eigentlich betroffenen rechtlichen Interesse ermöglicht. Teilweise wird nur bei der Verletzung höchstpersönlicher Güter eine mehrfache Tatbestandsverwirklichung angenommen, bei Vermögens- und Eigentumsdelikten dagegen lediglich ein einziger Rechtsgutsangriff bejaht[28]. Diese Ansicht lässt jedoch gerade die individuelle, personengebundene Zuordnung von Vermögen und Eigentum außer Betracht. Wenn man Vermögenswerte als Einzelpersonen zustehend erachtet, dann wird der Achtungsanspruch der das Eigentum schützenden Norm mehrfach verletzt, wenn eine Handlung mehrere Eigentümer schädigt[29]. Sind jedoch mehrere Gegenstände nur eines Eigentümers betroffen, so wird der Achtungsanspruch der den Eigentümer schützenden Norm nur einmal verletzt[30]. Somit ist bezüglich der Häuser, die beide im Eigentum des V stehen, nur eine besonders intensive Verwirklichung des § 306 zu prüfen, während bezüglich des Eigentums des N eine eigenständige Tatbestandsverwirklichung zu prüfen ist[31].

(ii) Inbrandsetzen

Inbrandsetzen verlangt ein eigenständiges Weiterbrennen eines wesentlichen Teils des Brandobjektes nach Erlöschen oder Entfernen des Zündstoffes[32]. Unschädlich ist damit, dass B nicht die Gebäude selbst angezündet hat, sondern den Reethaufen, von dem sich der Brand auf die Häuser ausbreiten konnte: Insoweit hatte für B der Reethaufen als Zündstoff die gleiche Funktion wie in anderen Fällen z. B. ein mit Benzin getränkter Lappen.

b) Subjektiver Tatbestand, Rechtswidrigkeit, Schuld und Ergebnis
B handelt bezüglich des Abbrennens der Häuser des V vorsätzlich, rechtswidrig und schuldhaft. Eine Rechtfertigung durch eine Einwilligung des A ist schon mangels Eigentümerstellung nicht möglich[33]. B ist strafbar gem. § 306 Abs. 1 Nr. 1.

5. § 306 a Abs. 1 Nr. 1

a) Objektiver Tatbestand

(i) Haus des V
Das Abbrennen des Hauses des V stellt ein Inbrandsetzen eines Gebäudes, das der Wohnung von Menschen dient, dar (Abs. 1 Nr. 1)[34]. Unbeachtlich ist dabei, dass V gar nicht anwesend ist, da es nur auf die tatsächliche Verwendung des Gebäudes zu Wohnzwecken ankommt, die durch eine (auch längere z. B. urlaubsbedingte) Abwesenheit nicht aufgehoben wird[35].

(ii) Das Altenteil
Bezüglich des Altenteils ist fraglich, ob dieses noch als Gebäude zählt, das der Wohnung von Menschen dient, da A ja ausdrücklich ein Abbrennen des Hauses durch Inbrandsetzen des Reethaufens beabsichtigt. Hier stellt sich das Problem einer ausdrücklich erklärten *Entwidmung* durch den berechtigten Alleinbesitzer, die vorliegend allerdings unter dem Vorbehalt der Rückkehr in das Gebäude, falls dieses nicht Abbrennen sollte, erklärt wurde. Grundsätzlich ist eine Entwidmung anerkannt, da die Wohnnutzung erst durch eine entsprechende Widmung erfolgt und somit auch wieder aufgegeben werden kann, was zur Unanwendbarkeit des § 306 a führt[36]. Nach neuer Rechtsprechung ist nun klargestellt, dass eine Entwidmung auch dann möglich ist, wenn nicht der Eigentümer, sondern nur der berechtigte Besitzer (hier A) den Wohnzweck aufgibt, da dieser und nicht der Eigentümer die eigentliche Wohnnutzung ausübt[37]. Für die Frage der Entwidmung ist ohne Bedeutung, dass der Nutzer sich vorbehält, im

Falle eines Fehlschlags der Brandstiftung das Gebäude wieder zu beziehen (*Rückkehrvorbehalt*), da dies nichts an der zunächst erfolgten Aufgabe des Wohnzweckes ändert[38]. Es ist daher vorliegend keine Wohnnutzung mehr durch A gegeben. Eine Strafbarkeit nach § 306 a scheidet insofern aus[39].

b) Subjektiver Tatbestand, Rechtswidrigkeit, Schuld und Ergebnis
B handelt vorsätzlich, rechtswidrig und schuldhaft. B ist hinsichtlich des Abbrennens des Hauses des V strafbar gem. § 306 a Abs. 1 Nr. 1.

6. §§ 306 a Abs. 2, 22, 23

B begeht als Anknüpfungstat eine Brandstiftung nach § 306 Abs. 1 Nr. 1 und möchte den V (quasi als Durchgangsstadium zur Tötung) in die Gefahr einer schweren Gesundheitsschädigung bringen, so dass er auch einen Versuch des Abs. 2 verwirklicht.

7. §§ 306 b Abs. 1 Alt. 1, 22, 23

Bei § 306 b Abs. 1 Alt. 1 stellt sich die Frage, inwieweit ein Versuch möglich ist. Dabei ist zunächst umstritten, ob eine bereits versuchte Tat nach § 306 bzw. § 306 a als Anknüpfungstat für § 306 b Abs. 1 ausreicht[40]. Dieser Streit kann hier jedoch dahingestellt bleiben, da B sowohl § 306 als auch § 306 a Abs. 1 neben dem Versuch des § 306 a Abs. 2 vollendet hat[41].

§ 306 b Abs. 1 ist nach Ansicht des BGH und der überwiegenden Literatur ein erfolgsqualifiziertes Delikt[42]. Daher ist fraglich, ob ein Versuch der Erfolgsqualifikation möglich ist. Vorliegend sind die möglichen Anknüpfungsdelikte der §§ 306, 306 a zumindest teilweise vollendet, so dass der Fall eines vollendeten Anknüpfungsdelikts mit einem Versuch der Folge gegeben ist. In einem solchen Fall ist – anders als beim oben bei § 221 geprüften Versuch des Grunddelikts mit Versuch der Erfolgsqualifikation – allgemein anerkannt, dass ein Versuch der Erfolgsqualifikation möglich ist[43]. Denn in diesem Fall liegt ein strafbares Grunddelikt vor, das als Anknüpfungspunkt für die Qualifizierung dient.

28 Vgl. z. B. STREE/STERNBERG-LIEBEN, in: Schönke/Schröder, 27. Aufl. (2006), § 52 Rdn. 25/26.
29 So JESCHECK/WEIGEND, Strafrecht AT, 5. Aufl. (1996), § 67 II 1.
30 Dabei bleibt der Grad der Eigentumsverletzung nicht völlig unberücksichtigt, denn dieser kann in der Strafzumessung berücksichtigt werden.
31 Eine andere Ansicht ist hier ebenso vertretbar, so dass insbesondere die Prüfung des Abbrennens des Reethaufens mit dem Abbrennen der Häuser als nur eine Brandstiftung zusammengezogen werden kann.
32 Vgl. BGHSt 7, 38; BGH NJW 2003, 302.
33 Fraglich ist zudem, ob § 306 allein Eigentumsdelikt ist oder auch ein Element der Gemeingefährlichkeit birgt, das das Delikt der Dispositionsmacht des Eigentümers entzieht; zum Schutzgut des § 306 WOLTERS/HORN, in: SK, 65. Lfg., Stand: April 2006, § 306 Rdn. 1.
34 Bei Vorliegen der Nr. 1 ist regelmäßig auch die weitergehende Nr. 3 (Räumlichkeiten, die zeitweilig dem Aufenthalt von Menschen dienen) gegeben; da die Nr. 1 den spezielleren Fall regelt, muss auf diese Variante nicht näher eingegangen werden.
35 Vgl. BGH NJW 82, 2329; BGHSt 26, 122.
36 Vgl. BGHSt 16, 396; BGH NStZ 1994, 130; NStZ-RR 2005, 76 (= JuS 2005, 473); BGH, Urt. v. 24. 5. 2007 – 3 StR 54/07 (JURIS).
37 BGH NStZ-RR 2005, 76.
38 BGH NStZ-RR 2005, 76; StV 2001, 577.
39 § 306 a Abs. 1 Nr. 3 scheitert ebenfalls an der Aufgabe der Nutzung der Räumlichkeiten zum Aufenthalt.
40 Für Vollendung HEINE, in: Schönke/Schröder, 27. Aufl. (2006), § 306 b Rdn. 2; TRÖNDLE/FISCHER, 54. Aufl. (2007), § 306 b Rdn. 3; auch für Versuch etwa GEPPERT, JURA 1998, 597 (603).
41 Eine interessante (wenn auch wenig erörterte) Überlegung ist, inwieweit bei mehreren anzuknüpfenden Straftatbeständen eine mehrfache Verwirklichung des § 306 b gegeben ist. Da das eigentliche Unrecht des § 306 b Abs. 1 in der Verursachung der Gefahr der Gesundheitsschädigung liegt (die nur einmal gegeben ist, auch wenn mehrere Anknüpfungstaten nach § 306 oder § 306 a vorliegen), ist dies jedoch zu verneinen.
42 Vgl. BGHSt 44, 175 (177); LACKNER/KÜHL, 26. Aufl. (2007), § 306 b Rdn. 2.
43 Vgl. BGH NStZ 2001, 371; KÜHL, AT, 5. Aufl. (2005), § 17 a Rdn. 33;

B plant V zu töten, ihm mithin durch das Feuer eine besonders schwere Gesundheitsschädigung (wiederum als Durchgangsstadium zum Tod) zuzufügen[44].

B ist strafbar wegen Versuchs des § 306 b Abs. 1.

8. §§ 306 b Abs. 2 Nr. 1, 22, 23

Da B den V töten möchte, begeht er die Tat nach § 306 a auch in der Absicht, den V in die Gefahr des Todes i. S. v. § 306 b Abs. 2 Nr. 1 zu bringen und erfüllt somit vorsätzlich, rechtswidrig und schuldhaft die Voraussetzungen eines strafbaren Versuchs[45].

9. § 306 b Abs. 2 Nr. 2

B begeht die Brandstiftung nach § 306 a, um durch den Feuertod des V die im Zusammenhang mit dem Überfall auf die Tankstelle begangenen Straftaten weiter geheim zu halten. Damit könnte er die Merkmale der Verdeckungsabsicht und der Ermöglichungsabsicht erfüllen.

In Verdeckungsabsicht handelt wie bei § 211, wer zielgerichtet die Aufdeckung einer Straftat bzw. die Identifizierung des Täters verhindern will[46]. Für die Frage, ob die Kenntnis der Stammtischbrüder des V von dem Überfall eine Verdeckung ausschließt, ist dies wie bereits bei § 211 zu verneinen, da noch keine Kenntnis der Ermittlungsbehörden gegeben ist[47]. B handelt also in Verdeckungsabsicht.

Bei der Ermöglichungsabsicht stellt sich das Problem, ob die beabsichtigte Straftat in der durch den Brand beabsichtigen Tötung liegen kann[48]. Dies wird zum Teil verneint[49]. Allerdings will der Täter in einem solchem Fall das Brandstiftungsunrecht mit weiterem Unrecht verknüpfen, so dass von Sinn und Zweck der Vorschrift auch diese Konstellation unter die Ermöglichungsabsicht zu fassen ist[50]. Da B die Brandstiftung in der Absicht der Tötung des V begeht, liegt das Merkmal der Ermöglichungsabsicht vor.

B begeht somit eine Brandstiftung nach § 306 b Abs. 2 Nr. 2.

10. §§ 306 c, 22, 23

Bei § 306 c handelt es sich wie bei § 306 b Abs. 1 um ein erfolgsqualifiziertes Delikt. In der vorliegenden Konstellation von vollendeten Anknüpfungsdelikten der §§ 306 bis 306 b und versuchter Erfolgsqualifizierung ist auch hier ein Versuch möglich[51]. Da B den Tod des V anstrebt, ist er wegen versuchter Brandstiftung mit Todesfolge strafbar.

11. § 303

B zerstört vorsätzlich, rechtswidrig und schuldhaft zwei Häuser im Eigentum des V. Der nach § 303 c notwendige Strafantrag ist gestellt.

12. § 305

B zerstört vorsätzlich, rechtswidrig und schuldhaft zwei Gebäude im Eigentum des V und ist somit strafbar wegen der Zerstörung von Bauwerken.

13. § 265

B handelt mangels Wissen um den geplanten Versicherungsbetrug ohne die erforderliche Absicht, dem A Leistungen aus einer Versicherung zu beschaffen. Eine Strafbarkeit nach § 265 ist nicht gegeben.

14. Konkurrenzen

Im Rahmen der Konkurrenzen stellt sich die Frage, ob sich die durch eine Handlung (Anzünden des Reethaufens) verwirklichten Tatbestände im Rahmen der Gesetzeskonkurrenz verdrängen mit der Folge, dass B nur aus dem nicht verdrängten Gesetz bestraft wird, oder ob Tateinheit vorliegt und somit die Strafe gem. § 52 ermittelt wird sowie die verwirklichten Tatbestände im Tenor erwähnt werden[52].

a) Versuchsstraftaten innerhalb der Brandstiftungsdelikte

Innerhalb der Brandstiftungsdelikte gilt zunächst: Bei den Versuchsstraftaten, die in Bezug auf eine Tötung des V erfolgten, verdrängt der speziellere § 306 c die §§ 306 a Abs. 2, 306 b Abs. 1, 306 b Abs. 2 Nr. 1, da die Gesundheitsgefährdungen nur Durchgangsstadien zur Tötung des V darstellen[53].

b) Vollendete Straftaten innerhalb der Brandstiftungs- und Eigentumsdelikte

Im Rahmen der vollendeten Straftaten geht § 306 b Abs. 2 Nr. 2 als speziellerer Tatbestand dem § 306 a Abs. 1 Nr. 1 vor[54]. Umstritten ist das Verhältnis zwischen § 306 und § 306 a. In der Literatur wird überwiegend angenommen, dass § 306 a als Tatbestand zum Schutz des Menschen vor Brandgefahren in Tateinheit zum Eigentumsschutzdelikt des § 306 steht[55]. Nach dem BGH wird dagegen § 306 zumindest im Fall des Abs. 1 Nr. 1 durch § 306 a Abs. 1 Nr. 1 verdrängt, da der Schutz der Wohnung den Bereich des fremden Eigentums mitumfasst[56]. Diese Ansicht übergeht aber die ganz unterschiedlichen Schutzrichtungen: Zwar umfassen beide Tatbestände das für Brandgefahren typische Element der Gemeingefährlichkeit, aber bei § 306 a wird primär der Schutz von Leib und Leben (im Rahmen des Wohnraums) bezweckt, während § 306 vor allem dem Schutz bestimmter Eigentumsobjekte (wie z. B. Gebäuden) dient[57]. Auch der Deliktscharakter (§ 306 a: abstraktes Gefährdungsdelikt; § 306: Eigentumsverletzungsdelikt) würde übergangen. Insoweit tritt § 306 nicht hinter § 306 a zurück.

Im Verhältnis zwischen den §§ 303, 305 und 306 besteht weitgehende Einigkeit, dass § 306 als besonders qualifizierte Sachbeschädigung § 303 verdrängt[58]. Dies gilt im vorliegenden Fall

ROXIN, AT II, München 2003, § 29 Rdn. 319; WESSELS/BEULKE, AT, 37. Aufl. (2007), Rdn. 617.

44 Seit dem 6. StrRG wird keine schwere Körperverletzung (i. S. v. § 226) mehr verlangt, bei der fraglich wäre, ob diese von einem Tötungsvorsatz umfasst ist. In Bezug auf den weitergehenden Begriff der schweren Gesundheitsschädigung ist dies jedoch insofern unproblematisch, als die schwerste zuzufügende Gesundheitsschädigung jene ist, die zum Tode führt.

45 § 306 b Abs. 2 Nr. 1 wird allgemein als normale Qualifikation aufgefasst, die bzgl. der Todesgefahr Vorsatz erfordert, vgl. etwa TRÖNDLE/FISCHER, 54. Aufl. (2007), § 306 b Rdn. 7; ein Versuch ist somit unproblematisch möglich.

46 RADTKE, in: MüKo, Bd. 4 (2006), § 306 b Rdn. 16 ff.; HEINE, in: Schönke/Schröder, 27. Aufl. (2006), § 306 b Rdn. 10; TRÖNDLE/FISCHER, 54. Aufl. (2007), § 306 b Rdn. 8 ff.

47 Vgl. oben unter A. I. 1. a. Die Rechtsgedanken aus § 211 sind hier insoweit unter dem Gedanken der Einheit der Rechtsordnung übertragbar, da gleiche Begriffe auch grundsätzlich gleich auszulegen sind.

48 Da B nichts vom geplanten Versicherungsbetrug des A weiß, kommt diese Straftat nicht als Bezugstat in Betracht.

49 ARZT/WEBER, BT (2000), § 37 Rdn. 45; WOLTERS/HORN, in: SK, 65. Lfg., Stand: April 2006, § 306 b Rdn. 11 b; zur Rspr. siehe Fn. 50.

50 Vgl. BGHSt 45, 211 (213); 20, 247 (zur aF); HEINE, in: Schönke/Schröder, 27. Aufl. (2006), § 306 b Rdn. 11; RADTKE, in: MüKo, Bd. 4 (2006), § 306 b Rdn. 21; abw. nun aber BGHSt 51, 236 im Fall des Zusammentreffens mit § 265, da die Rspr. zur aF vor allem der Korrektur unbilliger Strafrahmendivergenzen diente; ob die geänderte Rspr. auch für den Fall des § 211 gilt, ist noch offen.

51 Vgl. BGH JR 2005, 127 m. Anm. Wolff; MAURACH/SCHROEDER/MAIWALD, BT/2, 9. Aufl. (2005), § 51 Rdn. 35; HEINE, in: Schönke/Schröder, 27. Aufl. (2006), § 306 c Rdn. 9; siehe auch bereits oben unter A. I. 7.

52 Vgl. zu Konkurrenzfragen etwa SAMSON/GÜNTHER, in: SK, 24. Lfg., Stand: März 1995, vor § 52 Rdn. 1 ff., insbes. 79 ff.; WESSELS/BEULKE, AT, 37. Aufl. (2007), Rdn. 750 ff.

53 WOLTERS/HORN, in: SK, 65. Lfg., Stand: April 2006, § 306 c Rdn. 9.

54 Vgl. WOLTERS/HORN, in: SK, 65. Lfg., Stand: April 2006, § 306 b Rdn. 21.

55 Vgl. MAURACH/SCHROEDER/MAIWALD, BT/2, 9. Aufl. (2005), § 51 Rdn. 3, 12; HEINE, in: Schönke/Schröder, 27. Aufl. (2006), § 306 Rdn. 24.

56 BGH NJW 2001, 765.

57 Vgl. eingehend RADTKE, Die Dogmatik der Brandstiftungsdelikte (1998), S. 160 ff.; 387 ff.

58 DUTTGE, JURA 2006, 15 (16); MAURACH/SCHROEDER/MAIWALD, BT/2, 9. Aufl. (2005), § 51 Rdn. 12; so auch bereits BGHSt 6, 107.

auch für § 305, da die Zerstörung des Gebäudes durch die spezielle Handlung der Brandlegung erfolgt.

c) Verhältnis zwischen versuchten und vollendeten Straftaten
Weiterhin ist fraglich, inwieweit die *vollendeten* §§ 306, 306 b hinter den *Versuch* des § 306 c zurücktreten. Dafür spräche, dass § 306 c das schwerste Delikt der Brandstiftungsdelikte darstellt und die anderen Brandstiftungsdelikte im Wege der Subsidiarität verdrängt[59]. Nach neuerer Rechtsprechung würde im Falle eines Zurücktretens jedoch nicht klargestellt, dass neben dem Versuch auch bereits ein Brandstiftungserfolg eingetreten ist, so dass das Unrecht der Tat nicht vollumfassend gekennzeichnet würde (sog. *Klarstellungsfunktion der Idealkonkurrenz*)[60]. Diese Ansicht überzeugt, da nur durch die Bejahung von Idealkonkurrenz zum Ausdruck gebracht werden kann, dass B nicht nur eine Tötung des V durch Brandstiftung beabsichtigt hat, sondern auch das Haus des V zur Verdeckung der aus dem Überfall auf die Tankstelle begangenen Straftaten tatsächlich abgebrannt hat. Insoweit ist also Idealkonkurrenz zwischen versuchtem und vollendetem Delikt anzunehmen.

d) Verhältnis der Brandstiftungsdelikte zum versuchten Mord
Schließlich ist noch das Verhältnis zum versuchten Mord und zur versuchten gefährlichen Körperverletzung zu klären. Die versuchte gefährliche Körperverletzung tritt dabei als notwendiges Durchgangsstadium zur Tötung aufgrund von Subsidiarität hinter den versuchten Mord zurück[61]. Das Verhältnis von Mord zu Brandstiftung mit Todesfolge ist umstritten, zum Teil wird aus Klarstellungsgründen Tateinheit angenommen[62]. Allerdings erfüllt der typische Brand das Merkmal des gemeingefährlichen Mittels von § 211. Soweit also die Mordmerkmale bereits das typische Brandstiftungsunrecht miterfassen, ist von einem Vorrang des Mordes gegenüber der Brandstiftung mit Todesfolge auszugehen[63]. Die versuchte Brandstiftung mit Todesfolge tritt hier hinter den versuchten Mord zurück. Insofern es dagegen die vollendeten Brandstiftungsdelikte betrifft, wird deren spezifisches Brandstiftungsunrecht (z. B. das Abbrennen des Wohnhauses) durch den Mord nicht erfasst, so dass diese aus Klarstellungsgründen in Tateinheit zum versuchten Mord stehen.

e) Ergebnis
Insgesamt ist B wegen des Abbrennens der Häuser strafbar gem. §§ 211, 22, 23; 306 Abs. 1 Nr. 1; 306 b Abs. 2 Nr. 2; 52.

II. Das Abbrennen des Reethaufens

1. § 306 Abs. 1 Nr. 3

a) Objektiver Tatbestand
Mit dem Anzünden des Reethaufens hat B einen Warenvorrat des N in Brand gesteckt. Da das Schilfrohr für die kommerzielle Verwendung bereits behandelt und bearbeitet ist, stellt es Arbeitsmaterial und in größerer Anzahl einen Warenvorrat im Sinne von § 306 Abs. 1 Nr. 3 und nicht mehr ein landwirtschaftliches Erzeugnis im Sinne der Nr. 6 dar, welches nur (unbearbeitete) Rohprodukte erfasst[64].

b) Subjektiver Tatbestand
Allerdings glaubt B, er zünde einfaches Schilfrohr und damit ein landwirtschaftliches Erzeugnis nach Nr. 6 an. Es liegt ein sog. *Irrtum über Tatbestandsalternativen* (bzw. genauer: über Tatbestandsvarianten) vor, dessen Behandlung umstritten ist[65]. Einen solchen Irrtum generell für beachtlich oder unbeachtlich zu halten[66], würde den unterschiedlichen gesetzlich geregelten Fallkonstellationen nicht gerecht, die weder nur jeweils eigenständige Delikte noch zwingend verwandte Begehungsarten beinhalten. So ist zwischen den jeweils in Frage kommenden Varianten zu

differenzieren. Wenn diese Varianten im Unrechtsgehalt qualitativ vergleichbar sind und insoweit zwischen subjektiv gewolltem und objektiv verwirklichtem Unrecht im Sinne des Tatbestandes kein relevanter Unterschied besteht, ist ein Irrtum unbeachtlich[67]. Nur wenn keine Vergleichbarkeit gegeben ist, ist ein nach § 16 relevanter Irrtum zu bejahen.

Im vorliegenden Fall handelt es sich bei Warenvorrat und landwirtschaftlichem Erzeugnis nicht um wesensverschiedene Varianten, sondern die Ware ist häufig nur eine höherwertige Produktionsstufe des landwirtschaftlichen Erzeugnisses. So ist das Reet als Baumaterial im Kern immer noch das das landwirtschaftliche Produkt des Schilfrohrs, das nun durch die technische und chemische Bearbeitung einer eigenen im merkantilen Sinne höherwertigen Verwendung zugeführt werden kann. Aufgrund dieser Vergleichbarkeit ist der Irrtum des B als unbeachtlich einzustufen.

c) Rechtswidrigkeit, Schuld, Ergebnis
Rechtswidrigkeit und Schuld sind gegeben. B ist strafbar gem. § 306 Abs. 1 Nr. 3.

2. § 303
B zerstört vorsätzlich, rechtswidrig und schuldhaft eine Sache im Eigentum des N. Der nach § 303 c notwendige Strafantrag ist gestellt.

3. Konkurrenzen
§ 303 tritt hinter den spezielleren § 306 zurück.

III. Konkurrenzen

Durch die gleiche Tathandlung (Anzünden des Reethaufens) hat B neben den Häusern den Reethaufen im Eigentum des N abgebrannt. Daher stehen die Taten im Verhältnis der Idealkonkurrenz zueinander[68]. Insgesamt ergibt sich somit §§ 211, 22, 23; 306 Abs. 1 Nr. 1; 306 Abs. 1 Nr. 3; 306 b Abs. 2 Nr. 2; 52.

B. Strafbarkeit des A

I. Das Abbrennen der Häuser

1. Versuchter Mord sowie Versuch der §§ 306 a Abs. 2, 306 b Abs. 1 Alt. 1, 306 b Abs. 2 Nr. 1, 306 c in mittelbarer Täterschaft
A hat bei B den Vorsatz hervorgerufen, einen strafbaren Versuch

59 Vgl. so zu vollendeter Brandstiftung mit Todesfolge und vollendeter (besonders) schwerer Brandstiftung BGH NStZ-RR 2000, 209; StV 2005, 88.

60 So BGH NStZ-RR 2004, 367 (= JuS 2005, 276); siehe auch Kühl, AT, 5. Aufl. (2005), § 21 Rdn. 56.

61 Sog. Einheitstheorie, vgl. BGHSt 6, 123; Tröndle/Fischer, 54. Aufl. (2007), § 211 Rdn. 50.

62 Radtke, in: MüKo, Bd. 4 (2006), § 306 c Rdn. 31; Heine, in: Schönke/Schröder, 27. Aufl. (2006), § 306 c Rdn. 11; Tröndle/Fischer, 54. Aufl. (2007), § 306 c Rdn. 7.

63 Vgl. Wolters/Horn, in: SK, 65. Lfg., Stand: April 2006, § 306 Rdn. 5.

64 Vgl. zu diesen Begriffen nur Herzog, in: NK, 2. Aufl. (2005), § 306 Rdn. 20; Wolters/Horn, in: SK, 65. Lfg., Stand: April 2006, § 306 Rdn. 5.

65 Zur Thematik siehe Fischer, Der Irrtum über Tatbestandsalternativen (2000); Rolofs, JA 2003, 307; Schroeder, GA 1979, 321.

66 Vgl. dazu den Überblick bei Fischer, Der Irrtum über Tatbestandsalternativen (2000), S. 87 ff.

67 Vgl. zu diesem Ansatz bereits RGSt 35, 285; Fischer, Der Irrtum über Tatbestandsalternativen (2000), S. 137; Wessels/Beulke, AT, 37. Aufl. (2007), Rdn. 246.

68 Soweit der gleiche Tatbestand erfüllt wurde, spricht man von gleichartiger Idealkonkurrenz, ansonsten von ungleichartiger Idealkonkurrenz; zu den Begriffen vgl. Stree/Sternberg-Lieben, in: Schönke/Schröder, 27. Aufl. (2006), § 52 Rdn. 22 ff.

der §§ 211, 306a Abs. 2, 306b Abs. 1 Alt. 1, 306b Abs. 2 Nr. 1, 306c zu begehen.

Durch die Täuschung des B, der V wisse um Überfall auf die Tankstelle, bewegt A den B erst zum Anzünden des Reethaufens, benutzt ihn quasi als Werkzeug. Es kann daher überlegt werden, ob diese Täuschung des B nicht eine täterschaftliche Stellung des A als mittelbarer Täter durch Willensherrschaft kraft Irrtums begründet[69]. Allerdings unterliegt der B nur einem unbeachtlichen Irrtum über das Motiv der Tat. Dabei handelt es sich um Umstände, die außerhalb der eigentlichen Deliktsverwirklichung liegen und daher auch zu einer voll verantwortlichen Strafbarkeit des B führen[70]. Die Einflussnahme auf diesen außerrechtlichen Bereich des Motivs allein etabliert keine herausragende Herrschaft des A über die Tat des B und kann somit keine mittelbare Täterschaftsstellung des A begründen.

A ist nicht als mittelbarer Täter strafbar.

2. Anstiftung zum versuchten Mord sowie Anstiftung zum Versuch der §§ 306a Abs. 2, 306b Abs. 1 Alt. 1, 306b Abs. 2 Nr. 1, 306c

In Betracht kommt bei A aber eine Verantwortlichkeit als Urheber der Tat, mithin als Anstifter.

Die für eine Strafbarkeit als Anstifter notwendigen Haupttaten und ein entsprechendes Anstifterhandeln seitens A liegen vor[71]. Eine Anstiftung setzt allerdings einen doppelten Anstiftervorsatz voraus, also zum einen Vorsatz bezüglich der Hervorrufung des Tatentschlusses und zum anderen Vorsatz bezüglich der Vollendung der Haupttat.

Will der Anstifter dagegen gar nicht die Vollendung der Haupttat, bleibt er als sog. *agent provocateur* straffrei[72]. Ohne einen solchen entsprechenden Vorsatz fehlt es an einem eigenen Angriff des Anstiftenden auf das vom Haupttäter angegriffene Rechtsgut. Zumeist wird die Konstellation im Rahmen des polizeilichen Lockspitzel erörtert, der einen Täter überführen möchte. Jedoch ist die Anwendbarkeit nicht auf diese »moralisch billigenswerte« Variante beschränkt, sondern stellt eine allgemeine Rechtsfigur dar[73]. Sie greift also auch bei dem »böswilligen« Vorsatz des A, den B in seinem Sinne als Brandstifter einzusetzen, da ihm gleichermaßen der tatbestandsbezogene Vorsatz (der für sich frei von jeglicher moralischen Wertung ist) fehlt. Da A weder die Tötung des V noch die Gefahr einer (schweren) Gesundheitsschädigung bzw. eine Todesgefahr für V anstrebt, fehlt ihm der Vorsatz zur Vollendung der §§ 211, 306a Abs. 2, 306b Abs. 1 Alt. 1, 306b Abs. 2 Nr. 1, 306c durch B.

A ist nicht als Anstifter strafbar.

3. §§ 306 Abs. 1 Nr. 1, 26

A stiftet B vorsätzlich[74], rechtswidrig und schuldhaft zu einer Brandstiftung an den Häusern des V an.

4. §§ 306a Abs. 1 Nr. 1, 26

A stiftet B vorsätzlich, rechtswidrig und schuldhaft an, ein Wohngebäude i. S. v. § 306a Abs. 1 Nr. 1 anzuzünden. Sein Vorsatz entfällt nicht deswegen, weil ihm bekannt ist, dass V gar nicht anwesend ist, denn er weiß um die relevante Eigenschaft als Wohngebäude. Eine teleologische Reduktion des Tatbestands kommt allenfalls bei kleinen überschaubaren Wohnräumen in Betracht, in denen der Täter durch Kontrolle eine Anwesenheit von Menschen ausschließen kann[75]. Dies trifft auf das dreistöckige Haus des V, das weder von A noch von B auf anwesende Personen kontrolliert wird, jedoch nicht zu.

A ist daher als Anstifter gem. §§ 306a Abs. 1 Nr. 1, 26 strafbar.

5. §§ 306b Abs. 2 Nr. 2, 26

a) Objektiver Tatbestand
A bestimmt B zur Begehung einer vollendeten Tat nach §§ 306b Abs. 2 Nr. 2.

b) Subjektiver Tatbestand
A weiß, dass B die Brandstiftung zur Verdeckung der durch den Überfall auf die Tankstelle begangenen Straftaten begeht. A selbst möchte die Brandstiftung jedoch nur zur Ermöglichung des Versicherungsbetrugs begehen. Insoweit stellt sich die Frage, inwieweit bei ihm der Vorsatz zur Anstiftung gegeben ist.

Die Verdeckungs- und Ermöglichungsabsicht stellt bei § 306b (wie nach überwiegender Ansicht im Schrifttum bei § 211) ein täterbezogenes persönliches Merkmal i. S. v. § 28 und kein rein tatbezogenes Merkmal dar[76]. Bei der Regelung des § 306b Abs. 2 handelt es sich um einen strafschärfenden Qualifikationstatbestand zu § 306a, so dass die Regelung von § 28 Abs. 2 einschlägig ist[77]. Diese bewirkt nach überwiegender Ansicht eine Tatbestandsverschiebung, so dass der Teilnehmer nur dann aus dem Qualifikationstatbestand bestraft werden kann, wenn er selbst das Merkmal aufweist[78]. Da A – anders als der Haupttäter B – keine Verdeckungsabsicht und keine Ermöglichungsabsicht *bezüglich der Tötung des V* aufweist, käme somit eine Bestrafung als Anstifter nicht in Betracht.

Allerdings handelt A in dem Willen, seiner Versicherung ein angeblich in dem Feuer verbranntes Gemälde zu melden, um die Versicherungssumme zu erlangen. Er möchte also bei der Versicherung durch Täuschung einen Irrtum erregen, der die Versicherung zu einer Vermögensverfügung bewegt und ihr dadurch einen Schaden zufügen (da A mangels Verbrennens des Bildes keinen rechtmäßigen Anspruch auf die Versicherungssumme hat), mithin einen Betrug nach § 263 begehen[79]. Diese Absicht, einen Versicherungsbetrug zu begehen, kommt grundsätzlich als Ermöglichungsabsicht im Sinne von § 306b Abs. 2 Nr. 2 in Betracht. In einem solchen Fall »*gekreuzter Brandstiftungsmerkmale*« erfolgt dann doch die Bestrafung aus dem Qualifikationsdelikt, da es für die Verwirklichung eines Tatbestands, der mehrere persönliche Merkmale enthält, nicht darauf ankommt, dass Täter und Teilnehmer das gleiche Merkmal verwirklichen[80]. Insoweit wäre also A wegen Anstiftung zu § 306b Abs. 2 Nr. 2 zu bestrafen.

---

69 Vgl. zu dieser Konstellation des Irrtums über taterhebliche Handlungsvoraussetzungen Roxin, Täterschaft und Tatherrschaft, 8. Aufl. (2006), S. 212, 217 ff.

70 Vgl. hierzu Jakobs, AT, 2. Aufl. (1993), 8/82 u. 21/101.

71 Zu den Voraussetzungen der Anstiftung vgl. etwa Wessels/Beulke, AT, 37. Aufl. (2007), Rdn. 567 ff.

72 Zum agent provocateur vgl. Jakobs, AT, 2. Aufl. (1993), 23/16; Jescheck/Weigend, Strafrecht AT, 5. Aufl. (1996), § 64 II 2 b sowie eingehend Nikolidakis, Grundfragen der Anstiftung (2004), S. 57 ff.; Mitsch, Straflose Provokation strafbarer Taten (1986), S. 1 ff.

73 Vgl. nur Roxin, AT II (2003), § 26 Rdn. 151 m. w. N.

74 Im Gegensatz zu den unter 1. genannten Delikten wollte A in diesem Fall gerade die Vollendung der Haupttat, nämlich das Abbrennen der Häuser.

75 Vgl. Herzog, in: NK, 2. Aufl. (2005), § 306a Rdn. 3.

76 BGH NJW 2000, 3581 f.; Liesching, Die Brandstiftungsdelikte (2002), S. 63 ff.; Radtke, Die Dogmatik der Brandstiftungsdelikte (1998), S. 351; Wolters/Horn, in: SK, 65. Lfg., Stand: April 2006, § 306b Rdn. 15; zu § 211 vgl. Eser, in: Schönke/Schröder, 27. Aufl. (2006), § 211 Rdn. 49.

77 BGH NJW 2000, 3581; Liesching, Die Brandstiftungsdelikte (2002), S. 65; Radtke, Die Dogmatik der Brandstiftungsdelikte (1998), S. 349; Heine in Schönke/Schröder, 27. Aufl. (2006), § 306b Rdn. 1, 12.

78 Vgl. nur Cramer/Heine, in: Schönke/Schröder, 27. Aufl. (2006), § 28 Rdn. 28.

79 Zu den Voraussetzungen des (Versicherungs-)betrugs siehe Cramer, in: Schönke/Schröder, 27. Aufl. (2006), § 263 Rdn. 5 ff., 188 g f.

80 Vgl. BGHSt 23, 29; Jescheck/Weigend, Strafrecht AT, 5. Aufl. (1996), § 61 VII 3 d.

Umstritten ist jedoch, ob ein angestrebter Versicherungsbetrug (insbesondere wenn nur ein Versicherungsmissbrauch nach § 265 gegeben ist) als Verdeckungstat ausreicht, da durch die Verknüpfung mit der Brandstiftung die Mindeststrafe bei fünf Jahren Freiheitsentzug liegt, was mit der weit geringeren Strafdrohung des § 265 bzw. des § 263 konfligiert. Dies wird in der Literatur teilweise kritisch gesehen und eine einschränkende Auslegung gefordert[81]. Allerdings ist der Wortlaut des § 306 b eindeutig und zudem kann die Verknüpfung von Unrecht mit weiterem Unrecht als gesteigerter Intentionsunwert eine Erhöhung des Strafrahmens rechtfertigen, so dass mit der Rechtsprechung jede Straftat im Sinne des StGB ausreicht[82]. Die Höhe eines Strafrahmens ist gesetzgeberische Wertung und gegebenenfalls von diesem zu korrigieren. A handelt daher mit Ermöglichungsabsicht im Sinne von § 306 b Abs. 2 Nr. 2.

c) Rechtswidrigkeit, Schuld, Ergebnis
A handelt rechtswidrig und schuldhaft und ist somit wegen Anstiftung zu § 306 b Abs. 2 Nr. 2 zu bestrafen.

6. §§ 303, 26
A stiftet B vorsätzlich, rechtswidrig und schuldhaft zur Zerstörung zweier Häuser im Eigentum des V an. Der nach § 303 c notwendige Strafantrag ist gestellt.

7. §§ 305, 26
A stiftet B vorsätzlich, rechtswidrig und schuldhaft zur Zerstörung zweier Gebäude im Eigentum des V an.

8. Konkurrenzen
Entsprechend den obigen Ausführungen zu B[83] ergibt sich für A eine Strafbarkeit gem. §§ 306 Abs. 1 Nr. 1, 26; §§ 306 b Abs. 2 Nr. 2, 26; § 52.

II. Das Abbrennen des Reethaufens

1. §§ 306 Abs. 1 Nr. 3, 26
A stiftet B vorsätzlich, rechtswidrig und schuldhaft zu einer Brandstiftung an einem Warenvorrat im Eigentum des N an.

2. §§ 303, 26
A stiftet B vorsätzlich, rechtswidrig und schuldhaft zur Zerstörung einer Sache im Eigentum des N an.

3. Konkurrenzen
Die Anstiftung zu § 303 tritt hinter den spezielleren § 306 zurück.

III. Das Verstecken des Gemäldes

1. § 265
Das Gemälde stellt eine gegen Zerstörung, somit gegen Untergang, versicherte Sache dar. Durch das Entfernen aus dem von A bewohnten Haus und Verstecken in der Jagdhütte hat A die Sache beiseite geschafft, da er durch diese räumliche Veränderung eine

Sachlage geschaffen hat, die in Verbindung mit dem abgebrannten Haus die Vortäuschung eines Versicherungsfalles ermöglicht[84]. A hat diesbezüglich Vorsatz und weist die spezifische Absicht auf, sich in der Folge Leistungen aus der Versicherung zu verschaffen. Er handelt rechtswidrig und schuldhaft und ist daher strafbar gem. § 265.

2. §§ 263 Abs. 1, Abs. 2, Abs. 3 Nr. 5, 22, 23
Ein versuchter Versicherungsbetrug gem. §§ 263 Abs. 1, 22, 23, der nach § 263 Abs. 2 unter Strafe steht, in einem besonders schweren Fall des Regelbeispiels nach § 263 Abs. 3 Nr. 5 scheitert daran, dass ein unmittelbares Ansetzen erst mit Geltendmachung des Anspruchs gegenüber der Versicherung und noch nicht durch ein Beiseiteschaffen des versicherten Objekts gegeben ist[85].

IV. Konkurrenzen

Der Versicherungsmissbrauch wird durch eine gegenüber der Anstiftung des B eigenständige Handlung vorgenommen, so dass § 265 in Tatmehrheit (§ 53) zu den in Tateinheit (§ 52) verwirklichten §§ 306 Abs. 1 Nr. 1, 26; §§ 306 Abs. 1 Nr. 3, 26; §§ 306 b Abs. 2 Nr. 2, 26 steht.

Gesamtergebnis

A. Strafbarkeit des B:

B ist strafbar gem. §§ 306 Abs. 1 Nr. 1; 306 Abs. 1 Nr. 3; 306 b Abs. 2 Nr. 2; 211, 22, 23; 52.

B. Strafbarkeit des A:

A ist strafbar gem. § 265 tatmehrheitlich (§ 53) verwirklicht mit §§ 306 Abs. 1 Nr. 1, 26; §§ 306 Abs. 1 Nr. 3, 26; §§ 306 b Abs. 2 Nr. 2, 26; § 52. Nach § 53 ist eine Gesamtstrafe zu bilden.

---

[81] Vgl. nur ARZT/WEBER, BT (2000), § 37 Rdn. 44; HEINE, in: Schönke/Schröder, 27. Aufl. (2006), § 306 b Rdn. 13.

[82] BGHSt 45, 217; BGH NStZ-RR 2004, 366; zustimmend etwa MAURACH/SCHROEDER/MAIWALD, BT/2, 9. Aufl. (2005), § 51 Rdn. 29; RADTKE, in: MüKo, Bd. 4 (2006), § 306 b Rdn. 20.

[83] Siehe oben unter A. I. 14.

[84] Vgl. PERRON, in: Schönke/Schröder, 27. Aufl. (2006), § 265 Rdn. 9; TRÖNDLE/FISCHER, 54. Aufl. (2007), § 265 Rdn. 6.

[85] Das Regelbeispiel nach § 263 Abs. 3 Nr. 5 setzt zwingend eine Straftat nach § 263 voraus (§ 265 genügt diesbezüglich nicht); insoweit muss auf die Problematik des Versuchs eines Regelbeispiels, das keinen tatbestandlichen Charakter hat, sondern Strafzumessungsregel ist, nicht näher eingegangen werden, vgl. hierzu etwa TRÖNDLE/FISCHER, 54. Aufl. (2007), § 46 Rdn. 97 ff.; zum Versicherungsbetrug siehe TIEDEMANN, in: LK, 11. Aufl., Stand: 1. 10. 1999, § 263 Rdn. 302; KINDHÄUSER, in: NK, 2. Aufl. (2005), § 263 Rdn. 399.

Fall 10

Strafrecht

Drei aktuelle Entscheidungen[1]

Von Prof. Dr. Axel Montenbruck und Wiss. Mit. Daniel Schubert, Berlin

Prozessbetrug – Näheverhältnis – Versuchsbeginn bei mittelbarer Täterschaft – Gefährlicher Eingriff in den Straßenverkehr – Urkundenfälschung – Urkundenbegriff

Bei der nachfolgenden Lösung handelt es sich nicht um eine »Musterlösung«, wie sie für die Note »sehr gut (18 Punkte)« von den Bearbeitern im Examen oder in der Übung erwartet würde. Die Lösungen, wie sie üblicherweise auch in JURA *als (je nach Schwierigkeitsgrad: Anfänger-, Vorgerückten- oder Examens-) Klausur veröffentlicht werden, sind bekanntlich nicht unter Klausurbedingungen entstanden und könnten selbst von uns Professoren oder erfahrenen Wiss. Mitarbeitern wohl kaum in dieser Qualität gefertigt werden. Daher sei eine Klausur-Lösung nachfolgend einmal in anderer Form präsentiert, nämlich als Korrektur- und Benotungshinweise an die Korrekturassistenten: zum einen, um den künftigen Examenskandidaten/-innen Mut zu machen; dann aber auch, um ihnen zu zeigen, was von ihnen unter Klausurbedingungen erwartet wird und was dabei besonders notenwichtig oder auch eher weniger notenrelevant ist.*

Die Herausgeber

SACHVERHALT

A hatte von V einen gebrauchten Pkw erworben. In der Folgezeit zeigte er sich mit dem Kauf zunehmend unzufrieden, machte eine Reihe von Mängeln geltend und verlangte schließlich die Zurücknahme des Fahrzeugs. Da es zu keiner Einigung mit V kam, erhob A Klage auf Rückzahlung des Kaufpreises Zug um Zug gegen Rückgabe des Fahrzeugs. Der zuständige Richter R am angerufenen *LG* erließ einen Beweisbeschluss auf Einholung eines Sachverständigengutachtens zu den behaupteten Mängeln. Unter anderem sollte sich der Sachverständige zur Behauptung des A äußern, das elektrische Steuerungssystem »ABS/ESP« des Fahrzeugs sei defekt. Der beauftragte Sachverständige S vereinbarte mit A einen Besichtigungstermin. Da A befürchtete, dass die von S festzustellenden Mängel sein Rücktrittsbegehren noch nicht rechtfertigten, beschloss er, in das Fahrzeug einen weiteren »Mangel« einzubauen. Er lockerte daher mit einem Schraubenschlüssel die Verschraubung der Bremsleitung zur rechten hinteren Radbremse an der Hydraulik-Steuereinheit (ABS-Block). Diese Manipulation hatte, wie von dem sachkundigen A vorhergesehen, zur Folge, dass nunmehr beim nächsten Betätigen der Bremse an der gelockerten Verbindung durch den sich aufbauenden Bremsdruck Bremsflüssigkeit austreten würde, mit der Folge, dass der Bremsdruck durch die Hydraulikflüssigkeit zunächst nicht in vollem Umfang auf die Räder übertragen werden könnte. Erst beim weiteren Durchtreten des Bremspedals in Richtung Bodenblech käme der aus Sicherheitsgründen vorhandene zweite Bremskreis zur Wirkung. Der S fuhr das Fahrzeug ca. 100 m vom Hof des A bis zu einer roten Ampel und konnte es dort (wie von A vorhergesehen) erst durch zweimaliges Durchtreten der Bremse mit dem zweiten Bremskreis zum Stehen bringen. Bei einer anschließenden Überprüfung der Bremsanlage durch S kam allerdings die Manipulation des A ans Licht.

Um seinen Frust über diese Pleite abzureagieren, bestieg A kurzerhand ein Taxi in Richtung Flughafen. Auf der Autobahn gab er plötzlich vor, einen Herzinfarkt zu haben und keine Luft mehr zu bekommen. Als die Taxifahrerin T daraufhin die Fahrt

verlangsamte, um auf dem Seitenstreifen anzuhalten und einen Notarzt zu benachrichtigen, war der auf dem Beifahrersitz sitzende A damit nicht einverstanden und bestand auf eine Weiterfahrt. Er griff unvermittelt in das Lenkrad des Taxifahrzeugs, so dass dieses ins Schlingern geriet. Die T konnte das Fahrzeug jedoch wieder unter Kontrolle bringen, hielt auf dem Seitenstreifen an und weigerte sich weiterzufahren. Anschließend stieg sie aus dem Taxi aus und entfernte sich einige Meter. A nahm daraufhin ihre Verfolgung auf und warf die T zu Boden. Nachdem T wieder aufgestanden war, verfolgte A sie erneut und stieß sie – als er sie erreicht hatte – wiederum zu Boden. Die T fiel dabei seitlich auf die rechte Fahrspur der viel befahrenen Bundesautobahn A 92. Ihr Kopf kam in Richtung Mittelleitplanke ungefähr auf der Höhe des Mittelstreifens zu liegen. Sodann setzte sich A auf die T und forderte sie auf weiterzufahren. Während die T dergestalt fixiert auf der Fahrbahn lag, fuhren mehrere nachfolgende Pkw mit hoher Geschwindigkeit dicht an ihrem Kopf vorbei. Andere Fahrzeuge mussten ausweichen und auf die linke Fahrspur wechseln, um T und A nicht zu überfahren. Durch den Sturz erlitt T unter anderem Prellungen im rechten Schulterbereich sowie Blutergüsse am Kopf und am Knie.

Einige Wochen später versuchte A, entnervt von peniblen Sachverständigen, widerspenstigen Taxifahrerinnen und der Münchener Parkplatznot, wenigstens seine Parkmöglichkeiten zu erweitern. Dazu fertigte er Farbkopien des Schwerbehindertenausweises eines Freundes sowie eines fremden Parkausweises an. Sodann stellte er sein Auto auf einem Behindertenparkplatz ab und legte beide Kopien sichtbar hinter der Windschutzscheibe aus, um eine Parkberechtigung vorzutäuschen. Polizeihauptmeister P erkannte beide Ausweise jedoch sofort als Fotokopien. Den Parkausweis hatte A beiderseits kopiert und in einer Klarsichtfolie eingeschweißt. Auf der Kopie waren deutlich Knitterspuren des Originalausweises zu erkennen. Beim Schwerbehindertenausweis war die Kopie schon daraus ersichtlich, dass kein Originallichtbild aufgebracht war und die Ösen, mit denen das Lichtbild befestigt wird, kopiert waren.
Prüfen Sie die Strafbarkeit des A nach dem StGB.

LÖSUNGSSKIZZE

1. Handlungsabschnitt: Manipulation am gekauften Kfz

*Im Mittelpunkt steht hier offensichtlich die Problematik des **Prozessbetruges** in der Konstellation der **mittelbaren Täterschaft**. Die Bearbeiter sollten daneben nicht zuviel Zeit auf andere »Randdelikte«, insbesondere Überlegungen zu den möglichen Auswirkungen der Manipulation (Sachbeschädigung, Straßenverkehr) verschwen-*

---

1 Die Klausur wurde aus drei dogmatisch interessanten Entscheidungen des Jahres 2006 zusammengestellt und im Examensklausurenkurs am Fachbereich Rechtswissenschaft der FU Berlin ausgegeben. Wohl durch die teilnehmenden Neueinsteiger des Universitätsrepetitoriums erklären sich die verhältnismäßig schlechten Ergebnisse: Aus 51 Arbeiten ergab sich ein Notendurchschnitt von 4,56 Punkten mit einer relativ hohen Durchfallquote von 45,25% (23 Arbeiten). Andererseits konnten einmal »Vollbefriedigend« und einmal »Gut« vergeben werden (immerhin 3,92% deutlich überdurchschnittliche Arbeiten). – Die vielfach übliche *prozessuale Zusatzfrage* ist mit dem Tatkomplex Prozessbetrug hinreichend in den Sachverhalt eingebaut.

den, zumal der Sachverhalt hierzu doch ersichtlich »dünn« ausfällt und Verkehrsdelikte im umfangreichen 2. HA ohnehin noch thematisiert werden. Interessant ist allein § 315 b StGB und dabei die Frage der Qualifikation des § 315 III Nr. 1 b Alt. 1 StGB, die jedenfalls die »guten« Bearbeiter sehen sollten.

Strafbarkeit des A

I. Versuchter (Prozess-) Betrug [gegenüber R zum Schaden des V], §§ 263, 22, 25 I 2. Alt. StGB

Die Bearbeiter sollten die verschiedenen denkbaren **Betrugskonstellationen im Dreieck A-S/R-V** auseinander halten und erkennen, dass es beim vorliegenden Versuch des *Prozess*betruges allein um die Täuschung des entscheidenden *Gerichts*, also um die Irrtumserregung bei Richter R geht, der sich nachfolgend vermögensschädigend gegen V auswirken würde. Die unmittelbare Täuschung des Sachverständigen S fällt dabei weniger ins Gewicht, weil S keinerlei direkte Verfügungsbefugnis o. ä. über das Vermögen des V besitzt, also **kein Näheverhältnis** zum Geschädigten besteht, das den Vorgang als **Selbstschädigung** erscheinen lassen könnte (Charakter des Betruges als Selbstschädigungsdelikt[2]: »Lagertheorie«/»Theorie der faktischen Befugnis«[3], »Ermächtigungstheorie«/»Theorie der rechtlichen Befugnis«[4]). Auf eine eingehende Ausbreitung der literarischen Streitstände zum Dreiecksbetrug sollte indes verzichtet werden, da hier nicht wirklich das Problem des Falls liegt, sondern beim Versuchsbeginn und der Rechtswidrigkeit der erstrebten Bereicherung.

Dem **richtigen Einstieg** in die Prüfung kommt daher besondere Bedeutung zu. Erkennen die Bearbeiter die relevante Konstellation, sollte der Weg zur **mittelbaren Täterschaft** nicht mehr weit sein: A wollte sich des S als eines **undolosen Werkzeugs** bedienen.

Entgegen der Originalentscheidung (die sich zuerst mit der objektiven Seite – Versuchsbeginn, unmittelbares Ansetzen – beschäftigt) sind im Gutachten zunächst im **subjektiven Tatbestand** der *Tatentschluss* sowie die *Absicht rechtswidriger Bereicherung* des A zu problematisieren.

1. Der **Tatentschluss** zum Betrug, d. h. die intendierte *Täuschung* des R, dessen *Irrtum* über die wahre Rechtslage, seine *Verfügung* über das Vermögen des V und der Eintritt eines *Vermögensschadens* bei V (Rückzahlungspflicht, auch Prozesskosten usw.[5]) bereiten kaum Probleme. Es handelt sich um einen klassischen **Prozessbetrug**: Zwar steht R weder im »Lager« des Geschädigten V noch kann von einer besonderen, schon vor der Tat begründeten Nähebeziehung gesprochen werden. Dennoch steht die Strafbarkeit des Prozessbetruges als Dreiecksbetrug außer Frage. Zwar dürfte (um dem Charakter des Betruges als Selbstschädigungsdelikt gerecht zu werden) auch in der Konstellation des Prozessbetruges grundsätzlich ein gewisses Näheverhältnis zu fordern sein[6], doch wird dafür allgemein die besondere **ermächtigte Stellung des Gerichts**, d. h. die ihm gesetzlich von vornherein eingeräumte Zugriffsmacht auf das streitbefangene Vermögen beider Parteien ausreichen[7]. Im vorliegenden Fall ist V dem Urteil des Gerichts derart unterworfen, dass sich eine (auf der Täuschung des S beruhende) Verurteilung durch R nach außen als Verfügung unmittelbar über das Vermögen des V darstellt, auf die V selbst kaum noch Einfluss hat.

2. Nach der Vorstellung des A sollte seine Manipulation am Fahrzeug sicherstellen, dass das Sachverständigengutachten des S zu seinen Gunsten ausfallen werde. Bei einem solchen **Beweismittelbetrug**[8] ist im Rahmen der **Bereicherungsabsicht** fraglich, ob die angestrebte **Verbesserung der Beweislage** (auch bei vermeintlich zu Recht bestehenden Ansprüchen) schon *an sich* einen Vermögensvorteil darstellt und damit die erstrebte (rechtswidrige) Bereicherung darstellen kann oder ob der Täter mit einem

tatsächlich *nicht* bestehenden Anspruch rechnen und diesen (mit »falschen« Beweisen) stützen wollen muss[9]. Dazu das *OLG München*[10]:

»Das *LG* hat – von seinem Standpunkt aus konsequent – die Frage unerörtert gelassen, ob die Manipulation eines Beweismittels zur Durchsetzung eines wirklich oder vermeintlich bestehenden Anspruchs überhaupt den Betrugstatbestand erfüllen kann. Die Frage ist mit der – soweit ersichtlich – ganz herrschenden Meinung zu verneinen. Die rechtliche Bewertung eines Vermögensvorteils ist nicht durch das ansonsten unerlaubte Verhalten des Täters beeinflusst. Beim Beweismittelbetrug fehlt es daher an der Rechtswidrigkeit der Bereicherung, wenn das Resultat der wahren Rechtslage entspricht (vgl. BGHSt 3, 160, 162 = NJW 1952, 1345; NK-StGB-*Kindhäuser* 2. Aufl., § 263 Rdn. 373 m. w. N.).

Für den vorliegenden Fall bedeutet dies, dass es an einer Versuchsstrafbarkeit fehlte, wenn der Angekl. nach seiner Vorstellung einen ihm zustehenden Anspruch (auf Wandlung) durchsetzen wollte. Versuchter Betrug kommt demgegenüber in Betracht, wenn der Angekl. davon ausging, dass ihm ein Recht auf Wandlung möglicherweise nicht zustand, er also insoweit mit bedingtem Vorsatz handelte (vgl. *Tröndle/Fischer* § 263 Rdn. 112 a m. w. N.).«

Nach den Angaben des Sachverhalts (»*Da A befürchtete, dass die von S festzustellenden Mängel sein Rücktrittsbegehren noch nicht rechtfertigten*«) kann durchaus von letzterem ausgegangen werden, so dass die **Bereicherungsabsicht bei A bejaht werden sollte**. Ein anderes Ergebnis muss jedenfalls eingehend begründet werden.

3. Sodann zum objektiven Versuchstatbestand, Problematik des **Versuchsbeginns bei mittelbarer Täterschaft**:

»Indem der Angekl. den angeblichen Mangel herstellte und dem Sachverständigen das Fahrzeug unter Hinweis auf mögliche Mängel im Bremsbereich übergab, bediente er sich des Sachverständigen als eines undolosen Werkzeugs und handelte selbst als mittelbarer Täter (§ 25 I Alt. 2 StGB). In Fällen der mittelbaren Täterschaft beginnt der Versuch der Tat, wenn der mittelbare Täter aus seiner Sicht das zur Tatbestandsverwirklichung Erforderliche getan hat, indem er die erforderliche Einwirkung auf den Tatmittler abgeschlossen und das Geschehen aus der Hand gegeben hat und wenn darüber hinaus zu diesem Zeitpunkt aus seiner Sicht das betroffene Rechtsgut bereits unmittelbar konkret gefährdet ist (S/S-*Eser* 27. Aufl., § 22 Rdn. 54, 54 a; *Tröndle/Fischer* 53. Aufl., § 22 Rdn. 24 – beide m. w. N.). Für eine unmittelbare Gefährdung des geschützten Rechtsguts ist maßgeblich, dass der Tatmittler im engen zeitlichen Zusammenhang mit der Einwirkung durch den mittelbaren Täter nach dessen Erwartungen die Tathandlung begehen wird (BGHSt 30, 363, 365 = NJW 1982, 1164; BGHSt 40, 257, 269 = NJW 1999, 204 =

---

2 Statt vieler nur Wessels/Hillenkamp, Strafrecht BT/Teil 2, 30. Auflage 2007, Rdn. 620, 637; Rengier, Strafrecht BT I, 9. Auflage 2007, § 13, Rdn. 40 ff.; Kindhäuser, Lehr- und Praxiskommentar (LPK) StGB, 3. Auflage 2006, § 263, Rdn. 33 f.

3 BGHSt 18, 221; *OLG Düsseldorf*, NJW 1994, 3366 [3367]; Geppert, JuS 1977, 69 ff.; LK/Tiedemann, § 263, Rdn. 116; Wessels/Hillenkamp, Strafrecht BT/Teil 2, 30. Auflage 2007, Rdn. 641 m. w. N.; Rengier, Strafrecht BT I, 9. Auflage 2007, § 13, Rdn. 45 ff., 47.

4 SK/Hoyer, § 263, Rdn. 144 f.; Roxin/Schünemann, JuS 1969, 374 f. Weitere Nachw. bei Wessels/Hillenkamp, Strafrecht BT/Teil 2, 30. Auflage 2007, Rdn. 639, dort Fn. 40.

5 Bei einem auf Grundlage eines täuschungsbedingten Sachverständigengutachtens ergehenden und daher fehlerhaften Urteil gegen V wäre auch vor Erlangung der Rechtskraft schon von einer *schadensgleichen konkreten Vermögensgefährdung* auszugehen, vgl. *BGH*, Urteil vom 16. 1. 1992, NStZ 1992, 233 und dazu Rengier, Strafrecht BT I, 9. Auflage 2007, § 13, Rdn. 88.

6 Rengier, Strafrecht BT I, 9. Auflage 2007, § 13, Rdn. 49; Wessels/Hillenkamp, Strafrecht BT/Teil 2, 30. Auflage 2007, Rdn. 649 m. w. N.

7 Statt vieler nur Tröndle/Fischer, 54. Auflage 2007, § 263, Rdn. 50; Schönke/Schröder/Cramer, § 263, Rdn. 69; LK/Tiedemann, § 263, Rdn. 113; SK/Hoyer, § 263, Rdn. 177; Kretschmer, GA 2004, 458 ff., 460 f. Anders dagegen Fahl, JURA 1996, 71.

8 Eingehend zu diesen Fallgestaltungen LK/Tiedemann, § 263, Rdn. 230.

9 Näher LK/Tiedemann, § 263, Rdn. 255 m. w. N.

10 *OLG München*, Urteil vom 8. 8. 2006, NStZ 2007, 157.

NStZ 1995, 80; BGHSt 43, 177, 180 = NJW 1997, 3453 = NStZ 1998, 241; *BGH* NStZ 2000, 589 = StV 2001, 272, 273) ...

Dass der Angekl. sich bisher auf diesen Mangel nicht berufen hat, ändert nichts daran, dass schon jetzt die Täuschung des Gerichts bevorstand. Inwieweit ein bereits eingereichtes Täuschungsmittel zivilrechtlich als wirksam angesehen werden kann, ist für die Erfüllung des Tatbestandsmerkmals der Täuschungshandlung ohne Belang. Allein entscheidend ist, ob mit der Übersendung des Gutachtens bei dem entscheidenden Richter bereits eine irrtümliche Vorstellung bezüglich des Sachverhalts begründet werden sollte (vgl. BayObLGSt 1995, 36, 43 = NJW 1996, 406, 408). Im vorliegenden Fall ist insoweit auch zu berücksichtigen, dass die Klage auf Wandlung bereits erhoben und damit die Berufung auf einen neuen schwer wiegenden Mangel durch den ebenfalls nach Übersendung des Gutachtens getäuschten Rechtsanwalt nach dem Tatplan eine Selbstverständlichkeit war. Insoweit besteht eine weitere Vergleichbarkeit zu dem Fall des unmittelbaren Einsatzes eines getäuschten Anwalts zur Geltendmachung unberechtigter Forderungen.«

Die Bearbeiter sollten hier mit den vorhandenen Lösungsansätzen zur Problematik[11] vertraut sein und sie auf den konkreten Fall anwenden können. Eine eingehende Darstellung entsprechender Streitstände (etwa über die Unterscheidung nach der Gut- oder Bösgläubigkeit des Tatmittlers) ist jedoch entbehrlich, zumal das Ergebnis hier recht eindeutig ist. Zur Lösung ist den Ausführungen des *OLG* kaum etwas hinzuzufügen: A hatte bereits Klage erhoben und hat durch die Übergabe des manipulierten Fahrzeugs an S, den gerichtlich bestellten **Sachverständigen als so genannten** *Gerichtsgehilfen*[12], bereits das **Geschehen vollständig aus der Hand gegeben**. Es ist kaum ersichtlich, was A aus seiner Sicht zur Vollendung des Betruges weiter hätte tun müssen.

A hat sich demnach eines **versuchten Prozessbetruges in mittelbarer Täterschaft gegenüber R zum Schaden des V** strafbar gemacht. Ein anderes Ergebnis ist nur schwer vertretbar.

II. Versuchter (qualifizierter) Gefährlicher Eingriff in den Straßenverkehr (§§ 315 b I Nr. 1 Var. 2, III, 315 III Nr. 1 b Alt. 1, 22, 23 StGB)

A hat durch die Manipulation ein **Kraftfahrzeug »beschädigt«**, dies noch dazu in einem besonders sensiblen Bereich, dem Bremssystem. Dadurch hätte es durchaus zu einer **Gefährdung des S**, den A wissentlich mit dem beschädigten Wagen in den öffentlichen Straßenverkehr entließ, kommen können – obwohl die **»kritische Situation«** wohl tatsächlich ausgeblieben ist (**Versuchskonstellation beim konkreten Gefährdungsdelikt**). Ein Versuch des Grundtatbestands liegt danach vor, vgl. *OLG München*:

»Der rechtlichen Überprüfung hält das Urteil auch nicht stand, soweit das *LG* eine Strafbarkeit wegen versuchter Gefährdung des Straßenverkehrs verneint hat.«

Interessanter als das Grunddelikt ist vorliegend allerdings die **Qualifikation des besonders schweren Falls**, für die § 315 b III bekanntlich auf § 315 III StGB verweist. Hier kommt die **Ermöglichungsabsicht** in Betracht. Dazu wiederum das *OLG*:

»Das *LG* hat – aus seiner Sicht konsequent – nicht geprüft, ob ein Fall des § 315 III Nr. 1 b i. V. m. § 315 III StGB im Hinblick auf die auch vom *LG* angenommene beabsichtigte Täuschung des Gerichts in Betracht kommt. Auch wenn man davon ausgeht, dass bereits mit der Übergabe des manipulierten Fahrzeugs an den Sachverständigen ein versuchter Betrug anzunehmen ist, der in Tateinheit mit dem versuchten gefährlichen Eingriff in den Straßenverkehr steht, kommt eine Anwendung dieser Bestimmung in Betracht. Zwar hat der *BGH* (NZV 1995, 285) eine Anwendung dieser Bestimmungen in einem Fall verneint, in dem der Eingriff in den Straßenverkehr zugleich die strafbare Handlung konstituierte; es reicht aber aus, dass der Eingriff Mittel der weiteren Straftat ist, mit dieser also nicht vollständig zusammenfällt (vgl. LK-*König* 11. Aufl., § 315 Rdn. 116). Voraussetzung ist allerdings, dass ein zumin-

dest bedingter Vorsatz in Bezug auf die Rechtswidrigkeit des Vermögensvorteils bejaht werden kann«

Nach der oben vertretenen Sachverhaltsauslegung hat sich A demnach auch wegen eines qualifizierten **Gefährlicher Eingriffs in den Straßenverkehr** strafbar gemacht. Angesichts der Mindeststrafdrohung des § 315 b III (Freiheitsstrafe von einem Jahr) wäre gleichwohl an einen »minder schweren Fall« nach dieser Vorschrift zu denken.

III. Sachbeschädigung, § 303 StGB

Eine Sachbeschädigung liegt dagegen fern, da der Wagen aktuell im Eigentum des A steht und daher nicht fremd iSv § 303 I StGB ist.

IV. Konkurrenzen

Offensichtlich besteht **Tateinheit/Idealkonkurrenz** wegen unterschiedlicher Schutzrichtungen, §§ 263, 22, 25 I 2. Alt.; 315 b I Nr. 1 Var. 2, III, 315 III Nr. 1 b Alt. 1, 22, 23; 52 StGB

2. Handlungsabschnitt: Autobahn-Taxifahrt

Hier geht es nun ganz schwerpunktmäßig um den Tatbestand des Gefährlichen Eingriffs in den Straßenverkehr, § 315 b StGB. Die Bearbeiter sollten daneben die Problematik der gefährlichen Körperverletzung ansprechen, dafür aber nicht zuviel Raum verwenden.

Strafbarkeit des A

I. Gefährlicher Eingriff in den Straßenverkehr, § 315 b I Nr. 2, 3 StGB

Problematisch ist hier das Vorliegen einer **besonderen kausalen Verknüpfung zwischen Gefährdungshandlung und Gefährdungserfolg** (»Unmittelbarkeitszusammenhang«)[13].

Ganz wie der *BGH*[14] sollten die Bearbeiter bei der Prüfung zunächst sauber nach den einzelnen Handlungen des A (Ins-Lenkrad-Fallen, Hinwerfen und Fixieren der T auf der Fahrbahn) trennen. Diese Handlungen könnten die Untertatbestände des »ähnlichen Eingriffs« (Nr. 3) bzw. des »Hindernisbereitens« erfüllen. Dazu erschöpfend der *Senat*:

»Das *LG* hat das Verhalten des Beschuldigten rechtlich als einen gefährlichen Eingriff in den Straßenverkehr (§ 315 b I Nr. 3 StGB) gewertet. Zu der für die (objektive) Tatbestandserfüllung erforderlichen (konkreten) Gefahr für Leib oder Leben eines anderen Menschen oder fremde Sachen von bedeutendem Wert hat es ausgeführt, in der konkreten Verkehrssituation habe es vom bloßen Zufall abgehangen, ob es zu einem Überfahren der Taxifahrerin und des Beschuldigten komme oder auf Grund eines Ausweichmanövers eines der sich mit hoher Geschwindigkeit herannähernden Fahrzeuge zu einem sonstigen Verkehrsunfall. Dies hält rechtlicher Nachprüfung stand.

aa) Als taugliche Tathandlung i. S. d. § 315 b I Nr. 3 StGB kam zunächst der Griff des Beschuldigten in das Lenkrad des Taxi in Betracht. Allerdings hat der *Senat* in einer früheren Entscheidung (NZV 1990, 35 mit Anm. *Molketin*) die Auffassung vertreten, bei einem Griff des Beifahrers in das Fahrzeuglenkrad liege ein gefährlicher Eingriff nur vor, wenn der Täter in der Absicht handelt, den Verkehrsvorgang zu einem Eingriff zu pervertieren, es müsse ihm darauf ankommen, durch diesen in die Sicherheit des Straßenverkehrs einzugreifen. Soll hingegen nur auf einen Verkehrsvor-

11 S. dazu etwa WESSELS/BEULKE, Strafrecht AT, 37. Auflage 2007, Rdn. 613 ff. m. w. N.
12 BEULKE, Strafprozessrecht, 9. Auflage 2006, Rdn. 199.
13 Näher etwa TRÖNDLE/FISCHER, 54. Auflage 2007, § 315 b, Rdn. 17; KINDHÄUSER, LPK-StGB, 3. Auflage 2006, § 315 b, Rdn. 7; GEPPERT, **JURA** 1996, 639 ff., 645 f.
14 BGH, Beschluss vom 13. 6. 2006, NStZ 2007, 34.

gang Einfluss genommen werden, etwa zur Erzwingung eines bestimmten Fahrverhaltens, so seien die Voraussetzungen des § 315 b StGB nicht gegeben (vgl. hierzu krit. LK-*König* 11. Aufl., § 315 b Rdn. 54).

bb) Ob an dieser Rechtsauffassung uneingeschränkt festzuhalten ist, bedarf hier keiner Entscheidung, da der Beschuldigte jedenfalls (objektiv) die Tatbestandsvariante des § 315 b I Nr. 2 StGB verwirklicht hat. Indem er die Taxifahrerin dergestalt zu Boden stieß, dass sie quer auf der rechten Fahrspur einer Bundesautobahn zu liegen kam, und sich anschließend auf sie setzte, hat er die Sicherheit des Straßenverkehrs durch das Bereiten eines Hindernisses beeinträchtigt. Da diese Tathandlung nicht im Rahmen der Teilnahme am Straßenverkehr erfolgte (sog. ›Außeneingriff‹), war für die Tatbestandserfüllung eine besondere verkehrsfeindliche Einstellung des Täters nicht erforderlich (vgl. hierzu BGHSt 48, 233, 236 f.; BGHR StGB § 315 b I Nr. 2 Hindernisbereiten 3). Das Verhalten des Beschuldigten hat auch zu einer konkreten Gefährdung eines der in § 315 b I StGB bezeichneten Rechtsgüter geführt. Eine solche kann entgegen der Auffassung des GBA allerdings nicht bereits daraus hergeleitet werden, dass die Taxifahrerin durch den Sturz auf die Fahrbahn verletzt worden ist. § 315 b I StGB setzt in allen Tatbestandsvarianten eine besondere kausale Verknüpfung zwischen Gefährdungshandlung und Gefährdungserfolg voraus. Erforderlich ist, dass die Tathandlung eine abstrakte Gefahr für die Sicherheit des Straßenverkehrs bewirkt, die sich zu einer konkreten Gefahr für das Schutzobjekt verdichtet (BGHSt 48, 119, 122). Der Sturz der Taxifahrerin, der zu ihren Verletzungen führte, war indes nicht die Folge einer abstrakten Verkehrsgefahr, sondern umgekehrt die Ursache dafür, dass eine solche Gefahr überhaupt erst entstand. Das LG hat jedoch angesichts der hier gegebenen besonderen Umstände – vollständige Blockade der Fahrspur einer viel befahrenen Bundesautobahn durch ein schlecht wahrnehmbares Hindernis, mit hoher Geschwindigkeit nachfolgender Verkehr – rechtsfehlerfrei eine konkrete Gefährdung der herannahenden nachfolgenden Fahrzeuge und deren Insassen bejaht.«

Danach hat sich A jedenfalls durch das *Hindernisbereiten* wegen **Gefährlichen Eingriffs in den Straßenverkehr gemäß § 315 b I Nr. 2 StGB** strafbar gemacht. Nach der zitierten Rechtsprechung zum »**Griff ins Lenkrad**« liegt darin bei A wohl eher kein strafbarer Eingriff in den Straßenverkehr; diese Ansicht ist allerdings durchaus nicht unzweifelhaft, so dass die Bearbeiter ein anderes Ergebnis mit entsprechender Begründung gut vertreten können.

II. Gefährdung des Straßenverkehrs, § 315 c StGB

Eine Straßenverkehrgefährdung (»von innen«) nach § 315 c StGB – etwa durch den Griff ins Lenkrad – scheidet demgegenüber schon aus, weil A niemals Führer des Kfz war.

III. Räuberischer Angriff auf Kraftfahrer, § 316 a StGB

Auch zum interessanten Tatbestand des § 316 a StGB sind keinerlei Ausführungen erforderlich, zumal der Sachverhalt keinen Hinweis auf Vermögensdelikte als Motivation des A enthält. *Der Sachverhalt der Originalentscheidung, in dem es sich offensichtlich um einen geistig verwirrten Täter ohne ersichtliche rationale Motivation handelte, wurde insoweit abgewandelt.*

IV. (Gefährliche) Körperverletzung, §§ 223, (224 I Nr. 3, 5) StGB

Unproblematisch erfüllt das Hinwerfen und Fixieren der T den Tatbestand einer **einfachen Körperverletzung, § 223 StGB**.

Auf der Suche nach **Qualifikationen** sollten die Bearbeiter durchaus an die verschiedenen Tatbestände des **§ 224 I StGB** denken, diese aber – wie vorliegend der BGH – aber nicht vorschnell bejahen und hier durchaus kritisch und genau sein.

Auch wenn A der T nacheilt und sie plötzlich zu Boden wirft, liegt darin mangels vorbereiteten und *planmäßigen* Vorgehens etwa sicher **kein »hinterlistiger Überfall« nach § 224 I Nr. 3 StGB**[15].

Bei der (oft als Auffangtatbestand missbrauchten) **lebensgefährdenden Behandlung** nach **§ 224 I Nr. 5 StGB** ist ebenfalls Vorsicht geboten. Dazu der *BGH*:

»Die Annahme des *LG*, der Beschuldigte habe auch den objektiven Tatbestand einer gefährlichen Körperverletzung verwirklicht, begegnet hingegen durchgreifenden rechtlichen Bedenken. § 224 I Nr. 5 StGB setzt voraus, dass die Körperverletzung ›mittels einer das Leben gefährdenden Behandlung‹ begangen wird. Erforderlich, aber auch genügend ist, dass die Art der Behandlung durch den Täter nach den Umständen des Einzelfalls (generell) geeignet ist, das Leben zu gefährden (st. Rspr.; vgl. nur *Tröndle/Fischer* 53. Aufl., § 224 Rdn. 12). Die getroffenen Feststellungen belegen indes nicht, dass die Art der Behandlung – hier: Stoßen auf den Boden – bereits für sich als lebensbedrohlich in diesem Sinne angesehen werden kann. Der – für das *LG* ersichtlich maßgebliche – Umstand, dass es infolge der durch den Stoß verursachten Lage des Tatopfers auf der Fahrbahn zu einem nachfolgenden, sein Leben bedrohendem Unfallgeschehen hätte kommen können, ist für die rechtliche Bewertung gemäß § 224 I Nr. 5 StGB ohne Relevanz. In diesem Fall würde der Körperverletzungserfolg erst durch den nachfolgenden Unfall, nicht aber ›mittels‹ der Art der Behandlung durch den Täter eintreten (vgl. auch *Senat* Urt. v. 22. 12. 2005 – 4 StR 347/05 zu § 224 I Nr. 2 StGB). Das Verhalten des Beschuldigten stellt sich danach ›nur‹ als eine vorsätzliche (einfache) Körperverletzung (§ 223 StGB) dar.«

Allerdings erscheint es aus Sicht der Verfasser im Ergebnis dennoch vertretbar, das **Gesamtgeschehen** als (abstrakt[16]) lebensgefährdende Behandlung i. S. v. § 224 I Nr. 5 StGB zu bewerten, wenn man die **Fixierung** der T durch den A, indem er sich auf sie setzte und ihren Kopf dadurch nahe der Fahrbahn auf den Boden drückte, einbezieht.

V. Konkurrenzen

Wiederum besteht eindeutig **Tateinheit/Idealkonkurrenz** wegen unterschiedlicher Schutzrichtungen, §§ 315 b I Nr. 2, 3; 223; 52 StGB.

3. Handlungsabschnitt: Parkausweise

Im Mittelpunkt steht nunmehr § 267 StGB, insbesondere der **Urkundenbegriff** (Problemfall Fotokopie). Die Strafbarkeit bzw. das ordnungswidrige Handeln des A wegen Falschparkens (§ 24 StVG) ist dagegen nach der Fallfrage nicht zu prüfen.

Strafbarkeit des A

I. Urkundenfälschung, § 267 I StGB

Im Rahmen der Urkundenfälschung hängt alles davon ab, inwiefern den von A hergestellten un benutzten Ausweiskopien **Urkundqualität** zukommt. Die Bearbeiter sollten zur Erörterung dieser Problematik schulmäßig vom **Begriff der Urkunde iSv** § 267 StGB (kurz gefasst: verkörperte Gedankenerklärung mit Beweiseignung und -bestimmung) ausgehen und sich mit dem Stand der Rechtsprechung zur **Fotokopie**, die im Allgemeinen (soweit als solche erkennbar) keine Urkunde, sondern eben nur »bloße Kopie« sein soll[17], vertraut zeigen.

Vorliegend geht es aber darum, ob A die gefertigten *(Farb-)* Kopien nicht gerade **als Originale verwendet** hat und sie daher

---

15 Das Erfordernis eines *Vorgehens in planmäßiger Weise unter Verdeckung der wahren Absichten des Täters zu Erschwerung der Angriffsabwehr* (vgl. etwa KINDHÄUSER, LPK-StGB, 3. Auflage 2006, § 224, Rdn. 14) wird leider allzu oft mit der Definition des *Mordmerkmals Heimtücke* verwechselt. Bei § 224 I Nr. 3 ist dagegen gerade kein »tückisches« Handeln erforderlich.

16 Stellvertretend KINDHÄUSER, LPK-StGB, 3. Auflage 2006, § 224, Rdn. 18.

17 Nachweise etwa bei TRÖNDLE/FISCHER, 54. Auflage 2007, § 267, Rdn. 12 b; KINDHÄUSER, LPK-StGB, 3. Auflage 2006, § 267, Rdn. 27.

»ausnahmsweise ... als Urkunde zu behandeln« sind. Hier ist scharf zu differenzieren, denn die herrschende Meinung bejaht im Ergebnis durchaus die Urkundsqualität »fotografischer Reproduktionen«, die im Verkehr für ein Original gehalten werden können und sollen[18]. Dabei kommt es im Einzelfall sehr auf die **Qualität** des Replikats an. Dahingehend das *OLG Stuttgart*[19] zum vorliegenden Sachverhalt:

»1. Dem *AG* ist darin zuzustimmen, dass die Fotokopie eines Originals grundsätzlich nicht als Urkunde betrachtet werden kann ...

2. Dies gilt jedoch nur dann, wenn die Kopie nach außen als Reproduktion des Originals erscheint und der Hersteller sie auch so nutzen will. Dagegen ist eine Kopie dann als Urkunde zu behandeln, wenn der Täter eine fotografische Reproduktion als angeblich vom Aussteller herrührende Urschrift hergestellt hat und mit dieser den Anschein einer Originalurkunde erwecken wollte, an die der Rechtsverkehr das nach § 267 StGB zu schützende Vertrauen auf die Sicherheit und Zuverlässigkeit des Rechtsverkehrs mit Urkunden anknüpft (*BayObLG* NJW 1990, 1677, 1679; 3221; *Zaczyk* NJW 1989, 2515, 2517). Denn wenn der ursprüngliche Aussteller die Fotokopie im Einzelfall – unstreitig – zum Originalersatz bzw. zur Zweiturkunde autorisieren kann (LK-*Gribbohm* 11. Aufl., § 267 Rdn. 112; S/S-*Cramer/Heine* 27. Aufl., § 267 Rdn. 42 b m. w. N.), dann kann im Interesse des Rechtsverkehrs nicht anderes gelten, wenn der Hersteller der Kopie diese zur Täuschung im Rechtsverkehr als Originalersatz herstellt bzw. gebraucht (*Zaczyk* NJW 1989, 2515).

Den Anschein einer Originalurkunde erweckt eine Reproduktion dann, wenn sie der Originalurkunde soweit ähnlich ist, dass die Möglichkeit einer Verwechslung nicht auszuschließen ist (*OLG Saarbrücken* NJW 1982, 2268; *OLG Köln* StV 1987, 297; LK-*Gribbohm* a. a. O., Rdn. 115). Denn dann gibt das gefertigte Schriftstück nicht nur wieder, was in einem anderen Schriftstück verkörpert ist, sondern täuscht – auch wenn es sich tatsächlich (nur) um eine Kopie handelt – vor, es enthalte eine eigene Erklärung des angeblichen Ausstellers, für die dieser einstehen wolle.

3. a) Dabei kommt es jedoch entgegen der Auffassung des *AG* weder entscheidend auf die Qualität des Falsifikats (*BayObLG* JZ 1988, 272; NJW 1989, 2553; S/S-*Cramer/Heine* a. a. O., Rdn. 42 b) noch darauf an, ob das Vorliegen einer Kopie sofort erkennbar ist oder nicht. Selbst bei relativ schlechten Fälschungen besteht ein berechtigtes Interesse des Rechtsverkehrs daran, darauf vertrauen zu können, dass eine verkörperte Erklärung von dem stammt, von dem sie ausweislich ihrer Verkörperung zu stammen scheint, sofern nur überhaupt die ernst zu nehmende Möglichkeit einer unzutreffenden Zuordnung geschaffen wurde. Für die Abgrenzung zu der Herstellung einer bloßen Fotokopie als Nichturkunde kommt es danach auf den Willen des Fälschers an, also darauf, ob er die Kopie zur Verwendung als (falsches) Original geschaffen hat oder als bloße Kopie in den Rechtsverkehr bringen will (LK-*Gribbohm* a. a. O., Rdn. 116). Hierbei kann die Qualität des Falsifikats allerdings eine Indizwirkung entfalten. Je besser diese Qualität ist, umso mehr spricht für eine Fälschungsabsicht des Täters.«

Die Bearbeiter sollten diese Ausnahmemöglichkeit erkennen und sich nicht stur am gelernten Dogma »Fotokopien sind keine Urkunden« festhalten.

Ob die vom *OLG Stuttgart* erläuterten Voraussetzungen allerdings vorliegend erfüllt sind, insbesondere **welche Indizwirkung** von den im Sachverhalt beschriebenen Farbkopien ausgeht, müssen die Bearbeiter selbst beurteilen. Im Ergebnis dürfte sowohl die Bejahung (immerhin handelt es sich um realistische *Farb*kopien) als auch die Verneinung der Urkundsqualität (Knitterspuren, kopierte Ösen) vertretbar sein, da der Sachverhalt gegenläufige Anhaltspunkte enthält. Etwas näher liegt wohl die **Verneinung**, zumal der P die Kopien sofort und ohne weiteres als solche erkannt hat. Wird die Urkundsqualität dennoch bejaht, so handelt es sich auch um eine *unechte* Urkunde, da aus den Kopien die Behörde (die die echten Ausweise hergestellt hat) und nicht A als tatsächlicher Hersteller (der Kopie) erkennbar ist; in diesem Fall läge eine vollendete Urkundenfälschung vor.

Danach hat sich A (nach der hier vertretenen Sachverhaltsauslegung) **nicht** wegen Urkundenfälschung – in der Tatvariante des **Herstellens** sowie des anschließenden **Gebrauchens einer unechten Urkunde** – strafbar gemacht (*a. A. jedoch vertretbar*).

II. Versuchte Urkundenfälschung, §§ 267, 22, 23 StGB

Sollten die Bearbeiter (wozu offenbar auch das *OLG* tendiert, daher gut vertretbar) eine vollendete Urkundenfälschung verneinen, bleibt dennoch ein (**untauglicher**) **Versuch** des Herstellens einer unechten Urkunde zu prüfen. Beim untauglichen Versuch handelt es sich um einen »**umgekehrten Tatbestandsirrtum**« über *tatsächliche Tatumstände* zu Lasten des Täters (abzugrenzen vom Wahndelikt)[20]. Dazu das *OLG* vorliegend:

»Für die neue Hauptverhandlung weist der *Senat* darauf hin, dass für eine Strafbarkeit des Angekl. wegen (untauglichen) Versuchs einer Urkundenfälschung nur dann Raum wäre, wenn den von ihm hergestellten Kopien keine Urkundenqualität zukäme, der Angekl. aber geglaubt oder für möglich gehalten und billigend in Kauf genommen hätte, dass es sich bei den Produkten seiner Manipulationen um Urkunden im Rechtssinne handelte (vgl. zum Problem des untauglichen Versuchs durch so genannten »umgekehrten Tatbestandsirrtum« BGHSt 42, 268 = NJW 1997, 750 = NStZ 1997, 431).«

Die Bearbeiter haben sich daher im **subjektiven Tatbestand** (**Tatentschluss**) mit der Frage auseinanderzusetzen, was A beim Herstellen und Verwenden der Kopien **gedacht** hat, d. h. ob er selbst die Kopien für Urkunden i. S. d. § 267 StGB gehalten hat und ob aus seiner (Laien-) Perspektive die **tatsächlichen Voraussetzungen der Urkundsqualität vorlagen**. Das läuft freilich – folgt man den Gedanken des *Senats* – darauf hinaus, zu fragen, wie A selbst die **Qualität der Kopien** und die Wahrscheinlichkeit, dass andere sie für Originale halten, innerlich beurteilt hat. Da der Sachverhalt dazu schweigt, dürften beide Ergebnisse vertretbar sein; dass A allerdings tatsächlich versucht hat, die Kopien zum Parken zu benutzen, spricht tendenziell **für** das Vorliegen eines untauglichen Versuchs.

Vertretbar ist daher im Ergebnis, dass sich A **wegen versuchter Urkundenfälschung strafbar gemacht** hat. Begründbar ist aber auch das Gegenteil.

III. Fälschung technischer Aufzeichnungen, § 268 StGB

Fotokopien sind nach ganz h. A. **keine technischen Aufzeichnungen** iSv § 268 II StGB – mangels »selbsttätiger« Erstellung durch ein technisches Gerät und mangels Hervorbringung eines neuen Informationsgehalts[21]. Selbst wenn man die Kopien des A als technische Aufzeichnungen ansieht, wären sie als solche **wohl kaum** »unecht« iSv § 268 I StGB: Der Kopiervorgang und das Ergebnis waren korrekt.

IV. §§ 273, 275, 276 StGB

sind bloße Vorfeld- und Ergänzungsdelikte zu § 267 StGB. A hat die Ausweise seines Freundes weder verändert noch die Ausweiskopien in der beschriebenen Weise (professionell) gefälscht oder fälschen wollen.

V. Missbrauch von Ausweispapieren, § 281 StGB

Die Bearbeiter könnten einen Missbrauch von Ausweispapieren sowohl bei der Herstellung der Kopien (Kopieren der echten Ausweise) als auch beim Gebrauch der Kopien vermuten. Im ersteren Fall ist allerdings sehr zweifelhaft, ob das Auflegen auf ein

---

18 U. v. a. WESSELS/HETTINGER, Strafrecht BT/Teil 1, 31. Auflage 2007, Rdn. 811 m. w. N.; KINDHÄUSER, LPK-StGB, 3. Auflage 2006, § 267, Rdn. 29; TRÖNDLE/FISCHER, 54. Auflage 2007, § 267, Rdn. 12 b.

19 *OLG Stuttgart*, Urteil vom 22. 5. 2006, NStZ 2007, 158.

20 Stellvertretend WESSELS/BEULKE, Strafrecht AT, 37. Auflage 2007, Rdn. 621.

21 WESSELS/HETTINGER, Strafrecht BT/Teil 1, 31. Auflage 2007, Rdn. 868 m. w. N.; KINDHÄUSER, LPK-StGB, 3. Auflage 2006, § 268, Rdn. 5.

Kopiergerät schon ein »Gebrauchen« »zur Täuschung im Rechtsverkehr« darstellt; im letzteren werden gerade keine (echten) Ausweispapiere[22], sondern eben nur Kopien »gebraucht«. § 281 StGB liegt demnach nicht vor.

VI. §§ 277 ff. StGB

– abwegig, auch ein Schwerbehindertenausweis ist ein *Ausweispapier* und **kein Gesundheitszeugnis**. Aussteller ist eine **Behörde** und kein Arzt o. a., vgl. §§ 277, 278.

*Insgesamt sollten sich die Bearbeiter durch die Vielzahl der »Ausweis-«Delikte nicht verwirren lassen, sondern schulmäßig und genau § 267 StGB prüfen und sich ggf. mit den Voraussetzungen des untauglichen Versuchs auseinandersetzen. In jedem Fall kommt es kaum auf das Ergebnis an, sondern darauf, **welche Fragen wie genau geprüft werden**.*

Zusammenfassung: Bewertungsrichtlinien

Die drei Teile der Klausur sind **etwa gleichwertig** in die Bewertung einzubeziehen. Zu den Schwerpunkten der einzelnen Handlungsabschnitte vgl. dort. Für die Bewertung kommt es letztlich auf das **Problembewusstsein** des Bearbeiters, seine **Vorkenntnisse** zu den relevanten Problempunkten und die **Souveränität der Anwendung** des Gelernten auf die konkreten Fälle an. Oberflächlichkeiten bei der Prüfung sollten genauso negativ ins Gewicht fallen wie ausführliches, aber ziel- und schwerpunktloses »Herumirren«. Gleichwohl dürfen die Bearbeiter im dritten Klausurteil – aus Unerfahrenheit mit den Ausweisdelikten – die genannten Tatbestände durchaus jeweils kurz anprüfen, sollten sie aber schnell ablehnen.

22 Schon nach Wortlaut und Gesetzessystematik erfasst § 281 StGB generell keine Falsifikate, s. etwa Tröndle/Fischer, 53. Auflage 2006, § 281, Rdn. 2; Kindhäuser, LPK-StGB, 3. Auflage 2006, § 281, Rdn. 3.

Fall 11   Schwerpunktbereich Strafverfolgung und Strafverteidigung

Der Abend am See

Von Prof. Dr. Bernd-Dieter Meier, Hannover

Strafzumessung – Gesamtstrafe – Vergewaltigung

In den kriminalwissenschaftlichen Schwerpunktbereichen wissen die meisten Studierenden über die Grundsätze, nach denen die Strafe zu bemessen ist, Bescheid[1]. Schwierigkeiten haben Viele jedoch mit der Frage, wie in einem konkreten Fall die Strafe tatsächlich gefunden wird und wie sich die anzustellenden Überlegungen in einem Gutachten darstellen lassen. Die nachfolgende Schwerpunktbereichsklausur verdeutlicht die Vorgehensweise anhand eines Vergewaltigungsfalls, in dem allein die Verhängung von Freiheitsstrafe in Betracht kommt. Der Fall wurde an der Leibniz Universität Hannover im Rahmen des Schwerpunktbereichs 4 (»Strafverfolgung und Strafverteidigung«) gestellt. Der anwaltlichen Ausrichtung des Schwerpunktbereichs entsprechend war die Frage nach dem Strafmaß auf die Verteidigungsperspektive bezogen. Obwohl Verteidiger in der Praxis aus taktischen Gründen meist nur eine nicht näher benannte »milde Strafe« fordern, zeigt die Lösung, dass sich der Antrag zum Strafmaß auch rechtlich begründen lässt.

SACHVERHALT

Die vor der großen Strafkammer des Landgerichts K durchgeführte Beweisaufnahme hat Folgendes ergeben[2]:

Am späten Abend des 4. 8. 2006 fuhr der angeklagte A mit der ihm flüchtig bekannten O zu einem abseits der Straße gelegenen See. Das dortige Gelände war zu dieser Zeit menschenleer. Nachdem er sich zunächst – wie zuvor angekündigt – mit O lediglich unterhalten hatte, drückte er sie plötzlich gewaltsam auf den Boden, entkleidete sie und setzte sich auf die Brust der sich heftig wehrenden O. Zuerst versuchte A vergeblich, O zum Oralverkehr zu zwingen. Anschließend sagte er, um sie gefügig zu machen und ihr Schreien zu unterbinden: »Wenn du nicht das Maul hältst, schlag ich dich.« Sodann führte er sein Glied (ohne dass es zum Samenerguss kam) ungeschützt in ihre Scheide ein. Dann ließ A vorerst von O ab.

Nachdem sie sich wieder angekleidet hatte, lief O zu dem Fahrzeug des A, um ihre Handtasche zu holen und sodann fortzulaufen. A, der erneut den Entschluss gefasst hatte, unter Ausnutzung der einsamen Lage den Geschlechtsverkehr mit O auszuführen, folgte ihr und drang in das Fahrzeug ein, in das O geflüchtet war. Dort zog er die sich heftig wehrende O aus und führte sein Glied erneut ungeschützt in ihre Scheide ein, und zwar bis kurz vor dem Samenerguss, der außerhalb ihres Körpers erfolgte.

A ist ein 28 Jahre alter Versicherungsangestellter. Er ist ledig und hat keine Kinder. In der Hauptverhandlung hat A ein umfassendes Geständnis abgelegt und bekundet, dass ihm das Geschehene leid tue. Er hat angegeben, im früheren Verlauf des Abends in einer Diskothek vergeblich versucht zu haben, eine ehemalige Freundin zum Geschlechtsverkehr zu überreden. Verärgert über seinen Misserfolg habe er den Plan gefasst, den Geschlechtsverkehr mit O durchzuführen und sich dabei, falls seine Annäherungsversuche wieder scheitern sollten, über ihren Willen hinwegzusetzen.

O ist 17 Jahre alt und geht noch zu Schule. In ihrer Vernehmung hat sie angegeben, dass sie vor allem bei dem zweiten Vorgang Todesangst empfunden habe und danach völlig am Boden zerstört gewesen sei.

Die weitere Beweisaufnahme hat ergeben, dass der nicht an Alkohol gewöhnte A zur Tatzeit erheblich alkoholisiert war; die Blutalkoholkonzentration betrug 1,4‰. Der Bundeszentralregisterauszug des A weist zwei frühere Verurteilungen wegen vorsätzlicher Körperverletzung auf; die Bewährungszeit der letzten Strafe (6 Monate Freiheitsstrafe) ist einen Monat vor der Tat abgelaufen.

Aufgabe: Zur Vorbereitung seines Plädoyers bittet Sie V, der Verteidiger des A, um eine kurze Stellungnahme zur Strafbarkeit

1 Vgl. hierzu etwa Streng, Strafrechtliche Sanktionen, 2. Aufl., 2002; Meier, Strafrechtliche Sanktionen, 2. Aufl., 2006; ders. JuS 2005, 769 ff., 879 ff.
2 Fall in Anlehnung an BGH NStZ 1999, 505.

des A sowie um ein ausführliches Gutachten zum Strafmaß, mit dem A zu rechnen hat. Schöpfen Sie den Strafzumessungssachverhalt hierfür soweit wie möglich aus und machen Sie deutlich, ob und warum die für relevant erachteten Strafzumessungstatsachen A belasten oder entlasten. Gehen Sie dabei auch auf die folgenden Punkte ein:
- Darf das Gericht berücksichtigen, dass die Staatsanwaltschaft von der Verfolgung der Straftat nach § 316 StGB gem. § 154 StPO abgesehen hat?
- Darf das Gericht die Strafe besonders hart bemessen, um andere Männer von vergleichbaren Taten abzuschrecken?

Schließen Sie Ihr Gutachten mit einem Vorschlag, welches Strafmaß V fordern soll.

LÖSUNG

I. Strafbarkeit des A

Indem A versuchte, die sich heftig wehrende O zum Oralverkehr zu zwingen, hat er eine versuchte Vergewaltigung nach § 177 I, II 2 Nr. 1, § 22, 23 I StGB begangen. Er hat Gewalt angewandt und die besondere Lage des abseits gelegenen Sees ausgenutzt, um O zur Vornahme sexueller Handlungen zu nötigen, wobei der angestrebte Oralverkehr mit einem Eindringen in den Körper der O verbunden sein sollte. Die versuchte Vergewaltigung ist in eine vollendete Vergewaltigung nach § 177 I, II 2 Nr. 1 StGB übergegangen, indem A der O zusätzlich mit Schlägen drohte und sie zur Duldung des Vaginalverkehrs zwang. Da bei der versuchten und der vollendeten Vergewaltigung dieselbe Zwangslage ausgenutzt wurde, liegt nur eine Tat nach § 177 I, II StGB vor[3].

Indem A die O kurze Zeit später im Fahrzeug erneut zur Duldung des Vaginalverkehrs zwang, hat er eine zweite vollendete Vergewaltigung nach § 177 I, II 2 Nr. 1 StGB begangen. Unabhängig davon, ob die vorangegangene Gewaltanwendung als konkludente Drohung mit weiterer Gewalt zu verstehen war, hat A hier jedenfalls die schutzlose Lage ausgenutzt, in der sich O befand, und damit jedenfalls die Tatbestandsvariante des § 177 I Nr. 3 StGB erfüllt. Eine Zusammenfassung der ersten und der zweiten Vergewaltigung zu einer natürlichen Handlungseinheit i. S. des § 52 StGB kommt trotz des engen räumlichen und zeitlichen Zusammenhangs nicht in Betracht; das Ankleiden und Fortlaufen bilden ebenso eine Zäsur wie die Feststellung des Gerichts, dass A »erneut« den Entschluss zur Tat gefasst habe[4]. Die beiden Tatbestandsverwirklichungen stehen daher im Verhältnis der Tatmehrheit (§ 53 StGB) zueinander.

II. Gutachten zum Strafmaß

1. Strafmaß für die erste Vergewaltigung

a) Strafrahmen[5]
Der Regelstrafrahmen für die Vergewaltigung beträgt 2 Jahre bis 15 Jahre Freiheitsstrafe (§ 177 II, § 38 II StGB). Zu prüfen ist die Möglichkeit einer Strafrahmenverschiebung nach §§ 21, 49 I StGB, weil A zur Tatzeit erheblich alkoholisiert war. Hierfür müssen aus der Sicht der Verteidigung zwei Voraussetzungen vorliegen: Die Schuldfähigkeit muss erheblich vermindert gewesen sein und es dürfen keine Umstände vorliegen, die der nur fakultativ in Betracht kommenden Strafrahmenverschiebung entgegenstehen.

Die erste Voraussetzung ist nicht schematisch allein anhand der Blutalkoholkonzentration zu beurteilen (etwa in dem Sinn, dass § 21 StGB erst ab einer BAK von mehr als 2,0 ‰ in Betracht kommt[6]), sondern auf der Grundlage einer Gesamtwürdigung sämtlicher psychodiagnostischer Beurteilungskriterien, die einen Rückschluss auf die Schuldfähigkeit zur Tatzeit erlauben[7]. Zu berücksichtigen ist in diesem Zusammenhang, dass A nicht an

Alkohol gewöhnt war und sich infolge der Zurückweisung durch seine ehemalige Freundin in einer aufgewühlten Stimmung befand. Auf der anderen Seite sprechen gegen eine erhebliche Verminderung der Schuldfähigkeit die fortdauernde Zielorientierung des Handelns an der Durchführung des Geschlechtsverkehrs und die planmäßige Ausführung der Tat (Aussuchen der nur flüchtig bekannten O und Verbringen an den abseits gelegenen See). Da zu weiteren Ausfallerscheinungen keine Feststellungen getroffen wurden, ist deshalb davon auszugehen, dass die Voraussetzungen des § 21 StGB nicht vorliegen. Auf die in der jüngeren Rechtsprechung problematisierte weitere Frage, ob die Strafrahmenverschiebung versagt werden darf, wenn der Täter die Verminderung der Schuldfähigkeit zu verantworten hat[8], braucht damit nicht eingegangen zu werden.

b) Schuldrahmen, § 46 I StGB
Nach der in der Praxis maßgeblichen Spielraumtheorie ist innerhalb des Strafrahmens der Schuldrahmen zu bilden, der nach unten durch die schon und nach oben durch die noch schuldangemessene Strafe begrenzt wird. Die präventiven Strafzwecke können nur innerhalb der durch den Schuldrahmen gezogenen Grenzen berücksichtigt werden[9].

Den wichtigsten Anknüpfungspunkt für die Bestimmung des Schuldrahmens bilden die Modalitäten der Tatbestandsverwirklichung, bei § 177 StGB also die Art und Schwere der eingesetzten Nötigungsmittel sowie die Art und Schwere der vorgenommenen sexuellen Handlungen. Die gegenüber O angewandte Gewalt war erheblich; indem sich A auf die Brust der O setzte, spielte er seine körperliche Überlegenheit gegenüber O aus. Auch die Drohung mit Schlägen war nicht unerheblich und stellte O in der konkreten Tatsituation, in der A auf ihrer Brust saß, eine fühlbare Misshandlung in Aussicht[10]. Bei den sexuellen Handlungen steht die vollendete Erzwingung des Vaginalverkehrs im Mittelpunkt, die jedoch mangels weiterer Feststellungen zur Intensität des Eindringens und Schmerzhaftigkeit für O nicht eigenständig gewürdigt werden kann. Berücksichtigt werden müssen indes die beiden (gegenläufigen) Umstände, dass A einerseits schuldsteigernd keine Schutzvorkehrungen ergriffen hat[11], es andererseits aber auch nicht zum Samenerguss kam, was trotz der gleichwohl bestehenden Gefahr von Schwängerung und Infizierung[12] aus der Sicht der Verteidigung positiv festzuhalten ist[13]. Die im Wege der Gesetzeskonkurrenz zurückgetretene versuchte Erzwingung des Oralverkehrs verwirklicht zusätzliches Handlungsunrecht und wirkt schuldsteigernd[14]. Weitere Erniedrigungen, die über die vollendete und die versuchte Verwirklichung des Regelbeispiels nach § 177 II 2 Nr. 1 StGB hinausgehen, haben nicht stattgefunden. Über körperliche Verletzungen der O ist

3 BGH NJW 1999, 1041 (1042); Leckner/Perrron/Eisele, in: Schönke/Schröder, StGB, 27. Aufl., 2006, § 177 Rdn. 28; Tröndle/Fischer, StGB, 54. Aufl., 2007, § 177 Rdn. 99.

4 BGH NStZ 1999, 505.

5 Der Aufbau des Gutachtens folgt den Empfehlungen von Schäfer, Praxis der Strafzumessung, 3. Aufl., 2001, 209 ff.

6 So die frühere Rspr., vgl. BGHSt 37, 231 (233 ff.).

7 BGHSt 43, 66 (71 ff.); BGH NStZ 2005, 92; Maatz/Wahl, in: Geiß u. a. (Hrsg.), 50 Jahre Bundesgerichtshof, 2000, 531 ff.; zu den insoweit in Betracht zu ziehenden Umständen genauer Foerster, in: Venzlaff/Foerster (Hrsg.), Psychiatrische Begutachtung, 4. Aufl., 2004, 204 ff.

8 BGHSt 49, 239 (240 ff.); BGH NJW 2003, 2394; Verrel/Hoppe JuS 2005, 308 ff.

9 BGHSt 7, 28 (32); 20, 264 (266 f.); Tröndle/Fischer (Fn. 3), § 46 Rdn. 20; Schäfer (Fn. 5), 191 ff.; Radtke, in: MüKo StGB, 2003, Vor §§ 38 ff. Rdn. 63; Streng, in: NK StGB, 2. Aufl., 2005, § 46 Rdn. 101.

10 Vgl. BGH NStZ 1999, 505; StV 2001, 679 (680).

11 BGHSt 37, 153 (155 f.); BGH NStZ 1999, 505 f.

12 Hierauf stellt BGH NStZ 1999, 505 (506) ab.

13 Vertiefend Schall/Schirrmacher **JURA** 1992, 624 ff.

14 BGH NJW 1999, 1041 (1042).

nichts bekannt geworden. Von einer tatbedingt ungewöhnlich starken seelischen Erschütterung ist nach den Feststellungen des Gerichts ebenfalls nicht auszugehen; O hat angegeben, »vor allem bei dem zweiten Vorgang« Todesangst empfunden und »am Boden zerstört« gewesen zu sein.

O hat zu der Tat keinen Anlass gegeben; für ein schuldminderndes Mitverschulden gibt es keine Anhaltspunkte. Die Verärgerung über den Misserfolg bei seiner ehemaligen Freundin entlastet A nicht; sie liefert das Motiv der Tat, aber keinen Grund, der seine Einsichts- und/oder Steuerungsfähigkeit als eingeschränkt erscheinen lässt. Die Verärgerung war eine frustrationsbedingte normale seelische Reaktion, die das Maß der Vorwerfbarkeit der Tat nicht berührt. Der Umstand, dass A den Tatentschluss schon geraume Zeit vor der Tat gefasst hatte, erhöht dagegen den Handlungsunwert.

Auch wenn die Voraussetzungen von § 21 StGB nicht vorliegen, schränkt die erhebliche Alkoholisierung die Steuerungsfähigkeit ein und wirkt entlastend. Dazu dass A den Tatentschluss schon gefasst hatte, bevor oder während er den Alkohol konsumierte, ist nichts festgestellt worden, auch nicht dazu, dass die Tat für ihn schon zu diesem Zeitpunkt vorhersehbar war. Die Feststellung, dass A nicht an Alkohol gewöhnt war, spricht gegen die Vorhersehbarkeit. Die strafmildernde Berücksichtigung der Alkoholisierung ist daher auch nach den Grundsätzen der neueren Rechtsprechung[15] nicht ausgeschlossen.

Die nicht zur Anklage gebrachte Trunkenheitsfahrt darf dann bei der Strafzumessung verwertet werden, wenn A in der Hauptverhandlung hierauf nach § 265 StPO hingewiesen worden ist[16]. Sie erhöht das Handlungsunrecht der Tat. Die zwei vom Gericht festgestellten Vorstrafen erhöhen die Vorwerfbarkeit. Die Vorverurteilungen betrafen einschlägige Taten; zwischen den früheren Körperverletzungen und der Vergewaltigung, die sich nicht nur gegen die sexuelle Selbstbestimmung, sondern auch gegen die körperliche Unversehrtheit der O richtete, besteht ein innerer Zusammenhang. Mangels anderweitiger Feststellungen muss davon ausgegangen werden, dass die Vorverurteilungen A gewarnt und seine Verbotskenntnis geschärft haben[17]. Auch die Kürze des Zeitraums zwischen dem Ablauf der letzten Bewährungszeit und der Vergewaltigung erhöht die Schuld, wenn man sie als Indiz für eine besondere Geringschätzung des Rechts und der von der letzten Verurteilung ausgehenden Warnung deutet.

Auf der anderen Seite begründet das Geständnis einen eigenständigen, positiven Handlungs- und, soweit die Beweisaufnahme hierdurch erleichtert wurde, Erfolgswert, der dem Unwert der Tat entgegengestellt werden kann[18]. Die mangels gegenteiliger Anhaltspunkte ernst gemeinte Reue drückt aus, dass sich die Einstellung des A zum Recht gewandelt hat und lässt das Maß der Vorwerfbarkeit der Vergewaltigung geringer erscheinen. Während A seine Vorstrafen bei der Strafzumessung belasten, wird er durch sein im Prozess gezeigtes positives Verhalten begünstigt.

Fazit: Die erste Vergewaltigung weist alle Anzeichen eines Falls auf, wie er »immer wieder« vorkommt. Das Maß der angewandten Gewalt ist durchaus erheblich, aber die Folgen für das Opfer gehen nicht über das Maß dessen hinaus, was bei Vergewaltigungen üblich ist. Die Vorstrafen belasten A, die Alkoholisierung und das Geständnis entlasten ihn. Der Fall ist damit als (statistischer) Regelfall einzuordnen, für den die »Einstiegsstelle« unterhalb der Mitte[19], in der Regel im unteren Drittel des Strafrahmens zu suchen ist[20]. Der für die Tat ermittelte Schuldrahmen braucht nicht benannt zu werden[21].

c) Überlegungen zur Prävention

Nach der Spielraumtheorie können innerhalb der durch den Schuldrahmen gezogenen Grenzen die präventiven Strafzwecke berücksichtigt werden[22]. Mit Blick auf die Spezialprävention sind dabei zunächst die beiden Vorstrafen zu würdigen. Der Umstand, dass A Wiederholungstäter ist, ist Anhaltspunkt für eine erhöhte

Rückfallgefahr und damit eine eher ungünstige Prognose. Auch der geringe Grad an sozialer Einbindung (ledig, keine Kinder) deutet auf eine ungünstige Prognose hin. Der Gesichtspunkt des Schutzes vor Wiederholungstaten lässt daher ein Strafmaß angezeigt erscheinen, das sich im oberen Bereich der schuldangemessenen Strafe bewegt. Auf der anderen Seite ist zugunsten von A zu berücksichtigen, dass die Möglichkeiten zur Resozialisierung im Strafvollzug – auch in der Sozialtherapie, in der A die Strafzeit voraussichtlich abbüßen wird (§ 9 StVollzG) – nur begrenzt sind. Der Strafzweck der positiven Spezialprävention spricht deshalb dafür, die Strafe eher am unteren Rand des Schuldrahmens anzusiedeln, da der Gefahr einer noch weitergehenden Entsozialisierung des A nur durch eine möglichst kurz bemessene Strafzeit entgegengewirkt werden kann[23].

Eine Strafschärfung, um andere Männer von vergleichbaren Taten abzuschrecken, kommt nur dann in Betracht, wenn das Gericht eine gemeinschaftsgefährliche Zunahme solcher Taten festgestellt hat[24]. Da insoweit keine Feststellungen getroffen wurden, dürfen in der Strafzumessung keine Erwägungen zur Abschreckung angestellt werden.

d) Zwischenergebnis

Eine Strafe am unteren Rand des Strafrahmens kommt nicht in Betracht, da dieser Bereich für die denkbar leichtesten Fälle von Vergewaltigung reserviert sind[25], wovon angesichts des Ausmaßes der angewandten Gewalt keine Rede sein kann. Da die schuldangemessene Strafe nach der Spielraumtheorie keine punktförmige Größe ist, sondern innerhalb des durch die Schuld gezogenen Rahmens unterschiedlich schwere Strafen zulässig sind, muss A für die erste Vergewaltigung mit einer Freiheitsstrafe rechnen, deren Dauer sich im Bereich zwischen 3 Jahren und 6 Monaten und 6 Jahren bewegt.

2. Strafmaß für die zweite Vergewaltigung

Die Überlegungen zum Strafmaß für die zweite Vergewaltigung können sich im Wesentlichen an denjenigen für die erste Tat orientieren, allerdings sind zwei Besonderheiten zu beachten. Zum einen war die Vorgehensweise bei der zweiten Vergewaltigung eine andere. Zwar hat das Gericht keine Feststellungen dazu getroffen, inwieweit A bei der zweiten Tat körperliche Gewalt angewandt und O bedroht hat. Schuldsteigernd wirkt sich jedoch aus, dass er O gefolgt und in den Pkw eingedrungen ist. A hat damit nicht nur wie im ersten Fall die allgemein schutzlose Lage ausgenutzt, in der sich O am See befand, sondern er ist zur Begehung der Tat überdies in den Raum (Pkw) eingedrungen, in den sich O nach der ersten Tat auf der Suche nach Schutz geflüchtet hatte. Die Art und Weise, in der er die Schutzlosigkeit der O ausgenutzt hat, weist damit einen gegenüber der ersten Tat deutlich erhöhten Handlungsunwert auf. Dem entspricht es, das

15 S. o. Fn. 8.

16 BGHSt 30, 147 (148); 165 (165 f.); w. Nachw. bei Tröndle/Fischer (Fn. 3), § 46 Rdn. 41.

17 BGHSt 24, 198 (200); Stree, in: Schönke/Schröder (Fn. 3), § 46 Rdn. 31; Franke, in: MüKo StGB (Fn. 9), § 46 Rdn. 40; vertiefend Meier (Fn. 1), 178.

18 Schäfer (Fn. 5), 156 f.; Meier (Fn. 1), 182; kritisch Stree, in: Schönke/Schröder (Fn. 3), § 46 Rdn. 41 a.

19 BGHSt 27, 2 (4 f.); BGH StV 1999, 576 (577); Tröndle/Fischer (Fn. 3), § 46 Rdn. 17.

20 Horn, in: SK StGB, 7. Aufl., 2001, § 46 Rdn. 87; Meier (Fn. 1), 199 f.

21 Schäfer (Fn. 5), 299.

22 S. o. Fn. 9.

23 Streng, in: NK StGB (Fn. 9), § 46 Rdn. 102; ders. (Fn. 9), 255; Meier (Fn. 1), 188.

24 BGH NStZ 1986, 358; StV 1994, 424; Tröndle/Fischer (Fn. 3), § 46 Rdn. 11.

25 BGHSt 27, 2 (3); BGH NStZ 1984, 117; Stree, in: Schönke/Schröder (Fn. 3), Vorbem §§ 38 ff. Rdn. 42.

das Vorgehen von O im zweiten Fall auch als gravierender empfunden wurde (»vor allem bei dem zweiten Vorgang«) und bei ihr zu einer ungewöhnlich starken seelischen Erschütterung geführt hat (»Todesangst«, »völlig am Boden zerstört«).

Zum anderen fand die zweite Vergewaltigung in einem engen räumlichen und zeitlichen Zusammenhang mit der ersten Tat statt. Zwar ist dieser Umstand in erster Linie bei der Gesamtstrafenbildung zu würdigen (§ 54 I 3 StGB). Die Nähe der ersten Tat kann sich jedoch auch auf das Schuldmaß für die zweite Tat auswirken und damit auch schon bei der Bemessung der Einzelstrafe relevant werden[26]. In seinen Auswirkungen ist dieser Gesichtspunkt allerdings nicht eindeutig: Die Hemmschwelle zur Tat war im zweiten Fall niedriger als im ersten; nachdem A die schutzlose Lage der O bereits zu dem ersten Angriff ausgenutzt hatte, fiel ihm die Überwindung des von O geleisteten Widerstands beim zweiten Mal leichter, so dass die Vorwerfbarkeit geringer ist[27]. Auf der anderen Seite ergibt sich aus dem nahen Zusammenhang ein erhöhtes Handlungsunrecht: Der zweite Angriff erfolgte, als O mit keinen weiteren Angriffen rechnete; O flüchtete nicht sofort, nachdem A von ihr abgelassen hatte, sondern hatte sich wieder angekleidet und holte ihre Handtasche. Der zweite Angriff musste bei ihr den Eindruck entstehen lassen, dass es jetzt keineswegs »nur« noch um die Durchführung des Geschlechtsverkehrs gehe, sondern auch darum, sie zur Verdeckung des ersten Angriffs zu töten. Die Feststellung, dass O bei der zweiten Tat Todesangst empfunden hat, wird erst aus dem engen Zusammenhang mit der ersten Tat plausibel.

Fazit: Angesichts des größeren Handlungsunwerts ist für die zweite Vergewaltigung ein deutlich höheres Strafmaß wahrscheinlich als für die erste Vergewaltigung. A muss für die zweite Vergewaltigung mit einer Freiheitsstrafe rechnen, deren Dauer sich im Bereich zwischen 4 Jahren und 6 Monaten und 7 Jahren bewegt.

3. Gesamtstrafenbildung

Aus den beiden Einzelstrafen ist nach den Grundsätzen des § 54 I 2, II StGB der Strafrahmen für die Gesamtstrafe zu bilden. Auszugehen ist von der Einsatzstrafe – hier der Strafe für die zweite Vergewaltigung –, die entsprechend der Schwere von Unrecht und Schuld des Gesamtgeschehens und den sich hierin ausdrückenden Präventionserfordernissen zu verschärfen ist. Das Mindestmaß der Verschärfung liegt bei einem Monat (vgl. § 39 StGB). Die Summe der beiden Einzelstrafen darf nicht erreicht werden (§ 54 II 1 StGB). Bei der Bildung der Gesamtstrafe müssen die Person des Täters und die einzelnen Straftaten zusammenfassend gewürdigt werden (§ 54 I 3 StGB). Abwägungskriterien sind vor allem die Zahl der Taten und ihr Zusammenhang, ihre größere oder geringere Selbständigkeit, die Gleichheit oder Verschiedenheit der verletzten Rechtsgüter und der Begehungsweisen sowie das Gesamtgewicht des abgeurteilten Sachverhalts[28]. Bei der Gesamtstrafenbildung muss dem engen zeitlichen, sachlichen und situativen Zusammenhang Rechnung getragen werden, in dem die beiden Vergewaltigungen stehen. Zwischen den Taten liegt zwar eine Zäsur, die durch das Ankleiden und Fortlaufen der O sowie die erneute Entschlussfassung des A gebildet wird. Auf der anderen Seite verging bis zum erneuten Tatentschluss nur wenig Zeit; der Tatablauf war in beiden Fällen sehr ähnlich und der motivatorische Hintergrund derselbe. Beide Vergewaltigungen richteten sich gegen dasselbe Opfer. In diesen Fällen, in denen zwischen den mehreren gegen dasselbe Opfer gerichteten Taten ein enger zeitlicher, sachlicher und situativer Zusammenhang besteht, muss die Erhöhung der Einsatzstrafe nach der Rechtsprechung niedriger ausfallen als in anderen Fällen[29]. A muss daher mit einer Gesamtstrafe rechnen, die sich im unteren Drittel des aus den beiden Einzelstrafen gebildeten Strafrahmens bewegt, konkret: mit einer Gesamtfreiheitsstrafe zwischen 5 und 8 Jahren[30].

III. Antrag des V zum Strafmaß

Der Vorschlag für das von V zu fordernde Strafmaß muss sich am unteren Rand der aus dem Gutachten folgenden schon schuldangemessenen Strafe bewegen. V sollte in seinem Plädoyer Einzelfreiheitsstrafen von 3 Jahren und 6 Monaten bzw. 4 Jahren und 6 Monaten sowie eine Gesamtfreiheitsstrafe von 5 Jahren fordern.

---

26 Umstritten; wie hier Montenbruck JZ 1988, 336 f.; a. A. etwa Frister, in: NK StGB (Fn. 9), § 54 Rdn. 8 m. w. N.

27 Vgl. BGH StV 1995, 470; Schäfer (Fn. 5), 147; Franke, in: MüKo StGB (Fn. 9), § 46 Rdn. 36.

28 BGHSt 24, 268 (269 f.); Schäfer (Fn. 5), 307 ff.

29 BGH StV 1993, 302; NStZ 1995, 77; Schäfer (Fn. 5), 308.

30 Im konkreten Fall hat der BGH die Verurteilung zu einer Gesamtfreiheitsstrafe von 7 Jahren gebilligt.

Fall 12

Öffentliches Recht

Luxemburg und die Diskriminierung von EG-Beamten oder »Die teure Entbindung«

Von Diplom-Jurist Martin Mrosk, Frankfurt (Oder)

Vorabentscheidungsverfahren – allgemeines Diskriminierungsverbot – gemeinschaftsautonome Auslegung

Der Fall war in abgewandelter Form Gegenstand einer Übungsklausur im Examensklausurenkurs der Europa-Universität Viadrina Frankfurt (Oder). Er ist an der Entscheidung des EuGH vom 3. 10. 2000, Rs. C-411/98, EuZW 2001, S. 26 ff. (Angelo Ferlini/ Centre hospitalier de Luxembourg) angelehnt. Typische Problemstellungen des Gemeinschaftsrechts, wie die Bindung sog. intermediärer Gewalten, die Annahmefähigkeit einer Vorlagefrage, die gemeinschaftsautonome Auslegung und die Einordnung des allgemeinen Diskriminierungsverbotes werden aufgegriffen sowie Hinweise zu häufigen Klausurproblemen gegeben.

SACHVERHALT

Herr M aus Deutschland ist als Beamter der Kommission in den Diensten der Europäischen Gemeinschaft tätig. Er lebt mit seiner deutschen Ehefrau F in Luxemburg und gehört mit seinen Familienangehörigen dem gemeinsamen Krankheitsfürsorgesystem der Organe der Europäischen Gemeinschaften an, mit der Folge, dass er von der luxemburgischen Kranken- und Mutterschaftsversicherung freigestellt ist.

Am 23. 1. 1989 erblickt der kleine M Junior im Centre hospitalier de Luxembourg (im Folgenden: CHL) das Licht der Welt. Ende Februar stellt das CHL dem M die Kosten der Entbindung und des Klinikaufenthaltes der F in Rechnung. Die Abrechnung, die sich aus mehreren Einzelposten, wie z. B. Kosten für Medikamente und Arzthonorare, zusammensetzt, basiert unter anderem auf den »Krankenhausgebührensätzen (...) für nicht dem nationalen System der sozialen Sicherheit angeschlossene Personen und Einrichtungen«. Diese Gebührensätze wurden einseitig und einheitlich von sämtlichen in der »Entente des Hôpitaux luxembourges«[1] (im Folgenden: EHL) zusammengeschlossenen luxemburgischen Krankenhäusern festgesetzt.

Wie M erfährt, soll er ca. 70% mehr zahlen, als nach der Gebührenordnung für Pflichtversicherte der luxemburgischen Krankheits- und Mutterschaftsversicherung angefallen wäre. Nach der luxemburgischen Krankheits- und Mutterschaftsversicherung gelten nämlich einheitliche Festpreise, welche unabhängig vom Einkommen des Patienten und von der Qualifikation des Leistungserbringers sind.

M sieht nicht ein, dass er, nur weil er nicht Mitglied der luxemburgischen Krankheits- und Mutterschaftsversicherung ist, einen höheren Gebührensatz begleichen soll, als Personen, die dieser Versicherung angehören. Allenfalls ist er bereit den gleichen Gebührensatz zu entrichten.

M fühlt sich diskriminiert und lehnt daher die Zahlung ab. Gegen den daraufhin ergehenden Zahlungsbefehl legt M erfolglos Widerspruch ein. In der sich anschließenden Klage macht er geltend, dass das Gemeinschaftsrecht nicht mit dem Abrechnungssystem der EHL zu vereinbaren sei. So sei ein Verstoß gegen die VO 1408/71, gegen Art. 7 der VO 1612/68 sowie ein Verstoß gegen Art. 39 EGV gegeben. Zumindest bestehe aber ein Verstoß gegen Art. 12 EGV.

Das CHL begründet im Verfahren die unterschiedliche Behandlung damit, dass die Lage der Beamten der EG nicht mit den Personen verglichen werden kann, die im System der sozialen Sicherheit angeschlossen sind. Zum einen haben die Beamten ein hohes Einkommen und zum anderen zahlen sie weder Steuern noch nationale Sozialversicherungsbeiträge.

Das Gericht ist sich unsicher, wie es den Begriff des Arbeitnehmers gemeinschaftsrechtlich auslegen soll, ob die EHL aus dem EG-Vertrag verpflichtet werden kann und ob überhaupt ein Verstoß gegen Gemeinschaftsrecht besteht. Es setzt daher das Verfahren aus und legt dem EuGH vor.

Wie wird der EuGH entscheiden?

Artikel 1 VO 1408/71: Für die Anwendung dieser Verordnung werden die nachstehenden Begriffe wie folgt definiert:
   a) »Arbeitnehmer« oder »Selbständiger«: jede Person,
   i) ...
   ii) die im Rahmen eines für alle Einwohner oder die gesamte erwerbstätige Bevölkerung geltenden Systems der sozialen Sicherheit gegen ein Risiko oder gegen mehrere Risiken pflichtversichert ist, die von den Zweigen erfasst werden, auf die diese Verordnung anzuwenden ist,
   – wenn diese Person aufgrund der Art der Verwaltung oder der Finanzierung dieses Systems als Arbeitnehmer oder Selbständiger unterschieden werden kann oder
   – wenn sie bei Fehlen solcher Kriterien im Rahmen eines für Arbeitnehmer oder Selbständige errichteten Systems oder eines Systems der Ziffer iii) gegen ein anderes in Anhang I bestimmtes Risiko pflichtversichert oder freiwillig weiterversichert ist oder wenn auf sie bei Fehlen eines solchen Systems in

dem betreffenden Mitgliedstaat die in Anhang I enthaltene Definition zutrifft;
   iii) die gegen mehrere Risiken, die von den unter diese Verordnung fallenden Zweigen erfasst werden, im Rahmen eines für die gesamte Landbevölkerung nach den Kriterien des Anhangs I geschaffenen einheitlichen Systems der sozialen Sicherheit pflichtversichert ist;
   iv) die gegen ein Risiko oder gegen mehrere Risiken, die von den unter diese Verordnung fallenden Zweigen erfasst werden, im Rahmen eines für Arbeitnehmer, für Selbständige, für alle Einwohner eines Mitgliedstaats oder für bestimmte Gruppen von Einwohnern geschaffenen Systems der sozialen Sicherheit eines Mitgliedstaats freiwillig versichert ist,
   – wenn sie im Lohn- oder Gehaltsverhältnis beschäftigt ist oder eine selbständige Tätigkeit ausübt oder
   – wenn sie früher im Rahmen eines für Arbeitnehmer oder Selbständige desselben Mitgliedstaats errichteten Systems gegen das gleiche Risiko pflichtversichert war;

Artikel 2 I VO 1408/71: Diese Verordnung gilt für Arbeitnehmer und Selbständige, für welche die Rechtsvorschriften eines oder mehrerer Mitgliedstaaten gelten oder galten, soweit sie Staatsangehörige eines Mitgliedstaats sind oder als Staatenlose oder Flüchtlinge im Gebiet eines Mitgliedstaats wohnen, sowie für deren Familienangehörige und Hinterbliebene.

Artikel 18 VO 1408/71

(1) Der zuständige Träger eines Mitgliedstaats, nach dessen Rechtsvorschriften der Erwerb, die Aufrechterhaltung oder das Wiederaufleben des Leistungsanspruchs von der Zurücklegung von Versicherungs-, Beschäftigungs- oder Wohnzeiten abhängig ist, berücksichtigt, soweit erforderlich, die Versicherungs-, Beschäftigungs- oder Wohnzeiten nach den Rechtsvorschriften eines anderen Mitgliedstaats, als handelte es sich um Zeiten, die nach den für diesen Träger geltenden Rechtsvorschriften zurückgelegt worden sind.

(2) Absatz 1 gilt auch für Saisonarbeiter, selbst wenn es sich um Zeiten handelt, die vor dem Zeitpunkt einer Unterbrechung der Versicherung liegen, die länger gedauert hat, als es nach den Rechtsvorschriften des zuständigen Staates zulässig ist, unter der Voraussetzung, dass die Versicherung des Betreffenden nicht länger als vier Monate lang unterbrochen war.

Artikel 7 VO 1612/68

(1) Ein Arbeitnehmer, der Staatsangehöriger eines Mitgliedstaats ist, darf auf Grund seiner Staatsangehörigkeit im Hoheitsgebiet der anderen Mitgliedstaaten hinsichtlich der Beschäftigungs- und Arbeitsbedingungen, insbesondere im Hinblick auf Entlohnung, Kündigung und, falls er arbeitslos geworden ist, im Hinblick auf berufliche Wiedereingliederung oder Wiedereinstellung, nicht anders behandelt werden als die inländischen Arbeitnehmer.

(2) Er genießt dort die gleichen sozialen und steuerlichen Vergünstigungen wie die inländischen Arbeitnehmer.

(3) ...

(4) ...

LÖSUNG

Der EuGH wird die Vorlagefrage beantworten, wenn sie annahmefähig ist.

A. Annahmefähigkeit

Das nationale Gericht kann die Vorlagefrage an den EuGH richten, wenn die Voraussetzungen der Annahmefähigkeit vorliegen. Die Voraussetzungen sind in Art. 234 EGV geregelt.

---

1 Verband der luxemburgischen Krankenhäuser.

I. Zuständigkeit

Gemäß Art. 225 III EGV ist für Vorabentscheidungen der EuGH zuständig; dem EuG wurde in Art. 51 EuGH-Satzung bisher noch keine Zuständigkeit zugewiesen.

Hinweis: Für Entscheidungen über Klagen nach Art. 230, 232, 235, 236 und 238 EGV ist im ersten Rechtszug grundsätzlich das EuG (Gericht erster Instanz) zuständig, Art. 225 I EGV. Ein Vorabentscheidungsverfahren nach Art. 234 EGV ist in der Aufzählung nicht enthalten. Gemäß Art. 225 III EGV kommt die Satzung des EuGH zur Anwendung. Hierbei wäre das EuG nur zuständig, wenn ihm die Zuständigkeit ausdrücklich zugewiesen worden wäre.

Lesen Sie die schwer verständliche Norm des Art. 51 EuGH-Satzung!

II. Vorlageberechtigung

Das Gericht muss zur Vorlage berechtigt gewesen sein, Art. 234 II EGV. Zur Vorlage berechtigt sind mitgliedstaatliche Gerichte. Es muss sich also um ein *Gericht* eines *Mitgliedstaates* handeln.

Der Begriff des Gerichtes ist gemeinschaftsautonom auszulegen[2].

Hinweis 1: Eine gemeinschaftsautonome Auslegung erfolgt unabhängig vom jeweiligen Begriffsverständnis in den einzelnen Mitgliedstaaten. Dadurch wird zum einen eine einheitliche Auslegung gewährleistet und zum anderen verhindert, dass die Mitgliedstaaten über ein abweichendes Begriffsverständnis das Gemeinschaftsrecht aushöhlen.

Es muss sich um eine unabhängige, durch oder aufgrund eines Gesetzes eingerichtete Instanz mit ständigem Charakter handeln, die im Rahmen einer obligatorischen, nicht bloß gewillkürten Zuständigkeit in einem streitigen Verfahren unter Anwendung von Rechtsnormen bindend entscheidet[3]. Bei dem ersuchenden Gericht handelt es sich um ein vorlageberechtigtes Gericht.

Hinweis 2: In Klausuren ist oftmals problematisch, ob Register- und Schiedsgerichte vorlageberechtigt sind[4]. Schiedsgerichte weisen zwar Merkmale eines Gerichts auf (§§ 1025 ff. ZPO), doch bestehen sie aufgrund einer privaten, gewillkürten Vereinbarung. Sie sind demnach keine Gerichte im gemeinschaftsrechtlichen Sinn. Bei Registergerichten, wie z. B. das Handelsregistergericht (§§ 125 ff. FGG), fehlt es am typischen Rechtsprechungscharakter; sie üben vielmehr eine verwaltende Tätigkeit aus[5] und sind daher auch keine Gerichte im gemeinschaftsrechtlichen Sinn.

III. Vorlagegegenstand

Darüber hinaus muss dem EuGH u. a. eine Frage zur Auslegung des EGV (Art. 234 I lit. a) EGV) oder des Sekundärrechts – als Handlungen der Organe – (Art. 234 I lit. b) EGV) vorgelegt werden.

In Betracht kommt eine Auslegungsfrage dahingehend, ob Art. 2 I, 18 I VO 1408/71, Art. 7 I bzw. II VO 1612/68, Art. 39 EGV und Art. 12 I EGV mit einer nationalen Maßnahme zu vereinbaren sind, welche vorsieht, dass Beamte der Europäischen Gemeinschaften, die mit einer Entbindung zusammenhängenden ärztlichen Behandlungskosten und die hierbei benötigten Arzneimittel höhere Gebührensätze zahlen müssen als pflichtversicherte Personen, die dem nationalen Sozialversicherungssystem angeschlossen sind.

Hinweis: Vorlagegegenstand müssen nicht nur Handlungen der Organe i. S. d. Art. 249 EGV sein. Auch Organhandlungen einer anderen Kategorie, wie z. B. völkerrechtliche Verträge der Gemeinschaft mit Drittstaaten[6], können darunter fallen. Ob auch Handlungen von Hilfsorganen oder anderer Einrichtungen tauglicher Vorlagegegenstand sein kann, ist nicht unumstritten[7]. Dagegen spricht der Wortlaut des Art. 7 I EGV, der die Organe

der Gemeinschaft aufzählt. Andererseits sind auch Hilfsorgane und andere Einrichtungen an das Gemeinschaftsrecht gebunden. Um gemeinschaftsrechtswidrige Handlungen auszuschließen, erscheint es gerechtfertigt eine Auslegungs- und Gültigkeitskontrolle zuzulassen.

»Dieses Vertrages« meint das Primärrecht und die allgemeinen Rechtsgrundsätze[8].

IV. Entscheidungserheblichkeit

Ob eine Entscheidungserheblichkeit besteht, wird vom EuGH grundsätzlich nicht geprüft; außer wenn Anhaltspunkte für einen Missbrauch des Vorabentscheidungsverfahrens bestehen – so etwa bei nur hypothetischen Fragen[9]. Ausreichend ist es regelmäßig, wenn das nationale Gericht die Beantwortung der Vorlagefrage als erheblich erachtet[10]. Davon ist auszugehen.

V. Vorlagerecht/Vorlagepflicht

Das nationale Gericht hat im Rahmen seines Ermessens ein Recht zur Vorlage, von der es Gebrauch gemacht hat, Art. 234 II EGV.

Hinweis 1: In der Regel besteht für nationale Gerichte keine Pflicht zur Vorlage, sondern ein Recht. Es gibt aber Fälle, in denen existiert eine Vorlagepflicht. Vorlagepflichtig sind u. a. Gerichte, deren Entscheidungen nicht mehr mit Rechtsmitteln des innerstaatlichen Rechts angegriffen werden können, Art. 234 III EGV. D. h., es muss sich um ein letztinstanzliches Gericht handeln. Hierbei kann eine abstrakte oder eine konkrete Betrachtungsweise zu Grunde gelegt werden.

1. Abstrakte Betrachtungsweise
Nach dieser Sichtweise sind nur hierarchisch oberste Gerichte vorlagepflichtig (so z. B. für Deutschland BGH, BVerwG usw., also die obersten Gerichtshöfe des Bundes nach Art. 95 I GG)[11].

2. Konkrete Betrachtungsweise
Wird dagegen eine konkrete Sichtweise zu Grunde gelegt (so die h. M.), beurteilt sich die Vorlagepflicht nach der Art des innerstaatlichen Verfahrens[12]. So kann unter Umständen schon das Amtsgericht letztinstanzliches Gericht sein, wenn die Berufung nicht zugelassen bzw. die Berufungssumme nicht erreicht wurde (§ 511 II ZPO).

3. Abwägung
Kommen die Betrachtungsweisen zu unterschiedlichen Ergebnissen, ist, um zu einer sachgerechten Lösung zu kommen, eine Abwägung erforderlich.

Für die abstrakte Sicht spricht, dass unabhängig von der Verfahrensart und dem Streitwert auf Anhieb ersichtlich ist, dass nur die obersten Bundesgerichte vorlagepflichtig sind. Weiterhin

---

2 Wernsmann/Behrmann **JURA** 2006, 181, 183.
3 Oppermann Europarecht, 3. Aufl., § 9 Rdn. 56.
4 Zur Problematik der Vorlageberechtigung von Berufskammern und Verbandsgerichten siehe Pechstein EU-/EG-Prozessrecht, 3. Aufl., Rdn. 816–820; Schima Das Vorabentscheidungsverfahren vor dem EuGH, 2. Aufl., S 32–45.
5 Haratsch/Koenig/Pechstein Europarecht, 5. Aufl., Rdn. 498.
6 Geiger EUV/EGV, 4. Aufl., Art. 234 EG Rdn. 6; Wernsmann/Behrmann **JURA** 2006, 181, 183.
7 Schima Das Vorabentscheidungsverfahren vor dem EuGH, 2. Aufl., S. 13.
8 Pechstein EU-/EG-Prozrecht, 3. Aufl., Rdn. 795.
9 Streinz Europarecht, 7. Aufl., Rdn. 635.
10 Näher zur Entscheidungserheblichkeit Wernsmann/Behrmann **JURA** 2006, 181, 184; Oppermann Europarecht, 3. Aufl., § 9 Rdn. 59.
11 Arndt Europarecht, 8. Aufl., S. 86; Schima Das Vorabentscheidungsverfahren vor dem EuGH, 2. Aufl., S. 59 f.
12 Herdegen Europarecht, 8. Aufl., § 10 Rdn. 31.

wird der EuGH entlastet, wenn er sich nur mit den Vorlagen der obersten Gerichte befassen muss.

Um aber einen effektiven Rechtschutz des Bürgers zu ermöglichen und eine europarechtswidrige Rechtsprechung der unterinstanzlichen Gerichte zu vermeiden[13], ist es sachgerechter, auch diese Gerichte zur Vorlage zu verpflichten, sofern die sonstigen Voraussetzungen des Art. 234 III, I EGV vorliegen.

Hinweis 2: Über den Wortlaut des Art. 234 EGV hinaus besteht eine Vorlagepflicht auch für unterinstanzliche Gerichte, wenn es um die Gültigkeit einer Gemeinschaftsrechtsnorm geht. Ein nationales Gericht ist nicht befugt, die Ungültigkeit festzustellen und diese Norm unangewendet zu lassen[14]. Stichwort: Verwerfungsmonopol des EuGH.

Hinweis 3: Die Vorlagepflicht kann entfallen, wenn in einem gleichgelagerten Fall der EuGH bereits entschieden hat; oder eine gesicherte Rechtsprechung besteht; oder keinerlei vernünftige Zweifel an der Beantwortung einer Frage bestehen, d. h., wenn das nationale Gericht überzeugt ist, dass sowohl der Gerichtshof, als auch die anderen mitgliedstaatlichen Gerichte die Frage in gleicher Weise beantwortet hätten; sog. »acte-claire«-Doktrin[15].

Unter besonders strengen Voraussetzungen kann die Vorlagepflicht im Verfahren des einstweiligen Rechtsschutzes ausgesetzt werden, um der Eilbedürftigkeit Rechnung zu tragen[16].

Hinweis 4: Der Prüfungspunkt der Vorlagepflicht wird *nur* relevant, wenn das nationale Gericht die Vorlagepflicht verletzt hat. Hier könnte eine Verfassungsbeschwerde nach Art. 93 I Nr. 4 a GG wegen Entziehung des gesetzlichen Richters (Art. 101 I 2 GG)[17], ein Vertragsverletzungsverfahren nach Art. 226 EGV[18], ein gemeinschaftsrechtlicher Staatshaftungsanspruch oder eine Individualbeschwerde beim EGMR nach Art. 34 f. EMRK wegen Verletzung des Rechts auf ein faires Verfahren (Art. 6 EMRK) folgen.

VI. Keine Umgehung der Klagefrist der Nichtigkeitsklage

Durch das Vorabentscheidungsverfahren – welches selbst an keine Frist gebunden ist – darf die Zweimonatsfrist zur Erhebung der Nichtigkeitsklage (Art. 230 V EGV) nicht umgangen werden. Dies ist der Fall, wenn es sich um eine Gültigkeitsfrage handelt und die Nichtigkeitsklage offensichtlich zulässig gewesen wäre, sie aber nicht innerhalb der Frist erhoben wurde[19]. Das bedeutet, dass im Rahmen der Annahmefähigkeit unter einem eigenen Prüfungspunkt die Zulässigkeit der Nichtigkeitsklage geprüft werden muss[20]. Da es sich vorliegend nicht um die Frage nach der Gültigkeit einer gemeinschaftsrechtlichen Regelung handelt, sondern um die Auslegung von Sekundär- und Primärrecht, kann Art. 230 V EGV auch nicht umgangen werden.

VII. Ergebnis

Die Voraussetzungen liegen vor, folglich ist die Vorlage vor dem EuGH annahmefähig.

B. Beantwortung der Vorlagefrage[21]

Das vorlegende Gericht möchte klären lassen, ob Art. 2 I, 18 I VO 1408/71, Art. 7 I bzw. II VO 1612/68, Art. 39 EGV und Art. 12 I EGV mit einer nationalen Regelung zu vereinbaren sind, die vorsieht, dass EG-Beamte eine höhere Gebühr begleichen müssen, welche im Rahmen einer Entbindung anfällt, als Personen, die dem nationalen System der sozialen Sicherheit angeschlossen sind.

I. Verstoß gegen VO 1408/71

Es könnte durch die höhere Berechnung ein Verstoß gegen Art. 18 I VO 1408/71 vorliegen.

Die VO 1408/71 muss hierfür sowohl anwendbar, als auch materiell einschlägig sein.

1. Anwendbarkeit

Die VO betrifft Arbeitnehmer und deren Familienangehörige, für welche die Rechtsvorschriften eines oder mehrerer Mitgliedstaaten Anwendung finden, sofern sie Staatsangehörige eines Mitgliedstaates sind, Art. 2 I VO 1408/71.

a) M und F sind deutsche Staatsangehörige und damit nicht nur Unionsbürger i. S. d. Art. 17 EG, sondern auch vom persönlichen Schutzbereich dieser VO erfasst.

b) F, als Ehefrau des M, ist Familienangehörige des M.

c) Darüber hinaus muss M Arbeitnehmer sein. Art. 1 VO 1408/71 regelt selbst, wer als Arbeitnehmer angesehen wird. Dies sind Personen, für welche die nationalen Rechtsvorschriften über die soziale Sicherheit Anwendung finden. Die EG-Beamten und ihre Familienangehörigen sind dem Gemeinsamen Krankheitsfürsorgesystem angeschlossen. Sie sind also nicht bei einer nationalen Versicherung versicherungspflichtig und unterliegen damit auch nicht den nationalen Rechtsvorschriften über die soziale Sicherheit[22]. Demnach können sie nicht als Arbeitnehmer im Sinne der Verordnung Nr. 1408/71 angesehen werden.

d) Folglich ist die VO 1408/71 nicht anwendbar.

2. Hilfsweise – Materielle Voraussetzungen des Art. 18 I VO 1408/71[23]

a) In materieller Hinsicht muss der zuständige Träger eines Mitgliedstaates u. a. berücksichtigen, dass für den Erwerb eines Leistungsanspruches die Zurücklegung von Versicherungs-, Beschäftigungs- oder Wohnzeiten, welche bereits nach den Vorschriften eines anderen Mitgliedstaates abgeleistet bzw. abgelegt worden sind, berücksichtigt werden, soweit es für die Geltendmachung des entsprechenden Anspruches darauf ankommt.

b) Es geht vorliegend nicht um den Erwerb – oder Ähnlichem – von Leistungsansprüchen. Die VO zielt darauf ab, dass Versichertenleistungen, welche in anderen Mitgliedstaaten erbracht worden sind, nicht durch den Wechsel des Mitgliedstaates und des Versicherungssystems entfallen. M und F sind durch das Versorgungssystem der EG-Beamten versichert. Auf eine Inanspruchnahme der Pflichtversicherung – durch vorherige Versichertenleistungen erworben – kommt es also gar nicht an.

c) Folglich ist diese VO auch nach ihrem materiellen Regelungsgehalt nicht einschlägig.

3. Zwischenergebnis

Ein Verstoß gegen VO 1408/71 liegt nicht vor.

13 ERICHSEN/WEISS **JURA** 1990, 586, 590.
14 Rs. 314/85 (Foto-Frost-Entscheidung) – Ziff. 17; HERDEGEN Europarecht, 8. Aufl., § 10 Rdn. 34.
15 HARATSCH/KOENIG/PECHSTEIN Europarecht, 5. Aufl., Rdn. 501; STREINZ Europarecht, 7. Aufl., Rdn. 639.
16 ARNDT Europarecht, 8. Aufl., S. 87; HALTERN Europarecht, S. 205–208; C-143/88 (Zuckerfabrik Süderdithmarschen) – Ziff. 29, 30, 33; C-465/93 (Atlanta Fruchthandelsgesellschaft) – Ziff. 41, 51.
17 BVerfGE 73, 339, 366 ff.; WERNSMANN/BEHRMANN **JURA** 2006, 181, 187.
18 Ehlers/EHLERS Europäische Grundrechte und Grundfreiheiten, 2. Aufl., § 7 Rdn. 105; WERNSMANN/BEHRMANN **JURA** 2006, 181, 188.
19 THIELE Europäisches Prozessrecht, § 9 Rdn. 36 ff., 95.
20 Sehr lehrreich dazu: PECHSTEIN/KÖNGETER **JURA** 2006, 148, 149 f.
21 Der EuGH gibt eine Antwort auf die allgemeine Frage zum Gemeinschaftsrecht. Er legt weder das nationale Recht aus, noch trifft er eine eigene Sachentscheidung; siehe dazu ARNDT Europarecht, 8. Aufl., S. 88; THIELE Europäisches Prozessrecht, § 9 Rdn. 96–98.
22 Vgl. C-411/98 (Ferlini) – Ziff. 38, 41.
23 Der Anwendungsbereich der VO ist nicht eröffnet, so dass Art. 18 I VO 1408/71 nicht mehr zu berücksichtigen wäre. Da die Norm im Sachverhalt jedoch abgedruckt ist, sollte zumindest kurz darauf eingegangen werden.

II. Verstoß gegen Art. 7 II VO 1612/68

Weiterhin bringt M vor, dass durch die höhere Abrechnung gegen Art. 7 II VO 1612/68 verstoßen worden ist. Dies ist der Fall, wenn M nicht dieselben sozialen Vergünstigungen genießt wie ein Inländer.

1. Anwendbarkeit

Damit die VO 1612/68 anwendbar ist, muss M Arbeitnehmer sein. Im Gegensatz zur VO 1408/71 bestimmt VO 1612/68 nicht selbst, wer als Arbeitnehmer anzusehen ist. Der Begriff des Arbeitnehmers bedarf daher der Auslegung. »Arbeitnehmer« ist dabei gemeinschaftsautonom auszulegen[24]. Arbeitnehmer ist jeder, der weisungsabhängig eine Leistung erbringt, die nicht völlig unwesentlich ist und hierfür ein Entgelt erhält[25]. Die rechtliche Einordnung des Arbeitsverhältnisses ist unerheblich, so dass auch Beamte oder andere im öffentlichen Dienst Tätige Arbeitnehmer i. S. d. Gemeinschaftsrechtes sind. Der Begriff Arbeitnehmer ist »weit« zu verstehen. M als Beamter der Kommission ist den Weisungen seiner Vorgesetzten unterworfen. Für seine Tätigkeit erhält er eine Entlohnung. M ist daher Arbeitnehmer. Diesen Status verliert er auch nicht, weil er bei einer internationalen Organisation beschäftigt ist[26]. VO 1612/68 ist damit anwendbar.

2. Voraussetzungen des Art. 7 II VO 1612/68

Voraussetzung ist, dass M soziale Vergünstigungen in Anspruch nehmen will, wobei ihm nicht mehr Hindernisse entgegengebracht werden dürfen als Inländern. Die VO 1612/68 regelt die Feizügigkeit der Arbeitnehmer, so dass unter Vergünstigungen die Einräumung solcher Vorteile zu verstehen ist, welche die berufliche Qualifikation und den sozialen Aufstieg erleichtern sollen.

M verlangt nicht, dass die Entbindungspauschale vom aufnehmenden Mitgliedstaat erstattet wird, sondern begehrt eine Gleichbehandlung bei der Anwendung der Gebührensätze, welche im Rahmen einer Entbindung anfallen[27]. Soziale Vergünstigungen im Sinne des Art. 7 II VO 1612/68 liegen demnach nicht vor. Die Voraussetzungen der VO sind daher nicht gegeben.

3. Zwischenergebnis

Ein Verstoß gegen VO 1612/68 besteht daher nicht.

III. Verstoß gegen Art. 7 I VO 1612/68 i. V. m. Art. 39 EGV

Ein dahingehender Verstoß liegt vor, wenn ein Eingriff in den Schutzbereich der Arbeitnehmerfreizügigkeit gegeben ist, der nicht gerechtfertigt werden kann.

1. Schutzbereich

Der Schutzbereich muss in persönlicher und sachlicher Hinsicht eröffnet sein sowie ein grenzüberschreitender Bezug vorliegen.

a) M und F sind Unionsbürger i. S. d. Art. 17 EGV. Der persönliche Schutzbereich ist eröffnet.

b) In sachlicher Hinsicht zielt Art. 39 EGV auf die Arbeitnehmerfreizügigkeit ab. M ist Arbeitnehmer. Andere Grundfreiheiten, z. B. Dienst- oder Niederlassungsfreiheit, greifen nicht ein. Auch ist keine Ausnahme i. S. d. Art. 39 IV EGV gegeben.

Hinweis: M ist zwar Beamter, aber zum einen steht er nicht im Dienst eines Mitgliedstaates und zum anderen greift die Ausnahme des Art. 39 IV EGV nur ein, wenn die Dienststellung mit einer besonderen Staatsverbundenheit zusammenhängt, was bei einem »normalen« Beamten regelmäßig nicht der Fall ist.

Die Arbeitnehmerfreizügigkeit soll im gesamten Gemeinschaftsgebiet die freie Wahl des Arbeitsplatzes ermöglichen. M und F können ihrer Arbeit in Luxemburg nachgehen. Die Abrechnungsregelung der EHL tangiert die Arbeitnehmerfreizügig-

keit in keiner Weise, sie knüpft nicht an die Arbeitswahl oder -ausführung an.

c) Zu klären ist, ob sich daran durch die Einbeziehung des Art. 7 I VO 1612/68 etwas ändert. Es könnte dadurch der Schutzbereich des Art. 39 EGV inhaltlich ausgefüllt bzw. konkretisiert worden sein.

Art. 7 I VO 1612/68 untersagt Diskriminierungen aufgrund der Staatsangehörigkeit bezüglich der Beschäftigungs- und Arbeitsbedingungen. Es soll verhindert werden, dass EG-Ausländer hinsichtlich Entlohnung, Kündigung und Wiedereingliederung benachteiligt werden.

Die Abrechnungsregelung des Krankenhausverbandes stellt aber gerade keine Bedingung dar, welche Arbeit und Beschäftigung regelt. Es ist M und F trotz der Abrechnungsregelung unbenommen, eine Tätigkeit in Luxemburg zu wählen und auszuüben, so dass es beim Abrechnungssystem an einer berufs- und arbeitsspezifischen Tendenz fehlt.

d) Demnach ist Art. 7 I VO 1612/68 i. V. m. Art. 39 EGV nicht einschlägig. Der Schutzzweck der Arbeitnehmerfreizügigkeit, nämlich die Gleichbehandlung der Arbeitnehmer im Hinblick auf Arbeits- und Beschäftigungsbedingungen, ist nicht betroffen.

2. Zwischenergebnis

Der Schutzbereich der Arbeitnehmerfreizügigkeit wird demnach nicht tangiert.

IV. Verstoß gegen Art. 12 I EGV

Die Abrechnungsregelung der EHL stellt eine Diskriminierung dar, wenn der Schutzbereich eröffnet und eine nicht gerechtfertigte Diskriminierung gegeben ist.

1. Anwendbarkeit

Gemäß Art. 12 I EGV ist das allgemeine Diskriminierungsverbot subsidiär zu den spezielleren Diskriminierungsverboten, welche an die Staatsangehörigkeit anknüpfen[28]. Hierzu gehören insbesondere die Grundfreiheiten. Wie oben dargelegt, sind speziellere Vorschriften nicht einschlägig. Folglich ist Art. 12 I EGV anwendbar.

2. Schutzbereich

Der Schutzbereich ist eröffnet, wenn M und F Unionsbürger sind, der Sachverhalt einen Bezug zum Gemeinschaftsrecht aufweist sowie ein Grenzübertritt stattgefunden hat.

a) Persönlicher Schutzbereich
F und M sind Unionsbürger, Art. 17 I 2 EGV. Der persönliche Schutzbereich ist eröffnet.

b) Sachlicher Schutzbereich
Art. 12 I EGV lässt als generellere Norm für die Eröffnung des Schutzbereiches genügen, dass sich der Sachverhalt im Anwendungsbereich des EG-Vertrages abspielt und kein reiner Inlandssachverhalt vorliegt[29].

M und F leben und arbeiten als Deutsche in Luxemburg. Insofern machen sie von ihrer Arbeitnehmerfreizügigkeit Ge-

---

24 Siehe oben Hinweis 1 zur Vorlageberechtigung.
25 Vgl. C-413/01 (Ninni-Orasche) – Ziff. 24; HARATSCH/KOENIG/PECHSTEIN Europarecht, 5. Aufl., Rdn. 762.
26 Vgl. C-411/98 (Ferlini) – Ziff. 42.
27 C-411/98 (Ferlini) – Ziff. 45.
28 Vgl. Art. 12 I EGV »Unbeschadet der sonstigen Bestimmungen . . .«; siehe hierzu insbesondere Ehlers/EHLERS Europäische Grundrechte und Grundfreiheiten, 2. Aufl., § 7 Rdn. 11.
29 HARATSCH/KOENIG/PECHSTEIN Europarecht, 5. Aufl., Rdn. 629.

brauch, so dass ihr Aufenthalt in Luxemburg im Anwendungsbereich des EG-Vertrages liegt.

Hinweis: Hilfsweise hätte auch auf Art. 18 EGV abgestellt werden können, jedoch ist ein mittelbarer Bezug zu Art. 39 ff. EGV spezieller.

c) Grenzüberschreitender Bezug
Als Diskriminierungsverbot setzt Art. 12 I EGV – ebenso wie die Grundfreiheiten – einen grenzüberschreitenden Bezug voraus.

Hinweis: Das allgemeine Diskriminierungsverbot aus Art. 12 I EGV ist »Auffangtatbestand« zu den spezielleren Diskriminierungsverboten. Damit eine verbotene Diskriminierung von EG-Ausländern gegeben ist, bedarf es zwangsläufig eines Grenzübertrittes. Eine bloße Inländerdiskriminierung wird daher nicht erfasst[30].

M und F als deutsche Staatsangehörige halten sich in Luxemburg auf, so dass der grenzüberschreitende Bezug gegeben ist.

d) Zwischenergebnis
Der Schutzbereich ist eröffnet.

3. Diskriminierung
Verboten sind offene und versteckte Diskriminierungen eines Verpflichteten aus dem EG-Vertrag.

a) Verpflichtete
Die mögliche Diskriminierung muss durch einen an den EG-Vertrag Verpflichteten verursacht worden sein. Verpflichtete sind zunächst die Mitgliedstaaten und auch die Gemeinschaft. Zu klären ist, inwieweit ein Verband wie die EHL Verpflichteter sein kann. Verbände sind meist privatrechtlich organisiert. Daher ist problematisch, ob das Diskriminierungsverbot auch zwischen privaten Dritten wirkt.

Eine unmittelbare Drittwirkung zwischen Privaten ist abzulehnen, denn Private sind zum einen in Art. 12 I EGV als Verpflichtete nicht benannt; zum anderen würde eine generelle Verpflichtung tief in die Privatautonomie eingreifen. Es ist aber zu beachten, dass die EHL ein Verband ist, der über eine eigene Rechtsetzungsmacht in bestimmten Bereichen verfügt. D. h., sie kann über eine Satzung eigenständig Regelungen treffen, wie z. B. eine Gebührensatzung. Bei der EHL handelt es sich demnach um eine intermediäre Gewalt. Aufgrund ihrer Größe und Stellung im Alltag ist es solchen Gewalten möglich, Hindernisse zu errichten, welche durch die Gemeinschaft und den Mitgliedstaaten durch die Umsetzung des EG- Primär- und Sekundärrechts abgebaut wurden[31]. Um die Zielumsetzung des EG-Vertrages nicht zu gefährden, erscheint es sachgerecht, auch intermediäre Gewalten zum Adressatenkreis des allgemeinen Diskriminierungsverbotes zu zählen. Die EHL ist demnach verpflichtet, Diskriminierungen anhand der Staatsangehörigkeit zu unterlassen.

b) Diskriminierung
Im Rahmen der Diskriminierung ist zu klären, ob es sich um eine offene oder versteckte Diskriminierung handelt. Beide bilden Personengruppen nach der Staatsangehörigkeit.

Die offene Diskriminierung bildet diese schon tatbestandlich anhand der Staatsangehörigkeit[32], die versteckte Diskriminierung dagegen anhand von anderen Kriterien – wie z. B. Sprachkenntnisse, Ansässigkeit, Wohnort o. Ä. –, die genauso wirken wie eine offene Diskriminierung[33]. Dies ist an der überwiegenden Betroffenheit von EG-Ausländern abzulesen[34].

An die Staatsangehörigkeit knüpft die Kostenregelung nicht an, sondern vielmehr daran, dass zur Zahlung eines höheren Betrages verpflichtet ist, wer nicht Mitglied der nötigen Pflichtversicherung ist. Spezielle nationale Versicherungsvorschriften und Angebote werden typischerweise nur von Inländern in Anspruch genommen, selten jedoch von Ausländern. Hierdurch

werden Personengruppen gebildet. Aufgrund dieser tatbestandlichen Personengruppenbildung nach Mitgliedschaft in einer bestimmten nationalen Versicherung werden überwiegend Ausländer betroffen, so dass eine versteckte Diskriminierung gegeben ist[35].

c) Zwischenergebnis
Eine Diskriminierung ist durch einen Verpflichteten gegeben.

4. Rechtfertigung
Die Diskriminierung könnte gerechtfertigt sein.

a) Rechtfertigungsmöglichkeit
Bei der Frage, ob und wie Diskriminierungen zu rechtfertigen sind, gehen die Auffassungen auseinander. Einerseits wäre es vertretbar nur versteckte, nicht aber offene Diskriminierungen zu rechtfertigen. Andererseits ist es denkbar, Diskriminierungen allgemein zu rechtfertigen, wobei bei der offenen Diskriminierung besonders strenge Maßstäbe heranzuziehen sind[36]. Im Ergebnis kann eine Entscheidung dahinstehen. Da ein Fall der versteckten Diskriminierung gegeben ist, kommen die Vertreter beider Auffassungen zum Ergebnis, dass diese zu rechtfertigen ist.

Voraussetzungen für eine Rechtfertigung sind zum einen objektiv sachliche Erwägungen, die die in Frage stehende Regelung unabhängig von der Staatsangehörigkeit der Betroffenen tragen, und zum anderen eine verhältnismäßige Verfolgung des angestrebten Zwecks[37].

b) Objektiv sachliche Regelung und Verhältnismäßigkeit
Zu klären ist, was unter einem sachlichen Grund zu verstehen ist. Wie die geschriebenen Rechtfertigungsgründe der spezielleren Diskriminierungsverbote – also die Grundfreiheiten – zeigen, dürfen dies nur nichtwirtschaftliche Gründe sein. Dahinter kann das allgemeine Diskriminierungsverbot nicht zurückstehen.

aa) Darf jedoch das Finanzargument keine Rolle spielen, so ist zu klären, ob es erheblich ist, dass M und F selbst nie Sozialversicherungsbeiträge an die nationale Pflichtversicherung abgeführt haben und demnach keine Anwartschaften erwerben konnten. Doch soll die Pflichtversicherung gar nicht in Anspruch genommen werden. M und F möchten nur dieselben Kosten begleichen, wie sie für Pflichtversicherte angefallen wären.

bb) Das jeweilige Einkommen der Versicherten könnte indes ein sachlicher Grund sein. Dies wäre der Fall, wenn die Gebühren dem Einkommen angepasst wären, um sozial benachteiligte Mütter zu unterstützen. Für die Versicherten der Kranken- und Mutterschaftsversicherung gelten jedoch Festpreise, die nicht vom Einkommen der Patienten abhängen, so dass ein Rückgriff auf das höhere Einkommen der EG-Beamten schon kein tauglicher Differenzierungsgrund sein kann.

30 Ehlers/KINGREEN Europäische Grundrechte und Grundfreiheiten, 2. Aufl., § 13 Rdn. 9.

31 Vgl. Rs. 36/74 (Walrave) – Ziff. 16, 19; Rs. 415/93 (Bosman) – Ziff. 82; Rs. C-411/98 (Ferlini) – Ziff. 50.

32 GEIGER EUV/EGV, 4. Aufl., Art. 12 EG Rdn. 7; Ehlers/EHLERS Europäische Grundrechte und Grundfreiheiten, 2. Aufl., § 7 Rdn. 22.

33 FISCHER Europarecht, Rdn. 337; HAILBRONNER/JOCHUM Europarecht II, Rdn. 190.

34 HAILBRONNER/JOCHUM Europarecht II, Rdn. 190.

35 Da nicht »offen« an die Staatsangehörigkeit angeknüpft wird, liegt keine offene Diskriminierung vor.

36 Die Rspr des EuGH ist nicht eindeutig und das Problem in der Literatur umstritten; siehe hierzu die Darstellungen bei Ehlers/KINGREEN Europäische Grundrechte und Grundfreiheiten, 2. Aufl., § 13 Rdn. 18 f; HAILBRONNER/JOCHUM Europarecht II, Rdn. 195–199.

37 Ehlers/KINGREEN Europäische Grundrechte und Grundfreiheiten, 2. Aufl., § 13 Rdn. 18; Rs. C-411/98 (Ferlini) – Ziff. 59.

cc) Die Beamten der EG sind weiterhin dem System der gemeinsamen Krankheitsfürsorge angeschlossen und deshalb von der Beitragspflicht in der nationalen Versicherung freigestellt. Demnach übernimmt das Krankheitsfürsorgeprogramm der EG die Kosten ihrer Beamten. Es ist nicht ersichtlich, weshalb das EG-Krankheitsfürsorgesystem eine unverhältnismäßig hohe Rechnung von mehr als 70% des normalen Rechnungssatzes tragen soll. Hierbei stehen Kosten und Nutzen in keinem sachlichen Abwägungskriterium zueinander.

Ein sachlicher Grund, der die in Frage stehende Regelung trägt, ist folglich nicht gegeben.

c) Zwischenergebnis
Demnach ist die Diskriminierung nicht gerechtfertigt.

5. Ergebnis
Die Abrechnungsregelung der EHL verstößt gegen Art. 12 I EGV. Daher werden M und F diskriminiert.

C. Endergebnis

Wie festgestellt, sind Art. 2 I, 18 I VO 1408/71, Art. 7 II VO 1612/68 und Art. 7 I VO 1612/68 i. V. m. Art. 39 EGV nicht einschlägig. Mit Art. 12 I EGV ist eine nationale Regelung nicht zu vereinbaren, die vorsieht, dass EG-Beamte, eine höhere Gebühr begleichen müssen, welche im Rahmen einer Entbindung anfällt, als Personen, die dem nationalen System der sozialen Sicherheit angehören.

Fall 13

Ein provokanter Mai-Umzug
Von Prof. Dr. Christoph Enders, Leipzig*

Vorläufiger Rechtsschutz gegen ein Versammlungsverbot – Rechtmäßigkeit der Verbotsverfügung – Bedeutung und verfassungskonforme Auslegung der Rechtsbegriffe »Öffentliche Sicherheit« und »Öffentliche Ordnung« – Rechtsgrenzen des behördlichen Ermessens

SACHVERHALT

Der Vorstand (V) der rechtsradikalen N-Partei (Landesverband N), der die Osterweiterung der EU und die »zuwanderungsfreundliche Politik der Bundesregierung« schon seit langem mit Missfallen beobachtet, beabsichtigt am 1. Mai 2007 einen Umzug in der (kreisfreien) Stadt L durchzuführen. Der Umzug soll unter dem Motto »Deutscher Boden – Deutsche Ehre – Deutsche Arbeit« stehen und sich gegen die allgemeine »Überfremdung des nationalen Lebensraumes« und vor allem die Okkupation des Arbeitsmarktes durch billige ausländische Arbeitskräfte richten. Der zwei Wochen vor dem ins Auge gefassten Veranstaltungstermin angemeldete Umzug wird von der zuständigen Behörde der Stadt L nach vorheriger Anhörung des Vorstands verboten. Das Schreiben mit der Verbotsverfügung enthält eine ordnungsgemäße Rechtsbehelfsbelehrung und geht dem Vorstand der N-Partei (V) am 23. April 2007 zu.

In diesem Schreiben wird die Verbotsverfügung – ohne gesonderte Anhörung des Vorstandes – für sofort vollziehbar erklärt; dies sei geboten, um die zu befürchtende Beeinträchtigung des Rechtsfriedens und eine nachteilige Einflussnahme auf die öffentliche Meinungsbildung zu vermeiden. Zur Begründung des – auf § 15 VersG gestützten – Verbots wird ausgeführt: Bei vergleichbaren, vom Landesverband N der N-Partei organisierten Aufzügen in der jüngeren Vergangenheit hätten die Teilnehmer durchweg – was zutrifft – einheitlich schwarze Hemden mit Armbinden, schwarze Hosen und Springerstiefel getragen. Damit habe man in unzulässiger Weise die gemeinsame politische Gesinnung in der Öffentlichkeit demonstriert und der Allgemeinheit geradezu aufgezwungen. Dies sei nach verlässlichen Informationen, die aus der N-Partei nach außen gedrungen seien, auch bei der Veranstaltung am 1. Mai wieder zu befürchten und verstoße gegen das Versammlungsrecht. Ein ebensolcher Verstoß liege auch darin, dass nach dem Sinngehalt des Umzugs-Mottos

offenkundig strafrechtswidrig die nationalsozialistische Gewalt- und Willkürherrschaft gebilligt und gerechtfertigt und dadurch die Würde der Opfer verletzt werde. Dessen ungeachtet verstoße der beabsichtigte Aufzug darüber hinaus gegen allgemeine Regeln eines sozialverträglichen Auftretens in der Öffentlichkeit: Der Veranstalter stelle sich mit seiner nationalistischen und ausländerfeindlichen Grundhaltung außerhalb der vom Grundgesetz vorausgesetzten friedlichen Gemeinschaftsordnung. Eine Geisteshaltung, die diesen Grundkonsens verlasse, habe allgemein keinen Rechtsanspruch auf Äußerung und Verbreitung. Vor allem sei aber der 1. Mai ein Tag des Bekenntnisses zu Freiheit und Frieden, zu sozialer Gerechtigkeit, Völkerversöhnung und Menschenwürde. Zu diesen Werten stehe die Botschaft der geplanten Veranstaltung in krassem Gegensatz. Der Umzug bedeute nicht zuletzt einen erheblichen Imageverlust für die Stadt; auch deshalb werde ein Verbot vom Versammlungsrecht getragen.

Der Vorstand der N-Partei, der das von der Stadt verfügte Verbot für rechtswidrig hält, legt form- und fristgerecht Widerspruch ein. Der Vorstand meint, das Verbot verstoße gegen die Verfassungsgarantien der Meinungs- und Versammlungsfreiheit, weil es den vom Grundgesetz gewollten und geschützten Meinungsbildungsprozess unterdrücke. Insbes. werde das Zensurverbot verletzt, da der Aufzug im Vorgriff auf künftige Meinungsäußerungen verboten werde. Da mit einer rechtzeitigen Entscheidung über den Widerspruch nicht zu rechnen ist, wendet sich der Vorstand noch im April 2007 an das zuständige Verwaltungsgericht mit dem Begehren, die termingerechte Durchführung des Aufzugs sicherzustellen.

Aufgabe:
In einem Rechtsgutachten, das auf alle aufgeworfenen Rechtsfragen eingeht, ist zu untersuchen, wie das Verwaltungsgericht Ende April 2007 entscheiden wird.

---

* Der Fall wurde in Sachsen in der Ersten Juristischen Staatsprüfung zur Bearbeitung gestellt.

LÖSUNG

A. Zulässigkeit

I. Verwaltungsrechtsweg

Da eine Sonderzuweisung nicht ersichtlich ist, entscheidet § 40 I 1 VwGO über die Zulässigkeit des Verwaltungsrechtswegs. Danach ist der Verwaltungsrechtsweg eröffnet, wenn es sich um eine öffentlich-rechtliche Streitigkeit nichtverfassungsrechtlicher Art handelt. Es geht hier um die Vollziehung von Maßnahmen, die auf der Basis des Versammlungsrechts getroffen wurden, eines Gesetzes, dessen Normen den Staat gerade als Staat (in seiner Funktion als Hoheitsträger) berechtigen bzw. verpflichten und die insofern dem Öffentlichen Recht zugehören. Das ergibt sich auch daraus, dass mit Befehl und Zwang, d. h. im Über-/Unterordnungsverhältnis gegen den Landesverband vorgegangen wird. Die daraus entstehenden Streitigkeiten im Staat-Bürger-Verhältnis sind nichtverfassungsrechtlicher Natur. Da eine anderweitige Zuweisung nicht ersichtlich ist, ist der Verwaltungsrechtsweg gegeben.

II. Statthaftigkeit des Antrags

Die Rechtsschutzform richtet sich nach dem Begehren des Rechtsschutzsuchenden. Der Landesverband der N-Partei begehrt vorläufigen gerichtlichen Rechtsschutz, da über den bereits eingelegten Rechtsbehelf (Widerspruch) nicht rechtzeitig entschieden sein wird. Gemäß § 123 V VwGO richtet sich der vorläufige Rechtsschutz nach §§ 80, 80 a VwGO, soweit deren Tatbestandsvoraussetzungen vorliegen, d. h. soweit es um den Rechtsschutz gegen die Vollziehung belastender Verwaltungsakte geht, gegen die in der Hauptsache Widerspruch und Anfechtungsklage gegeben sind (§ 80 I VwGO). Mit der von der Stadt erlassenen Verbotsverfügung wird die für den 1. Mai geplante Durchführung der Versammlung rechtsverbindlich untersagt. Es handelt sich bei der Verbotsverfügung demnach um einen Verwaltungsakt nach § 1 SächsVwVfG, § 35 VwVfG[1]. Da dieser im zweiseitigen Staat-Bürger Verhältnis ergangen ist, richtet sich der Rechtsschutzantrag nach § 80 V VwGO. Hier hat die Behörde die aufschiebende Wirkung eines Rechtsbehelfs beseitigt, indem sie die sofortige Vollziehung angeordnet hat (§ 80 II 1 Nr. 4 VwGO). Der Antrag des Landesverbands auf die Gewährung vorläufigen Rechtsschutzes ist demnach als Antrag auf die gerichtliche Wiederherstellung der aufschiebenden Wirkung des eingelegten Widerspruchs (§ 80 V 1 VwGO) zu verstehen und als solcher statthaft[2].

III. Beteiligten- und Prozessfähigkeit, §§ 61, 62 VwGO

Der Landesverband der N-Partei ist unmittelbar nach § 3 PartG beteiligtenfähig[3]. Im Prozess wird der Landesverband gemäß § 62 III VwGO durch seinen Vorstand vertreten, § 11 III 2 PartG, § 26 II BGB. Die Stadt L ist als Gebietskörperschaft juristische Person[4] und damit beteiligtenfähig nach § 61 Nr. 1 VwGO. Sie wird im Prozess durch den Oberbürgermeister vertreten, § 62 III VwGO i. V. m. § 51 I 2 SächsGemO[5].

IV. Antragsbefugnis

Die nach § 42 II VwGO analog zu fordernde Antragsbefugnis setzt voraus, dass der Landesverband der N-Partei durch die sofortige Vollziehbarkeit der Verbotsverfügung (möglicherweise) in seinen Rechten verletzt wird. In Betracht kommt das Recht aus § 1 VersG, öffentliche Versammlungen zu veranstalten, das seinerseits eine Ausprägung des Grundrechts der Versammlungsfreiheit aus Art. 8 I GG darstellt. In Betracht kommt ferner die Meinungsfreiheit aus Art. 5 I 1 GG. Das Recht aus § 1 VersG kann der

Landesverband der N-Partei nach § 3 PartG geltend machen. Zwar enthält § 3 PartG seinem Wortlaut nach nur eine Regelung der Parteifähigkeit. Die amtliche Überschrift der Bestimmung gibt aber zu erkennen, dass den Parteien bzw. Landesverbänden auch die materielle Rechtszuständigkeit zukommen soll[6]. Ob sich der Landesverband, obwohl keine natürliche Person, zugleich auch auf Grundrechte berufen kann, entscheidet sich nach Art. 19 III GG. Dabei macht das Grundgesetz nicht die Rechtspersönlichkeit im engeren Sinne[7] zur Voraussetzung, sondern lediglich überhaupt die Fähigkeit gesellschaftlicher Organisationen, Rechte inne zu haben. Diese ist für Landesverbände von Parteien nach § 3 S. 2 PartG gegeben. Der Landesverband hat auch, wie von Art. 19 III GG verlangt, seinen Tätigkeitsschwerpunkt im Inland. Allerdings berechtigt Art. 8 I GG nur deutsche Staatsbürger. Es ist aber nicht anzunehmen, dass der Landesverband der N-Partei von Ausländern beherrscht wird[8]. Im Übrigen ist das Äußern von Meinungen wie das Veranstalten von Versammlungen nicht etwa wesensmäßig allein natürlichen Personen zugeordnet. Auch Parteien vertreten typischerweise Meinungen und können Versammlungen veranstalten, was zugleich Ausdruck der Persönlichkeitsentfaltung der hinter ihnen stehenden natürlichen Personen ist[9]. Die entsprechenden Grundrechtsgarantien sind darum nach Art. 19 III GG auch auf die (teilrechtsfähigen) politischen Parteien und ihre Gebietsverbände anzuwenden[10].

V. Passive Prozessführungsbefugnis, § 78 I Nr. 1 VwGO analog

Passiv prozessführungsbefugt und richtiger Antragsgegner ist auch im Aussetzungsverfahren die Stadt L als Körperschaft, deren Behörde den in der Hauptsache angegriffenen Verwaltungsakt erlassen hat[11]. Diese hat hier auch die sofortige Vollziehung angeordnet, so dass sich weitere Überlegungen erübrigen[12].

VI. Rechtsbehelf ohne Vollzugshemmung

Der Antrag des Landesverbandes nach § 80 V VwGO ist ferner nur dann zulässig, wenn bereits ein Rechtsbehelf eingelegt wurde, dessen aufschiebende Wirkung es wiederherzustellen gilt. Das folgt aus dem Rechtsgedanken des § 80 I 1 VwGO sowie im Umkehrschluss aus § 80 V 2 VwGO. Teilweise wird demgegen-

---

1 § 35 LVwVfG BW; Art. 35 BayVwVfG; § 1 VwVfG Berlin i. V. m. § 35 VwVfG; § 35 VwVfGBbg; § 35 BremVwVfG; § 35 HmbVwVfG; § 35 HVwVfG; § 35 VwVfG M-V; § 1 NVwVfG i. V. m. § 35 VwVfG; § 35 VwVfG NW; § 1 LVwVfG RP i. V. m. § 35 VwVfG; § 35 SVwVfG; § 35 VwVfG LSA; § 106 LVwG SH; § 35 ThürVwVfG.

2 Vgl. zu den Arten des einstweiligen Rechtsschutzes SCHOCH JURA 2001, 671 ff.; DERS. JURA 2002, 37 ff.; DERS. JURA 2002, 318 ff.

3 SCHENKE Verwaltungsprozessrecht (11. Aufl. 2007) Rdn. 459; vertretbar ist auch eine Anwendung der Vorschrift i. V. m. § 61 Nr. 2 VwGO.

4 § 1 IV BWGO; Art. 1, 1 BayGO; § 1 II BbgGO; § 1 II HGO; § 1 II MVKV; § 1 II NGO; § 1 II NWGO; § 1 II RPGO; § 1 II SaKSVG; § 1 III SächsGO; § 1 II GO LSA; § 1 II SHGO; § 1 II 1 ThürKO.

5 § 42 I 2 GemO Ba-Wü; Art. 38 I GO By; § 71 I 1 HGO – Gemeindevorstand; § 63 I 2 NGO; § 47 I 1 GemO RP; § 57 II GO LSA; §§ 51 I, 56 I GO SH; § 31 I ThürKO; in Ländern, die das Behördenprinzip nach § 61 Nr. 3 VwGO eingeführt haben (Brandenburg, § 8 I BbgVwGG; Mecklenburg-Vorpommern, § 14 GOVG M-V; Nordrhein-Westfalen, § 5 I AGVwGO; Saarland, § 17 AGVwGO), ist die Behörde selbst beteiligtenfähig; für sie handelt im Prozess ihr Leiter oder sonstiger Vertreter, § 12 I Nr. 4 VwVfG i. V. m. § 62 III VwGO. Für die Stadtstaaten beachte die besonderen Vertretungsvorschriften auf Landesebene.

6 Allgemein folgt sonst die Parteifähigkeit aus der Rechtsfähigkeit, vgl. PIEROTH/SCHLINK Grundrechte-Staatsrecht II (23. Aufl. 2007), Rdn. 143.

7 Vgl. Abschnitt 1, Titel 2 des Allgemeinen Teils des BGB.

8 Vgl. JARASS/PIEROTH GG (9. Aufl. 2007), Art. 19, Rdn. 20.

9 Vgl. PIEROTH/SCHLINK (Fn. 6), Rdn. 152.

10 Dreier/DREIER, GG, Band I (2. Aufl. 2004) Art. 19 III, Rdn. 51.

11 Zum Behördenprinzip nach § 78 I Nr. 2 VwGO, vgl. oben Fn. 5.

12 SCHENKE (Fn. 3), Rdn. 993, 995.

über (auch mit Hinweis auf § 80 IV VwGO) angenommen, dass der Aussetzungsantrag nach § 80 V VwGO zur »Effektuierung des gerichtlichen Rechtschutzes« bereits vor Einlegung eines Hauptsacherechtsbehelfs möglich sein soll[13]. Diese Streitfrage muss hier nicht entschieden werden, da der Landesverband bereits Widerspruch gegen die Verbotsverfügung erhoben hat, was nach § 80 V 2 VwGO ausreicht.

VII. Rechtsschutzbedürfnis

Da die Behörde die sofortige Vollziehung der Verbotsverfügung angeordnet hat (§ 80 II 1 Nr. 4 VwGO), besteht im Grundsatz ein Rechtsschutzbedürfnis des Landesverbands, die damit möglich gewordene Vollziehung[14] im Wege der Wiederherstellung der aufschiebenden Wirkung des eingelegten Widerspruchs zu verhindern. Der Widerspruch wurde form- und fristgerecht eingelegt, sodass die Verbotsverfügung nicht bestandskräftig werden konnte, sie hat sich auch nicht erledigt. Das Rechtsschutzbedürfnis ist demnach nicht entfallen. § 80 VI VwGO verlangt ein vorherigen Aussetzungsantrag bei der Behörde ausschließlich im Falle der Anforderung von öffentlichen Abgaben und Kosten und steht daher im vorliegenden Fall der Zulässigkeit des Aussetzungsantrags nach § 80 V VwGO nicht entgegen.

VIII. Ordnungsgemäßer Antrag

Die Voraussetzungen der §§ 81, 82 VwGO analog sind zu beachten.

IX. Ergebnis zu A

Der Antrag des Landesverbands auf Wiederherstellung der aufschiebenden Wirkung seines Widerspruchs ist zulässig.

B. Begründetheit

Der Antrag des Landesverbands der N-Partei auf Wiederherstellung der aufschiebenden Wirkung seines Widerspruchs nach § 80 V VwGO ist begründet, wenn es an den formellen Voraussetzungen der sofortigen Vollziehung fehlt oder das Suspensivinteresse des Landesverbands der N-Partei das öffentliche Interesse an der sofortigen Vollziehung der Verbotsverfügung überwiegt. Das Suspensivinteresse überwiegt das Interesse an der sofortigen Vollziehung jedenfalls dann, wenn bei summarischer Prüfung dem Rechtsbehelf in der Hauptsache (offenkundig) Erfolg beschieden sein wird[15].

I. Rechtsgrundlage

Rechtsgrundlage für die Anordnung der sofortigen Vollziehbarkeit ist § 80 II 1 Nr. 4 VwGO.

II. Formelle Voraussetzungen der Anordnung der sofortigen Vollziehung

1. Zuständige Behörde

Hier hat die Stadt L die sofortige Vollziehung angeordnet. Zuständig für die Anordnung der sofortigen Vollziehung ist gemäß § 80 II 1 Nr. 4 VwGO die Ausgangs- sowie die Widerspruchsbehörde. Die Stadt L hat die Verbotsverfügung erlassen und ist damit auch zuständig für die Anordnung der sofortigen Vollziehung.

2. Begründung der Anordnung

Die Anordnung bedarf einer nicht bloß schematischen Begründung, § 80 III VwGO. Ein pauschaler Hinweis auf das öffentliche Interesse an der Vollziehung der Verbotsverfügung wäre nicht

ausreichend. Die Behörde hat aber darüber hinaus vor allem auf den zeitlichen Aspekt und den besonderen Charakter der hier gefährdeten Rechtsgüter (Rechtsfrieden) hingewiesen, die ein Hinausschieben von Gefahrenabwehrmaßnahmen nicht zulassen. Damit ist die Anordnung der sofortigen Vollziehung ausreichend begründet. Ob wirklich eine Gefährdung vorliegt, ist eine materiellrechtliche Frage.

3. Gesonderte vorherige Anhörung?

Der Landesverband der N-Partei wurde zwar vor Erlass der Verbotsverfügung, nicht jedoch gesondert zur Anordnung der sofortigen Vollziehung angehört. Die Anhörungspflicht nach § 28 I VwVfG i. V. m. § 1 SächsVwVfG[16] greift indessen nur, wenn die Behörde einen Verwaltungsakt erlässt. Insoweit wäre zu fragen, ob die Anordnung der sofortigen Vollziehung als Verwaltungsakt i. S. v. § 35 VwVfG i. V. m. § 1 SächsVwVfG[17] zu qualifizieren ist. Andernfalls ist eine analoge Anwendung von § 28 I VwVfG i. V. m. § 1 SächsVwVfG[18] in Betracht zu ziehen. Letztlich kommt es aber auf diese Qualifizierung nicht an. Das Aussetzungsverfahren stellt ein besonders geregeltes Rechtsschutzverfahren dar, in dem eine Gefahr des Rechtsverlustes mangels gesetzlicher Fristen nicht droht. Da das Gericht nach h. A. eine eigenständige Sachentscheidung trifft[19], ist dem Betroffenen auch Gelegenheit gegeben, seine Belange noch vor Gericht in vollem Umfang zur Geltung zu bringen[20]. Eine Anhörungspflicht kann daher weder in unmittelbarer noch analoger Anwendung von § 28 VwVfG begründet werden. Die Anhörungspflicht – soweit sie in unmittelbarer oder analoger Anwendung des § 28 I VwVfG oder aufgrund eines allgemeinen Rechtsgedankens angenommen wird – lässt sich im Ergebnis auch mit der Überlegung verneinen, dass die Vollzugsanordnung gleichzeitig mit der Verbotsverfügung ausgesprochen wurde. Hier liegt die Annahme fern, dass eine zusätzliche Anhörung zur Anordnung der sofortigen Vollziehung weitere rechtlich relevante Gesichtspunkte zutage gefördert hätte. Darum reicht es aus, wenn der Betroffene Gelegenheit hatte, sich zu dem an ihn adressierten Verwaltungsakt zu äußern[21]. Insofern hat die Stadt L die sofortige Vollziehung formell rechtmäßig angeordnet.

Ergebnis zu II.: Die sofortige Vollziehung der Verbotsverfügung wurde formell rechtmäßig angeordnet.

III. Materielle Voraussetzungen der Anordnung der sofortigen Vollziehung

Das Interesse des Landesverbands der N-Partei an der Aussetzung – ggf. unter Erteilung von Auflagen (§ 80 V 4 VwGO) – überwiegt, wenn bei summarischer Prüfung der Rechtslage sein Rechtsbehelf in der Hauptsache erfolgreich sein wird. Das wäre der Fall, wenn die Verbotsverfügung rechtswidrig wäre und den Landesverband in seinen Rechten verletzte (§§ 68, 113 I 1 [analog] VwGO[22]).

---

13 Insb SCHENKE (Fn. 3), Rdn. 992.
14 Vgl. § 80 I 1 VwGO.
15 Vgl. SCHENKE (Fn. 3) Rdn. 1001 f. Die summarische Prüfung bezieht sich richtigerweise auf die Sachverhaltsfeststellung, SCHOCH JURA 2002, 37 (43).
16 § 28 LVwVfG BW; Art. 28 BayVwVfG; § 1 VwVfG Berlin i. V. m. § 28 VwVfG; § 28 VwVfGBbg; § 28 BremVwVfG; § 28 HmbVwVfG; § 28 HVwVfG; § 28 VwVfG M-V; § 1 NVwVfG i. V. m. § 28 VwVfG; § 28 VwVfG NW; § 1 LVwVfG RP i. V. m. § 28 VwVfG; § 28 SVwVfG; § 28 VwVfG LSA; § 87 LVwG SH; § 28 ThürVwVfG.
17 Oben Fn. 1.
18 Oben Fn. 16.
19 Vgl. § 80 V 4 und 5, VII 1 VwGO; dazu (kritisch) SCHOCH JURA 2002, 37 (43).
20 Vgl. SCHMALTZ DVBl 1992, 230 (232); ENDERS JuS 1997, 539 (540 f) m. w. N.
21 Etwa NdsOVG NVwZ-RR 1993, 585.
22 Die Zweckmäßigkeit des Verwaltungsakts entzieht sich einer rechtsgutachtlichen Überprüfung.

1. Rechtmäßigkeit der Verbotsverfügung

a) Verfassungsmäßige Rechtsgrundlage, § 15 I VersG
Der Vorbehalt des Gesetzes fordert für Eingriffsmaßnahmen eine gesetzliche Grundlage. Als solche kommt § 15 I VersG in Betracht, soweit es sich bei der vom Landesverband der N-Partei geplanten Veranstaltung um eine Versammlung im Sinne der Vorschrift handelt. Unter einer Versammlung sowohl im Sinne der Versammlungsfreiheit nach Art. 8 I GG wie auch im Sinne des Versammlungsgesetzes versteht man die Zusammenkunft mehrerer Personen zu einem diese Personen innerlich verbindenden, gemeinsamen (nicht bloß gleichen) Zweck[23]. Teils wird jeder beliebige gemeinsame Zweck für ausreichend gehalten, solange die Gemeinsamkeit über die bloß passiv-rezeptive Teilnahme an einer Veranstaltung hinausgeht[24]. Teils wird darüber hinaus die Absicht einer gemeinsamen Meinungsbildung und -kundgabe[25], teils noch weitergehend eine Kundgabe in öffentlichen Angelegenheiten verlangt[26]. Diese Voraussetzungen erfüllt der geplante Aufzug sämtlich, durch den die N-Partei auf die öffentliche Meinungsbildung in einer wichtigen politischen Frage einwirken will. Da die Teilnahme grundsätzlich einem unbestimmten Personenkreis offen steht, handelt es sich auch um eine *öffentliche* Versammlung gem. § 1 VersG[27].

§ 15 I VersG kann damit als Rechtsgrundlage der Verbotsverfügung herangezogen werden, muss aber seinerseits mit der Verfassung und insb. den einschlägigen Grundrechtsgarantien übereinstimmen. Die Vorschrift des § 15 I VersG, deren Formulierung sich an die Generalklauseln des Polizei- und Ordnungsrechts anlehnt, kann in Anbetracht einer langen Tradition rechtsstaatlicher Interpretation als hinreichend bestimmt angesehen werden[28]: Unter *öffentlicher Sicherheit* wird der Schutz der gesamten Rechtsordnung, der Einrichtungen und Veranstaltungen des Staates und sonstiger Hoheitsträger sowie der Rechte und Rechtsgüter des Einzelnen verstanden[29]. Die *öffentliche Ordnung* umfasst die Gesamtheit der ungeschriebenen Regeln für das Verhalten des Einzelnen in der Öffentlichkeit, deren Beachtung nach den jeweils herrschenden Anschauungen als unerlässliche Voraussetzung eines geordneten staatsbürgerlichen Zusammenlebens betrachtet wird[30]. Die Ermächtigung, zum Schutz dieser Rechtsgüter, Verbote und Auflagen gegenüber Versammlungen auszusprechen, muss sich aber, da sie dem Tatbestand nach in die Versammlungsfreiheit eingreift, vor Art. 8 GG rechtfertigen[31]. Sie entspricht im Grundsatz dem für Versammlungen unter freiem Himmel aufgestellten Gesetzesvorbehalt des Art. 8 II GG, das Versammlungsgesetz genügt auch den Anforderungen des Zitiergebots nach Art. 19 I 2 GG (§ 20 VersG). Die Eingriffsermächtigung trägt ferner dem Grundsatz der Verhältnismäßigkeit Rechnung, indem sie zur Erreichung des – legitimen – Zwecks, Allgemeinheit wie Einzelne vor störenden Auswirkungen von Versammlungen zu schützen, geeignet und mit Rücksicht auf das abgestufte Maßnahmenarsenal (Auflage, Verbot; Vorgehen nach § 15 III VersG), das der Behörde zur Bewältigung des Einzelfalls nach Maßgabe des Verhältnismäßigkeitsgrundsatzes zur Verfügung steht, erforderlich ist. Da die Versammlungsfreiheit keinen absoluten Vorrang vor den Rechtsgütern der öffentlichen Sicherheit oder Ordnung beanspruchen kann und das Gesetz, indem es eine unmittelbare Gefährdung dieser Schutzgüter fordert, dem hohen Rang der Versammlungsfreiheit durch gesteigerte Anforderungen an die Eintrittswahrscheinlichkeit des abzuwehrenden Schadens Rechnung trägt[32], ist die Vorschrift insgesamt verhältnismäßig. Dass die Behörde nach dem Wortlaut der Vorschrift befugt ist, im Einzelfall Versammlungsverbote auch zur Wahrung der öffentlichen Ordnung (also von ungeschriebenen Verhaltensregeln) auszusprechen, begegnet keinen grundsätzlichen Bedenken, solange der Schutz dieses Rechtsguts überhaupt Maßnahmen gegen Versammlungen zu rechtfertigen vermag und bei der Anwendung der Vorrang des positiven Gesetzes beachtet wird[33].

Gegen Versammlungen gerichtete Maßnahmen, zu denen § 15 I VersG ermächtigt, greifen nicht nur in die Versammlungsfreiheit ein. Soweit diese gerade eingeschränkt wird, um Meinungen, die im Verlauf der Versammlung – auch nonverbal durch Symbole oder Kleidungsstücke[34] – kundgegeben werden sollen, zu verbieten, muss sich § 15 I VersG auch an der Freiheit der Meinungsäußerung, Art. 5 I 1 GG, messen lassen[35]. Möglicherweise schließt hier das *Zensurverbot* nach Art. 5 I 3 GG aus, dass Meinungen im Zuge des präventiven Vorgehens gegen eine Versammlung bereits im Vorfeld, noch bevor die Meinung während der Versammlung geäußert werden kann, unterdrückt werden. Ein Verstoß gegen Art. 5 I 3 GG wäre darin aber nur zu sehen, wenn das Zensurverbot überhaupt jeglichen präventiven Zugriff auf die Äußerung und Verbreitung von Meinungen untersagte[36]. Das Grundgesetz hat das Zensurverbot demgegenüber in der Tradition rechtsstaatlicher deutscher Verfassungsüberlieferung als *Verbot formeller Vorzensur* ausgestaltet. Art. 5 I 3 GG verbietet demnach die Einführung eines Erlaubnisvorbehalts für die in Art. 5 I GG geschützten Kommunikationsfreiheiten, deren für die freiheitliche demokratische Staatsordnung konstituierende Entfaltung nicht von vorheriger behördlicher Prüfung und Genehmigung abhängen soll. Werden außerhalb eines solchen staatlichen Verfahrens der Vorprüfung präventive Verbote geistiger Kundgebungen angeordnet, verstößt dies nicht gegen das Verbot der Vorzensur nach Art. 5 I 3 GG[37]. Vielmehr ist hier Anknüpfungspunkt der gesetzlichen Eingriffsregelung der aktuell bereits gegebene, tatsächliche Zustand der schadensgeneigten Situation. Ungewissheiten über den wirklichen Eintritt eines Schadens (durch Äu-

---

23 Vgl. v. Münch/Kunig/Kunig GG, 5. Aufl., Band 1, Art. 8, Rdn. 14.

24 Pieroth/Schlink (Fn. 6), Rdn. 689, 692 f; zusammenfassend Laubinger/Repkewitz VerwArch 92 [2001], 585 (593 ff.).

25 So v. Münch/Kunig/Kunig GG, 5. Aufl., Band 1, Art. 8, Rdn. 14.

26 BVerfG-K NJW 2001, 2459 = Ehlers JK 02, GG Art. 8/15 und jetzt insb BVerfGE 104, 92 und 111, 147 = Schoch, JK 2/05, BVerfGG § 32/8; Laubinger/Repkewitz VerwArch 92 [2001], 585 (624 f.).

27 Laubinger/Repkewitz VerwArch 92 [2001], 585 (613 f.).

28 Zusammenfassend BVerfGE 69, 315 (352) – Brokdorf = von Mutius JK 86, GG Art. 8/2; Laubinger/Repkewitz VerwArch 93 [2002], 149 (150). Zur allgemeinen polizei- und ordnungsrechtlichen Generalklausel auch BVerfGE 54, 143 – Taubenfütterungsverbot, ferner BVerwGE 115, 189 (195 f.) – Laserdrome.

29 Drews/Wacke/Vogel/Martens/Martens Gefahrenabwehr (9. Aufl. 1986) 232; Götz Allgemeines Polizei- und Ordnungsrecht (13. Aufl. 2001) Rdn. 89; geringfügig abweichend Schenke Polizei- und Ordnungsrecht (5. Aufl. 2007) Rdn. 53. Für das Versammlungsrecht BVerfGE 69, 315 (352) = von Mutius JK 86, GG Art. 8/2.

30 Martens (Fn. 29), 245; Götz (Fn. 29), Rdn. 122. Für das Versammlungsrecht BVerfGE 69, 315 (352) = von Mutius JK 86, GG Art. 8/2; BVerfG-K NJW 2001, 1409 = Schoch JK 01, GG Art. 8/13 = JZ 2001, 651 mit Anmerkung Enders JZ 2001, 652 und jetzt BVerfGE 111, 147 = Schoch JK 2/05, BVerfGG § 32/8.

31 Vgl. Enders **JURA** 2003, 34 (35, 39).

32 Vgl. BVerfG-K NVwZ 1998, 834 (835); zum Meinungsstreit um die Auslegung dieses Tatbestandsmerkmals Laubinger/Repkewitz VerwArch 93 [2002], 149 (171 f).

33 So nunmehr BVerfGE 111, 147 (157) = Schoch JK 2/05, BVerfGG § 32/8. Ein »geordnetes menschliches Zusammenleben« erscheint nicht weniger schutzwürdig als zahlreiche anderweit im Rahmen der öffentlichen Sicherheit geschützte Rechtsgüter, wie etwa das Eigentum oder Sicherheit und Leichtigkeit des Verkehrs, vgl. Laubinger/Repkewitz VerwArch 93 (2002), 149 (165); Enders JZ 2001, 652 (654). Anders noch BVerfGE 69, 315 (352 ff.) – Brokdorf = von Mutius JK 86, GG Art. 8/2; BVerfG-K NJW 2001, 1409 – Holocaustgedenktag = Schoch JK 01, GG Art. 8/13 = JZ 2001, 651; BVerfG-K NJW 2001, 2072 ff.

34 Zum Schutz der Form der Meinungsäußerung vgl. BVerfGE 54, 129 (138 f).

35 Enders **JURA** 1998, 642 (645 ff.) (mit Fn. 28) und **JURA** 2003, 103 (105). Vgl. BVerfG-K NJW 2001, 2069 ff. und zusammenfassend jetzt auch BVerfGE 111, 147 (154 f) = Schoch JK 2/05, BVerfGG § 32/8.

36 So insb Breitbach/Rühl NVwZ 1988, 8, 12 (15).

37 Götz (Fn. 29), Rdn. 332; Dreier/Schulze-Fielitz (Fn. 10), Art. 5 I/II, Rdn. 171 f; Sachs/Bethge GG (4. Aufl. 2007), Art. 5, Rdn. 131 f; in der Sache auch BVerfGE 90, 241 = Kunig JK 94, GG Art. 5 I 1/22.

ßerung der Meinung) folgen aus der Eigenart aller Gefahrenabwehr, der Unsicherheit der Prognoseentscheidung. Insofern ist mit Rücksicht auf Art. 5 I 1 GG besonderer Nachdruck auf die Tragfähigkeit der Gefahrenprognose zu legen[38]. Art. 5 I 3 GG steht aber einem Vorgehen gegen Versammlungen nach § 15 I VersG, mit dem unzulässige Meinungsäußerungen verhindert werden sollen, nicht entgegen.

Schließlich kann § 15 I VersG die Freiheit der Meinungsäußerung, soweit es nicht um den Ehren- oder Jugendschutz geht, wirksam nur als *allgemeines Gesetz* beschränken, Art. 5 II GG. Art. 5 GG will mit diesem Erfordernis der Allgemeinheit im Interesse der »rein geistigen Wirkung« von Meinungsäußerungen[39] und ohne Rücksicht darauf, ob diese »richtig« oder »falsch«, »wertvoll« oder »wertlos« sein könnten, die geistige Einflussnahme auf andere von staatlicher Ingerenz freistellen und Sonderrecht gegen den Prozess freier Meinungsbildung verbieten[40]. Allgemein im Sinne der Vorschrift ist ein Gesetz daher nur, wenn es nicht eine bestimmte Meinung als solche verbietet, sich nicht gegen das bloße Äußern der Meinung als solches richtet, sondern dem Schutz eins schlechthin, ohne Rücksicht auf eine bestimmte Meinung zu schützenden Rechtsguts dient und insofern als meinungsneutral anzusehen ist[41]. Da die Eingriffsermächtigung des § 15 I VersG allgemein dem Schutz der öffentlichen Sicherheit oder Ordnung vor versammlungstypischen Gefahren dient, erfüllt sie grundsätzlich diese Anforderung[42]. Soweit sie damit aber auf gesetzliche Regelungen oder auch ungeschriebene Verhaltensregeln weiter verweist, können sich diese durchaus gezielt gegen das Äußern von Meinungen, d. h. die gezielte geistige Einwirkung auf andere richten. Insofern kommt es wesentlich auf die »Allgemeinheit« dieser beschränkenden (geschriebenen wie ungeschriebenen) Normen und ihre verfassungskonform meinungsneutrale Anwendung im Einzelfall an. Aus dem Einfluss der Meinungsfreiheit bei der Auslegung und Anwendung der – gerichtlich voll überprüfbaren – unbestimmten Rechtsbegriffe der öffentlichen Sicherheit und Ordnung folgt darum, dass das Verbot einer Meinungsäußerung im Einzelfall sich nicht an Wert oder Unwert der Meinungsäußerung orientieren und nicht auf die Unterdrückung ihrer rein geistigen Wirkungen abzielen darf[43].

b) Formelle Rechtmäßigkeit der Verbotsverfügung

Die Verbotsverfügung wurde von der nach (sächsischem) Landesrecht als Kreispolizeibehörde i. S. v. § 64 Abs. 1 Nr. 3 SächsPolG zuständigen Stadt L (§ 1 Abs. 1 Nr. 4 VersG-ZuVO[44]) erlassen[45]. Die nach §§ 28 I, 13 I Nr. 2 VwVfG i. V. m. § 1 SächsVwVfG[46] erforderliche Anhörung des Landesverbands hat stattgefunden. Das Verbot wurde von der Behörde begründet (§ 39 VwVfG i. V. m. § 1 SächsVwVfG[47]). Die Verbotsverfügung ist formell ordnungsgemäß ergangen.

c) Materielle Rechtmäßigkeit der Verbotsverfügung gem. § 15 I VersG

aa) Unmittelbare Gefährdung der öffentlichen Sicherheit oder Ordnung

Bei dem von V geplanten Aufzug handelt es sich um eine öffentliche Versammlung i. S. v. § 1 VersG[48]. Die nach § 15 VersG geschützte »öffentliche Sicherheit« verweist wie dargelegt auf weitere, im Begriff der öffentlichen Sicherheit zusammengefasste Schutzgüter. Ob der Tatbestand des § 15 I VersG erfüllt und die Behörde zu versammlungsbeschränkenden Maßnahmen ermächtigt ist, ist im Hinblick auf jedes einzelne dieser Schutzgüter zu prüfen: Die nach den Informationen der Behörde zu erwartende einheitliche Bekleidung der Versammlungsteilnehmer könnte gegen das Uniformverbot des § 3 VersG verstoßen. Die Vorschrift des § 3 VersG, die als allgemeine Bestimmung (des Abschnitts I) auch auf Versammlungen unter freiem Himmel

Anwendung findet, verbietet es, »gleichartige Kleidungsstücke als Ausdruck einer gemeinsamen politischen Gesinnung zu tragen« und untersagt damit jegliche Uniformierung als Manifestation gesinnungsmäßiger Zusammengehörigkeit, auch über das Tragen von Uniformen im engeren Sinne (Ausrüstung von militärischen und ähnlichen Einheiten) hinaus. Da sie Bestandteil der Rechtsordnung und Schutzgut der öffentlichen Sicherheit ist, begründet ein Verstoß gegen § 3 VersG zugleich eine Störung der öffentlichen Sicherheit. Allerdings ist die durch § 3 VersG verbotene Uniformierung, wie aus § 3 VersG selbst hervorgeht, gerade als Ausdruck einer bestimmten, durch das Tragen der Kleidungsstücke öffentlich bekundeten, geistigen Werthaltung (der gemeinsamen politischen Gesinnung) verboten. Gegenstand ist damit eine durch das Moment des subjektiven Dafürhaltens gekennzeichnete wertende Stellungnahme, die durch Art. 5 I 1 GG als Meinungsäußerung grundsätzlich geschützt ist. Ein Verbot ist darum nur verfassungsmäßig, wenn es sich – Ehren- und Jugendschutz scheiden offenkundig aus – bei § 3 VersG um ein *allgemeines Gesetz* i. S. von Art. 5 II GG handelt. Zur Rechtfertigung kann hier, anders als im Falle von §§ 86, 86 a StGB, nicht an anderweit verfassungsrechtlich gerechtfertigte Verbote angeknüpft werden[49], die in der Konsequenz dann auch bestimmten Zugehörigkeits- und Zusammengehörigkeitsbekundungen die rechtliche Basis entziehen. Es fragt sich daher, ob § 3 VersG unzulässig das bloße Äußern von Meinungen als solches sanktioniert, die rein geistige Einflussnahme auf andere unterdrückt. Zwar wendet sich § 3 VersG nicht gegen Meinungsinhalte, sondern nur gegen die Art und Weise ihrer Äußerung und Verbreitung. Jedoch ist die Form der Meinungsäußerung grundsätzlich ebenso wie ihr Inhalt geschützt[50]. Auf die Form der Meinungsäußerung kann ein Meinungsverbot darum nur gestützt werden,

---

38 Vgl. BVerfGE 90, 241 (250 f) = Kunig JK 94, GG Art. 5 I 1/22; BVerfG-K NJW 2001, 1409 – Holocaustgedenktag = Schoch JK 01, GG Art. 8/13.

39 BVerfGE 7, 198 (210) – Lüth; BVerfGE 71, 206 (214).

40 BVerfGE 71, 206 (214, 215); BVerfGE 111, 147 (155) = Schoch JK 2/05, BVerfGG § 32/8.

41 Vgl. BVerfGE 71, 206 (214); 93, 266 (291), vgl. auch BVerfGE 95, 220 (234 f) = Kunig JK 97, GG Art. 5 I 2/21; Pieroth/Schlink (Fn. 6), Rdn. 593; dagegen wurde das materielle Kriterium der ursprünglichen Formel der Lüth-Entscheidung, E 7, 198 (209 f) – Vorrang des zu schützenden Rechtsguts – mit BVerfGE 59, 231 (263 f) fallengelassen und seither für die Meinungsfreiheit nicht wieder aufgegriffen, dazu Schoch, Übungen im Öffentlichen Recht I, 2000, 159 ff., 175, 176 ff. mit Fn. 70.

42 So die herrschende Auffassung zu der von § 15 I VersG rezipierten polizeiund ordnungsbehördlichen Generalklausel, Hesse Grundzüge des Verfassungsrechts der Bundesrepublik Deutschland (20. Aufl., Neudruck 1999) Rdn. 399; Martens (Fn. 29), 272; Pieroth/Schlink (Fn. 6), Rdn. 598.

43 Vgl. BVerfG-K NJW 2001, 2069 ff.; BVerfG-K NJW 2001, 2075 f; Hoffmann-Riem NVwZ 2002, 257 (260 f).

44 SächsGVBl. 1992, 231.

45 Meist sind nach Landesrecht die Behörden auf Kreisebene für den Vollzug des Versammlungsrechts zuständig; vgl. Dietel/Gintzel/Kniesel Demonstrations- und Versammlungsfreiheit (14. Aufl., 2005) § 14 Rdn. 17 sowie Anhang 8.

46 Vgl. für die Parallelfundstellen zu § 28 VwVfG o. Fn. 16. Für die Beteiligteneigenschaft § 13 I Nr. 2 LVwVfG BW; Art. 13 I Nr. 2 BayVwVfG; § 1 VwVfG Berlin i. V. m. § 13 I Nr. 2 VwVfG; § 13 I Nr. 2 VwVfGBbg; § 13 I Nr. 2 BremVwVfG; § 13 I Nr. 2 HmbVwVfG; § 13 I Nr. 2 HVwVfG; § 13 I Nr. 2 VwVfG M-V; § 1 NVwVfG i. V. m. § 13 I Nr. 2 VwVfG; § 13 I Nr. 2 VwVfG NW; § 1 LVwVfG RP i. V. m. § 13 I Nr. 2 VwVfG; § 13 I Nr. 2 SVwVfG; § 13 I Nr. 2 VwVfG LSA; § 78 I Nr. 2 LVwG SH; § 13 I Nr. 2 ThürVwVfG.

47 § 39 LVwVfG BW; Art. 39 BayVwVfG; § 1 VwVfG Berlin i. V. m. § 39 VwVfG; § 39 VwVfGBbg; § 39 BremVwVfG; § 39 HmbVwVfG; § 39 HVwVfG; § 39 VwVfG M-V; § 1 NVwVfG i. V. m. § 39 VwVfG; § 39 VwVfG NW; § 1 LVwVfG RP i. V. m. § 39 VwVfG; § 39 SVwVfG; § 39 VwVfG LSA; § 109 LVwG SH; § 39 ThürVwVfG.

48 Vgl. oben unter B.III.1.a).

49 Vgl. insb. Art. 21 II GG und Dreier/Schulze-Fielitz (Fn. 10), Art. 5 I/II, Rdn. 153; Enders JURA 2003, 103 (106).

50 Vgl. BVerfGE 54, 129.

sofern die besondere Form Umstände anzeigt oder zur Folge hat, mit denen der Rahmen der grundrechtlich geschützten rein geistigen Einflussnahme auf andere überschritten wird. § 3 VersG verbietet aber nicht einfach das nonverbale Äußern von Meinungen durch Tragen bestimmter Kleidungsstücke. Vielmehr geht es um den paramilitärischen Charakter, der durch die Uniformierung der Kundgebungsteilnehmer der Meinungsbekundung verliehen wird. Diese erscheint nicht mehr bloß als Diskussionsangebot im Meinungsbildungsprozess, sondern lässt die Bereitschaft erkennen, die eigene Auffassung notfalls mit Gewalt durchzusetzen und anderen aufzuzwingen. Die Einschüchterungspose überlagert das legitime Bestreben, andere von bestimmten Auffassungen zu überzeugen. Diese Zielsetzung ist durch die Meinungsäußerungsfreiheit nach Art. 5 I 1 GG nicht (mehr) geschützt. Soweit sie gesetzlich verboten wird, liegt darin kein unzulässiges Sonderrecht gegen die Meinungsfreiheit. § 3 VersG formuliert als allgemeines Gesetz (i. V. m. § 28 VersG) eine verfassungsmäßige Schranke der Meinungsfreiheit[51]. Das Verbot ist auch im Hinblick auf die Versammlungsfreiheit verhältnismäßig, da das Versammlungsgesetz insgesamt eine abgestufte Reaktion (namentlich durch Auflagen) zulässt.

Dann kommt es darauf an, ob nach den derzeit erkennbaren Umständen bei Abhaltung der Versammlung ein Verstoß gegen § 3 VersG in der Weise droht, dass die öffentliche Sicherheit unmittelbar gefährdet ist. Insofern ist – mit dem BVerfG – eine *rechtlich und tatsächlich tragfähige Gefahrenprognose* zu fordern[52]. Soweit die Teilnehmer der von V geplanten Versammlung wie von der Behörde prognostiziert einheitlich in schwarzen Hemden mit Armbinden, schwarzen Hosen und Springerstiefeln auftreten, dient dies offenkundig der sinnfälligen Demonstration nicht nur der Zusammengehörigkeit, sondern zugleich der gemeinsamen politischen Gesinnung. Damit wäre der Verbotstatbestand des § 3 VersG erfüllt.

Jedoch ist weiter zu fragen, ob die tatsächliche Grundlage der Prognose die Entscheidung trägt, ob also der von der Behörde angenommene Fall mit ausreichender Wahrscheinlichkeit eintreten wird. Dabei verlangt § 15 VersG einerseits ein gesteigertes Maß an Wahrscheinlichkeit. Der Schaden (Verstoß gegen das Uniformverbot des § 3 VersG) muss nach den erkennbaren Umständen mit an Sicherheit grenzender Wahrscheinlichkeit zu erwarten sein[53]. Andererseits sind die Anforderungen an die Wahrscheinlichkeit um so geringer, je erheblicher der zu befürchtende Schaden ist[54]. Das Schutzgut des § 3 VersG, die Gewaltfreiheit des Meinungskampfes als Basis einer freien öffentlichen Meinungsbildung, steht im Zentrum des Gesetzes wie auch der freiheitlichen demokratischen Ordnung des Grundgesetzes. Ein Verstoß ist darum nicht gering zu werten. Dass überhaupt in der Vergangenheit (gelegentlich) einschlägige Verstöße im Verlauf von Versammlungen zu beobachten waren, die der Landesverband der N-Partei organisiert hatte, würde dennoch nicht ausreichen, um ein positives Gefahrenurteil zu begründen. Auf einer derart schmalen Tatsachengrundlage fehlte es am hinreichend engen Bezug zur geplanten Veranstaltung[55]. Im vorliegenden Fall steht aber darüber hinaus fest, dass bei vergleichbaren Veranstaltungen in der jüngeren Vergangenheit durchweg gegen § 3 VersG verstoßen wurde. Hinzu kommen Informationen aus der Sphäre des Veranstalters, die einen erneuten Verstoß erwarten lassen. Im Hinblick auf die Bedeutung des Schutzguts reicht dies aus, um eine unmittelbare Gefährdung der öffentlichen Sicherheit anzunehmen. Die Tatbestandsvoraussetzungen des § 15 I VersG i. V. m. § 3 VersG sind insoweit erfüllt.

Da der Aufzug am 1. Mai stattfinden soll, kommt ferner eine (potentielle) Störung der öffentlichen Sicherheit durch einen Verstoß gegen einschlägige Bestimmungen des Sächsischen Sonn- und Feiertagsgesetzes (§ 15 I VersG i. V. m. §§ 1, 4 II, 5 SächsSFG)[56] in Betracht. Die Regelungen der Sonn- und Feiertagsgesetze sind Bestandteil der Rechtsordnung und im Rahmen der öffentlichen Sicherheit präventiv vor Missachtung geschützt. Jedoch fragt sich, ob der landesrechtlich normierte Sonn- und Feiertagsschutz auch im Anwendungsbereich des Versammlungsgesetzes durchgreift oder ob die einschlägigen Vorschriften hinter dem vorrangigen und abschließend auf Bundesebene geregelten Schutz von Versammlungen zurücktreten müssen[57]. Das käme aber nur in Betracht, träfe der landesrechtliche Sonn- und Feiertagsschutz versammlungsspezifische Regelungen, indem etwa eine dem Versammlungsrecht widersprechende Erlaubnispflicht statuiert würde[58]. Demgegenüber richtet sich der Schutz der an Sonn- und Feiertagen angezeigten »Ruhe des Tages« (vgl. Art. 139 WRV, Art. 140 GG) und auch der Schutz des Gottesdienstes und von Gottesdienstbesuchern vor Störungen (insb. auch akustischer Natur), selbst wo neben anderen ausdrücklich Versammlungen als Verbotsadressaten genannt sind[59], nicht speziell gegen die Versammlungsfreiheit[60]. Eine durch den Vorrang des Versammlungsrechts ausgeschlossene Spezialregelung ist in diesen Vorschriften deshalb nicht zu sehen, sodass § 15 I VersG im Rahmen der öffentlichen Sicherheit gewährleistet, dass auch Versammlungen den im einschlägigen Landesrecht gegenüber jedermann festgeschriebenen Schutz der Sonn- und Feiertage achten[61]. Soweit aber der Schutzbereich dieser landesrechtlichen Normen des Sonn- und Feiertagsschutzes nicht berührt ist – wofür hier keinerlei Hinweise sprechen – ist auch die öffentliche Sicherheit nicht gefährdet[62]. Damit kann der für den 1. Mai geplante Aufzug der N-Partei jedenfalls nicht unter Berufung auf den gesetzlichen Feiertagsschutz verboten werden.

Der von V geplante Aufzug könnte allerdings gegen § 130 StGB, Volksverhetzung, verstoßen, sei es durch das Motto der Veranstaltung, sei es durch Auffassungen, die im Verlauf der Versammlung geäußert werden. Der Verstoß gegen den objekti-

---

[51] Vgl. BVerfG MDR 1983, 22; allgemein Sachs/BETHGE (Fn. 37) Rdn. 34 ff.

[52] Zusammenfassend ENDERS **JURA** 2003, 103 (104 f).

[53] Vgl. BVerfG-K NVwZ 1998, 834 (835) und oben in Fn. 32.

[54] Variabilität des Wahrscheinlichkeitsgrades, Je-desto-Formel, vgl. MARTENS (Fn. 29), 224; BVerwGE 88, 348 (351).

[55] Vgl. BVerfG-K NVwZ 1998, 834 (835 f); weitere Beispielsfälle VGH BW DVBl 1995, 366 f, ThürOVG NVwZ-RR 1997, 287 (288).

[56] §§ 1, 7 II FTG BW; Art. 1 I, 2 II FTG By; §§ 1 I, 4,1 FTG Bln i. V. m. § 4 I, II FSchVO Bln; §§ 2 I, 3 II FTG Brbg; §§ 2 I, 5 I a Gesetz über Sonn- und Feiertage Brem; §§ 1, 3 I Nr. 1 FeiertagsG Hamb; §§ 1 I, 7 I Nr. 4 HFeiertagsG; §§ 2 I, 3 II, 5 I Nr. 1 FTG M-V; §§ 2 I, 5 I a NFTG; §§ 2 I, 5 I a FTG NW; §§ 2 I, 5 I Nr. 1 LFtG RP; §§ 2 I, 4 II, 6 I, II Nr. 1 SFG; §§ 2, 3 II, 4 I FTG LSA; §§ 2 I, 3 II, 5 I SFTG; §§ 2 I, 4 II, 5 ThürFTG.

[57] So LAUBINGER/REPKEWITZ VerwArch 93 (2002), 149 (168 f) mNw; Hinweis auch bei SACHS JuS 2001, 1116 (1117). Bei dem auch kompetenziell begründeten Vorrang des Versammlungsrechts bleibt es ungeachtet der Änderung der grundgesetzlichen Kompetenzvorschriften (vgl. Art. 74 I Nr. 3 GG aF und nF), solange die Landesgesetzgeber keinen Gebrauch von dem neuerdings bestehenden Recht zur Regelung des Versammlungsrechts machen, Art. 125 a I GG.

[58] ENDERS **JURA** 2003, 34 (42); vgl. auch BVerwGE 82, 34 (39 f) zur straßenverkehrsrechtlichen Erlaubnispflicht.

[59] Versammlungsneutral formuliert sind z. B. §§ 4 I, II, 5 SächsSFG, Art. 2 II FTG By; auf den Lärmschutz bezogen (und insoweit versammlungsneutral) sind z. B. § 7 II Nr. 1 FTG BW, § 7 I Nr. 4 HFeiertagsG. Verbotsvorschriften anderer Länder sind in diesem Sinne verfassungskonform einschränkend zu interpretieren.

[60] Dazu auch ENDERS/LANGE JZ 2006, 105 (106).

[61] BVerfG-K NJW 2001, 2075 f; vgl. entsprechend für das Straßenverkehrsrecht BVerwGE 82, 34 (40).

[62] Darüber hinaus ließe sich mit der Privilegierung argumentieren, die nach dem Recht zahlreicher Länder Versammlungen ohne Rücksicht auf Gottesdienstzeiten gerade am 1. Mai genießen, vgl. § 7 II FTG BW; § 4,1 FTG Bln i. V. m. § 4 FSchVO Bln; § 5 II Gesetz über Sonn- und Feiertage Brem; § 3 III FTG Hamb; § 7 III FTG M-V; § 5 II NFTG; § 5 I 3 LFtG RP; § 6 II SFG; § 5 I 1 SFTG; § 5 ThürFTG. Soweit nur gewerkschaftliche Versammlungen privilegiert werden, ist dies allerdings bedenklich, vgl. § 5 I 3 FTG Brbg; § 5 I 3 FTG NRW. Indessen kommt es hier auf diesen Aspekt nicht an, da eine zeitliche Kollision mit dem Schutz des Gottesdienstes nicht angenommen werden kann.

ven Tatbestand dieser Strafvorschrift[63] begründet einen Verstoß gegen die öffentliche Sicherheit, der bei hinreichender (gesteigerter) Eintrittswahrscheinlichkeit die Gefahrenabwehrermächtigung des § 15 I VersG eröffnet. Dabei ist zunächst daran zu denken, dass nach der ganzen Zielrichtung des Aufzugs »Teile der Bevölkerung« in einer gegen § 130 I StGB verstoßenden Weise ausgegrenzt werden sollen. Dass das Motto der Versammlung jedenfalls in Verbindung mit deren Stoßrichtung gegen eine »Überfremdung des nationalen Lebensraums« als ausländerfeindlich gekennzeichnet werden kann, reicht dafür indessen nicht aus[64]. Hinzutreten müsste sowohl nach Nr. 1 wie Nr. 2 eine aggressiv ausgrenzende, gewalttätige Tendenz, die aber das Motto der Veranstaltung oder der geplante Verlauf nicht erkennen lassen (rechtliche Tragfähigkeit der Gefahrenprognose). Für die Annahme eines tatsächlich abweichenden, strafbaren Verlaufs finden sich jedoch nicht genügend Anhaltspunkte und ist auch von der Behörde nichts vorgetragen. Insofern fehlt es an der tatsächlich tragfähigen Grundlage einer positiven Gefahrenprognose.

Möglicherweise bedeutet aber, wovon offenkundig die Behörde ausgeht, das Motto des Aufzugs »Deutscher Boden – Deutsche Ehre – Deutsche Arbeit«, mit dem ein Zeichen gegen die »Überfremdung des nationalen Lebensraumes« gesetzt werden soll, jedenfalls eine Billigung oder Rechtfertigung der nationalsozialistischen Gewalt- und Willkürherrschaft, mit der die Würde der Opfer verletzt und der öffentliche Friede gestört wird (§ 130 IV StGB). Ungeachtet der Frage, ob hier, dem Charakter der Strafnorm als Erfolgsdelikt entsprechend, bei Vorliegen der übrigen Tatbestandsmerkmale auch anzunehmen wäre, dass die Friedensstörung nach den erkennbaren Umständen tatsächlich unmittelbar bevorsteht[65], ist indessen bereits ein unmittelbarer, bejahender Bezug auf die nationalsozialistische Gewalt- und Willkürherrschaft nicht mit der gebotenen Eindeutigkeit gegeben: Zwar weist das Versammlungsmotto eine gewisse Verwandtschaft zu agitatorisch-propagandistischen Formeln auf, wie sie zur Zeit des nationalsozialistischen Regimes in Gebrauch waren. Daran allein lässt sich indessen allenfalls eine Affinität zu dessen nationalistischen Grundtendenzen ablesen. Dass zugleich Gewalt- und Willkürherrschaft bejaht würden, bleibt eine Vermutung, die einer tatsächlichen Grundlage entbehrt. Vermutungen reichen aber auch insoweit nicht aus[66].

Die Stadt L befürchtet schließlich einen Imageverlust durch das öffentliche Auftreten Rechtsradikaler im Gemeindegebiet. Das »Image« von Gemeinden ist indessen nicht gesetzlich geschützt. Ein Verstoß gegen die öffentliche Sicherheit könnte allenfalls unter dem Aspekt der Funktionsfähigkeit eines Trägers öffentlicher Gewalt in Betracht gezogen werden. Ein gezielter Angriff auf die Funktionsfähigkeit der Stadt L als eines Trägers öffentlicher Verwaltung ist jedoch nicht ersichtlich. Ein *Verstoß gegen die öffentliche Sicherheit* ist daher zusammenfassend mit der von § 15 I VersG geforderten gesteigerten Wahrscheinlichkeit nur im Hinblick auf das Uniformverbot des § 3 VersG anzunehmen.

Daneben könnte das Verbot des Aufzugs auch auf einen (höchstwahrscheinlichen) Verstoß gegen die *öffentliche Ordnung* gestützt werden. Dann müsste eine anerkannte ungeschriebene Verhaltensregel existieren, die es ausschließt, die von der N-Partei vertretene politische Position allgemein oder jedenfalls am 1. Mai (Tag der Arbeit) öffentlich in einem Gemeinwesen freier und gleicher Bürger zu propagieren.

Der geplante Aufzug läuft der öffentlichen Ordnung zuwider, wenn sein Motto oder die zu erwartenden Parolen gegen eine anerkannte ungeschriebene Verhaltensregel verstoßen, nach der die öffentliche Äußerung und Verbreitung rechtsextremen (nationalistischen/aggressiv-ausländerfeindlichen) Gedankenguts (hier insb.: »Überfremdung des nationalen Lebensraums«) ein geordnetes menschliches Zusammenleben erheblich beeinträchtigen und in letzter Konsequenz unmöglich machen. Dabei geht es im vorliegenden Fall um den bloßen Inhalt der von der

N-Partei vertretenen Positionen. Die Form (Art und Weise) der Bekundung ist, soweit von Belang, bereits abschließend durch § 3 VersG geregelt. Für einen Verstoß gegen die öffentliche Ordnung spricht, dass in einem bürgerlichen Gemeinwesen die wechselseitige Anerkennung der Menschen als Personen gleichen Rechts unabdingbare Grundlage des zwischenmenschlichen Verkehrs ist. Das Schlagwort von der »Überfremdung« des nationalen Lebensraums lässt erkennen, dass Ausländern, auch wenn sie sich legal in Deutschland aufhalten sollten, ein vergleichsweise geringerer Anspruch auf individuelle Entfaltung zugestanden wird. Andererseits muss der unbestimmte Rechtsbegriff der »öffentlichen Ordnung« wie dargelegt im Lichte der Verfassung ausgelegt werden. Das kann zwar nicht bedeuten, dass der Regelungsgehalt dieses Rechtsbegriffs unmittelbar aus der Wertordnung der Verfassung zu erschließen ist[67]. Jedoch können die die »öffentliche Ordnung« konstituierenden Auffassungen vom sozialadäquaten Verhalten umgekehrt nur Schutz beanspruchen, soweit sie mit den Wertvorstellungen des Grundgesetzes übereinstimmen[68].

Zum einen dürfen aber die positiven Wertsetzungen des parlamentarischen Gesetzgebers nicht unter Berufung auf ungeschriebene Verhaltensregeln der »öffentlichen Ordnung« unterlaufen werden (Art. 20 III GG). Die Tatbestände der insoweit thematisch einschlägigen Strafvorschriften, die sich gegen die Verbreitung aggressiv menschenverachtenden und gegen ein friedliches Miteinander gerichteten Gedankenguts wenden (etwa §§ 130, 131 StGB), sind grundsätzlich als abschließende Grenzziehung anzusehen und entfalten in ihrem Regelungsbereich Sperrwirkung gegenüber einer Berufung auf die öffentliche Ordnung – unabhängig davon, ob ihre Tatbestandsmerkmale im konkreten Einzelfall nun erfüllt oder nicht erfüllt sind. Das gilt jedenfalls für die *Gefährlichkeit des Inhalts der Stellungnahme* als solchen, die nicht von weiter hinzutretenden Umständen (Art und Weise der Durchführung der Versammlung) abhängt[69]. Danach kommt auch hier, nachdem Strafrechtsnormen nicht eingreifen und besondere Umstände nicht vorliegen, eine »hilfsweise« Berufung auf die öffentliche Ordnung nicht in Frage.

Zum anderen ist der *Einfluss der Grundrechte* auf das Tatbestandsmerkmal der öffentlichen Ordnung zu berücksichtigen. Eine grundrechtlich ausdrücklich erlaubte Verhaltensweise kann nicht gegen die öffentliche Ordnung verstoßen. Hier kann sich der Landesverband der N-Partei auf die Meinungsfreiheit berufen (Art. 5 I 1, Art. 19 III GG), da Ziel der Versammlung die (wertende) Stellungnahme, damit die Kundgabe von Meinungen ist, die durch das Versammlungsverbot in der beabsichtigten Form unmöglich gemacht wird. Dieser Eingriff in die Meinungsfreiheit ist nur aufgrund eines allgemeinen Gesetzes (Jugend- und Ehrenschutz scheiden hier aus) gerechtfertigt. Die Verbotsnorm der »öffentlichen Ordnung«, die sich als solche meinungsneutral verhält, ist derart unbestimmt, dass alles auf ihre *meinungsneutrale Anwendung im Einzelfall* ankommt. Die Subsumtion unter den Verbotstatbestand darf dabei nicht auf den bloßen Inhalt der Meinungsäußerung abheben und damit die Äußerung der Meinung als solche, ihre »rein geistige Wirkung« inhibieren[70]. Dies

---

63 Vgl. BVerwGE 64, 55 (61) = von Mutius JK 82, VersG § 15/1.

64 BVerfG-K NJW 2001, 2072.

65 BVerfG-K NJW 2005, 3202 (3203).

66 Vgl. BVerfG-K a. a. O.; zur darüber hinaus gebotenen verfassungskonform einschränkenden Auslegung Enders/Lange JZ 2006, 105.

67 Zutreffend Laubinger/Repkewitz VerwArch 93 (2002), 149 (165 ff.); auch Martens (Fn. 29), 250.

68 Martens (Fn. 29), 247 (272 f).

69 So BVerfG-K NJW 2001, 2069; BVerfG-K NJW 2001, 2072; BVerfG-K NJW 2001, 2075; BVerfGE 111, 147 (155 ff.) = Schoch JK 2/05, BVerfGG § 32/8; im Ansatz anders Battis/Grigoleit NVwZ 2001, 121 (128); ablehnend daher dies. NJW 2001, 2051 (2054); ebenso Laubinger/Repkewitz VerwArch 93 [2002], 149 (168).

geschieht aber hier: Indem die Behörde die Position der N-Partei als anstößig und außerhalb eines allgemeinen Grundkonsenses stehend bezeichnet und ihr daher den Rechtsanspruch auf Äußerung und Verbreitung bestreitet, wird unzulässig nach Wert und Unwert differenziert und außerhalb des Ehren- und Jugendschutzes die rein geistige Wirkung einer Meinungsäußerung sanktioniert. Das ist mit Art. 5 I, II GG nicht vereinbar und verfassungswidrig.

Dagegen lässt sich allerdings einwenden, dass das Grundgesetz eine Entscheidung für eine friedliche, den gleichen und selbständigen Eigenwert aller Menschen anerkennende und schützende Gemeinschaftsordnung getroffen hat und diese Wertentscheidung als *verfassungsimmanente Grundrechtsschranke* sämtliche Freiheitsbetätigung begrenzt. Wo eine positive (z. B. strafrechtliche) Gesetzesregelung nicht getroffen ist, liegt es nahe, diese allgemeine Schranke über die subsidiären Regeln der öffentlichen Ordnung durchzusetzen[71]. Diese stünden damit möglicherweise hier der geplanten Meinungsbekundung entgegen. Obwohl aber anerkannt ist, dass auch ausdrücklich unter Vorbehalt gestellte Grundrechtsgewährleistungen, wie etwa die Freiheit der Meinungsäußerung (Art. 5 I 1, II GG), zugleich (hilfsweise) allgemeingültigen verfassungsimmanenten Freiheitsschranken unterliegen[72], bedarf es für eine verfassungswirksame Beschränkung der Freiheitsentfaltung doch einer hinreichend bestimmten gesetzlichen Konkretisierung solcher Schranken (Vorbehalt des Gesetzes, Art. 20 III GG). Dem Verweis auf ungeschriebene, von sozial-ethischen Richtigkeitsanschauungen getragene Verhaltensregeln, wie ihn der Gesetzgeber im Rechtsbegriff der öffentlichen Ordnung blankettartig normiert hat, fehlt eine solche hinreichende Bestimmtheit[73]. Zudem kennt das Grundgesetz keinen allgemeinen Verfassungsgrundsatz, demzufolge der Bürger verfassungstreues Verhalten schuldet[74]. Nach dem Grundgesetz spricht vielmehr eine Vermutung für die Freiheit der Rede gerade in öffentlichen Angelegenheiten, weil der Meinungsfreiheit für das freiheitlich-demokratische Staatswesen schlechthin konstituierende Bedeutung zukommt[75]. Ausnahmen vom Grundsatz der freien Rede sind eng begrenzt und häufig in besonderer Weise verfahrensmäßig abgesichert (Art. 5 III 2, Art. 9 II, Art. 17 a I, 18, 21 II, 26 I GG). Diese im Interesse einer freiheitlichen demokratischen Ordnung als begrenzte Ausnahme formulierten Eingriffsmöglichkeiten dürfen nicht von Fall zu Fall unter pauschaler Berufung auf vorrangige materielle Wertsetzungen überspielt werden. Sie entfalten insofern Sperrwirkung: Wo keine der genannten Ausnahmen greift, dürfen Äußerungen nicht ihres anstößigen Inhalts willen unterbunden werden. Das Grundgesetz mutet dieses Maß an Anstößigkeit der staatlichen Gemeinschaft wie dem einzelnen Bürger im Interesse eines freien Meinungsbildungsprozesses zu[76]. Dass gegen die N-Partei ein Verbotsverfahren vor dem BVerfG anhängig ist, erlaubt keine andere Schlussfolgerung: Infolge der Privilegierung des Art. 21 II GG dürfen einer Partei aus ihrem Programm keine rechtlichen Nachteile erwachsen, solange sie nicht vom BVerfG ausdrücklich verboten ist. Bis zu diesem – hier noch nicht eingetretenen – Zeitpunkt ist daher auch die Annahme rechtlich nicht tragfähig, die von der N-Partei typischerweise vertretenen Inhalte verstießen gegen die öffentliche Ordnung[77].

In der beabsichtigten Meinungskundgabe kann demnach kein Verstoß gegen die öffentliche Ordnung gesehen werden. Dass ansonsten während der Versammlung Umstände eintreten könnten, die einen Verstoß gegen die öffentliche Ordnung begründen, ist weder vorgetragen noch ersichtlich. Der Tatbestand des § 15 I VersG ist insoweit nicht erfüllt, die Behörde nicht zum Einschreiten ermächtigt.

Möglicherweise entfaltet aber die geplante Meinungskundgabe durch ihren Widerspruch gerade zur Botschaft des Maifeiertages (Tag der Arbeit, 1. Mai), mit seinem Bekenntnis zu Freiheit und Frieden, zu sozialer Gerechtigkeit, Völkerversöhnung und Men-

schenwürde eine ganz spezifische Provokationswirkung, die einen Verstoß gegen die öffentliche Ordnung begründet und das Verbot rechtfertigt. Dagegen spricht jedoch, dass die Versammlung nach der positivrechtlichen Regelung auch unter dem Aspekt des Feiertagsschutzes am 1. Mai nicht als anstößig gilt, sondern erlaubt ist (vgl. oben B.III.1.c) aa)). Diese spezifische gesetzliche Konkretisierung des Sonn- und Feiertagsschutzes muss Vorrang genießen vor möglichen ungeschriebenen Regeln über das an diesem gesetzlich geschützten Feiertag Erlaubte. Sie entfaltet, da sie auch im Verhältnis zum Versammlungsrecht den Umfang des Sonn- und Feiertagsschutzes maßgeblich bestimmt, normative Sperrwirkung gegenüber einem anderen, engeren Verständnis des von der öffentlichen Ordnung zugelassenen Verhaltens. Ein Verbot scheidet auch insofern mangels eines Verstoßes gegen die durch § 15 I VersG geschützte öffentliche Ordnung aus.

bb) Verantwortlichkeit
Der Landesverband der N-Partei ist Veranstalter und als Verhaltensstörer nach § 2 VersG mit § 4 SächsPolG (analog)[78] auch richtiger Adressat der Maßnahme.

cc) Fehlerfreie Ermessensausübung, insb. Verhältnismäßigkeit
§ 15 I VersG räumt der zuständigen Versammlungsbehörde Ermessen ein. Dieses muss rechtlich fehlerfrei ausgeübt werden; insbes. dürfen nur die unbedingt zur Erreichung des Gefahrenabwehrzwecks nötigen Eingriffe vorgenommen werden (Verhältnismäßigkeit).

Der von der Stadt infolge der Demonstration von Rechtsradikalen befürchtete »Imageverlust« stellt keinen rechtlich anerkannten Gesichtspunkt der Ermessenserwägungen dar (vgl. § 40 VwVfG mit § 1 SächsVwVfG[79]); der Zweck, die Stadt vor einem Imageverlust durch das öffentliche Auftreten Rechtsradikaler zu

---

70 Vgl. oben in Fn. 40 und 41.

71 Vgl. OVG NW NJW 2001, 2111 f; und dazu BVerfG NJW 2001, 2113 f mit Anm Sachs JuS 2001, 1116 f; OVG NW NJW 2001, 2114 f mit Anm Sachs JuS 2001, 1118 f; OVG NW NJW 2001, 2986; Battis/Grigoleit NVwZ 2001, 121 (128); differenzierend Hoffmann-Riem NVwZ 2002, 257 (261).

72 Diese in BVerfGE 66, 116 (136) = von Mutius JK 84, GG Art. 5 I 2/3 zu einer ganz spezifischen Konstellation formulierte These verstößt indessen nicht allein gegen methodische Grundsätze der Auslegung (des Vorrangs kraft Spezialität), sondern ist bei näherem Hinsehen auch freiheitsfeindlich, vgl. Enders JURA 2003, 103 (106); Sachs/Bethge (Fn. 37) Rdn. 176.

73 BVerfGE 111, 147 (157 f) = Schoch JK 2/05, BVerfGG § 32/8.

74 Die Bürger sind »rechtlich nicht gehalten, die Wertsetzungen der Verfassung persönlich zu teilen«; BVerfG-K NJW 2001, 2069; BVerfG-K NVwZ 2006, 585; ebenso Martens (Fn. 29), 273. Vgl. auch BVerfGE 102, 347 (364) = Ehlers JK 01, GG Art. 5 I 1/30.

75 BVerfGE 7, 198 (208, 212).

76 BVerfG-K NJW 2001, 2069 und 2076; zum Ganzen nun BVerfGE 111, 147 (158 f.) = Schoch JK 2/05, BVerfGG § 32/8; vgl. Hoffmann-Riem NVwZ 2002, 257 (260 f). Auch die Ausschlusswirkung des Art. 139 GG ist beschränkt auf die nach 1945 als und zur Ausführung von Besatzungsrecht erlassenen Vorschriften zur »Befreiung des Deutschen Volkes von Nationalsozialismus und Militarismus« und stellt nicht allgemein Meinungsäußerungen unter den ungeschriebenen Pauschalvorbehalt verfassungskonformen Verhaltens, Lübbe-Wolff NVwZ 1988, 1289.

77 Konsequenz des »Parteienprivilegs«, BVerfG-K NJW 2001, 2076 = JuS 2001, 1118 [Sachs]; BVerfG-K NVwZ 2002, 713; vgl. auch BVerwG NVwZ 1999, 991 = Erichsen JK 00, VwGO § 113 I 4/15.

78 § 6 PolG Ba-Wü; Art. 9 I 1 BayLStVG; § 13 ASOG Bln; § 5 Bbg PolG; § 5 BremPolG; § 8 SOG Hmb; § 6 HSOG; § 69 SOG M-V; § 6 NdsSOG; § 17 OBG NRW; § 4 POG RP; § 4 SPolG; § 7 SOG LSA; § 218 I LVwG SH; § 10 ThürOBG.

79 § 40 LVwVfG BW; Art. 40 BayVwVfG; § 1 VwVfG Berlin i. V. m. § 40 VwVfG; § 40 VwVfGBbg; § 40 BremVwVfG; § 40 HmbVwVfG; § 40 HVwVfG; § 40 VwVfG M-V; § 1 NVwVfG i. V. m. § 40 VwVfG; § 40 VwVfG NW; § 1 LVwVfG RP i. V. m. § 40 VwVfG; § 40 SVwVfG; § 40 VwVfG LSA; § 73 LVwG SH; § 40 ThürVwVfG. Obwohl das Verwaltungsgericht nach hA im Rechtsschutz gem § 80 V VwGO eine eigenständige Interessenabwägung vornimmt, ersetzen die Gerichte in der Praxis doch nicht einfach die fehlerhafte Verwaltungsentscheidung durch eigene Er-

bewahren, ist vom Gesetz nicht gedeckt. Eine entsprechende Ermessenserwägung ist daher rechtsfehlerhaft. Jedoch hat sich die Stadt in ihrer Begründung nicht ausschließlich auf diesen Aspekt berufen. Treten zu rechtswidrigen, ermessensfehlerhaften Erwägungen rechtmäßige Ermessenserwägungen hinzu, so vermögen diese die Entscheidung im Ergebnis zu tragen[80]. Es kommt also darauf an, ob daneben auch von der gesetzlichen Rechtsgrundlage im Grundsatz gedeckte Ermessenserwägungen angestellt wurden. Das ist zu bejahen, da die Stadt das Verbot außerdem zutreffend auf einen Verstoß gegen das Uniformverbot gestützt hat. Insoweit liegt kein Ermessensfehler vor.

Darüber hinaus müssen die Maßnahmen der Gefahrenabwehr aber auch den Grundsatz der Verhältnismäßigkeit als äußere Ermessensgrenze wahren, d. h. geeignet und erforderlich sein, um den Zweck der Gefahrenabwehr zu erreichen. Der herbeigeführte Nachteil darf ferner nicht außer Verhältnis stehen zu dem angestrebten Erfolg. Das Verbot der geplanten Versammlung ist zwar geeignet, einen Verstoß gegen das Uniformverbot nach § 3 VersG präventiv zu unterbinden. Jedoch kommt insoweit als mildere, gleichgeeignete Maßnahme auch eine Auflage nach § 15 I VersG in Betracht. Die Behörde eröffnet sich dadurch die Möglichkeit, im Falle eines Verstoßes gegen die Auflage sogleich einzuschreiten, insb. die Versammlung dann ohne weiteres aufzulösen, § 15 III VersG. Das ausgesprochene Verbot ist demnach nicht erforderlich zur Erreichung des Zwecks der Gefahrenabwehr. Wegen Verstoßes gegen den Grundsatz der Verhältnismäßigkeit ist es rechtswidrig[81].

d) Zwischenergebnis zu 1.
Die Veranstaltung verstößt bei planmäßiger Durchführung gegen die öffentliche Sicherheit (§ 15 I VersG mit § 3 VersG). Jedoch kommt zur Abwehr dieser Gefahr eine Auflage in Betracht, mit der das Tragen von Uniformen verboten wird. Das Totalverbot ist unverhältnismäßig und damit rechtswidrig.

2. Rechtsverletzung
Durch das rechtswidrige Verbot der für den 1. Mai geplanten Versammlung wird der Landesverband der N-Partei als Veranstalter und Träger der Rechte aus § 1 VersG (mit § 3 PartG) sowie Art. 8 I GG (mit Art. 19 III GG) in seinem Recht auf Veranstaltung der geplanten Versammlung verletzt.

III. Ergebnis

Bei summarischer Prüfung der Rechtslage hätte der in der Hauptsache eingelegte Rechtsbehelf des Landesverbands offenkundig Erfolg. Das Aussetzungsinteresse des Landesverbandes überwiegt damit das öffentliche Interesse an der sofortigen Vollziehung. Der Antrag auf Wiederherstellung der aufschiebenden Wirkung des Widerspruchs ist begründet. Dabei wird das Gericht als Auflage ein Uniformierungsverbot aussprechen (§ 80 V 4 VwGO).

---

wägungen, sondern prüfen die Einhaltung rechtlicher Ermessensgrenzen, SCHOCH **JURA** 2002, 37 (44).
80 Vgl. etwa BVerwGE 62, 215 (222); VGH BW NVwZ 1990, 1085 (1087).
81 Wer mit dem OVG NW einen Verstoß gegen die öffentliche Ordnung annimmt, weil rechtsextreme Auffassungen in der freiheitlichen demokratischen Ordnung des Grundgesetzes keinen Rechtsanspruch auf Anerkennung und Schutz geltend machen können, muss feststellen, dass eine diesem Gefährdungstatbestand wirklich adäquate (mildere) Auflage nicht in Sicht ist. Das Verbot wäre insoweit auch verhältnismäßig; vgl. BVerfGE 111, 147 (157) = SCHOCH JK 2/05, BVerfGG § 32/8. Soweit die Unzulässigkeit des Aufzugs dagegen nur mit dem spezifischen Störungspotential begründet würde, das aus dem Widerspruch zur Botschaft des 1. Mai erwächst, wäre ein Totalverbot unverhältnismäßig. Als milderes, gleich geeignetes Mittel könnte das Gericht durch Auflage die Verschiebung des Veranstaltungstermins anordnen (§ 80 V 4 VwGO), vgl. BVerfG-K NJW 2001, 1409 – Holocaustgedenktag; gegen diese Möglichkeit (»verkapptes Verbot«), LAUBINGER/REPKEWITZ VerwArch 93 (2002), 149 (155).

Fall 14

Der Untersuchungsausschuss zweiter Klasse
Von Rechtsanwalt Marcel Dalibor, Greifswald*

Vorläufiger Rechtsschutz – Verfassungsrechtliche Streitigkeit – Anspruch eines Landesuntersuchungsausschusses auf Aussagegenehmigung für Bundesbeamte – Zusammenwirken von Bund und Ländern im Bundesstaat – Vorwegnahme der Hauptsache

SACHVERHALT

Die Wiederwahl des wegen seiner Außenpolitik umstrittenen US-amerikanischen Präsidenten im November 2004 polarisierte weltweit und löste auch Proteste aus. In Mecklenburg-Vorpommern (MV) wurde zu einer zentralen Demonstration in Schwerin aufgerufen, die mit einem Marsch zum Konsulat der USA endete. Als sich der Zug dem Konsulat näherte, stürmte eine Gruppe in Deutschland lebender Araber das Gebäude. Die zum Schutz vor der Vertretung postierten Landespolizisten waren völlig überrascht und konnten das Vordringen der Demonstrationsteilnehmer auf das Konsulatsgelände nicht verhindern. Im Konsulat selbst kam es dann zu einem Schusswechsel mit amerikanischen

Sicherheitskräften, in dessen Verlauf drei Demonstranten erschossen wurden.

Die Vorfälle riefen in MV Bestürzung hervor. Für Unverständnis sorgten insbesondere sich mehrende Hinweise, dass es auf Bundesebene schon vor den Gewaltakten Erkenntnisse über Planungen der Aktion gegeben haben soll. Daher wurde auf Antrag der gesamten P-Fraktion, die im Landtag über mehr als ein Drittel der Mandate verfügt, ein Untersuchungsausschuss (UA) »zur Aufklärung der Ereignisse im Zusammenhang mit der Erstürmung des amerikanischen Konsulats« eingesetzt. Der Ausschuss behandelt ausweislich des Einsetzungsbeschlusses vor allem die Fragen, inwieweit Erkenntnisse über Gefährdungen bereits vor dem gewalttätigen Vorgehen der Demonstranten bei der Bundesregierung und dem Bundesamt für Verfassungsschutz vorlagen, inwieweit diese Informationen den Behörden

---

* Der Verfasser ist Partner der Anwaltskanzlei Tanneberg in Potsdam und Wiss. Mitarbeiter an der Universität Greifswald. Die Klausur war Gegenstand der Ersten juristischen Staatsprüfung in Mecklenburg-Vorpommern.

des Landes MV bekannt waren und ob die Informationen ausreichend Beachtung fanden.

Nach einem mehrheitlich gefassten Beweisbeschluss beabsichtigt der UA, den Bundesminister des Innern und den Präsidenten des Bundesamtes für Verfassungsschutz (BfV) als Zeugen zu vernehmen sowie die entsprechenden Akten beizuziehen. Für eine Befragung des Bundesministers des Innern beantragt er deshalb bei der Bundesregierung und für eine Befragung des Präsidenten des BfV beim Bundesminister des Innern eine entsprechende Aussagegenehmigung. Der Bundesminister des Innern soll darlegen, ob und welche Kenntnisse ihm über die Sicherheitslage zum Zeitpunkt der Demonstration vorlagen, aus welchen Quellen diese stammten und mit welchen Maßnahmen er darauf insbesondere durch Weisungen an den Bundesgrenzschutz (BGS) reagiert hat. Gegenstand der Vernehmung des Präsidenten des BfV sollen die Fragen sein, ob und welche Informationen das BfV den Landesbehörden hinsichtlich gefährdeter Einrichtungen in MV weitergeleitet hat. Weiter beantragt der UA die Beiziehung der dazu vorhandenen Unterlagen.

Mit den Schreiben vom 15. März 2005 lehnen die Bundesregierung und der Bundesminister des Innern die Anträge auf Grundlage des Bundesministergesetzes und des Bundesbeamtengesetzes ab. Die Versagung der Genehmigungen wird damit begründet, dass die vom UA bezeichneten Beweisthemen über die auf das Land beschränkte Kompetenz des Ausschusses hinausgehe. Schon aus der beschränkten Gebietshoheit folge, dass ein UA eines Bundeslandes ausschließlich »Landeskinder« als Zeugen laden könne. Darüber hinaus sei es den Ländern verfassungsrechtlich verwehrt, das Wissen und Verhalten von Bundesorganen auszuforschen. Im Übrigen sei die Beweiserhebung überflüssig, da sie nicht zur Aufdeckung von Missständen in MV beitrage.

Im Ausschuss ist man über die Ablehnungen empört. Man sei doch kein UA zweiter Klasse. Dadurch werde die Aufklärungsarbeit praktisch lahm gelegt, zumal von Bundesseite für die Verweigerung der Aussagegenehmigungen keine Sachgründe, wie etwa außenpolitische Bedenken, angeführt worden seien. Es könne nicht angehen, dass die Prinzipien des Grundgesetzes nur einseitig gelten. Auf der Grundlage eines mehrheitlich gefassten Beschlusses beauftragt der UA den Vorsitzenden, die Begehren gerichtlich durchzusetzen. Der Vorsitzende beantragt daraufhin vorläufigen Rechtsschutz beim BVerwG.

Der Bund trägt in seiner Erwiderung ergänzend vor, dass mit einer Erfüllung des Untersuchungsauftrages durch einen Abschlussbericht bis zum Ende der Legislaturperiode im September 2005 nicht gerechnet werden könne. Es läge daher nahe, die Einsetzung des UA zu dem entsprechenden Untersuchungsgegenstand dem neuen Landtag zu überlassen. Insofern sei daher keine Eile geboten.

Aufgabe: Bitte prüfen Sie in einem Gutachten die Erfolgsaussichten der Anträge. Dabei ist, gegebenenfalls hilfsweise, auf alle aufgeworfenen Rechtsfragen einzugehen.

Bearbeitervermerk: Es ist davon auszugehen, dass die Legislaturperiode des Landtags von MV tatsächlich im September 2005 endet. Auf § 2 Abs. 1 S. 2 BVerfSchG und § 3 Abs. 2 S. 3 BBG wird hingewiesen. Es ist abzustellen auf den 30. März 2005.

LÖSUNGSVORSCHLAG

Teil 1: Antrag auf Erteilung der Aussagegenehmigung für den Bundesminister des Inneren

Der Antrag hat Erfolg, wenn er zulässig und begründet ist.

A. Zulässigkeit des Antrags

I. Eröffnung des verwaltungsgerichtlichen Rechtswegs

Eine Sachentscheidung über den Antrag kann nur ergehen, wenn der Verwaltungsrechtsweg eröffnet ist. Mangels aufdrängender Sonderzuweisung ist dies der Fall, wenn es sich um eine öffentlich-rechtliche Streitigkeit nichtverfassungsrechtlicher Art handelt, die nicht durch eine abdrängende Sonderzuweisung einem anderen Rechtsweg zugewiesen ist, § 40 Abs. 1 S. 1 VwGO.

Eine öffentlich-rechtliche Streitigkeit liegt vor, wenn die streitentscheidenden Normen für den Streitgegenstand solche des Öffentlichen Rechts sind. Nach der Sonderrechtstheorie ist dies der Fall, wenn sie auf einer Seite spezifisch einen Träger öffentlicher Gewalt berechtigen und verpflichten[1]. Streitgegenständlich ist die Erteilung einer Aussagegenehmigung nach §§ 6 Abs. 1, 2 und 7 Abs. 1 BMinG, die mit einem Recht des UA, nach Art. 34 Abs. 1 S. 2, Abs. 5 Verf MV, §§ 21, 24 ff. UAG MV[2], 54 Abs. 2 StPO Zeugen zu vernehmen, korrespondiert. Diese Vorschriften berechtigen den Antragsteller (Ast.) Land und verpflichten den Antragsgegner (Ag.) Bund als Hoheitsträger zum Erlass der begehrten Genehmigung. Daher sind die Normen öffentlich-rechtlich und mithin die Streitigkeit insgesamt.

Es könnte sich jedoch um eine verfassungsrechtliche Streitigkeit, namentlich einen Bund-Länder-Streit, Art. 93 Abs. 1 Nr. 3 GG, § 13 Nr. 7 BVerfGG, handeln. Nach der e. A. liegt ein verfassungsrechtlicher Streit vor, wenn direkt am Verfassungsleben Beteiligte über Rechte und Pflichten streiten, die unmittelbar in der Verfassung geregelt sind (sog. doppelte Verfassungsunmittelbarkeit). Der Bund und die Länder sind unmittelbar am Verfassungsleben Beteiligte. Somit ist nach dieser Ansicht entscheidend, ob die geltendgemachten Rechte und Pflichten aus der Verfassung rühren. Demgegenüber wird unter Verzicht auf die Stellung der Beteiligten vertreten, dass Streitigkeiten verfassungsrechtlich sind, wenn sie – ihre Justiziabilität vorausgesetzt – aufgrund formellen Verfassungsrechts oder sonstiger Normen den Verfassungsgerichten vorbehalten bleiben sollen[3]. Eine weitere Ansicht stellt vermittelnd darauf ab, dass der Rechtsschutzgegner ein Verfassungsrechtssubjekt ist und gerade als solches verpflichtet werden soll[4]. Nach allen Ansichten kommt es somit darauf an, ob der Streit aufgrund der streitentscheidenden Normen ausschließlich der Überprüfung durch ein Verfassungsgericht unterliegen soll. Für die Tätigkeit eines UA ist dies umstritten. Im Kern geht es um die Frage, ob auf den Zweck der Tätigkeit, namentlich die Wahrnehmung verfassungsrechtlicher Kompetenzen, oder auf das zur Durchsetzung gegebene Verfahrensrecht abzustellen ist.

Beim Abstellen auf das Verfahrensrecht ist zu differenzieren, ob

---

1 Uerpmann-Wittzack Examens-Repetitorium Allgemeines Verwaltungsrecht mit Verwaltungsprozessrecht, 2. Aufl. 2006, Rdn. 5.

2 Vgl. Art. 44 GG, §§ 17, 20 ff. PUAG; Art. 25 BayVerf, Art. 11 ff. BayUAG; Art. 35 LVerf BW, §§ 13, 16 ff. UAG BW; Art. 48 BlnVerf, §§ 10, 12 ff. BlnUAG; Art. 72 BbgVerf, §§ 15, 17 ff. BbgUAG; Art. 105 V BremVerf, §§ 10 f., 14 ff. BremUAG; Art. 26 HmbVerf, §§ 17, 20 ff. HmbUAG; Art. 92 HessVerf, § 54 GOLT; Art. 27 NdsVerf, § 18 GOLT; Art. 41 NW Verf, §§ 13, 15 ff. UAG NW; Art. 91 RhPfVerf, §§ 13, 15 f UAG RhPf; Art. 79 SaarlVerf, §§ 47, 51 ff. LTGSaal; Art. 54 SächVerf, §§ 13, 16 ff. SächUAG; Art. 54 Verf LSA, §§ 16 ff. UAG LSA; Art. 18 SH Verf, §§ 11, 14 ff. SH UAG; Art. 64 ThürVerf, §§ 13, 16 ff. ThürUAG.

3 Zum Streitstand Kopp/Schenke VwGO, 14. Aufl. 2005, § 40 Rdn. 31 ff.; ders. AöR 131 (2006), 117, 120 ff., Bethge JuS 2001, 1100 ff. Nach der zweiten Ansicht ergibt sich die Regel, dass die in den bundes- und landesverfassungsgerichtlichen Zuständigkeitsnormen beschriebenen Verfahrensgegenstände prinzipiell nicht nur den genannten Ast. die Inanspruchnahme fachgerichtlichen Rechtsschutzes verwehren, sondern dies auch für andere Ast. bewirken.

4 Schoch/Schmidt-Aßmann/Pietzner/Ehlers VwGO, Stand 14. Lfg. April 2007, § 40 Rdn. 137, 149 ff. m. w. N.

die Verfahrensführung auf dem verfassungsrechtlichen Fundament oder sonstigem Recht beruht. Die Streitigkeit berührt zwar Fragen des Verfassungsrechts, so ist der Bundesminister des Innern Mitglied des Verfassungsorgans Bundesregierung; jedoch kann man daraus nicht zwingend auf das Vorliegen einer verfassungsrechtlichen Streitigkeit schließen. Maßgeblich für die Abgrenzung eines verfassungsgerichtlichen Bund-Länder-Streits von einer verwaltungsrechtlichen Streitigkeit ist die Beantwortung der Frage, welche Ebene des Rechtssystems das dem Streit zugrunde liegende Rechtsverhältnis prägt. Die Prägung ist nur dann verfassungsrechtlich, wenn die Verletzung oder unmittelbare Gefährdung des Rechts aus einem Bund und Land umschließenden materiellen Verfassungsrechtsverhältnis geltend gemacht wird. Es reicht weder, dass die Beteiligten über die Auslegung einer Vorschrift des Grundgesetzes unterschiedlicher Ansicht sind, noch dass die Beteiligten Subjekte des Verfassungslebens sind. Nicht alle Ansprüche zwischen Bund und Ländern gründen sich auf ein verfassungsrechtliches Verhältnis. Vielmehr können Ansprüche auch in einem engeren einfachrechtlichen Rechtsverhältnis wurzeln, dessen Rechtsnatur maßgeblich die daraus entspringenden Ansprüche und den Streitgegenstand prägen[5]. Mangels grundgesetzlicher Regelung[6] bestimmen sich die Voraussetzungen, nach denen für Mitglieder der Bundesregierung eine Aussagegenehmigung zu erteilen ist – parallel zum BRRG und BBG –, nach §§ 6 Abs. 1, 2 und 7 Abs. 1 BMinG. Diese setzen ein Vernehmungsrecht (Art. 34 Abs. 1 S. 2, Abs. 5 Verf MV, §§ 21, 24 ff. UAG MV) voraus. Nicht das grob umreißende Verfassungsrecht, sondern das einfache Recht trägt letztlich den Anspruch. Dass der Ausgang des Streits von der Auslegung und Anwendung von Verfassungsnormen abhängt, berührt die einfachrechtliche Verwurzelung nicht. Die Anspruchsgrundlage als Kern des Begehrens prägt den Charakter als einfachgesetzlich, nicht umgekehrt das überwölbende Verfassungsrecht[7].

Dagegen wird teilweise allein auf die verfassungsrechtliche Prägung des UA rekurriert. Der UA sei Verfassungsorgan mit eigenen verfassungsrechtlichen Befugnissen und nehme das parlamentarische Kontrollrecht wahr. Alle Kompetenzen folgten abschließend aus der Verfassung[8]. Wie vorbereitende Maßnahmen bei anderen verfassungsrechtlichen Tätigkeiten, z. B. Teilnahme an Volksbegehren, diene die Zeugeneinvernahme der Erstellung des Abschlussberichtes, der verfassungsrechtliche Natur habe. Dabei nehme der UA keine eigene, sondern lediglich eine dem Parlament als solchem zustehende Kompetenz wahr, so dass die Ermittlungen keine Verwaltungstätigkeit sein könnten. Zwar sei die Auslegung von Verfassungsnormen kein Monopol der Verfassungsgerichte, indes stehen hier der Inhalt und Umfang des parlamentarischen Kontrollrechts in Rede. Bei einer Weigerung werde die verfassungsrechtlich begründete und abschließend umrissene Kompetenz streitig. Die Grenze könne nicht durch ein Landesgericht (OVG) für den Bund bzw. hier durch ein Bundesgericht für ein Land letztverbindlich festgestellt werden, da sonst die Gefahr divergierender Entscheidungen bestehe. Vielmehr seien die Verfassungsgerichte in ihrer Kompetenz für politisch geprägte verfassungsrechtliche Streitigkeiten gefordert. Lediglich für untersuchungsneutrale Randbereiche könne es bei der Kompetenz der Instanzgerichte bleiben. Dies lege die ratio des Art. 100 GG nahe und hätten die Grundgesetzverfasser im Blick gehabt[9]. Der Art. 19 Abs. 4 S. 1 GG fordere keinen lückenlosen Rechtsschutz in verfassungsrechtlichen Streitigkeiten[10].

Sicher kommen Hauptsacheentscheidungen für einen UA i. d. R. zu spät, so dass der Rechtsweg regelmäßig vor dem OVG endet, § 146 VwGO. Jedoch sind bisher keine Rechtsprechungsdivergenzen zu Tage getreten[11]. Zudem folgt aus der Funktion Verfassungsorgan noch nicht automatisch die Handlungsweise als solches. So ist dem Ausschuss mit dem Verweis auf die StPO ein umfangreiches Verfahrensrecht an die Hand gegeben, das keinen spezifischen verfassungsrechtlichen Bezug aufweist.

Vielmehr können diese bei entsprechender Ermächtigung auch anderen Staatsorganen zustehen. Die Befugnisse sind kraft Verfassung nicht dem Parlament insgesamt gewährt, sondern dem Ausschuss selbst. Er übt im Rahmen der Beweiserhebung materielle Verwaltung aus. Die vorbereitende Arbeit soll durch ein kleines, mit umfassenden Befugnissen ausgestattetes Gremium effektiver werden. Ihm kommt nur eine dienende Funktion zu[12]. Im Gegenzug dafür, dass der Ausschuss wie ein Exekutivorgan bzw. Gericht ermitteln kann, muss er sich auch entsprechend behandeln lassen. Im Übrigen sind auch Handlungen anderer Untergliederungen von Verfassungsorganen als Verwaltung anerkannt worden[13]. In rechtspraktischer Hinsicht ist zu bedenken, dass bei einer Rechtswegkonzentration die Verfassungsgerichte mit Spezialfragen belastet würden und der Sachverhalt nicht durch Vorinstanzen aufbereitet ist[14]. Zudem wird mit der Abgrenzung Kern- und Randbereich lediglich ein kompliziertes System durch ein anderes ersetzt. Die Streitigkeit ist nicht verfassungsrechtlicher Art und der Verwaltungsrechtsweg mithin eröffnet.

Eine abdrängende Sonderzuweisung könnte sich aus Art. 93 Abs. 1 Nr. 4 GG, § 13 Nr. 8 BVerfGG ergeben, wonach dem BVerfG weitere öffentlich-rechtliche nichtverfassungsrechtliche Streitigkeiten zwischen Bund und Land zugewiesen sind. Jedoch begründet die Norm ausweislich des Wortlauts nur eine subsidiäre Zuständigkeit, soweit kein anderer Rechtsweg gegeben ist[15]. Indes ist wie gesehen der Verwaltungsrechtsweg eröffnet.

Jedoch könnte wegen des Bezuges in § 7 Abs. 1 BMinG, Art. 34 Abs. 1 S. 2, Abs. 5 Verf MV, §§ 21, 24 ff. UAG MV[16] auf die StPO die abdrängende Sonderzuweisung nach § 23 EGGVG (Strafrechtspflege) greifen. So wird vertreten, dass aus Praktikabilitäts- sowie Rechtsschutzgründen eine Konzentration beim Strafrichter sinnvoll sei und die Verweisung auf die StPO nur so verstanden werden könne. Indes ist Gegenstand eines UA nicht die Strafrechtspflege mit der Verhängung strafrechtlicher Sanktionen, sondern die parlamentarische Behandlung politischer Missstände[17]. Der Verweis hat nur Bedeutung für die Beweiserhebung. Die gegenwärtige Rechtswegzersplitterung für Maßnahmen mit Richtervorbehalt (und damit StPO-Verweis) einerseits und sons-

---

5 BVerfGE 42, 103, 113 ff.; BVerwGE 109, 258, 259 f.; BVerwG NJW 1985, 2344 f.

6 Vgl. Art. 64 ff., 112 GG; die weitere Ausgestaltung bleibt dem einfachen Recht vorbehalten.

7 Vgl. BVerfGE 42, 103, 113 ff.; BVerwGE 109, 258, 260 f.

8 Vgl. Fn. 2.

9 Ossenbühl GS Martens, 1987, 177, 191 f.; Schenke JZ 1988, 805, 818; Di Fabio Anm. zu BayVerfGH JZ 1988, 826, 828; Kästner NJW 1990, 2649, 2650, 2654 und JuS 1993, 109, 112.

10 Ossenbühl (Fn. 9), 192; die Berufung des Staates auf Art. 19 IV 1 GG ist ohnehin fraglich, vgl. Fn. 63; betroffenen Bürgern bliebe nur die Verfassungsbeschwerde, die jedoch nicht in allen Ländern gegeben ist.

11 Schröder Gutachten zum 57. DJT 1988, Band I, E 89, E 129.

12 OVG NW NVwZ 1987, 608, 609 f.; Weidemann NVwZ 1989, 947; Schneider MDR 1988, 705, 706; demgegenüber ist der Streit über den Einsetzungsbeschluss selbst als Parlamentsäußerung verfassungsrechtlicher Natur, OVG Saarland, Beschl. v. 17. Juli 2002 – 1 W 15/02 und 5. Nov. 2002 – 1 W 15/02, juris; a. A. Schröder (Fn. 11), E 34, E 129; zum vorbereitenden Charakter Schenke JZ 1988, 805, 816.

13 OVG NW NVwZ 1987, 608, 609; Schneider MDR 1988, 705, 707 ff.

14 BVerwG NJW 1985, 2344 f.; Weidemann NVwZ 1989, 947; Schneider MDR 1988, 705, 710.

15 Degenhart Staatsrecht I Staatsorganisationsrecht, 23. Aufl. 2007, Rdn. 762.

16 Vgl. Art. 44 II 1 GG, § 20 ff. PUAG; Art. 25 III BayVerf, Art. 11 II 2 ff. BayVerf; §§ 13 VI, 16 ff. UAG BW; §§ 10, 12 ff. BlnUAG; §§ 19 I 2 ff. BbgUAG; Art. 105 V 2 BremVerf, §§ 10 ff. BremUAG; Art. 26 II 1 HmbVerf, §§ 17 IV 1 ff. HmbUAG; Art. 92 III HessVerf; Art. 27 VI 2 NdsVerf; Art. 41 NW Verf, §§ 16 III ff. UAG NW; Art. 91 IV RhPfVerf, §§ 13, 15 ff. UAG RhPf; Art. 79 IV SaarlVerf, §§ 47, 51 ff. LTGSaal; §§ 13 VI ff. SächUAG; §§ 16 ff. UAG LSA; §§ 11 IV, 14 ff. SH UAG; Art. 64 II 2 ThürVerf, §§ 13, 16 ff. ThürUAG.

17 Hilf NVwZ 1987, 537, 542.

tigen Maßnahmen andererseits kann so nicht überspielt werden[18]. Es ist keine abdrängende Sonderzuweisung gegeben.

II. Statthafte Verfahrensart

In Betracht kommen die vorläufigen Rechtsschutzverfahren nach § 80 Abs. 5 VwGO oder § 123 Abs. 1 VwGO. Streitigkeiten i. S. d. Zuständigkeitsvorschrift des § 50 Abs. 1 Nr. 1 VwGO bilden keine eigene Verfahrenskategorie, sondern sind den üblichen Verfahrensarten zuzuordnen[19].

Ob das Verfahren nach § 80 Abs. 5 VwGO oder nach § 123 Abs. 1 VwGO statthaft ist, richtet sich entsprechend §§ 86 Abs. 3, 88 VwGO nach dem Begehren des Ast. Nach der Kollisionsnorm, § 123 Abs. 5 VwGO, ist das Verfahren nach § 80 Abs. 5 VwGO das speziellere. Dieses ist statthaft, wenn dem Begehren des Ast. schon durch die Anordnung oder Wiederherstellung der aufschiebenden Wirkung Genüge getan ist. Dies ist der Fall, wenn in der Hauptsache die Anfechtungsklage (bzw. -widerspruch) statthaft ist oder das materielle Recht mit der Versagung einer Begünstigung den Verlust einer Rechtsposition verknüpft, d. h. ein vollziehbarer (materiell) belastender Verwaltungsakt vorliegt[20]. Ob die begehrte Genehmigung einen Verwaltungsakt i. S. v. § 35 S. 1 VwVfG (Bund) darstellt[21], kann offen bleiben, wenn dem Ast. mit dem Suspensiveffekt nicht geholfen ist. Die Ablehnung entfaltet gegen ihn keine belastende Wirkung, der Rechtskreis wird nicht beschnitten. Er strebt nicht die Suspendierung einer Belastung, sondern den Erlass der Genehmigung an und damit eine Leistung. Nur mit einer Leistung (Genehmigung) kommt er einen Schritt näher an die begehrten Aussagen heran. Somit ist das Verfahren nach § 80 Abs. 5 VwGO nicht statthaft, sondern das nach § 123 Abs. 1 VwGO.

Innerhalb des Verfahrens nach § 123 Abs. 1 VwGO wird zwischen Sicherungs- (§ 123 Abs. 1 S. 1 VwGO) und Regelungsanordnung (§ 123 Abs. 1 S. 2 VwGO) unterschieden. Während es bei ersterer um die Erhaltung des status quo geht, hat letztere die Weiterung der Rechtsposition des Ast. im betreffenden Rechtsverhältnis im Blick. Der Ast. begehrt in der – vom Genehmigungsantrag umrissenen konkreten Sachverhalt sowie aus den Anspruchsnormen folgenden – Beziehung eine Weiterung seines Rechtskreises an. Es liegt damit eine Regelungsanordnung vor, § 123 Abs. 1 S. 2 VwGO.

III. Antragsbefugnis

Um Popularanträge auszuschließen, muss der Ast. analog § 42 Abs. 2 VwGO antragsbefugt sein. Er könnte einen Genehmigungsanspruch nach §§ 6 Abs. 1, 2 und 7 Abs. 1 BMinG i. V. m. Art. 34 Abs. 1 S. 2, Abs. 5 Verf MV, §§ 21, 24 ff. UAG MV[22] haben. Aus den Normen folgt ein subjektiv-öffentliches Recht (die kraft öffentlichen Recht dem Einzelnen verliehene Rechtsmacht, vom Staat zur Verfolgung eigener Interessen ein bestimmtes Verhalten verlangen zu können) nur, wenn diese gerade auch die Interessen des Ast. schützen sollen (sog. Schutznormtheorie). Die §§ 6 Abs. 1, 2 und 7 Abs. 1 BMinG stehen in funktionellem Zusammenhang zum jeweiligen Beweiserhebungsrecht. Aus dem Zusammenspiel der §§ 6 Abs. 1, 2 und 7 Abs. 1 BMinG folgt eine umfassende Verschwiegenheitspflicht. Der § 7 Abs. 1 BMinG hat vornehmlich die Pflichtenkollision zwischen der Amtsverschwiegenheit und der allgemeinen Zeugenlast im Auge. Jedoch gewinnt die Vorschrift bei Eintritt eines solchen Kollisionsfalles bestimmungsgemäß für die einzelnen Verfahrensbeteiligten insofern Bedeutung, als nur beim Entgegenstehen der dort festgelegten öffentlichen Interessen die Rechtsverfolgung des Beteiligten beeinträchtigt werden kann. Damit dient die Genehmigung auch dem Interesse der Verfahrensbeteiligten. Soweit die Beteiligten kraft ihrer Verfahrensstellung im zugrunde liegenden Verfahren berechtigt sind, eine Beweisaufnahme durchzusetzen, folgt aus dieser subjektiven Rechtsstellung das Antragsrecht auf Erteilung

einer Aussagegenehmigung in gleichem Umfang. Zur effektiven Durchsetzung ist dem Beteiligten die Erzwingung der Beweiserhebung in einem umfassenden Sinne an die Hand gegeben. Sonst könnte die vernehmende Stelle durch Nichteinholung der Genehmigung die Beweiserhebung verzögern und die Rechtsstellung beeinträchtigen. Die Rechtsmacht zur Beweiserhebung und mithin Antragstellung folgt aus Art. 34 Abs. 1 S. 2, Abs. 5 Verf MV, §§ 21, 24 ff. UAG MV, § 54 Abs. 2 StPO i. V. m. §§ 6 Abs. 1, 2 und 7 Abs. 1 BMinG. Insbesondere spricht für die Einbeziehung landesrechtlicher Beweiserhebungen die Erwähnung der LandesUA in § 39 Abs. 3 S. 2 BRRG, der die parallel gelagerten beamtenrechtlichen Genehmigungen regelt. Das aus der Verfahrensstellung folgende Beweisrecht ist damit nicht bloße Vorfrage, sondern integrativer Bestandteil des Tatbestandes. Die Reichweite des Anspruchs ist der Begründetheit vorbehalten[23]. Dieser Anspruch müsste dem Ast. möglicherweise zustehen (Möglichkeitstheorie). Die Befugnis ist nur dann nicht gegeben, wenn offensichtlich und eindeutig nach keiner Betrachtungsweise der vom Ast. behauptete Anspruch für ihn bestehen oder verletzt sein könnte[24]. Daran gemessen ist der Anspruch nicht von vornherein ausgeschlossen bzw. erloschen. Der UA ist hinsichtlich des Anordnungsanspruchs antragsbefugt.

Der Ast. müsste zudem hinsichtlich des Anordnungsgrundes antragsbefugt sein, d. h. die Gefahr der Rechtsvereitelung als möglich erscheinen. Aufgrund des nahen Endes der Legislaturperiode ist bei weiterem Zuwarten diese Gefahr nicht von vornherein ausgeschlossen, der UA ist hinsichtlich des Anordnungsgrundes antragsbefugt.

IV. Beteiligten- und Verfahrensfähigkeit

Der UA könnte nach § 61 Nr. 3 VwGO, § 14 Abs. 1 AGGerStrG[25] beteiligtenfähig sein. Dann müsste er eine Behörde i. S. v. § 1 Abs. 3 VwVfG MV darstellen. Nach e. A. scheide die Behördeneigenschaft des UA mangels ständiger Organisation des Amtes aus. Er werde vielmehr im Rahmen des Zeugenzwangs durch die Bezugnahme auf die StPO wie ein Gericht tätig und nicht aufgrund behördenähnlicher Kompetenz. Dies stehe im Widerspruch zu §§ 26 Abs. 3, 65 Abs. 2 VwVfG MV, die auf die ZPO – ohne die Möglichkeit des Zeugniszwanges – verweisen[26]. Jedoch ist Ausgangspunkt der Beurteilung der funktionelle Behördenbegriff, § 1 Abs. 3 VwVfG MV, wonach die Wahrnehmung sachlicher Verwaltungsaufgaben für die Behördeneigenschaft reicht. Für letzteres spricht, dass der Ausschuss überwiegend einfaches Recht (UAG, StPO, BMinG) anwendet. Insoweit tritt gemäß § 1

18 OVG Berlin DVBl 2001, 1224, 1225; OVG NW NVwZ 1990, 1084; 1987, 608, 609; a. A. Ossenbühl (Fn. 9), 192 f.; Schneider MDR 1988, 705, 706 ff.

19 BVerwGE 109, 258, 261; Kopp/Schenke VwGO, § 50 Rdn. 11.

20 Schoch **JURA** 2001, 671, 674 f.

21 Bejahend BVerwGE 109, 258, 260; 66, 39, 41; a. A. NdsOVG DVBl 1986, 476.

22 Vgl. Fn. 2.

23 Vgl. BVerwGE 109, 258, 264; 79, 339, 344 f.; 66, 39, 41 ff., 34, 252, 254 ff.; Battis BBG, 3. Aufl. 2004, § 62 Rdn. 3, 7; für den Kompetenzcharakter der Normen, statt den eines subjektiv-öffentliches Rechts, spricht die Parallelität des Verfahrens zu Art. 93 I Nr. 3 GG, § 13 Nr. 7 BVerfGG, bei dem es ebenfalls um die Abgrenzung von Hoheitsbefugnissen und/oder um Rechte und Pflichten geht, vgl. BVerfGE 42, 103, 113; Jarass/Pieroth GG, 8. Aufl. 2006, Art. 93 Rdn. 30; v. Münch/Kunig/Meyer GGK, Bd. III, 5. Aufl. 2003, Art. 93 Rdn. 42 ff., 49; a. A. Kopp/Schenke VwGO, § 42 Rdn. 141. Ein sachlicher Unterschied für die Klausur ergibt sich daraus nicht.

24 Schenke Verwaltungsprozessrecht, 10. Aufl. 2005, Rdn. 494.

25 Vgl. zum Behördenprinzip §§ 8 I BbgVwGG, 5 I NW AGVwGO; nur für Landesbehörden §§ 8 I NdsAGVwGO, 6 S. 1 SH AGVwGO, 19 I Saarl-AGVwGO, 8 S. 1 AGVwGO LSA, nur für besondere Verfahren § 17 II AGVwGO RhPf.

26 NdsOVG DVBl 1986, 476 m. w. N.

VwVfG MV das Allgemeine Verwaltungsrecht zurück, so dass Friktionen nicht eintreten. Der Ausschuss ist durch verfassungsrechtlich ermächtigten Organisationsakt, dem Einsetzungsbeschluss nach Art. 34 Abs. 1 S. 1 Verf MV, § 1 UAG MV, gebildet; unabhängig vom Wechsel seiner Mitglieder und Kraft der Eingriffsbefugnisse aus Art. 34 Abs. 1, 5 Verf MV, §§ 1 ff. UAG MV trifft er Entscheidungen in eigenem Namen nach außen. Da diese Eingriffsbefugnisse allein ihm und nicht dem Parlament insgesamt gewährt sind, müssen seine darauf gestützten Entscheidungen unmittelbar auf den Rechtsträger zugerechnet werden, wodurch der Charakter als parlamentarisches Hilfsorgan in den Hintergrund gerät. Dem steht auch nicht entgegen, dass die Existenz des Ausschusses durch die Erledigungstatbestände des § 37 UAG MV von Anfang an beschränkt ist. Die zeitliche Unbestimmtheit ist kein Merkmal des Behördenbegriffs. Trotz des Charakters eines parlamentarischen Hilfsorgans handelt es sich beim UA um eine Behörde[27], so dass dieser nach § 61 Nr. 3 VwGO, § 14 Abs. 1 AGGerStrG beteiligtenfähig und nach § 62 Abs. 3 VwGO, § 7 Abs. 1 S. 2 UAG MV mittels Vertretung durch den Ausschussvorsitzenden verfahrensfähig ist[28]. Der Bund ist beteiligten- (§ 61 Nr. 1 Var. 2 VwGO) und mittels Vertretung durch die Bundesregierung verfahrensfähig (§ 62 Abs. 3 VwGO).

V. Antragsgegner

Der Ag. kann im vorläufigen Rechtsschutz kein anderer als im Hauptsacheverfahren sein, daher ist bei der damit angezeigten entsprechenden Anwendung des § 78 Abs. 1 Nr. 1 VwGO wie in der Hauptsache der Bund Ag[29].

VI. Sachliche Zuständigkeit

Gegenständlich ist ein öffentlich-rechtlicher Streit nichtverfassungsrechtlicher Art zwischen dem Bund und einem Land. In Betracht kommt daher eine erst- und letztinstanzliche Zuständigkeit des BVerwG nach § 50 Abs. 1 Nr. 1 VwGO als dem Gericht der Hauptsache, § 123 Abs. 2 S. 1 VwGO. Die Norm ist nach dem Wortlaut sehr weit gefasst und wird von der Rechtsprechung teleologisch reduziert auf die Anwendung von Streitigkeiten, die in ihrer Eigenart gerade durch die Beziehung zwischen Bund und Land geprägt sind und sich ihrem Gegenstand nach einem Vergleich mit landläufigen Verwaltungsstreitigkeiten entziehen[30]. In Streit steht die Abgrenzung von Hoheitsbefugnissen. Konkret geht es um die Frage, ob der Ast. mit der beabsichtigten Zeugenvernehmung unter Überschreitung seiner Untersuchungsbefugnis eine unzulässige Ausforschung im Kompetenzbereich des Ag. vornimmt. Dieser Umstand nimmt dem Verfahren zwar nicht den verwaltungsgerichtlichen Charakter, verweist es aber in den Anwendungsbereich des § 50 Abs. 1 Nr. 1 VwGO. Somit ist das BVerwG sachlich zuständig[31].

VII. Rechtsschutzbedürfnis

Im Rahmen des Rechtsschutzbedürfnisses ist allenfalls fraglich, ob die Hauptsache offensichtlich unzulässig ist. Dies ist der Fall, wenn der Ast. rechts- oder bestandskräftig mit seinem Hauptsachebegehren abgelehnt worden ist. Er kann nicht mehr bekommen als er durch die Hauptsache erreichen könnte[32]. Dies erfordert indes nicht die Anhängigkeit des Hauptsacheverfahrens. Insoweit sind die Verfahren des vorläufigen Rechtsschutzes selbständig, wofür der Wortlaut von § 123 Abs. 1 S. 1 VwGO und § 123 Abs. 3 VwGO i. V. m. § 926 ZPO spricht. Danach ist vor Klageerhebung vorläufiger Rechtsschutz statthaft, das Hauptsacheverfahren muss noch – fristgerecht – möglich sein. Dabei kann die konkrete Klageart in der Hauptsache offen bleiben, wenn die strengen Voraussetzungen der Verpflichtungsklage erfüllt sind. Selbst bei Annahme einer ordnungsgemäßen Beleh-

rung ist die allenfalls problematische Monatsfrist nach § 74 Abs. 2 und 1 S. 2, § 68 Abs. 2 und 1 S. 2 Nr. 1 VwGO noch nicht verstrichen und die Hauptsache damit nicht offensichtlich unzulässig. Eine rechtzeitige Klageerhebung kann unterstellt werden.

B. Begründetheit

Der Antrag ist begründet, wenn der Ast. gemäß §§ 123 Abs. 3 VwGO, 920 Abs. 2, 294 ZPO einen Anordnungsanspruch und einen Anordnungsgrund glaubhaft gemacht hat. Dies ist der Fall, wenn eine summarische Prüfung auf glaubhaft gemachter Tatsachenbasis ergibt, dass der behauptete Anordnungsanspruch und -grund tatsächlich vorliegen. Glaubhaftmachen bedeutet dabei einen geringeren Erkenntnisstand i. S. d. Wahrscheinlichmachens, wozu sich der Ast. der Mittel des § 294 ZPO bedienen kann.

I. Anordnungsanspruch

Der Anordnungsanspruch bezieht sich auf den materiellen Anspruch. Dabei kommt es maßgeblich auf die Erfolgsaussichten der Hauptsache an, d. h. ob diese offensichtlich zulässig und begründet ist[33]. Mit Blick auf die Zulässigkeit der Hauptsache ergeben sich selbst bei Annahme einer Verpflichtungsklage keine weiteren als die bereits erörterten Bedenken. Problematisch erscheint vielmehr der materielle Anspruch im Rahmen der Begründetheit der zu erhebenden Klage.

1. Anspruchgrundlage
Der Anspruch könnte sich aus § 6 Abs. 1, 2 und § 7 Abs. 1 BMinG i. V. m. Art. 34 Abs. 1 S. 2, Abs. 5 Verf MV, §§ 21, 24 ff. UAG MV[34], § 54 Abs. 2 StPO ergeben. Danach *soll* die Genehmigung für eine Zeugeneinvernahme nur versagt werden, wenn die Aussage dem Wohle des Bundes oder eines Landes Nachteile bereiten oder die Erfüllung öffentlicher Aufgaben ernstlich gefährden oder erheblich erschweren würde.

2. Anspruchsvoraussetzungen
a) In formeller Hinsicht bestehen aufgrund des ordnungsgemäßen Antrags gegenüber der nach § 6 Abs. 2 BMinG zuständigen Bundesregierung keine Bedenken. In materieller Hinsicht müssen neben den negativen Tatbestandsmerkmalen des BMinG die aktivlegitimierenden landesrechtlichen Voraussetzungen gegeben sein. Denn nur soweit wie die aus der Verfahrensstellung folgende (landesrechtliche) Beweiserhebungsbefugnis reicht, kann auch die Genehmigung erteilt werden. Daher folgt die Anspruchsgrundlage aus § 6 Abs. 1, 2 und § 7 Abs. 1 BMinG i. V. m. Art. 34 Abs. 1 S. 2, Abs. 5 Verf MV, §§ 21, 24 ff. UAG MV, § 54 Abs. 2 StPO. Der UA muss ordnungsgemäß eingesetzt sein, ihm muss ein Beweiserhebungsrecht als durchsetzungsfähige Verfahrensposition zustehen, das Beweisthema muss für die Ermöglichung der Prüfung nach § 7 Abs. 1 BMinG hinreichend bestimmt sein und die angestrebten Aussagen einen Bezug dazu

---

27 BVerwGE 109, 258, 268; BVerfG NVwZ 1994, 54 f.; Kopp/Ramsauer VwVfG, 9. Aufl. 2005, § 1 Rdn. 51 ff., 56 a; OVG NW NVwZ 1987, 608, 609; zur Funktion Fn. 12; a. A. Di Fabio, Rechtsschutz im parlamentarischen Untersuchungsverfahren, 1988, S. 68 ff.

28 Vgl. OVG Saarland, Beschl. v. 5. Nov. 2002 – 1 W 29/02, juris, Abs. 6.

29 Vgl. Kopp/Schenke VwGO, § 123 Rdn. 11 a.

30 BVerwGE 96, 45, 49.

31 Vgl. BVerwGE 109, 258, 261; §§ 42 UAG MV, 40 I 2 VwGO greifen nicht.

32 Zur – wie hier vorgenommenen – Verortung von durchschlagenden Zulässigkeitsfragen des Hauptsacheverfahrens (hier ggf. Verpflichtungsklage), Uerpmann-Wittzack (Fn. 1), Rdn. 329; Hufen Verwaltungsprozessrecht, 6. Aufl. 2005, S. 535 ff. a. A. Kopp/Schenke VwGO, § 123 Rdn. 11, 18.

33 BVerwG NVwZ 1988, 828; BVerwGE 50, 124, 133.

34 Vgl. Fn. 2.

aufweisen, der § 7 Abs. 1 BMinG darf nicht entgegenstehen, als Rechtsfolge muss der Anspruch auf Genehmigung inhaltlich zulässig sein, d. h. nicht gegen höheres Recht verstoßen[35].

b) Mit Blick auf die ordnungsgemäße Einsetzung ist fraglich, ob dem BVerwG überhaupt eine Prüfungsbefugnis über landesverfassungsrechtliche Fragen zukommt. Das BVerwG ist zwar zur umfassenden Prüfung befugt[36], jedoch bleibt ihm nach § 137 Abs. 1 VwGO die Anwendung von Landesrecht grundsätzlich verwehrt. Jedoch fehlt es in den Fällen des § 50 Abs. 1 Nr. 1 VwGO gerade an einer Vorinstanz, deren Auslegung von Landesrecht für das BVerwG verbindlich sein könnte[37]. Andernfalls wäre eine Beurteilung von Interländerstreitigkeiten kaum denkbar. Indes ist eine Entscheidung entbehrlich, wenn der UA rechtmäßig nach Art. 34 Abs. 1 Verf MV, § 1 UAG MV eingesetzt worden ist. Die Einsetzung erfolgte auf Antrag von mehr als 1/4 der Mitglieder des Landtages. Der Untersuchungsgegenstand ist durch die Bezugnahme auf die Ereignisse in Schwerin und der konkretisierenden Fragestellung im Einsetzungsbeschluss auf die dabei zu Tage getretenen Versäumnisse der Gefahrenabwehr hinreichend bestimmbar. Das Untersuchungsrecht ist auf den Zuständigkeitsbereich des Parlaments beschränkt (Korollartheorie)[38]. So begründet die öffentliche Aufgabe einer effektiven Gefahrenabwehr – speziell eines funktionierenden Informationsaustauschs – das notwendige öffentliche Interesse. Die Gefahrenabwehr ist eine Domäne des Landesrechts, so dass von einer Zuständigkeit des Landtages schon kraft Entscheidungskompetenz auszugehen ist[39]. Ein Verstoß gegen sonstiges Verfassungsrecht, wie das Bundesstaatsprinzip oder das einen unausforschbaren Initiativ-, Beratungs- und Handlungsbereich der Willensbildung der Regierung begründende Gewaltenteilungsprinzip, ist nicht ersichtlich. Gegenstand ist ein abgeschlossener Sachverhalt mit Landesbezug. Somit ist der UA rechtmäßig eingesetzt[40].

c) Das Beweiserhebungsrecht folgt aus Art. 34 Abs. 1 S. 2, Abs. 5 Verf MV, §§ 21, 24 ff. UAG MV. Die nach dem Beweisbeschluss angestrebten Aussagen weisen den erforderlichen Bezug zum Beweisthema auf und sind bestimmt.

d) Nach § 7 Abs. 1 BMinG *soll* die Genehmigung nur versagt werden, wenn die Aussage dem Wohle des Bundes oder eines Landes Nachteile bereitet oder die Erfüllung öffentlicher Aufgaben ernstlich gefährdet oder erheblich erschwert würde. Ob die Versagung rechtmäßig ist, haben die Verwaltungsgerichte in vollem Umfang zu überprüfen. Dafür spricht der § 99 VwGO[41]. Einen solchen Versagungsgrund hat der Ag. nicht geltend gemacht.

3. Rechtsfolge

a) Als Rechtsfolge der Norm *soll* die Genehmigung erteilt werden. Im Regelfall bedeutet dies ein »Muss«, d. h. sie ist zu erteilen. Nur beim Vorliegen besonderer Umstände, die den Fall atypisch erscheinen lassen, ist der Behörde Ermessen eröffnet. Die gesetzliche Abwägung zwischen den widerstreitenden Interessen des Staatswohles sowie der Erfüllung öffentlicher Aufgaben und dem Interesse an einer uneingeschränkten Wahrheitsfindung ist in § 7 Abs. 1 BMinG zugunsten letzterem ausgefallen. Die Wahrheitsfindung genießt Vorrang vor der Geheimhaltung[42]. Der Ag. trägt keine Tatsachen für eine Atypik vor, wie etwa zu befürchtende außenpolitische Verwicklungen. Es bleibt beim gebundenen Anspruch.

b) Der Anspruch auf eine Genehmigung kann sich aber nur so weit erstrecken, wie das zugrunde liegende Beweiserhebungsrecht reicht. So wird vertreten, dass keine bundesweite Zeugnispflicht gegenüber LandesUA bestehe. Wegen der Staatsqualität der Länder und des Bundes stünden den Ländern keine Hoheitsbefugnisse gegen den Bund zu und die Beweiserhebungsbefugnis sei daher auf das Staatsgebiet des jeweiligen Landes beschränkt. Art. 34 Abs. 5 Verf MV und §§ 24 ff., 27 Abs. 1 UAG MV rezipierten mit der Verweisung auf Normen der StPO ein bundesrechtliches Normensystem als Landesrecht; deshalb könne sich die Zeugenpflicht nur auf die Landesstaatsgewalt unterworfene Personen beziehen. Ferner sei der objektivierte Wille des Gesetzgebers nicht dahin gegangen, eine bundesweite Zeugnispflicht zu begründen. Auch aus völkerrechtlichen Erwägungen folge nichts anderes. Die Frage der Zeugnispflicht über die Landesgrenze hinaus sei ein Problem der territorialen Erstreckung des Landesrechts. Es bedürfe für entsprechende landesgesetzliche Regelungen eines Rechtstitels; eine bloße sinnvolle Anknüpfung reiche nicht aus. Überdies lasse sich aus dem Art. 35 Abs. 1 GG nichts ableiten. Dieser habe nur die Verwaltungshoheit, nicht aber die Gesetzgebungshoheit der Länder im Blick. Darüber hinaus greife Art. 33 Abs. 1 GG nicht kompetenzbegründend ein, da jeder Deutsche in jedem Lande selbst dann die gleichen staatsbürgerlichen Rechte und Pflichten besitze, wenn für ihn ausschließlich Zeugenpflichten gegenüber UA des Bundes oder des Landes, in dem er sich aufhalte, bestünden. Schließlich biete der Grundsatz der Bundestreue keine Grundlage. Eine bundesweite Zeugenpflicht für ein Bundesland widerspreche vielmehr diesem Prinzip, wenn andere Bundesländer dies nicht normierten. Die bestehenden gleichartigen Regelungen der anderen Länder seien lediglich parallele Normen und begründeten keine bundesweite untereinander geltende Zeugenpflicht. Es bedürfte vielmehr einer grundgesetzlichen Regelung oder eines Staatsvertrages der Länder[43].

Indes greift dies zu kurz. Zwar lassen sich aus völkerrechtlichen Regelungen keine Argumente für oder gegen eine bundesweite Zeugnispflicht ableiten. Entweder ist im Bundesstaat prinzipiell kein Raum für die Anwendung von Völkerrecht oder ihm kann allenfalls die Rolle einer Interpretationshilfe zukommen. Kompetenztitel folgen daraus nicht[44]. Richtig ist auch, dass aus der Bundestreue als solcher keine Pflichten folgen. Des Weiteren greift Art. 33 Abs. 1 GG erst bei Bestehen einer Kompetenz und Art. 35 Abs. 1 GG erfasst nur die Vollstreckung bereits begründeter Pflichten, nicht die Pflichtigkeit selbst[45].

Dennoch sind die Art. 33 Abs. 1 und 35 Abs. 1 GG Ausdruck der bundesstaatlichen Ordnung. Aus der Bundesstaatlichkeit folgt, dass sich in bestimmten Zusammenhängen die Länder über ihre Grenzen hinweg als Bestandteil eines einheitlichen Staates behandeln lassen müssen. Dieser aus dem Bundesstaatsprinzip folgende Grundsatz kommt in einer Reihe von Normen zum Ausdruck und bildet die Entsprechung der ausgebildeten »Bundesstaatlichkeit als Form politischer Einheitsbildung«[46].

35 Vgl. BVerwGE 109, 258, 264; 79, 339, 344 f.; 66, 39, 41 ff.; 34, 252, 254 ff.; zum Beamtenrecht Battis (Fn. 23), § 62 Rdn. 3, 7; Ziegler Die Aussagegenehmigung im Beamtenrecht, 1989, S. 85 ff.; die Prüfungskompetenz umfasst auch den Einsetzungsbeschluss selbst. Dieser ist verfassungsrechtlicher Natur und nur durch Verfassungsbeschwerde angreifbar (OVG Saarland, Fn. 12), jedoch müssen sich Handlungen des UA auf eine durchgängige Legitimationskette gründen, BVerfGE 77, 1, 39; FG München NVwZ 1994, 100, 101; a. A. AG Bonn NJW 1989, 1101.

36 BVerfGE 77, 1, 39; andernfalls wäre die Rechtswegerschöpfung, wenn sich der Betroffene im Kern gegen ein Gesetz selbst wendet, sinnlos, § 90 II BVerfGG, Art. 100 I GG, Schenke JZ 1988, 805, 817.

37 BVerwG NJW 1985, 1655; a. A. Paetow DVBl 1994, 94, 99.

38 V. Mangoldt/Klein/Starck/Achterberg/Schulte GG Bd. II, 5. Aufl. 2005, Art. 44 Rdn. 2 ff.

39 Nach BVerfGE 100, 139 ff.; 77, 1, 43 reicht eine Befassungskompetenz.

40 Vgl. BVerfGE 67, 100, 127 ff.; eine Vorlagepflicht nach Art. 53 Nr. 4 Verf MV scheidet damit aus.

41 BVerwGE 109, 258, 265; zum parallelen § 62 I BBG Battis (Fn. 23), § 62 Rdn. 7, Ziegler (Fn. 35), S. 106 ff., 159 ff.

42 BVerwGE 109, 258, 265.

43 NdsOVG DVBl 1986, 476, 477 ff.; Achterberg/Schulte (Fn. 38), Rdn. 129 ff.; Lässig DÖV 1976, 727, 729 ff.

44 Achterberg/Schulte (Fn. 38), Rdn. 139 m. w. N.

45 Achterberg/Schulte (Fn. 38), Rdn. 137 m. w. N.

46 Hesse Grundzüge des Verfassungsrechts der Bundesrepublik Deutschland, 20. Aufl. 1999, Rdn. 220 ff.; als Ausdruck der Einheitsbildung kann jetzt der Begriff des »Gesamtstaates« in Art. 22 I 2 GG angeführt werden.

Eine generelle Beschränkung kann insbesondere nicht angenommen werden, wenn es nicht um die Beeinträchtigung der Staatsgewalt eines anderen Landes durch die Erstreckung der Geltung eines Landesgesetzes über die Landesgrenzen hinaus geht, sondern lediglich um die Möglichkeit der wirksamen Vollziehung des auf den Landesbereich beschränkten Gesetzes. Es ist zu unterscheiden zwischen dem Untersuchungsgegenstand, der Landesbezug aufweisen muss, und den der Untersuchung dienenden Hilfsmitteln. Auch nach dem als Vergleichsnorm heranziehbaren § 65 VwVfG MV besteht eine bundesweite Zeugnispflicht. Überdies bedürfte am Maßstab des Völkerrechts gemessen – der ohnehin nur einen Mindeststandard darstellen könnte, der im Bundesstaat überschritten ist – schon jede Zustellung eines Verwaltungsaktes in einem anderem Bundesland als Eingriff in die Hoheitsbefugnisse des betroffenen Landes einer Ermächtigung[47]. Ausfluss des Bundesstaatsprinzips ist gerade die Pflicht zur gegenseitigen Anerkennung von Rechtsakten[48].

Entscheidend sprechen aber zwei weitere Erwägungen für eine bundesweite Zeugnispflicht. Art. 33 Abs. 1 GG postuliert, dass allen Deutschen in einem Land dieselben Pflichten zukommen, d. h. eine landesrechtliche Pflicht obliegt allen Deutschen, die die gesetzlichen Voraussetzungen erfüllen, ohne Rücksicht auf ihren Aufenthaltsort. Lediglich die gesetzlichen Voraussetzungen dürfen nicht so beschaffen sei, dass der Bürger in keinerlei Beziehung zum Regelungsgegenstand steht und willkürlich herangezogen wird, was sich schon aus der räumlich beschränkten Wirkung staatlicher Akte auf das Staatsgebiet ergibt, dem Landesbezug. So können auch Personen außerhalb des Landes zu grundstücksbezogenen landesrechtlichen Abgaben herangezogen werden. Die Norm setzt jedoch keine räumliche Beziehung des Zeugen voraus. Als pflichtenbegründende Norm genügt jede landesbezogene Vorschrift. Somit besteht die Aussagepflicht von Zeugen über die in ihr Wissen gestellte Kenntnis von Tatsachen, zu deren Ermittlung der LandesUA berufen ist, bundesweit. Die Vollstreckung dieser Pflicht erfolgt nach Art. 35 Abs. 1 GG[49]. Darüber hinaus muss die verfassungsmäßige Ordnung in den Ländern den Grundsätzen des demokratischen Rechtsstaates entsprechen, Art. 28 Abs. 1 S. 1 GG. Teil dessen ist die parlamentarische Kontrollfunktion, deren Ausdruck der UA ist und der damit zu den »Essentialen« des Demokratieprinzips gehört. Das Beweiserhebungsrecht ist Teil des gemeindeutschen Parlamentsrechts. Diese Maximen sind jedoch nicht Selbstzweck, sondern gebieten eine wirksame Durchsetzung der Kontrollfunktion. Ohne mögliche Zwangsmittel ist eine effektive parlamentarische Aufklärung nicht gewährleistet, ihr kommt ähnliche Bedeutung wie der strafrechtlichen zu. Insoweit besteht kein Unterschied zwischen Bundes- und LandesUA. Sind beide von ähnlichem Gewicht wie ein Strafverfahren, so kann auch die Zeugnispflicht nicht an der Landesgrenze enden. Nur so ist die Gleichstellung zum Strafprozess zu verwirklichen, die die Stellung des UA verlangt. Andernfalls hätte es der Zeuge in der Hand, die Arbeit des Ausschusses durch bloßen Wechsel des Aufenthaltsortes lahm zu legen[50]. Gemünzt auf den Grundsatz der Gleichwertigkeit der Verfassungsräume folgt daraus eine Gleichwertigkeit der durchzusetzenden Kompetenzen. Der Art. 28 Abs. 1 S. 1 GG gibt nur Strukturprinzipien für die Länder vor, die Verfassungsräume selbst stehen nebeneinander[51]. Das Untersuchungsausschussrecht der Länder ist kraft Bundesverfassung nicht minderer Art und Güte als dasjenige des Bundes[52]. Damit widerspricht es vielmehr Art. 28 Abs. 1 S. 1 GG, wenn keine bundesweite Zeugnispflicht für LandesUA besteht. Ferner ist der Untersuchungsgrundsatz im Verwaltungsverfahren – der UA ist eine Behörde – nach Art. 20 Abs. 3 GG verfassungsrechtlich garantiert[53], so dass die entsprechende Sachaufklärung durch Zeugenladung nicht an den Landesgrenzen Halt machen kann. Die Bundesrepublik Deutschland ist eben nicht nur ein Staatenbund, sondern ein Bundesstaat mit Kooperationspflichten[54]. Somit

besteht eine landesrechtlich begründete und kraft Bundesverfassung bundesweit wirkende Zeugnispflicht[55].

c) Die Grenze des Begehrens bildet die Verbandskompetenz. Daraus ergeben sich Beschränkungen der Beweiserhebungsbefugnis zur Aufklärung an sich zulässiger Untersuchungsgegenstände mit Landesbezug. Der Untersuchungsgegenstand wird durch die aus dem Bundesstaatprinzip ausfließende bundesverfassungsrechtliche Kompetenzordnung beschränkt. Nur innerhalb des so umrahmten Aufgabenbereiches kann ein LandesUA agieren. Danach kann Gegenstand nur die Kontrolle von Landesbehörden sein, eine Erstreckung auf Bundesthemen ist unzulässig[56]. Abzugrenzen davon sind die der Erfüllung dienenden Beweismittel, wie sachdienliche Aussagen von Bundesministern, Bundesbeamten und Beiziehung der Akten von Bundesbehörden. Der Untersuchungsgegenstand bezieht sich auf die Aufklärung von Missständen im Bereich der Landespolizei und ist nicht auf Kontrolle von Bundesangelegenheiten gerichtet. Fragen in dieser Richtung sind zulässig, soweit sie der erschöpfenden Aufklärung des zulässigen Gegenstandes sachdienlich sein können, ohne zu einer Aufdeckung und Bewertung der Arbeitsweise und von Vorgängen bei Bundesbehörden zu führen. Sachdienlich sind somit nur Fragen, die sich darauf beschränken, welche Informationen die Landesbehörden vom Bundesminister des Innern erhalten haben. So ist feststellbar, ob den Landesbehörden nach ihrem eigenen Kenntnisstand Versäumnisse anzulasten sind. Weitergehende Fragen überschreiten die Untersuchungsbefugnis und wären Ausforschung. Dazu gehören Fragen nach der Quelle der Informationen und eigenen Handlungen des Ag. ohne Wirkung für das Land[57]. Die an den Bundesminister gerichteten Fragen beziehen sich auf Bundesangelegenheiten und sind nach dem dargelegten Maßstab unzulässig. Sie lassen sich auch nicht auf einen zur Kompetenz des UA gehörenden Frageteil eingrenzen. Somit besteht kein Anspruch auf eine Genehmigung und mithin kein Anordnungsanspruch.

II. Ergebnis

Der Antrag ist unbegründet.

Teil 2: Antrag auf Erteilung der Aussagegenehmigung hinsichtlich des Präsidenten des BfV

A. Zulässigkeit

Der verwaltungsgerichtliche Rechtsweg könnte kraft Sonderzuweisung entsprechend §§ 172 BBG, 126 Abs. 1 BRRG eröffnet sein. Danach ist für alle Klagen des Beamten aus dem Beamtenverhältnis und mithin der entsprechenden Verfahren im vorläufigen Rechtsschutz der Verwaltungsrechtsweg gegeben. Dabei ist nicht am Wortlaut haften zu bleiben. Maßgebend ist, dass der

47 BVerwGE 79, 339, 342 ff.; BLECKMANN NVwZ 1986, 1, 2.
48 ARLOTH NJW 1987, 808, 810; BLECKMANN NVwZ 1986, 1, 4.
49 VG Hannover NJW 1988, 1928 f. und Urt. v. 24. Okt. 1985 – 6 VG A 130/85 – n. v., S. 13 ff., zit. nach ACHTERBERG/SCHULTE (Fn. 38), Rdn. 131; BEHREND DÖV 1977, 92, 93.
50 BVerwGE 79, 339, 344 f; BVerfG NVwZ 1994, 54, 55.
51 BVerfGE 64, 301, 317; 60, 175, 209.
52 GLAUBEN DÖV 2007, 149, 152.
53 Kopp/RAMSAUER VwVfG, § 24 Rdn. 3; vgl. Teil 1, A., IV.
54 SCHENKE Anm. zu BVerwG JZ 1988, 1122 = BVerwGE 79, 339, JZ 1988, 1125, 1126.
55 SIMONS Das parlamentarische Untersuchungsrecht im Bundesstaat, 1991, S. 159 ff., argumentiert mehr völkerrechtlich.
56 DI FABIO (Fn. 9), 828; SCHRÖDER (Fn. 11), E 27 ff.; SCHENKE JZ 1988, 805, 809.
57 Vgl. BVerwGE 109, 258, 266 f.; zur Beschränkungsmöglichkeit im Beamtenrecht, ZIEGLER (Fn. 35), S. 98 ff. Das Abstellen auf Art. 34 I 3 VerfMV wäre ein Zirkelschluss.

geltend gemachte Anspruch § 61 Abs. 1 und 2, § 62 Abs. 1 BBG (i. V. m. Art. 34 Abs. 1 S. 2, Abs. 5, §§ 21, 24 ff. UAG MV, § 54 Abs. 1 StPO) unabhängig vom Beamtenstatus im Beamtenrecht wurzelt und der Norm nach Sinn und Zweck die einheitliche Auslegung durch das BVerwG zuteil werden soll[58]. Ausgehend davon ist für eine beamtenrechtliche Bundesnorm erst recht der verwaltungsgerichtliche Rechtsweg eröffnet.

Der Bund wird durch den Bundesminister des Innern als oberste Dienstbehörde vertreten, § 174 Abs. 1, § 3 Abs. 1 BBG, § 2 Abs. 1 S. 2 BVerfSchG, 62 Abs. 3 VwGO. Für die sonstigen Zulässigkeitsfragen gelten dieselben Erwägungen wie im Verfahren hinsichtlich des Bundesministers des Innern. Insbesondere kann der gem. § 172 BBG, § 126 Abs. 3 Nr. 1 BRRG, § 68 Abs. 2 und 1 VwGO statthafte Widerspruch noch erhoben werden, so dass keine Bedenken gegen das Rechtsschutzbedürfnis bestehen.

B. Begründetheit

I. Anordnungsanspruch

1. Anspruchsgrundlage

Der Anspruch könnte sich aus § 61 Abs. 1 und 2, § 62 Abs. 1 BBG i. V. m. Art. 34 Abs. 1 S. 2, Abs. 5, §§ 21, 24 ff. UAG MV, § 54 Abs. 1 StPO ergeben. Danach ist die Genehmigung nur zu versagen, wenn die Aussage dem Wohle des Bundes oder eines Landes Nachteile bereiten oder die Erfüllung öffentlicher Aufgaben ernstlich gefährden oder erheblich erschweren würde.

2. Anspruchsvoraussetzungen

In formeller Hinsicht ist festzuhalten, dass ein ordnungsgemäßer Antrag gegenüber dem nach §§ 62 Abs. 4, 61 Abs. 2 S. 2, 3 Abs. 2 S. 3 BBG, § 2 Abs. 1 S. 2 BVerfSchG zuständigen Bundesminister des Innern vorliegt. In materieller Hinsicht bestehen keine Bedenken.

3. Rechtsfolge

Rechtsfolge ist ein gebundener Anspruch auf Erteilung der Genehmigung[59].

a) Gegenüber dem Fragenkatalog für den Bundesminister sind die Fragen hinsichtlich des Präsidenten des BfV auf die Aufklärung des zulässigen Untersuchungsgegenstandes gerichtet. Die Fragen beziehen sich darauf, inwieweit der Präsident den Landesbehörden konkrete Hinweise auf Gefährdungen von Einrichtungen im Land gegeben hat. So wird eine umfassende Aufklärung ermöglicht.

b) Der Einwand, dass die beabsichtigte Vernehmung überflüssig sei, geht doppelt fehl. Zum einen verlangt der Tatbestand die Erforderlichkeit nicht. Zum anderen ist der UA nach der grundgesetzlichen Kompetenzverteilung im Rahmen seines Untersuchungsauftrages und in den durch die Grundrechte gezogenen Grenzen befugt, frei von Einwirkungen anderer Staatsorgane aus seinem originären Untersuchungsrecht selbst darüber zu befinden, welche Beweiserhebungen zur Aufklärung des Sachverhalts notwendig sind[60]. Ihm kommt dabei eine Einschätzungsprärogative zu. Die Prüfung der Sinnhaftigkeit der Vernehmung würde zur inhaltlichen Vorerörterung im verwaltungsgerichtlichen Verfahren führen und einen wesentlichen Teil der parlamentarischen Kontrolltätigkeit unzulässigerweise auf die Gerichtsbarkeit verlagern. Die Grenze liegt da, wo die Heranziehung völlig willkürlich ist[61]. Dafür sind aber keine Anhaltspunkte gegeben. Der Hinweis auf die Sinnhaftigkeit lässt die Kompetenz nicht entfallen.

4. Kein Erlöschen

Zu diesen zulässigen Fragen hat der UA erfolglos eine Genehmigung beantragt. Der Anspruch ist noch nicht § 362 Abs. 1 BGB entsprechend erloschen.

II. Anordnungsgrund

Ein weiteres Zuwarten auf die Hauptsacheentscheidung müsste die Gefahr der Rechtsvereitelung bergen. Die Tätigkeit des UA folgt dem parlamentsrechtlichen Prinzip der Diskontinuität[62] und endet mit der Wahlperiode im September 2005. Bis zu diesem Zeitpunkt muss neben der Genehmigung selbst noch die Zeugeneinvernahme und die Bewertung der Aussage erfolgen. Aufgrund dieses engen Zeitkorsetts zieht jede Verzögerung die Gefahr der Rechtsvereitelung nach sich und ist nicht zumutbar. Der Anordnungsgrund ist gegeben.

III. Umfang der gerichtlichen Entscheidung

Dem Gericht steht ein eigener Ermessensspielraum zu, §§ 123 Abs. 3 VwGO, 938, 941 ZPO. Dabei ist hier der einzig in Frage kommende maßgebliche Abwägungsgesichtspunkt, dass grundsätzlich die Hauptsache im vorläufigen Rechtsschutz nicht vorweggenommen werden darf. Indes ist eine Durchbrechung dieses Grundsatzes anerkannt, wenn anderweitig effektiver Rechtsschutzes (Art. 19 Abs. 4 S. 1 GG)[63] nicht erreichbar ist, d. h. ein hoher Grad an Wahrscheinlichkeit für einen Erfolg in der Hauptsache spricht und dem Ast. sonst unzumutbare Nachteile entstünden. Unzumutbarkeit liegt insbesondere vor, wenn dem Ast. bei jeder weiteren Verzögerung irreparable Nachteile erwachsen[64]. Das Eintreten dieser beiden Voraussetzungen ist zu befürchten. Der Ast. wird voraussichtlich in der Hauptsache obsiegen. Jedoch dürfte die Hauptsacheentscheidung nicht vor Ende der Legislaturperiode ergehen, womit ein Nachteil für das Rechtsgut Demokratieprinzip in Rede steht. Das parlamentarische Untersuchungsrecht hat in der repräsentativen Demokratie die Aufgabe, den Parlamenten die selbständige Prüfung mit hoheitlichen Mitteln für aufklärungsbedürftig gehaltene Sachverhalte in Erfüllung ihres Verfassungsauftrages als Volksvertretung unabhängig von Regierung, Behörden und Gerichten zu ermöglichen. Damit wird die Parlamentsarbeit unterstützt. Kernbereich ist dabei die Kontrolle der Exekutive, der im Rahmen der Gewaltenteilung besonderes Gewicht zukommt, was sich daran zeigt, dass das Institut des UA bereits seit der Paulskirchen-Verfassung fester Bestandteil des Parlamentsrechts ist. Vermittelt durch Art. 28 Abs. 1 S. 1 GG gilt das Demokratieprinzip auch für die Länder, so dass die Erwägungen gleichermaßen für Bund und Land greifen. Zur Erfüllung der Kontrollfunktion der Landesparlamente sind UA unverzichtbar und zählen zu den Essentialia des Demokratieprinzips, das Art. 28 Abs. 1 S. 1 GG samt wirksamer Durchsetzung für die Länder fordert[65].

Der Schaden am Rechtsgut Demokratieprinzip müsste sich als irreparabel darstellen. Der UA als Unterorgan des Landtages unterliegt der parlamentsrechtlichen Diskontinuität mit dem Ende der Wahlperiode. Aufgrund des baldigen Endes der Wahlperiode muss er seine Arbeit so schnell wie möglich erledigen. Ob sich die Arbeit noch mit einem Bericht abschließen lässt, ist dem Gericht zu prüfen verwehrt. Das Verfassungsrecht auf Einsetzung eines UA und Bestimmung des Gegenstandes darf nicht angetas-

58 BVerwGE 66, 39, 41; 34, 252, 253.

59 Vgl. Battis (Fn. 23), § 62 Rdn. 5; Ziegler (Fn. 35), S. 161.

60 BVerwGE 109, 258, 266; Fenk ZBR 1971, 44, 50 ff.

61 BVerwG JZ 1988, 1122, 1124, insoweit jedoch nicht in BVerwGE 79, 339 abgedruckt.

62 BVerwGE 109, 258, 263, vgl. § 37 Nr. 3 UAG MV.

63 Strittig ist, ob sich der Staat auf Art. 19 IV 1 GG berufen kann vgl. Jarass/Pieroth (Fn. 23), Art. 19 Rdn. 48; BVerwGE 109, 258, 261 ff. greift auf das Demokratieprinzip zurück. Zur Verortung des Vorwegnahmeverbots, BVerwGE 109, 258, 261 ff.; Uerpmann-Wittzack (Fn. 1), Rdn. 332.

64 Kopp/Schenke VwGO, § 123 Rdn. 14 ff.

65 BVerwGE 109, 258, 262; Kästner NJW 1990, 2649, 2654.

tet werden, wenn die parlamentarische Kontrolle gerade losgelöst von gerichtlicher Hilfe ihren Zweck erfüllen soll. Er muss rückhaltlos die Umstände aufklären können, die er für aufklärungsbedürftig hält, um ein wirklichkeitsgetreues Bild zu erhalten. Das Recht zur öffentlichen Kontrolle der Regierung steht im Interesse des demokratischen Staates dem Parlament für die Dauer der gesamten Wahlperiode zu. Es muss dem von ihm eingesetzten UA überlassen bleiben, das Untersuchungsverfahren soweit wie möglich zu Ende zu führen. Dem Bund steht es nicht an zu beurteilen, ob die Zeit für eine sinnvolle Untersuchung reicht. Somit führt ein Abwarten zu schweren und unerträglichen Nachteilen für die verfassungsrechtlich gebotene Kontrolle. Dem ist bei der Anwendung des Verfahrensrechts Rechnung zu tragen, um in Erfüllung des verfassungsrechtlichen Untersuchungsauftrages die erforderlichen Beweise zu erheben. Der Ermittlung kommt die gleiche Bedeutung wie der im Strafverfahren zu; sie ist nicht von geringerer Wertigkeit als die eines Bundes UA[66]. Demgegenüber treten die möglichen Nachteile des Ag. durch ein Obsiegen erst in der Hauptsache bei der hier eingeschränkten Genehmigungserteilung zurück. Die Hauptsache kann vorweggenommen werden.

Teil 3: Antrag auf Herausgabe der Akten

A. Zulässigkeit

In der Zulässigkeit stellen sich keine anderen Erwägungen als beim Präsidenten. Der Anspruch auf Amtshilfe zur Beiziehung i. V. m. dem Beweiserhebungsrecht (Art. 34 Abs. 1 S. 2, Abs. 4 S. 3 Abs. 5 VerfMV, § 21 UAG MV, § 96 S. 1 StPO, Art. 28 Abs. 1 S. 1, 33 Abs. 1, 35 Abs. 1 GG) ist justiziabel[67].

Mit Blick auf das Rechtsschutzinteresse ist der Weg über eine Beschlagnahme der Akten denkbar, wobei als Grundlage sowohl § 33 Abs. 1 S. 1, Abs. 3 UAG MV als auch Art. 34 Abs. 1 S. 2, Abs. 5 §§ 94 Abs. 1 und 2, 96 S. 1 StPO in Frage kommen. Richtig daran ist, dass der UA danach prinzipiell ein solches Beschlagnahmerecht besitzt[68], das sich auch gegen andere Staatsorgane richten kann[69]. Wenn für den Bürger bereits bei sich unmittelbar aus dem Gesetz ergebenden Pflichten zur Aktenvorlage ein Abwarten eines entsprechenden richterlichen Beschlusses zumutbar ist[70], gilt dies erst recht für einen Ausschuss. Jedoch sprechen entscheidend systematische Überlegungen gegen eine vorrangige Beschlagnahmemöglichkeit. Das UAG MV geht von einem dualistischen Beiziehungsrecht aus. Stehen die relevanten Akten im Gewahrsam von Nichtverfassungsorganen, bedarf es einer Anordnung nach § 33 Abs. 3 UAG MV durch das zuständige Amtsgericht als Teil der ordentlichen Gerichtsbarkeit, um den Grundrechtsschutz durch Verfahren (Richtervorbehalt) sicherzustellen. Geht es um die Frage, ob (Landes)Verfassungsorgane zur Vorlage von Unterlagen verpflichtet sind, greifen bereits §§ 22, 23 UAG MV ein, die das Verfassungsgericht als zuständiges Gericht für die Entscheidung über die Weigerung der (Landes)Regierung benennen. Streitigkeiten zwischen (Landes)Verfassungsorganen über deren Rechte und Pflichten sollen dem Verfassungsgericht vorbehalten bleiben, während bei Beweissicherungen bezüglich der Nichtverfassungsorgane das Amtsgericht ausreicht[71]. Der dahinterstehende Gedanke, dass Streitigkeiten zwischen Verfassungsorganen gerade durch das Verfassungsgericht entschieden werden sollen, lässt sich auch bei der Beiziehung von Akten des Bundes fruchtbar machen. Der Dualismus schlägt insoweit durch als staatliche und private Akten unterschiedlichen Regimen unterliegen. Der § 33 UAG MV hat nur den Privaten im Blick. So erwähnt Abs. 3 nicht in Entsprechung zu § 27 Abs. 1 und 2 UAG MV den § 96 StPO. Die §§ 22, 23 UAG MV beziehen sich nicht auf Akten des Bundes, so dass es bei dem allgemeinen Anspruch (Art. 34 VerfMV, § 21 UAG MV, § 96 S. 1 StPO, Art. 35 Abs. 1 GG), der mangels verfassungsrechtlichen Charakters im Verwaltungsstreitverfahren geltend zu machen ist, bleibt[72]. Die weitere Frage, ob nach Art. 34 Abs. 1 S. 2,

Abs. 5, §§ 94, 96 S. 1 StPO eine Aktenbeschlagnahme gegen den Bund zulässig ist, kann offen bleiben. Zwar trifft das Landesrecht insoweit keine ausdrückliche Regelung, indes deuten die §§ 22 f., 33 UAG MV daraufhin, dass behördliche Akten prinzipiell dem »regulären« Beschlagnahmeregime der StPO entzogen sein sollen. Der UA ist deshalb nicht schutzlos. Ihm bleibt das speziell gegen Hoheitsträger austarierte Vollstreckungsrecht der §§ 167 ff. VwGO. Jedenfalls ist vor dem Gebot des sichersten Rechtsweges die Beschlagnahme mit dem ebenfalls vorhergehenden richterlichen Beschluss nicht einfacher, stünde dem Bund zusätzlich der Instanzenweg offen. Schließlich wird sich der Bund mangels gegenteiliger Anzeichen dem Spruch des BVerwG beugen.

B. Begründetheit

Der Anspruch auf Aktenherausgabe könnte sich aus dem Beweiserhebungsrecht (Art. 34 Abs. 1 S. 2, Abs. 4 S. 3 Abs. 5 VerfMV, § 21 UAG MV, § 96 S. 1 StPO, Art. 28 Abs. 1 S. 1, 33 Abs. 1 GG) als Wesenskern des bundesweiten Untersuchungsrechts i. V. m. dem Anspruch auf Amtshilfe (Art. 35 Abs. 1 GG) ergeben. Akten sind ein wichtiges Beweismittel und für eine effektive Untersuchung bedeutsam. Schriftliche Beweismittel haben insbesondere bei Missstandsenqueten möglicherweise einen höheren Beweiswert[73]. Problematisch ist jedoch, ob der komplettierende Amtshilfeanspruch schon einfachgesetzlich aus §§ 4 Abs. 1, 5 Abs. 1 Nr. 4 VwVfG (Bund) folgt. Zwar übt der UA öffentliche Gewalt im Rahmen der Beweiserhebung aus und ist mithin eine Behörde[74], auch gelten die Amtshilfevorschriften vorbehaltlich der §§ 1, 2 VwVfG (Bund) nicht nur für Verwaltungsverfahren nach § 9 VwVfG; indes sollen die Länder nach § 1 Abs. 3 VwVfG (Bund) nicht in den Anwendungsbereich fallen. Vielmehr soll sich das Ersuchen nach dem Recht der ersuchenden, das Verhalten der ersuchten Behörde nach ihrem eigenen Recht richten[75]. Letztlich kann dies unentschieden bleiben, wenn sich der Anspruch aus Art. 35 Abs. 1 GG ergibt. Danach sind Bundesbehörden gegenüber Landesbehörden zur Amtshilfe verpflichtet. Dazu zählt auch die Vorlage von Akten, soweit dabei die Kompetenzordnung des Grundgesetzes gewahrt bleibt. Somit hat der UA einen Anspruch auf Beiziehung schriftlicher Unterlagen des Bundesministers des Innern und des Präsidenten des BfV und der nachgeordneten Behörden, die Aufschluss geben, welche Informationen die Landesbehörden über die Sicherheitslage nach der Wiederwahl des

66 BVerwGE 109, 258, 263 f.
67 Zum Rechtsweg ZIEGLER (Fn. 35), S. 150 f.; weder Beweisbegehren noch Ersuchen haben VA-Qualität, Kopp/RAMSAUER VwVfG, § 4 Rdn. 14. Daher wäre in der Hauptsache die allg. Leistungsklage statthaft, Kopp/RAMSAUER VwVfG, § 5 Rdn. 41. Die Herausgabepflicht folgt bereits aus dem Gesetz. Mangels daher fehlender Titelfunktion des Verlangens ist Rechtsschutz erst gegen die Zwangsmittel möglich, OVG NW NVwZ 1990, 1083, 1084; 1987, 608, 609; FG München NVwZ 1994, 100, 101.
68 ACHTERBERG/SCHULTE (Fn. 38), Rdn. 122, 154 ff. m. w. N.; a. A. bei der Bundesauftragsverwaltung DEGENHART, Klausurenkurs im Staatsrecht, 4. Aufl. 2007, Rdn. 428 ff.; offen BVerfGE 67, 100, 129.
69 So im Strafrecht die h. M. vgl. Pfeiffer/NACK Karlsruher Kommentar zur StPO, 5. Aufl. 2003, § 96 Rdn. 1 m. w. N.; a. A. HILF NVwZ 1987, 537, 541.
70 OVG NW NVwZ 1990, 1083, 1084; 1987, 608, 609.
71 Vgl. LG Kiel, Beschl. v. 16. Nov. 2004 – 31 Qs 69, 70/04, NordÖR 2005, 22.
72 Vgl. zum dualistischen Aktenbeiziehungsrecht §§ 12, 17 BayUAG; §§ 13, 14, 16 UAG BW; §§ 13, 14 BlnUAG; §§ 15, 16, 23 BbgUAG; §§ 11, 13 BremUAG; §§ 17, 18 HmbUAG; §§ 13, 14, 20 UAG NW; §§ 13, 14, 23 UAG RhPf; §§ 47, 49, 51 LTGSaal; §§ 13, 14, 16 SächUAG; §§ 11, 13 16 SH UAG; §§ 15, 16, 25 UAG LSA; §§ 13, 14, 23 ThürUAG; aber § 18 PUAG, offen Art. 92 HessVerf, § 54 GOLT; Art. 27 NdsVerf, § 18 GOLT.
73 HILF NVwZ 1987, 537, 541; ACHTERBERG/SCHULTE (Fn. 38), Rdn. 148 ff. m. w. N.; Thiele/Pirsch/WEDEMEYER Die Verfassung des Landes Mecklenburg-Vorpommern, 1995, Art. 34 Rdn. 12.
74 BVerwGE 109, 258, 268; BVerfG NVwZ 1994, 54, 55.
75 Kopp/RAMSAUER, VwVfG, § 4 Rdn. 3 ff., § 5 Rdn. 3.

US-amerikanischen Präsidenten von den Bundesbehörden erhalten haben[76].

Teil 4: Verfahrensfragen und Ergebnis

Es liegt eine objektive Verfahrenshäufung entsprechend § 44 VwGO vor.

Die Verfahren sind zulässig und im dargestellten Umfang begründet. Im Übrigen sind die Anträge mangels Begründetheit erfolglos.

76 Vgl. BVerwGE 109, 258, 268; 67, 100, 132; WEDEMEYER (Fn. 73), Art. 34 Rdn. 12.

Fall 15

Streit im Flugzeug[1]
Von Prof. Dr. Dirk Ehlers, Münster

Deutsche Gerichtsbarkeit – Internationale Gerichtszuständigkeit – Verwaltungsgerichtliche Fortsetzungsfeststellungsklage – Gefahrenabwehr eines Beliehenen – Staatshaftung

SACHVERHALT

Geschäftsmann A aus Münster möchte sich mit spanischen Geschäftspartnern zu einer Projektbesprechung treffen. Zu diesem Zweck fliegt er an Bord eines Flugzeugs der deutschen L AG von Düsseldorf nach Madrid. Während des Fluges beginnt A, einen Projektbericht auf seinem tragbaren Computer anzufertigen. Dabei tauscht er via Modem und Mobiltelefon Daten mit seinem Büro aus. Kurz nachdem das Luftfahrzeug in den französischen Luftraum eingeflogen ist, bittet eine Stewardess den A, die Benutzung der elektronischen Geräte einzustellen, weil der Betrieb des Mobiltelefons einen Navigationsempfänger des Flugzeugs störe. A kommt dieser Bitte nicht nach. Daraufhin erscheint der Flugkapitän am Platz des A. Nach kurzem, aber heftigen Wortwechsel, in dem der Kapitän zunächst erneut die Einstellung der Benutzung und sodann die Herausgabe der Geräte verlangt, nimmt er dem A den Computer, das Telefon und das Modem unter Berufung auf § 12 Luftsicherheitsgesetz (LuftSiG)[2] weg. A könne sich die Geräte nach der Landung im Cockpit abholen. A bittet den Kapitän darum, ihm wenigstens den Computer zu belassen. Er müsse dringend eine wichtige Besprechung vorbereiten, die unmittelbar nach der Ankunft in Madrid stattfinde. Dafür sei der Computer im Gegensatz zu den anderen Geräten unverzichtbar. Der Flugkapitän geht auf diese Bitte nicht ein und begibt sich mit den weggenommenen Sachen zurück in das Cockpit. In Madrid werden dem A die Geräte wieder ausgehändigt. Der geplante Geschäftstermin muss für A jedoch ausfallen, da für ihn die Teilnahme an der Besprechung mangels Vorbereitung sinnlos geworden ist.

1. Gibt es eine Möglichkeit, das Verhalten des Flugkapitäns zwei Monate nach dem Vorfall vor einem Gericht in Deutschland überprüfen zu lassen?

2. Besteht wegen des Vorfalls ein Anspruch des A auf Schadensersatz für nutzlos aufgewendete Flugkosten und gegen wen würde sich dieser richten?

Bearbeitervermerk:
§ 12 LuftSiG lautet:
(1) Der verantwortliche Luftfahrzeugführer hat als Beliehener für die Aufrechterhaltung der Sicherheit und Ordnung an Bord des in Flug befindlichen Luftfahrzeugs zu sorgen. Er ist nach Maßgabe von Absatz 2 und der sonst geltenden Gesetze befugt, die erforderlichen Maßnahmen zu treffen.

(2) Der verantwortliche Luftfahrzeugführer darf die erforderlichen Maßnahmen treffen, um eine im einzelnen Fall bestehende Gefahr für Personen an Bord des Luftfahrzeuges oder für das Luftfahrzeug selbst abzuwehren. Dabei hat er den Grundsatz der Verhältnismäßigkeit (§ 4) zu wahren. Insbesondere darf der Luftfahrzeugführer
1. die Identität einer Person feststellen,
2. Gegenstände sicherzustellen, [...]
(3) Zur Durchsetzung der Maßnahmen darf der Luftfahrzeugführer Zwangsmittel anwenden. [...]
(4) Alle an Bord befindlichen Personen haben den Anordnungen des Luftfahrzeugführers oder seiner Beauftragten nach Absatz 2 Folge zu leisten.
(5) Der verantwortliche Luftfahrzeugführer hat den Schaden zu ersetzen, welcher der Bundesrepublik Deutschland durch rechtswidrige und vorsätzliche oder grob fahrlässige Verletzung seiner Pflichten bei Ausübung der Aufgaben und Befugnisse nach den Absätzen 1 bis 3 entsteht. Wird der Flug von einem Luftfahrtunternehmen durchgeführt, hat dieses den Schaden zu ersetzen, welcher der Bundesrepublik Deutschland durch eine rechtswidrige und schuldhafte Verletzung der Pflichten des verantwortlichen Luftfahrzeugführers oder seiner Beauftragten bei Ausübung der Aufgaben und Befugnisse nach den Absätzen 1 bis 3 entsteht.
§ 4 LuftSiG lautet:
(1) Von mehreren möglichen und geeigneten Maßnahmen ist diejenige zu treffen, die den Einzelnen oder die Allgemeinheit voraussichtlich am wenigsten beeinträchtigt.
(2) Eine Maßnahme darf nicht zu einem Nachteil führen, der zu dem erstrebten Erfolg erkennbar außer Verhältnis steht.
(3) Eine Maßnahme ist nur solange zulässig, bis ihr Zweck erreicht ist oder sich zeigt, dass er nicht erreicht werden kann.

LÖSUNGSHINWEISE

Frage 1: Gerichtliche Überprüfung des Verhaltens des Flugkapitäns

In Betracht kommt eine verwaltungsgerichtliche Klage des A. Diese hat Erfolg, wenn sie zulässig und begründet ist.

---

1 Es handelt sich um eine Examensklausur, die in Nordrhein-Westfalen in der ersten juristischen Staatsprüfung gestellt wurde.
2 Gesetz vom 11. 1. 2005 (BGBl. I, S. 78); zuletzt geändert durch Gesetz vom 5. 1. 2007 (BGBl. I, S. 29). Das Gesetz ist im Sartorius II, Nr. 976 abgedruckt.

I. Zulässigkeit

1. Ordnungsgemäße Klageerhebung

Die Anforderungen der §§ 81 I, 82 I VwGO kann A unproblematisch einhalten. Als Klagegegner kommt der Flugkapitän in Betracht.

2. Deutsche Gerichtsbarkeit

Fraglich ist, ob die Entscheidung des Rechtsstreits der deutschen Gerichtsbarkeit zugewiesen ist. Deutsche Gerichtsbarkeit ist jedenfalls gegeben, wenn um Gerichtsschutz in Deutschland nachgesucht wird und die Beteiligten der deutschen Gerichtsgewalt unterliegen. Die zuerst genannte Voraussetzung ist unproblematisch. An der zweiten könnte es deshalb fehlen, weil die angegriffenen Maßnahmen des Flugkapitäns über dem französischen Territorium begannen und bis zur Landung in Madrid fortdauerten, sich also nicht auf deutschem Territorium abspielten. Ein Flugzeug ist auch nicht ein »beweglicher Teil« seines Flaggenstaates[3]. Jedoch ist der Flugkapitän (in einem in Deutschland registrierten Luftfahrzeug) unter Inanspruchnahme von Befugnissen des deutschen Luftrechts und nicht etwa des Rechts anderer Staaten oder internationaler Organisationen tätig geworden. Ein Fall der Immunität ist nicht gegeben[4]. Somit unterfällt der Streit der deutschen Gerichtsbarkeit.

3. Internationale Zuständigkeit

Bei Fällen mit Auslandsberührung bestimmt das deutsche Kollisionsrecht, ob und inwieweit Gerichtsschutz gewährt werden soll[5]. Da sich nur der Ort der Handlung im Ausland befunden hat, hier aber über die Anwendung deutschen Rechts zwischen inländischen Rechtssubjekten vor einem deutschen Gericht gestritten werden soll, ist bereits fraglich, ob ein relevanter Auslandsbezug im Sinne der deutschen Gerichtsbestimmungen vorliegt. Jedenfalls lässt sich dem Gesetz nicht entnehmen, dass der Weg zur deutschen Verwaltungsgerichtsbarkeit in solchen Fällen gesperrt sein soll.

4. Verwaltungsrechtsweg

Mangels einer aufdrängenden und abdrängenden Sonderzuweisung bestimmt sich die Eröffnung des Verwaltungsrechtsweges nach der Generalklausel des § 40 I 1 VwGO. Somit muss es sich um eine öffentlich-rechtliche Streitigkeit nichtverfassungsrechtlicher Art handeln. Eine öffentlich-rechtliche Streitigkeit liegt vor, wenn das Rechtsverhältnis, aus dem der Klageanspruch abgeleitet wird, dem öffentlichen Recht angehört[6]. Das Rechtsverhältnis bestimmt sich hier nach den sich aus § 12 LuftSiG ergebenden rechtlichen Beziehung. § 12 I LuftSiG hat den verantwortlichen Luftfahrzeugführer mit der Ausübung von Staatsgewalt beliehen und daher mit öffentlichen Befugnissen ausgestattet[7]. Die durch die Vorschrift übertragenen Sicherheits- und Ordnungsbefugnisse ermöglichen eine vorbeugende Gefahrenabwehr in derselben Weise wie das Polizei- und Ordnungsrecht und gehen damit über die Jedermann-Notrechte (§§ 32, 34 StGB, 127 I StPO, 15 OWiG, 227 ff., 859 f., 904 BGB) weit hinaus. Streitigkeiten über die Anwendung der Norm unterfallen demgemäß dem öffentlichen Recht. Da keine Verfassungsrechtssubjekte an dem Streit beteiligt sind, handelt es sich auch um eine nichtverfassungsrechtliche Streitigkeit i. S. d. § 40 I 1 VwGO. Nach alledem ist der Verwaltungsrechtsweg eröffnet.

5. Beteiligten- und Prozessfähigkeit

Die Beteiligten- und Prozessfähigkeit des A ergibt sich aus den §§ 61 Nr. 1, 62 I Nr. 1 VwGO, diejenige des Flugkapitäns aus den §§ 61 Nr. 1, 62 III VwGO[8].

6. Zuständigkeit des Gerichts

A muss seine Klage vor dem sachlich und örtlich zuständigen Gericht erheben. Die sachliche Zuständigkeit des Verwaltungsgerichts ergibt sich aus § 45 VwGO. Die örtliche Zuständigkeit bestimmt sich nach § 52 VwGO. Soweit die Vorschrift auf die Erhebung von Anfechtungsklagen abstellt, sind die Regelungen entsprechend auf Fortsetzungsfeststellungsklagen anwendbar[9]. Da Luftfahrzeugführer keinen festen Dienstsitz haben und die Maßnahme über ausländischem Territorium ergriffen worden ist, scheidet eine örtliche Zuständigkeit nach § 52 Nr. 2 S. 1, Nr. 3 S. 1 VwGO aus. Doch erstreckt sich die Zuständigkeit eines Luftfahrzeugführers auf mehrere Verwaltungsgerichtsbezirke. Gemäß § 52 Nr. 3 S. 2 VwGO ist daher dasjenige Verwaltungsgericht örtlich zuständig, in dessen Bezirk der Beschwerte seinen Sitz oder Wohnsitz hat. Da A aus Münster kommt, ist im vorliegenden Fall die örtliche Zuständigkeit des Verwaltungsgerichts Münsters gegeben.

7. Klageart

a) Fortsetzungsfeststellungsklage gemäß § 113 I 4 VwGO

Dem A geht es um die Feststellung der Rechtswidrigkeit der vom Flugkapitän getroffenen Maßnahme. Als Klageart kommt die Fortsetzungsfeststellungsklage gemäß § 113 I 4 VwGO in Betracht. Dann müsste das Klagebegehren auf Feststellung der Rechtswidrigkeit eines nach Klageerhebung erledigten Verwaltungsaktes gerichtet sein.

Zunächst müsste ein Verwaltungsakt vorliegen. Der Flugkapitän hat dem A nicht einfach die Geräte weggenommen. Vorausgegangen ist ein Wortwechsel. Unter anderem hat der Kapitän die Herausgabe der Geräte verlangt. Das Herausgabeverlangen stellt sich als hoheitliche, nach außen gerichtete Einzelfallregelung auf dem Gebiet des öffentlichen Rechts dar. Die zum Erlass von Verwaltungsakten befugten Beliehenen üben auch Behördenfunktionen i. S. d. § 35 S. 1 VwVfG aus[10]. Somit liegt ein Verwaltungsakt vor (der sogleich vollzogen wurde). Mit der Wiederaushändigung der Geräte in Madrid hat der Verwaltungsakt seine Regelungswirkungen und damit seine innere Wirksamkeit verloren. Die Aufhebung des Verwaltungsaktes ist nunmehr sinnlos geworden. Damit ist Erledigung i. S. d. §§ 43 II VwVfG, 113 I 4 VwGO eingetreten[11]. Die Erledigung erfolgte aber vor Klageerhebung, so dass § 113 I 4 VwGO nicht unmittelbar einschlägig ist[12].

---

3 Allgemeine Auffassung, vgl. nur BT-Drs. 14/1454, S. 1; Schwenk/Giemulla Handbuch des Luftverkehrsrechts, 3. Aufl. 2005, S. 213 und 482.

4 Vgl. dazu Ehlers in: Schoch/Schmidt-Aßmann/Pietzner VwGO, 2007, Vorb § 40 Rdn. 32 ff.; ders. **JURA** 2007 830, 835.

5 Vgl. Ehlers Die Europäisierung des Verwaltungsprozessrechts, 1999, S. 31 ff.; ders. **JURA** 2007 830, 836.

6 So die h. M. Vgl. GmS-OGB BSGE 37, 292; BGHZ 97, 312 (313 f); BGHZ 102, 280 (283); BGHZ 108, 284, 286; BVerwG NVwZ 2007, 820 ff. Nach anderer Auffassung ist nicht auf das Rechtsverhältnis, sondern nur auf die Rechtsnatur der streitentscheidenden Norm abzustellen (vgl. Ehlers in: Schoch/Schmidt-Aßmann/Pietzner (Fn. 4), § 40 Rdn. 205 ff.; Stelkens Verwaltungsprivatrecht, 2005, S. 1024 ff.). Auf den Meinungsstreit kommt es hier nicht an.

7 Vgl. zum Begriff des Beliehenen Burgi in: Erichsen/Ehlers, Allgemeines Verwaltungsrecht, 13. Auflage 2006, § 9 Rdn. 23 ff.; Maurer Allgemeines Verwaltungsrecht, 16. Auflage 2006, § 23 Rdn. 56 ff.

8 Nach der hier vertretenen Auffassung ist der Luftfahrzeugführer in seiner Eigenschaft als Verwaltungsträger am Rechtsstreit beteiligt. Vgl. die Ausf. zu I. 11.

9 Vgl. Kopp/Schenke Verwaltungsgerichtsordnung, 15. Aufl. 2007, § 52 Rdn. 8.

10 Vgl. Ehlers in: FS für Menger, 1985, S. 379 (388); ders. in: Erichsen/Ehlers (Fn. 7) § 1 Rdn. 16; Stelkens NVwZ 2004, 304 (305 ff.).

11 Zur Frage, ob der Erledigungsbegriff i. S. d. § 113 I 4 VwGO in Anlehnung an § 43 II VwVfG materiell oder prozessrechtlich zu bestimmen ist, vgl. statt vieler Huxholl Die Erledigung eines Verwaltungsaktes im Widerspruchsverfahren, 1995, S. 42 ff. mit Aufzählung der verschiedenen Meinungen.

12 A. A. Göpfert Die Fortsetzungsfeststellungsklage, 1998, S. 40 (wonach

b) Fortsetzungsfeststellungsklage analog § 113 I 4 VwGO
In Betracht kommt eine analoge Anwendung des § 113 I 4 VwGO. Dies setzt eine planwidrige Regelungslücke und vergleichbare Interessenlage voraus.

(1) Eine Regelungslücke wäre zu verneinen, wenn das Klagebegehren in Form einer anderen Klageart verfolgt werden könnte. Die sich gegen die Aufhebung eines Verwaltungsakts richtende Anfechtungsklage (§ 42 I VwGO) setzt voraus, dass der Verwaltungsakt zum Zeitpunkt der gerichtlichen Beurteilung noch existiert. Wie sich aus der Gleichstellung der Erledigung eines Verwaltungsaktes mit der Aufhebung eines Verwaltungsaktes aus § 113 I 4 VwGO und § 43 II VwVfG ergibt, ist dies nicht der Fall, wenn sich der Verwaltungsakt erledigt hat[13]. Zudem würde einer Anfechtungsklage gegen erledigte Verwaltungsakte das Rechtsschutzbedürfnis fehlen. Somit scheidet die Anfechtungsklage aus.

In Erwägung zu ziehen ist eine allgemeine Feststellungsklage gemäß § 43 I VwGO. Da nichts dafür spricht, dass der Verwaltungsakt des Flugkapitäns nichtig war, scheidet eine Nichtigkeitsfeststellungsklage aus. Somit müsste es um die Feststellung des Bestehens oder Nichtbestehens eines Rechtsverhältnisses gehen. Unter einem Rechtsverhältnis sind die sich aus einer rechtlichen Regelung ergebenden Beziehungen zu verstehen. Ein Verwaltungsakt kann zwar auf einem Rechtsverhältnis beruhen oder ein solches begründen, stellt aber selbst kein Rechtsverhältnis dar[14]. Mit der Feststellungsklage kann daher nicht die Feststellung der Rechtswidrigkeit des Verwaltungsaktes begehrt werden. Soweit die Feststellung darauf bezogen wird, dass der Flugkapitän nach der Gesetzeslage nicht zum Erlass des Verwaltungsaktes berechtigt war, ist zwar ein dem Verwaltungsakt vorgelagertes Rechtsverhältnis vorhanden. Dies erlaubt aber keinen Schluss auf die Rechtmäßigkeit oder Rechtswidrigkeit des erledigten Verwaltungsaktes. Stellt man auf die Berechtigung zum Erlass des konkreten, nunmehr erledigten Verwaltungsaktes ab[15], ist zu bedenken, dass der Verwaltungsakt und nicht die gesetzliche Regelung die Rechtslage verbindlich konkretisiert. Dies bedeutet, dass auf das vorgelagerte gesetzliche Rechtsverhältnis nicht zurückgegriffen werden darf, solange der Verwaltungsakt wirksam ist. Wird an das durch den Verwaltungsakt begründete – also nachgelagerte – Rechtsverhältnis angeknüpft und die Feststellung begehrt, dass dem Verwaltungsakt nicht Folge geleistet werden musste, hilft dies dem Kläger nicht weiter, weil ein Verwaltungsakt unabhängig von seiner Rechtmäßigkeit Wirkungen zeitigt. Anders könnte sich die Rechtslage nur darstellen, wenn der Kläger die Feststellung verlangt, dass der konkrete Verwaltungsakt ihn in seinen Rechten verletzt hat und er einen Anspruch auf Aufhebung des Verwaltungsakts hatte. Doch spricht gerade die Regelung des § 113 I 4 VwGO dagegen, dass sich § 43 I VwGO auf den Fall erledigter Verwaltungsakte beziehen soll. Im Ergebnis ist deshalb von einer Regelungslücke auszugehen.

(2) Ferner müsste die Lücke planwidrig sein. Geht es um öffentlich-rechtliche Streitigkeiten nichtverfassungsrechtlicher Art i. S. v. § 40 I 1 VwGO, muss es eine Möglichkeit geben, diese in einer bestimmten Rechtsschutzform verfolgen zu können. Ferner gebietet Art. 19 IV GG (bei entsprechendem Interesse) Rechtsschutz gegenüber erledigten Akten der öffentlichen Gewalt[16].

(3) Schließlich müsste die Interessenlage bei Erledigung des Verwaltungsaktes vor Klageerhebung mit derjenigen bei Erledigung nach Klageerhebung vergleichbar sein. Aus der Sicht des Klägers ist es unerheblich, wann Erledigung eintritt. Die Klagemöglichkeit kann nicht von dem – oft zufälligen – Zeitpunkt der Erledigung abhängen. Deshalb findet § 113 I 4 VwGO auf die Erledigung des Verwaltungsaktes vor Erhebung der Anfechtungsklage analoge Anwendung[17].

8. Erfolglose Widerspruchserhebung

Da die Fortsetzungsfeststellungsklage an die Stelle der Anfechtungsklage tritt, müssen grundsätzlich die besonderen Sachentscheidungsvoraussetzungen der Anfechtungsklage gegeben sein. Fraglich ist, ob es der Erhebung eines Widerspruchs auch dann bedarf, wenn sich der Verwaltungsakt vor Widerspruchseinlegung und vor Ablauf der Widerspruchsfrist erledigt hat. Hierfür könnte sprechen, dass die Zwecke des Vorverfahrens (umfassender Rechtsschutz, Entlastung der Gerichte, Selbstkontrolle der Verwaltung) noch erreicht werden können. Andererseits hat die Fortsetzungsfeststellungsklage bei Erledigung vor Klageerhebung von vornherein den Charakter einer besonderen Feststellungsklage. Auch ist das Widerspruchsverfahren nicht auf die Feststellung der Rechtswidrigkeit von Verwaltungsakten zugeschnitten. So dürfte mit der Anerkennung der Unzweckmäßigkeit eines erledigten Verwaltungsaktes durch die Widerspruchsbehörde nicht viel gewonnen sein. Schließlich ist mit Analogieschlüssen zu Ungunsten des Bürgers (hier in Gestalt der Erschwerung des Rechtsschutzes) Vorsicht geboten. Dies spricht dafür, dass der Fortsetzungsfeststellungswiderspruch im Falle sofortiger Erledigung keine Sachentscheidungsvoraussetzung für die Erhebung der Fortsetzungsfeststellungsklage ist[18].

9. Klagebefugnis

Der Kläger einer Fortsetzungsfeststellungsklage muss entsprechend § 42 II VwGO geltend machen können, durch den erledigten Verwaltungsakt in seinen Rechten verletzt zu sein. Hier kommt zumindest eine Verletzung der durch Art. 2 I GG geschützten allgemeinen Handlungsfreiheit in Betracht.

10. Fortsetzungsfeststellungsinteresse

Gemäß § 113 I 4 VwGO muss der Kläger ein berechtigtes Interesse an der Feststellung der Rechtswidrigkeit des Verwaltungsaktes haben. Als ein solches Interesse könnte hier das Präjudizinteresse für einen zivilgerichtlichen Schadensersatzprozess, das Wiederholungsvorbeugungsinteresse und das Rehabilitationsinteresse in Betracht kommen.

a) Präjudizinteresse
Beabsichtigt der A, später einen Schadensersatzanspruch oder einen Anspruch auf Entschädigung vor den Zivilgerichten einzuklagen, kann er sogleich Klage vor den Zivilgerichten erheben. Der Inanspruchnahme einer zweiten Gerichtsbarkeit bedarf es nicht. Daher stellt das Präjudizinteresse des Rechtsschutzsuchenden bei Erledigung des Verwaltungsaktes vor Klageerhebung kein berechtigtes Feststellungsinteresse dar[19].

---

der Terminus »vorher« gleichbedeutend sein soll mit »vor Erlass des Urteils«, so dass § 113 I 4 VwGO auch unmittelbare Anwendung findet, wenn sich der Verwaltungsakt vor Klageerhebung erledigt hat).

13 Vgl. auch EHLERS JURA 2004, 30 (31).

14 Allgemeine Auffassung. Vgl. LAUBINGER VerwArch. 82 (1991), 459 (487); SCHOCH Übungen im Öffentlichen Recht II, 1992, S. 243; FECHNER NVwZ 2000, 121 (127); EHLERS JURA 2007, 179 (181).

15 So R. P. SCHENKE NVwZ 2000, 1255 (1257).

16 BVerfGE 96, 27 (39 f.); BVerwGE 62, 317 (322).

17 Ganz h. M. Vgl. BVerwGE 26, 161 (165); 81, 226 (227); EHLERS JURA 2001, 415 (417 f); SCHENKE, Verwaltungsprozessrecht, 11. Aufl. 2007, Rdn. 323 ff. Vgl. aber auch BVerwGE 109, 203 (208 f. – das Gericht erwägt eine Feststellungsklage, ohne abschließend zu entscheiden). Für eine Feststellungsklage auch GERHARDT in: Schoch/Schmidt-Aßmann/Pietzner (Fn. 4) § 113 Rdn. 99; PIETZNER ebd., § 42 Abs. 1 Rdn. 86.

18 So h. M. Vgl. BVerwGE 26, 161 (165 ff.); 81, 226 (229); ROZEK JuS 2000, 1162 (1163). A. A. z. B. SCHOCH (Fn. 14), S. 247 ff.; DOLDE in: Schoch/Schmidt-Aßmann/Pietzner (Fn. 4) § 68 Rdn. 23; SCHENKE (Fn. 17), Rdn. 666.

19 H. M. Vgl. BVerwGE 81, 226 (227 f.); 92, 172 (176); 106, 295 (298).

b) Wiederholungsvorbeugungsinteresse
Wiederholungsgefahr begründet stets ein berechtigtes Feststellungsinteresse. Die Wahrscheinlichkeit, dass A in Zukunft erneut mit dem in Rede stehenden Flugkapitän konfrontiert werden wird, ist gering. Auch ist nicht ersichtlich, dass der Flugkapitän nur generelle Vorgaben in Bezug auf den Betrieb technischer Geräte an Bord umgesetzt hat und andere Luftfahrzeugführer ähnlich reagieren werden. Da aber nur geringe Anforderungen an eine Wiederholungsgefahr zu stellen sind, und sich bei einem Geschäftsmann, der ein Mobiltelefon oder Modem im Flugzeug benutzen will, ähnliche Vorgänge nicht ausschließen lassen, dürfte im Ergebnis gleichwohl eine Wiederholungsgefahr zu bejahen sein.

c) Rehabilitationsinteresse
Schließlich ist ein berechtigtes Feststellungsinteresse gegeben, wenn der Betroffene ein Rehabilitationsinteresse hat. Dies ist der Fall, wenn der erledigte Verwaltungsakt diskriminierend gewirkt hat[20] oder wenn tiefgreifend in die Grundrechte eingegriffen worden ist[21]. Die Wegnahme der Geräte des A erfolgte nach heftigem Wortwechsel und ist damit von den anderen Fluggästen wahrgenommen worden. A hat damit einen nicht unerheblichen Ansehensverlust hinnehmen müssen, der auch durch eine spätere Erklärung des Flugkapitäns bisher nicht ausgeglichen worden ist. Im Ergebnis ist somit auch aus diesem Grunde ein berechtigtes Fortsetzungsfeststellungsinteresse zu bejahen.

11. Klagegegner
Auf Fortsetzungsfeststellungsklagen findet § 78 VwGO entsprechende Anwendung. § 78 I Nr. 2 VwGO hat nur für die (unmittelbare oder mittelbare) Landesverwaltung Bedeutung[22]. Da die Beleihung hier vom Bund ausgesprochen wurde, ist eine Zuordnung zur Landesverwaltung nicht ersichtlich. Somit ist gemäß § 78 I Nr. 1 VwGO der Rechtsträger zu verklagen. Die Beliehenen nehmen zwar Behördenfunktionen wahr, sind aber der Staatsorganisation nicht eingegliedert, sondern behalten ihre Selbstständigkeit und nehmen die übertragenen öffentlich-rechtlichen Kompetenzen im eigenen Namen als eigene Angelegenheiten wahr. Daher stellen sie Träger öffentlicher Verwaltung dar[23], selbst wenn eine natürliche Person mit der Ausübung von Staatsgewalt beliehen worden ist[24]. Richtiger Beklagter ist somit der Flugkapitän in seiner Eigenschaft als Luftfahrzeugführer.

12. Klagefrist
Da die Klage zwei Monate nach Erledigung erhoben werden soll, könnte sie gemäß § 74 I VwGO verfristet sein. Fraglich ist indessen, ob bei Erledigung eines noch nicht bestandskräftigen Verwaltungsaktes vor Klageerhebung überhaupt eine Frist läuft. Dagegen spricht, dass die Fortsetzungsfeststellungsklage ihrer Rechtsnatur nach eine besondere Feststellungsklage ist und der Gesichtspunkt der Rechtssicherheit, der hinter der Fristbindung von Verwaltungsakten steht, nach Erledigung des Verwaltungsaktes in den Hintergrund tritt. Zwar liegt es auch bei Erledigung eines Verwaltungsaktes vor Eintritt der Bestandskraft im Interesse der Verwaltung, nach einer bestimmten Frist nicht mehr Ansprüchen ausgesetzt zu sein. Das Rechtsschutzsystem der VwGO ist aber vornehmlich zur Wahrung der Interessen des Bürgers geschaffen worden. Geht man davon aus, dass einem Bürger eine fristgebundene Klage gegen einen Verwaltungsakt, der seine Regelungswirkung verloren hat, nicht zugemutet werden kann[25], heißt es noch nicht, dass es nicht auf den Zeitpunkt der Klageerhebung ankommt. Vielmehr kann die Klage verwirkt sein. Nach zwei Monaten ist indessen noch keine Verwirkung eingetreten.

Vertritt man wegen des engen Bezugs der Fortsetzungsfeststellungsklage zur Anfechtungsklage sowie wegen des auch gegenüber erledigten Verwaltungsakten bestehenden Interesses an

Rechtssicherheit die Meinung, dass § 74 I VwGO entsprechend heranzuziehen ist[26], muss hier berücksichtigt werden, dass es an einer Rechtsbehelfsbelehrung, die für den Fall der Erledigung auf die sofortige Möglichkeit der Fortsetzungsfeststellungsklage hinweist, fehlt. Somit dürfte nicht die Monatsfrist des § 74 VwGO, sondern die Jahresfrist des § 58 II VwGO laufen. Diese Frist ist nicht abgelaufen. Im Ergebnis kommt es daher auf den Meinungsstreit nicht an. Die Klage kann nach allen Auffassungen rechtzeitig erhoben werden.

II. Begründetheit

Entgegen der missverständlichen Formulierung des § 113 I 4 VwGO ist eine Fortsetzungsfeststellungsklage nicht schon im Falle der Rechtswidrigkeit des erledigten Verwaltungsaktes begründet. Vielmehr muss der Kläger auch in seinen Rechten verletzt sein[27].

a) Die in Betracht kommende Ermächtigungsgrundlage für den Erlass des Verwaltungsaktes
Der Flugkapitän hat seine Maßnahme auf § 12 LuftSiG gestützt. § 12 I 1 LuftSiG normiert die Pflicht des verantwortlichen Luftfahrzeugführers, für die Aufrechterhaltung der Sicherheit und Ordnung an Bord des im Flug befindlichen Flugzeugs zu sorgen. § 12 I 2 LuftSiG räumt dem Luftfahrzeugführer die Befugnis ein, die dafür erforderlichen Maßnahmen zu treffen. Die Vorschrift bestimmt damit nicht nur den Befugnisinhaber und die Regelungsunterworfenen, sondern auch Art und Maß der Befugnisse. Dass dies, wenn auch mit Aufzählung einiger Beispielsfälle, generalklauselartig geschieht, ist ebenso wie im allgemeinen Polizei- und Ordnungsrecht hinzunehmen. Verfassungsrechtliche Bedenken gegen die Vorschrift bestehen somit nicht[28].

Da die Vorschrift nicht auf bzw. über deutschem Hoheitsgebiet angewandt wurde, stellt sich die Frage, ob sie auch extraterritorial wirkt. Prinzipiell unterliegt ein Luftfahrzeug der Rechtsordnung desjenigen Staates, über dessen Hoheitsgebiet es sich jeweils befindet[29]. Würde dies auch für die Gewährleistung der Sicherheit oder Ordnung an Bord gelten, ließen sich Sicherheit und Ordnung bei internationalen Flügen nicht gewährleisten. Zum einen sind die überflogenen Staaten nicht in der Lage, durch Amtspersonen selbst an Bord tätig zu werden. Des Weiteren würde eine Beleihung des Luftfahrzeugführers mit der Staatsgewalt aller überflogenen Staaten auf erhebliche rechtliche und tatsächliche Schwierigkeiten stoßen. Schließlich kann oftmals gar nicht zweifelsfrei festgestellt werden, auf welchem Staatsgebiet sich das Luftfahrzeug im Zeitpunkt der Vornahme der Sicherheitsmaßnahme befunden hat. In Betracht zu ziehen ist deshalb

20 Vgl. statt vieler GERHARDT (Fn. 17), § 113 Rdn. 92.
21 Vgl. BVerfGE 96, 27 (38); BVerwG, BayVBl. 1999, 632 (633).
22 Vgl. EHLERS, in: FS für Menger (Fn. 10), S. 391; MEISSNER in: Schoch/Schmidt-Aßmann/Pietzner (Fn. 4) § 78 Rdn. 39.
23 STEINER in: FS für Koja, 1998, 603 (610); BURGI, in: FS für Maurer, 2001, 589 (594); a. A. mit beachtlichen Gründen und weiteren Nachw. STELKENS NVwZ 2004, 304 ff., der in Fällen wie dem Vorliegenden annimmt, dass der beleihende Verwaltungsträger – hier die Bundesrepublik Deutschland – zu verklagen ist.
24 Vgl. EHLERS in: FS für Menger (Fn. 10), S. 388; zur Anwendung des § 78 Abs. 1 Nr. 1 VwGO auf Beliehene vgl. auch MEISSNER (Fn. 22), § 78 Rdn. 32; HAPP in: Eyermann, VwGO, 12. Aufl. 2006, § 78 Rdn. 13.
25 So BVerwGE 109, 203 (207 f.); BayVGH DVBl. 1992, 1492 (1493); ROZEK JuS 1995, 697 (700).
26 So etwa VGH BW, DVBl. 1998, 835 (836); MEISSNER (Fn. 22), § 74 Rdn. 11 ff.; WÜRTENBERGER Verwaltungsprozessrecht, 2. Aufl., 2006, Rdn. 658; KOPP/SCHENKE (Fn. 9), § 113 Rdn. 128.
27 BVerwGE 65, 167 (170 f.); 77, 70 (73); BayVGH, BayVBl. 1990, 178.
28 Der Umstand, dass das BVerfG § 14 III LuftSiG als mit dem GG unvereinbar und nichtig erklärt hat (BVerfGE 115, 118 ff.), bedeutet nicht, dass die Regelungen des LuftSiG auch im Übrigen verfassungswidrig sind.
29 SCHWENK/GIEMULLA (Fn. 3), S. 212 ff.

eine völkerrechtliche Einschränkung des Territorialitätsprinzips in Bezug auf die Gewährleistung von Bordsicherheit oder -ordnung. Soweit keine völkerrechtlichen, im innerstaatlichen Recht anwendbaren Abkommen bestehen[30], ist an Völkergewohnheitsrecht zu denken. Sollte sich auch dieses nicht nachweisen lassen, kommt eine freiwillige Selbstbeschränkung des jeweiligen Bodenstaates in Bezug auf die Ausübung seiner Hoheitsrechte in Frage. Wird durch bi- oder multilaterale Luftverkehrsabkommen ausländischer Luftverkehr zugelassen, begibt sich der Bodenstaat eines Teils seiner Lufthoheit. Diese Einschränkung bezieht sich nicht nur auf die Zulassung des Luftverkehrs, mit ihr geht auch die (konkludente) Zulassung derjenigen flaggenrechtlichen Befugnisse einher, die zur Gewährung von Bordsicherheit oder -ordnung unabdingbar sind. Folglich richtet sich die Abwehr bordinterner Gefahren über die gesamte Flugdauer nach den flaggenrechtlichen Kommandantenbefugnissen, gleich wo sich das Luftfahrzeug befindet[31]. Dementsprechend ist das deutsche LuftSiG auch auf den vorliegenden Fall anwendbar.

2. Rechtmäßigkeit des Verwaltungsaktes

a) Formelle Rechtmäßigkeit

(1) Zuständigkeit

Nach § 12 I LuftSiG hat der verantwortliche Luftfahrzeugführer für die Aufrechterhaltung der Sicherheit und Ordnung an Bord zu sorgen. Hier hat der Flugkapitän gehandelt. Die Person des verantwortlichen Luftfahrzeugführers ist nicht deckungsgleich mit der Berufsbildbeschreibung »Flugkapitän«. Vielmehr ist nur diejenige Person verantwortlicher Luftfahrzeugführer, der die umfassende Verantwortung für die sichere Flugdurchführung als eine durch öffentlich-rechtliche Rechtssätze geforderte Dienstpflicht vom Luftfahrzeughalter übertragen worden ist[32]. Fehlen besondere Anhaltspunkte, ist jedoch der Luftfahrzeugführer mit dem höchsten Dienstrang (also der Kapitän) als verantwortlicher Luftfahrzeugführer i. S. d. § 12 I LuftSiG anzusehen. Damit ist die Zuständigkeit gewahrt worden.

(2) Verfahren

Verfahrensrechtliche Anforderungen stellt § 12 I, II LuftSiG nicht. Jedoch könnte eine Anhörung gemäß § 28 I VwVfG geboten gewesen sein. Die Tatbestandsvoraussetzungen der Vorschrift liegen vor. Da dem Erlass des Verwaltungsaktes ein Wortwechsel vorausgegangen ist, hat sich A aber bereits geäußert. Im Übrigen war es dem Flugkapitän gemäß § 28 II Nr. 1 VwVfG gestattet, wegen Gefahr im Verzug von der Anhörung abzusehen. § 28 II VwVfG stellt zwar eine Ermessensvorschrift dar. Doch wird man von einem intendierten Ermessen auszugehen haben[33], so dass es im Regelfall keiner Abwägung des Für und Wider und daher auch keiner Begründung bedurfte.

(3) Form

Eine bestimmte Form schreibt § 12 I, II LuftSiG nicht vor. Demnach durfte der Verwaltungsakt gemäß § 37 II 1 VwVfG auch mündlich erlassen werden.

(4) Begründung

Eine grundsätzliche Begründungspflicht verlangt § 39 I 1 VwVfG nur, wenn ein schriftlicher oder schriftlich bestätigter Verwaltungsakt vorliegt. Dies trifft hier nicht zu. Somit war die Maßnahme des Flugkapitäns formell rechtmäßig.

b) Materielle Rechtmäßigkeit

(1) Voraussetzungen der Ermächtigungsgrundlage

Aus § 12 II 1 LuftSiG ergibt sich, dass eine Gefahr für Personen an Bord des Luftfahrzeuges oder für das Luftfahrzeug selbst vorliegen muss. Eine Gefahr liegt vor, wenn eine Sachlage oder ein Verhalten bei ungehindertem Ablauf des objektiv zu erwartenden Geschehens mit hinreichender Wahrscheinlichkeit ein polizeilich geschütztes Rechtsgut schädigen wird[34]. Der Betrieb eines Mobiltelefons stört die Navigationsgeräte des Flugzeugs. Die Funktionsfähigkeit der Navigationsgeräte ist aber unabdingbare Voraussetzung für eine sichere Flugdurchführung. Eine Gefahr für das Leben und die Gesundheit der Bordinsassen sowie deren Eigentum und darüber hinaus für das Luftfahrzeug selbst war also gegeben.

(2) Entschließungsermessen

Ein Entschließungsermessen räumt § 12 I LuftSiG dem Luftfahrzeugführer nicht ein. Vielmehr »hat« er für die Aufrechterhaltung der Sicherheit und Ordnung an Bord des im Flug befindlichen Luftfahrzeugs zu sorgen. § 12 II 1 LuftSiG spricht zwar davon, dass der verantwortliche Luftfahrzeugführer die erforderlichen Maßnahmen treffen »darf«, doch ist diese Formulierung im Zusammenhang mit Absatz 1 zu lesen, der gerade kein Entschließungsermessen einräumt[35]. Der Flugkapitän musste daher einschreiten.

(3) Verantwortlichkeit

Die Maßnahmen dürfen sich grundsätzlich nur gegen den Verantwortlichen richten. Da A die Gefahr verursacht hat, war er Verhaltensverantwortlicher und damit richtiger Adressat der Maßnahme.

(4) Auswahlermessen

Wenn § 12 I 2, II 1 LuftSiG davon spricht, dass der verantwortliche Luftfahrzeugführer die erforderlichen Maßnahmen treffen darf, so spricht dies für ein Auswahlermessen. Bei der Ausübung dieses Ermessens muss das sich aus dem Verfassungsrecht (insbesondere den Grundrechten) ergebende Übermaßverbot beachtet werden. Dieses wird in § 12 II 2 LuftSiG durch Bezugnahme auf § 4 LuftSiG auch ausdrücklich normiert. § 4 LuftSiG enthält in den Absätzen 1 und 2 die einzelnen Merkmale des Verhältnismäßigkeitsgrundsatzes, in Abs. 3 eine zeitliche Begrenzung der Zulässigkeit einer Maßnahme.

In § 12 II 3 Nr. 2 LuftSiG wird die Sicherstellung von Gegenständen als mögliche Maßnahme des verantwortlichen Luftfahrzeugführers genannt. Eine Sicherstellung von Gegenständen setzt die freiwillige Herausgabe durch den Besitzer und Inbesitznahme dieser Gegenstände durch den verantwortlichen Luftfahrzeugführer voraus[36]. A ist dem Verlangen nach Herausgabe der elektronischen Geräte nicht nachgekommen. Der Flugkapitän hat ihm die Geräte vielmehr weggenommen. Eine freiwillige Herausgabe hat daher nicht stattgefunden. § 12 III LuftSiG erlaubt dem Luftfahrzeugführer jedoch auch zwangsweise Durchsetzung der erforderlichen Maßnahmen. Dazu zählt auch die Beschlagnahme von Gegenständen[37]. Folglich hat der Flugkapitän ein im Gesetz vorgesehenes Mittel angewandt.

---

30 In der Praxis ist dies weitgehend der Fall. Vgl. das Abkommen über strafbare und bestimmte andere an Bord von Luftfahrzeugen begangene Handlungen vom 14. 9. 1963 (sog. Tokioter Abkommen, BGBl. 1969 II S. 121).

31 Vgl. z. B. RUHWEDEL Die Rechtsstellung des Flugzeugkommandanten im zivilen Luftverkehr, 1964, S. 158; SCHWENK/GIEMULLA (Fn. 3) S. 53, 482.

32 Vgl. SCHWENK/GIEMULLA (Fn. 3) S. 472.

33 Vgl. kritisch zu dieser Rechtsfigur MAURER Allgemeines Verwaltungsrecht (Fn. 7) § 7 Rdn. 12.

34 BVerwGE 45, 51 (57); VAN SCHYNDEL in: Giemulla/van Schyndel, Luftsicherheitsgesetz, 1. Auflage 2006, § 12 Rdn. 16.

35 In wenigen Ausnahmefällen, insbesondere bei weniger gefährlichen Störungen, kann es sachgerechter sein, auf polizeiliche Maßnahmen zu verzichten, um ein Eskalation zu verhindern. Dies ist aber eine Frage der Verhältnismäßigkeit.

36 VAN SCHYNDEL in: Giemulla/van Schyndel (Fn. 34) § 12 Rdn. 43.

37 VAN SCHYNDEL in: Giemulla/van Schyndel (Fn. 34) § 12 Rdn. 46.

Die Beschlagnahme von Mobiltelefon, Modem und Computer ist geeignet, künftige Störungen der Navigationsgeräte zu verhindern. Fraglich ist die Erforderlichkeit der Maßnahme hinsichtlich aller von dem Flugkapitän beschlagnahmten Gegenstände. Die Störung des Navigationsempfängers ist ausschließlich von dem Betrieb des Mobiltelefons ausgegangen. Es hätte deshalb zur Abwehr der Sicherheitsgefahr ausgereicht, das Telefon sicherzustellen. Soweit die Maßnahme des Flugkapitäns darüber hinausgegangen ist, war sie unverhältnismäßig und damit rechtswidrig.

3. Rechtsverletzung

Durch den rechtswidrigen Verwaltungsakt ist A zumindest in seiner durch Art. 2 Abs. 1 GG geschützten allgemeinen Handlungsfreiheit verletzt worden.

III. Ergebnis

Die Fortsetzungsfeststellungsklage des A ist zulässig und – je nach Fassung des Klageantrags – ganz oder teilweise begründet.

Frage 2: Anspruch des A auf Schadensersatz für nutzlos aufgewendete Flugkosten

Ein Anspruch des A auf Schadensersatz könnte sich aus verwaltungsrechtlichem Schuldverhältnis (I.), aus § 12 LuftSiG (II.) oder aus § 839 BGB i. V. m. Art. 34 GG (III.) ergeben.

I. Schadensersatzanspruch aus verwaltungsrechtlichem Schuldverhältnis

A könnte gegen den Flugkapitän oder die Bundesrepublik Deutschland einen Schadensersatzanspruch wegen Verletzung eines verwaltungsrechtlichen Schuldverhältnisses haben[38]. Er hat mit der privaten L AG einen Luftbeförderungsvertrag abgeschlossen. Sonderbeziehungen zum Flugkapitän oder zur Bundesrepublik Deutschland bestanden dagegen nicht. Somit fehlt es an einem vertragsähnlichen Schuldverhältnis. Daher scheidet ein Anspruch wegen Verletzung eines verwaltungsrechtlichen Schuldverhältnisses aus.

Das durch die Beschlagnahme entstandene öffentlich-rechtliche Verwahrungsverhältnis[39] wurde vorliegend nicht verletzt, da dem A die Elektrogeräte umgehend nach der Landung unbeschädigt ausgehändigt wurden.

II. Schadensersatzanspruch aus § 12 LuftSiG

A könnte einen Schadensersatzanspruch aus § 12 V LuftSiG gegen den verantwortlichen Luftfahrzeugführer bzw. die Luftfahrtgesellschaft haben. Der in § 12 V LuftSiG normierte Schadensersatzanspruch nennt jedoch nur die Bundesrepublik Deutschland als Anspruchsberechtigte. Bei § 12 V LuftSiG handelt es sich mithin um eine Regressvorschrift, über die die Bundesrepublik ihr durch die Verpflichtung zum Schadensersatz aus Amtshaftung entstandene Schäden ersetzt verlangen kann. A hat demgemäß keinen Anspruch aus § 12 V LuftSiG.

III. Schadensersatzanspruch aus § 839 BGB i. V. m. Art. 34 GG

In Betracht kommt ein Amtshaftungsanspruch gegen die Bundesrepublik Deutschland auf Schadensersatz aus § 839 I 1 BGB i. V. m. Art. 34 S. 1 GG. Da der Flugkapitän als Beliehener öffentlich-rechtlich tätig geworden ist, ohne die Grenzen der ihm übertragenen Befugnisse einzuhalten, hat er als ein Jemand i. S. d. Art. 34 S. 1 GG in Ausübung eines ihm anvertrauten öffentlichen Amtes gehandelt und die Amtspflicht, sich im Rahmen der

Gesetzmäßigkeit zu halten, verletzt. Die Amtspflicht bestand auch gegenüber allen Bordinsassen, so dass sie dem Flugkapitän ebenfalls gegenüber dem A als Dritten oblegen hat. Der Flugkapitän hat überdies die im Verkehr erforderliche Sorgfalt außer Acht gelassen, so dass ihm fahrlässiges Verhalten vorzuwerfen ist.

Fraglich ist, ob dem A durch das amtspflichtwidrige Vorgehen des Flugkapitäns ein ersatzfähiger Schaden entstanden ist. Der deliktische Schadensersatz des § 839 BGB ist auf das negative Interesse gerichtet. Maßgebend ist, wie sich bei pflichtgemäßem Handeln des Amtsträgers die Vermögenslage des Betroffenen entwickelt hätte[40]. Fehlgeschlagene Aufwendungen sind damit jedenfalls dann ersatzfähig, wenn sie bei Unterbleiben des schädigenden Ereignisses rentabel gewesen wären, d. h. einer Verbesserung der Vermögenslage gedient hätten[41]. Es ist davon auszugehen, dass die Geschäftsbesprechung zumindest mittelbar den Erwerbszwecken des A dienen sollte. Die Aufwendungen für den Flug dienten der Anreise zu diesem Termin und wären ohne Amtspflichtverletzung rentabel gewesen. Damit sind sie nach § 839 BGB (i. V. m. Art. 34 GG) grundsätzlich erstattungsfähig.

In Betracht kommen könnte ein Ausschluss der Amtshaftung. Eine anderweitige Ersatzmöglichkeit i. S. d. § 839 I 2 BGB ist nicht ersichtlich. Gemäß § 839 III BGB tritt die Ersatzpflicht nicht ein, wenn der Verletzte vorsätzlich oder fahrlässig unterlassen hat, den Schaden durch Gebrauch eines Rechtsmittels abzuwenden. Als Rechtsmittel wäre hier allenfalls ein Widerspruch des A in Betracht gekommen. Doch abgesehen davon, dass § 70 I VwGO dem Beschwerten eine Überlegungsfrist einräumt, es hier an einer Rechtsbehelfsbelehrung fehlt und der Widerspruch gemäß § 70 I 1 VwGO schriftlich oder zur Niederschrift zu erheben ist, hätte ein Widerspruch entsprechend § 80 II Nr. 2 VwGO möglicherweise keine aufschiebende Wirkung gehabt[42]. Selbst wenn man einen Widerspruch des A aufschiebende Wirkung zubilligen wollte, wäre nicht damit zu rechnen gewesen, dass der Flugkapitän die Geräte wieder herausgibt. Somit hätte auch durch eine sofortige Widerspruchserhebung der Schaden nicht abgewendet werden können.

Da A dem Verlangen der Stewardess und des Flugkapitäns, die Benutzung der elektronischen Geräte einzustellen, nicht nachgekommen ist, könnte ihm ein Mitverschulden i. S. d. § 254 I BGB vorzuwerfen sein. Indessen war A zu einer Außerbetriebsetzung aller Geräte von vornherein nicht verpflichtet. Zudem ist der Schaden allein dadurch entstanden, dass dem A der nicht störende Computer weggenommen wurde. Demgemäß scheidet ein Mitverschulden aus.

Nach § 34 S. 1 GG trifft die Verantwortlichkeit den Staat oder die Körperschaft, in deren Dienst der Handelnde steht. In Beleihungsfällen soll nicht der Beliehene, sondern die Körperschaft haften, die dem Beliehenen die Aufgabe anvertraut hat, weil der Geschädigte nicht auf eine möglicherweise insolvente Privatperson verwiesen werden dürfe und es dem Staat nicht erlaubt sei, seine Haftung durch Einschaltung von Beliehenen abzuschütteln[43]. Folgt man dieser Ansicht, ist die Bundesrepublik Deutsch-

---

38 Vgl. zum verwaltungsrechtlichen Schuldverhältnis BGHZ 21, 214 ff.; 61, 7 ff.; BGH, DVBl 2007, 1238 (1239).

39 VAN SCHYNDEL in: Giemulla/van Schyndel (Fn. 34) § 12 Rdn. 43.

40 SPRAU in: Palandt, BGB, 66. Aufl. 2007, § 839, Rdn. 77.

41 Vgl. HEINRICHS in: Palandt (Fn. 38) Vorb. v. § 249, Rdn. 32 ff.

42 Für eine analoge Anwendung des § 80 Abs. 2 Nr. 2 VwGO auf Luftaufsichtsverfügungen HOFMANN/GRABHERR, Kommentar zum Luftverkehrsgesetz, Loseblatt, Stand: Nov. 1997, § 29 Rdn. 14. Kritisch zur Analogiefähigkeit des § 80 Abs. 2 Nr. 2 VwGO SCHOCH in: Schoch/Schmidt-Aßmann/Pietzner (Fn. 4) § 80 Rdn. 123 f.

43 BGHZ 53, 217 (219); 99, 326 (330); OSSENBÜHL Staatshaftungsrecht, 5. Aufl. 1998, S. 15 ff.; PAPIER in: MünchKomm., BGB, Bd. 5, 4. Aufl. 2004, § 839 Rdn. 140. Kritisch FRENZ Die Staatshaftung in den Beleihungstatbeständen, 1992, S. 147 ff.

land als diejenige Körperschaft, die den Beliehenen eingesetzt hat, passivlegitimiert.

Somit hat A gegen die Bundesrepublik Deutschland einen Anspruch auf Schadensersatz wegen nutzlos aufgewendeter Flug-

kosten gemäß § 839 I 1 BGB i. V. m. Art. 34 S. 1 GG. Auf die Frage, ob die Bundesrepublik Deutschland Regress gem. § 12 V LuftSiG bei dem verantwortlichen Luftfahrzeugführer oder dem Luftfahrtunternehmen nehmen kann, kommt es hier nicht an.

Fall 16

Ein nicht bestandskräftiger Bauvorbescheid*
Von Wiss. Ass. Markus Fischer, Erlangen

Bauvorbescheid – Abbruchsanordnung – aufschiebende Wirkung

Die Klausur hat Fragen des Verwaltungsprozessrechts, des Allgemeinen Verwaltungsrechts und des Baurechts zum Gegenstand. Im Zentrum des materiellrechtlichen Teils stehen Fragen der Bindungswirkung eines mit Nachbarwiderspruch angegriffenen Bauvorbescheids.

SACHVERHALT

Seit langem plant Hans Hahn (H) den Bau eines Reisebüros im Stadtzentrum der baden-württembergischen (Regierungsbezirk Freiburg) Gemeinde Düsselstadt (D), die im Landkreis Sengenfeld (S) liegt. H möchte das Reisebüro im Geltungsbereich des Bebauungsplans Buckelfeld (B) errichten. Der Bebauungsplan B setzt für das gesamte Plangebiet ein »Reines Wohngebiet« fest. Weitere Festsetzungen enthält der Bebauungsplan B nicht. Am 25. 2. 2005 (Freitag) erhält H vom Landratsamt S einen von ihm beantragten Vorbescheid bezüglich der bauplanungsrechtlichen Zulässigkeit des Reisebüros, zu dem die Gemeinde D ihr Einvernehmen erteilt hat. Arndt Alt (A), der Eigentümer eines mit einem Wohnhaus bebauten, unmittelbar von Norden her an das Grundstück des H angrenzenden Grundstücks, ist mit dem Vorbescheid für H nicht einverstanden. A legt daher am 8. 3. 2005 (Dienstag) beim Landratsamt S Widerspruch gegen den Vorbescheid für H ein. Über diesen Widerspruch des A ist bis heute noch nicht entschieden worden. Klage zum VG hat A bislang nicht erhoben. H meint, der Vorbescheid berechtige ihn dazu, mit dem Bau des Reisebüros zu beginnen. Am 15. 3. 2005 (Dienstag) beginnt H daher mit dem Bau des Reisebüros, das inzwischen vollständig fertig gestellt ist.

Das Landratsamt S entscheidet sich Anfang Dezember 2005 dafür, eine Abbruchsanordnung bezüglich des Reisebüros gegenüber H zu erlassen. Zuvor waren H, A und Norbert Naab (N), der Eigentümer eines mit einem Wohnhaus bebauten, von Süden her an das des H angrenzenden Grundstücks ist, vom Landratsamt S ausführlich zum Für und Wider einer Abbruchsanordnung befragt worden. H, A und N wird die mit einer Rechtsbehelfsbelehrung versehene Abbruchsanordnung am 6. 12. 2005 (Mittwoch) ordnungsgemäß bekannt gegeben. In der Begründung der Abbruchsanordnung legt das Landratsamt S u. a. dar, dass der H erteilte Vorbescheid der Abbruchsanordnung nicht entgegenstehe, da über den Widerspruch des A noch nicht entschieden sei.

Am 9. 1. 2006 (Montag) geht ein Schreiben des H beim Landratsamt S ein. Mit diesem legt H Widerspruch gegen die Abbruchsanordnung ein.

Die Abhilfebehörde und die Widerspruchsbehörde erörtern die Angelegenheit auch mit A und N, da man sich dafür entschieden hat, diese zum Widerspruchsverfahren hinzuzuziehen,

was ihnen auch mitgeteilt wird. Schließlich erlässt das Regierungspräsidium Freiburg einen Widerspruchsbescheid, mit dem die Abbruchsanordnung aufgehoben wird. Der Widerspruch sei begründet, da die Abbruchsanordnung rechtswidrig sei. Der eine Rechtsbehelfsbelehrung enthaltende Widerspruchsbescheid wird am 27. 1. 2006 (Freitag) dem H ordnungsgemäß durch einen Boten des Regierungspräsidiums Freiburg zugestellt. Ebenfalls am 27. 1. 2006 schickt das Regierungspräsidium Freiburg vollständige Zweitausfertigungen des Widerspruchsbescheids als einfachen Brief an A und N. Eine Zustellung an A und N hält man nicht für erforderlich. Am 28. 1. 2006 (Samstag) erhalten A und N die Briefe.

Am 1. 3. 2006 (Mittwoch) geht beim VG Freiburg ein Schreiben des N ein, mit dem N Klage gegen das Land Baden-Württemberg erhebt. Er möchte erreichen, dass H im Ergebnis doch das Reisebüro abreißen muss. In der mündlichen Verhandlung vom 23. 6. 2006 (Freitag) entscheidet sich das VG Freiburg dagegen, das Verfahren bis zur Entscheidung über den Widerspruch des A auszusetzen. Vielmehr soll noch am 23. 6. 2006 entschieden werden.

In einem Gutachten ist zu erörtern, wie das VG Freiburg am 23. 6. 2006 zu entscheiden hat.**

LÖSUNGSVORSCHLAG

A. Zulässigkeit

I. Eröffnung des Verwaltungsrechtswegs[1]

Für die Eröffnung des Verwaltungsrechtswegs müsste gemäß § 40

---

* Der Autor ist Wissenschaftlicher Assistent an der Rechts- und Wirtschaftswissenschaftlichen Fakultät der Universität Erlangen (Lehrstuhl Prof. Dr. Max-Emanuel Geis). Der Fall wurde in einer bayerischen Fassung vom Autor im Examensklausurenkurs der Universität Erlangen als fünfstündige Klausur gestellt.

** In den Fußnoten sind die Parallelvorschriften der Länder zum baden-württembergischen Landesrecht nachgewiesen.

1 Von Einigen wird die Eröffnung des Verwaltungsrechtswegs nicht als Zulässigkeitsvoraussetzung der Klage angesehen (so insb. HUFEN, Verwaltungsprozessrecht, 6. Aufl. 2005, § 10 Rdn. 1, § 11 Rdn. 14, 96). Von diesen wird deshalb ein »dreistufiger Aufbau«, also die Prüfung des Rechtswegs vor der Zulässigkeit der Klage, empfohlen. Begründet wird diese Auffassung damit, dass gemäß § 173 S. 1 VwGO i. V. m. § 17 a II 1 GVG bei Unzulässigkeit des Rechtswegs keine Klageabweisung als unzulässig, sondern eine Verweisung erfolgt. Diese Auffassung ist jedoch abzulehnen, da sie auf einem Zirkelschluss beruht (eingehend hierzu FISCHER, JURA 2003, 748 ff.; VBlBW 2005, 179 f.): Einerseits wird aus der Unzulässigkeit der Klage auf ihre Abweisung als unzulässig geschlossen, andererseits aus der Klageabweisung als unzulässig auf die Unzulässigkeit der Klage. Bei dieser Gleichsetzung von Tatbestand und Rechtsfolge verliert die Kategorie der Zulässigkeit jedoch jeglichen Inhalt. Richtigerweise stellt § 17 a II 1 GVG die

I 1 VwGO eine öffentlich-rechtliche Streitigkeit nichtverfassungsrechtlicher Art vorliegen. Maßgebend hierfür ist der Streitgegenstand: Die Streitigkeit ist dann öffentlich-rechtlich, wenn das Rechtsverhältnis, aus dem der Klageanspruch hergeleitet wird, auf öffentlich-rechtlichen Rechtsnormen basiert[2]. Streitgegenständlich ist hier – je nachdem, welche Klageart sich als statthaft erweist – ein Anspruch auf Aufhebung des Widerspruchsbescheids oder ein Anspruch auf Erlass einer neuen Abbruchsanordnung. Derartige Ansprüche können nur auf öffentlich-rechtliche Normen gestützt sein.

Weiterhin ist die Streitigkeit auch nichtverfassungsrechtlicher Art.

II. Klageart

Rechtsschutzziel des N ist es, dass gegenüber H eine Abbruchsanordnung existiert. Zur Erreichung dieses Zieles sind zwei Wege denkbar: Eine Verpflichtungsklage (§ 42 I Alt. 2 VwGO) auf Erlass einer neuen Abbruchsanordnung oder eine Anfechtungsklage (§ 42 I Alt. 1 VwGO) gegen den Widerspruchsbescheid mit dem Ziel, dass mit Aufhebung des Widerspruchsbescheids die Abbruchsanordnung vom Dezember 2005 wieder auflebt. Thematisch einschlägig wären beide Klagearten, da sowohl die Abbruchsanordnung als auch der Widerspruchsbescheid Verwaltungsakte nach § 35 S. 1 VwVfG sind.

Für die Anfechtungsklage spricht, dass diese den rechtsschutzintensiveren Rechtsbehelf darstellt, da es zum Wiederentstehen der Abbruchsanordnung keiner Behördenhandlung mehr bedürfte. Vor allem aber kann der Dritte, wenn – wie hier – eine Ermessenskonstellation vorliegt, nur durch die Anfechtung des Widerspruchsbescheids die für ihn positive Ermessensentscheidung der Ausgangsbehörde erhalten. Nur eine Anfechtungsklage entspricht zudem den Vorgaben der VwGO, die in § 79 I Nr. 2 gerade davon ausgeht, dass in einer Konstellation, in der der Widerspruchsbescheid für einen Dritten erstmals eine Beschwer enthält, der Widerspruchsbescheid mit der Anfechtungsklage anzugreifen ist[3].

Angesichts dessen ist hier von einer Anfechtungsklage gegen den Widerspruchsbescheid auszugehen.

III. Klagebefugnis

N müsste gemäß § 42 II VwGO klagebefugt sein, es müsste also die Möglichkeit bestehen, dass N in einem subjektiven öffentlichen Recht verletzt ist. Eine Rechtsverletzung des N durch die Aufhebung der Baugenehmigung könnte hier letztlich deshalb gegeben sein, weil die Festsetzung »Reines Wohngebiet« (konkretisiert durch § 1 III 2 i. V. m. § 3 BauNVO) im Bebauungsplan möglicherweise ein subjektives öffentliches Recht des N konstituiert: Wäre die Abbruchsanordnung gegenüber H deshalb ergangen, weil das Reisebüro des H gegen eine Vorschrift – in Betracht kommt § 3 BauNVO – verstößt, die dem Schutz des N dient, so würde die Aufhebung der Abbruchsanordnung im Falle der Rechtswidrigkeit der Aufhebung ein subjektives öffentliches Recht des N verletzen.

Eine Rechtsnorm, gegen die H mit der Errichtung des Reisebüros verstoßen haben könnte, müsste also dem N ein subjektives öffentliches Recht gewähren. In Betracht kommt hier ein Verstoß gegen die Festsetzung »Reines Wohngebiet« im Bebauungsplan B und damit letztlich gegen § 3 BauNVO. Entscheidend ist demnach die Frage, ob diese Festsetzung dem N ein subjektives öffentliches Recht verleiht.

Festsetzungen eines Bebauungsplans über die Art der baulichen Nutzung dienen dem Ausgleich der unterschiedlichen Nutzungsinteressen der Nachbarn. Die Festsetzungen über die Art der baulichen Nutzung schaffen eine bau- und bodenrechtliche Schicksalsgemeinschaft, ein nachbarliches Austauschverhältnis,

in dem ein jeder der Nachbarn darauf vertrauen darf, dass die anderen Planbetroffenen sich an die ihnen obliegenden Nutzungsbeschränkungen halten, so wie auch er an die ihm obliegenden Beschränkungen gebunden ist[4]. Dieses Vertrauen darauf, dass das »normative Konfliktschlichtungsprogramm«[5] der Festsetzungen des Bebauungsplans über die Art der baulichen Nutzung von den Nachbarn respektiert wird, hat zur Folge, dass jedem Planbetroffenen ein Anspruch auf Erhaltung des Gebietscharakters und damit ein Anspruch darauf zusteht, dass im gesamten Baugebiet die Festsetzung über die Art der baulichen Nutzung beachtet wird[6].

Festsetzungen über die Art der baulichen Nutzung sind also uneingeschränkt nachbarschützend, ohne dass es eines Rückgriffs auf das Gebot der Rücksichtnahme bedarf[7].

Als unmittelbarer Anlieger gehört N auf jeden Fall zum Kreis derjenigen, denen ein subjektives öffentliches Recht zusteht.

N ist daher klagebefugt.

IV. Vorverfahren

Gemäß § 68 I 2 Nr. 2 VwGO bedarf es nicht der (erneuten) Durchführung eines Vorverfahrens.

V. Klagefrist

Die Klagefrist richtet sich nach § 74 I 2 VwGO, da nach § 68 VwGO (hier: § 68 I 2 Nr. 2 VwGO) ein Widerspruchsverfahren nicht erforderlich ist (s. oben IV). Bekanntgabe i. S. v. § 74 I 2 VwGO bedeutet hierbei ordnungsgemäße Bekanntgabe, also Bekanntgabe unter Beachtung der einschlägigen Vorschriften. Wenn durch andere Rechtsnormen Bekanntgabe in Form der Zustellung vorgeschrieben ist, dann bedeutet dies, dass erst mit ordnungsgemäßer Zustellung des Widerspruchsbescheids die Klagefrist beginnt[8]. Abzustellen ist hierbei auf die Bekanntgabe gegenüber dem Kläger.

Angeordnet wird die Bekanntgabe (das »Ob«) hier in § 79 i. V. m. § 41 I 1 VwVfG. Denn N ist vom Widerspruchsbescheid betroffen, und außerdem hat er den Status eines Beteiligten nach § 79 i. V. m. § 13 VwVfG; dies ergibt sich hier jedenfalls aufgrund der Hinzuziehung des N aus § 79 i. V. m. § 13 I Nr. 4 i. V. m. § 13 II 1 VwVfG. Möglicherweise ist N als belasteter Dritter sogar bereits als Antragsgegner nach § 79 i. V. m. § 13 I Nr. 1 VwVfG anzusehen, da Antragsgegner i. S. v. § 13 I Nr. 1 VwVfG niemals die Behörde ist, bei der der Antrag gestellt wird, da Verwaltungsverfahren nicht kontradiktorisch angelegt sind; bei einem Verwaltungsakt mit Drittwirkung kann aber u. U. der Drittbetroffene als Antragsgegner anzusehen sein (wegen § 79 i. V. m. § 13 III VwVfG wird N allerdings nicht bereits aufgrund des Anhörungs-

gesetzliche Anordnung einer besonderen Rechtsfolge der Unzulässigkeit der Klage dar (wie hier auch DETTERBECK, Allgemeines Verwaltungsrecht, 5. Aufl. 2007, Rdn. 1319, 1330; JAUERNIG, Zivilprozessrecht, 29. Aufl. 2007, § 33 III; KOPP/SCHENKE, VwGO, 15. Aufl. 2007, § 40 Rdn. 2; LORENZ, Verwaltungsprozessrecht, 2000, § 10 Rdn. 6, § 11 Rdn. 113; ROZEK, JuS 1996, 87 f.; SCHENKE, Verwaltungsprozessrecht, 11. Aufl. 2007, Rdn. 62, 155; SODAN, in: Sodan/Ziekow, VwGO, 2. Aufl. 2006, § 40 Rdn. 50).

2 Vgl. GemSOGB, NJW 1986, 2359.
3 Vgl. SCHENKE (Fn. 1), Rdn. 238 f., 281 a.
4 Vgl. BVerwGE 94, 151 (155).
5 SCHMIDT-PREUß, Kollidierende Privatinteressen im Verwaltungsrecht, 1992, S. 8, 247 ff.; DERS., DVBl 1994, 288 (292).
6 Vgl. BVerwGE 94, 151 (161).
7 Vgl. BVerwGE 94, 151 (161).
8 § 74 I 1 VwGO ist auch nicht deshalb einschlägig, weil dort vom Widerspruchsbescheid die Rede ist und hier ein Widerspruchsbescheid angefochten ist. Denn der Zusammenhang mit § 74 I 2 VwGO zeigt, dass § 74 I 1 VwGO dann nicht gilt, wenn gegen den Verwaltungsakt, der angefochten wird, (hier der Widerspruchsbescheid) kein Widerspruchsverfahren durchzuführen ist.

erfordernisses des § 71 VwGO zum Beteiligten am Widerspruchsverfahren)[9].

Die Form einer erforderlichen Bekanntgabe wird in § 73 III 1 VwGO geregelt, es muss also in Form der Zustellung bekannt gegeben werden[10]. Die in § 73 III 1 VwGO angeordnete Bekanntgabeform der Zustellung gilt nicht nur für die Bekanntgabe gegenüber dem Widerspruchsführer, sondern auch für die Bekanntgabe gegenüber Dritten[11]. Dies ergibt sich daraus, dass das Zustellungserfordernis dem Schutz des Zustellungsempfängers dient, da mit der Zustellung ein Hinweis auf die Wichtigkeit des zugestellten Schriftstücks verbunden ist. Ginge man davon aus, dass ein stattgebender Widerspruchsbescheid zwar dem obsiegenden Widerspruchsführer, nicht aber auch denjenigen Dritten, denen gegenüber ein Bekanntgabeerfordernis besteht, zuzustellen ist, so käme man zu dem widersinnigen Ergebnis, dass der in dieser Konstellation nicht schutzwürdige Widerspruchsführer besser geschützt wäre als die schutzwürdigen Dritten, zumal diesen gegenüber gemäß § 74 I 2 VwGO mit der Bekanntgabe des Widerspruchsbescheids die Klagefrist zu laufen beginnt.

Fraglich ist demnach, ob hier gegenüber N die erforderliche Zustellung ordnungsgemäß durchgeführt wurde. Zuzustellen ist gemäß § 73 III 2 VwGO nach den Vorschriften des VwZG (des Bundes). Die Zusendung mit der Post mittels einfachen Briefes ist keine der in §§ 3–5 VwZG zugelassenen Zustellungsarten. Eine Zustellung an N ist daher nicht erfolgt.

In Betracht könnte hier aber kommen, dass gemäß § 8 VwZG der Zustellungsmangel geheilt ist, mit der Folge, dass das Schriftstück an dem Tag als zugestellt gilt, an dem N es erhalten hat (hier: 28. 1. 2006). Einer Heilung nach § 8 VwZG steht hier aber entgegen, dass eine Heilung nach § 8 VwZG immer voraussetzt, dass die Behörde Zustellungswillen hat, dass also der Versuch einer Zustellung unternommen wurde und bei diesem Zustellungsversuch ein Fehler unterlief[12]. Hier wurde jedoch in einfacher Form mittels einfachen Briefs bekannt gegeben, was zeigt, dass hier überhaupt keine Bekanntgabe in Form der Zustellung beabsichtigt war. Die Anwendung von § 8 VwZG scheidet daher aus.

Da es hier also an einer Bekanntgabe in ordnungsgemäßer Form gegenüber N fehlt, hat die Klagefrist hier überhaupt nicht zu laufen begonnen[13].

In zeitlicher Hinsicht wird die Möglichkeit des N zur Klageerhebung daher nur durch das Institut der Verwirkung begrenzt. Von Verwirkung kann jedoch in Anlehnung an § 58 II, § 60 III VwGO erst nach einem Jahr ausgegangen werden. Da hier die Monatsfrist nur um einen Tag überschritten wurde, kann von Verwirkung keine Rede sein.

VI. Beteiligtenfähigkeit

Kläger und Beklagter sind gemäß § 61 Nr. 1 VwGO beteiligtenfähig.

VII. Prozessfähigkeit

Der Kläger ist gemäß § 62 I Nr. 1 VwGO prozessfähig. Der Beklagte ist als juristische Person nicht prozessfähig. Er muss daher gemäß § 62 III VwGO vertreten werden. Vertretungsbehörde ist gemäß § 1 II AnO LReg Vertr. im ger. Vf. i. V. m. I (1) Nr. 1 Bekm. Min. Vertr im ger. Vf.[14] das Regierungspräsidium Freiburg.

VIII. Passive Prozessführungsbefugnis

Richtiger Beklagter ist gemäß § 78 I Nr. 1 i. V. m. § 78 II VwGO das Land Baden-Württemberg als Rechtsträger des Regierungspräsidiums Freiburg[15].

B. Begründetheit

Die Klage wäre gemäß § 115 i. V. m. § 113 I 1 VwGO begründet, wenn der Widerspruchsbescheid rechtswidrig und N dadurch in seinen Rechten verletzt wäre.

I. Rechtswidrigkeit des Widerspruchsbescheids

1. Rechtsgrundlage des Widerspruchsbescheids
Rechtsgrundlage des Widerspruchsbescheids ist § 73 I 1 VwGO.

2. Formelle Rechtmäßigkeit des Widerspruchsbescheids

a) Zuständigkeit
Das Regierungspräsidium Freiburg ist gemäß § 73 I 2 Nr. 1 VwGO i. V. m. § 46 I Nr. 2 LBO[16] zuständig für den Erlass des Widerspruchsbescheids.

b) Verfahren und Form

aa) Bekanntgabe
Wie bereits oben (AV) dargelegt, war der Widerspruchsbescheid H, A und N gemäß § 79 i. V. m. § 41 I 1 VwVfG bekannt zu geben, und zwar gemäß § 73 III 1 VwGO jeweils in Form der Zustellung.

Zwar wurde der Widerspruchsbescheid H zugestellt. Gegenüber A und N erfolgte jedoch stattdessen nur eine Bekanntgabe mittels einfachen Briefs. Deshalb ist der Widerspruchsbescheid formell rechtswidrig.

bb) Anhörung
Die nach § 71 VwGO erforderliche Anhörung von A und N ist erfolgt.

cc) Begründung
Die gemäß § 73 III 1 VwGO erforderliche Begründung ist enthalten.

3. Materielle Rechtmäßigkeit des Widerspruchsbescheids
Der dem Widerspruch stattgebende Widerspruchsbescheid wäre dann materiell rechtmäßig, wenn der Widerspruch des H zulässig und begründet gewesen wäre.

---

9 Vgl. Kopp/Ramsauer, VwVfG, 9. Aufl. 2005, § 13 Rdn. 19.

10 Zustellung ist kein aliud zur Bekanntgabe, sondern eine besondere Form der Bekanntgabe, s. auch § 41 V VwVfG.

11 Vgl. Kopp/Schenke (Fn. 1), § 73 Rdn. 22; Schenke (Fn. 1), Rdn. 686 a; Winkler, BayVBl 2000, 235 (237 f.). A. A. BVerwGE 22, 14 (15).

12 Vgl. BVerwG, NJW 1988, 1612 (1613); VGH BW, VBlBW 1998, 217 (218); NVwZ 1989, 76 (77).

13 Würde man fälschlich die Auslösung des Laufs der Klagefrist auch durch einfache Bekanntgabe für möglich halten, so wäre folgende Fristberechnung vorzunehmen: Bekanntgabe ist gemäß § 41 II VwVfG am 30. 1. 2006. Fristbeginn ist gemäß § 57 II VwGO i. V. m. § 222 I ZPO i. V. m. § 187 I BGB am 31. 1. 2006, 0 Uhr. Fristende ist gemäß § 57 II VwGO i. V. m. § 222 I ZPO i. V. m. § 188 II, III BGB am 28. 2. 2006, 24 Uhr. Die am 1. 3. 2006 erhobene Klage wäre also verfristet und damit unzulässig.

14 Bay.: § 5 I 1 LABV (s. auch Art. 16 S. 1 AGVwGO); Hess.: Art. 103 I 2 Verf. i. V. m. AnO Vertr. des Landes Hess.; Sachs.: § 4 VertrVO.

15 In Bbg., in MV, in Nds., in NW, im Saarl., in SachsAnh und in SH ist gemäß § 78 I Nr. 2 VwGO die Klage gegen die Behörde zu richten, die den angefochtenen Verwaltungsakt erlassen hat, also gegen die Widerspruchsbehörde, da in diesen Ländern das Landesrecht dies bestimmt: § 8 Abs. 2 VwGG Bbg.; § 5 Abs. 2 AGVwGO NW; § 14 I GOrgG MV; § 17 II AGVwGO Saarl.; § 8 AGVwGO Nds.; § 8 AGVwGO SachsAnh.; § 6 AGVwGO SH.

16 Art. 59 I 1 BayBO; § 86 I BauO Berl.; § 51 III BbgBO; § 60 I Nr. 1 BremLBO; Anordnung über Zuständigkeiten im Bauordnungswesen Hbg.; § 52 I 1 Nr. 2 Hess. BauO; § 59 I Nr. 2 LBauO MV; § 63 I 2 Nds. BauO; § 60 I Nr. 2 BauO NW; § 58 I Nr. 2 LBauO RhPf; § 58 I 1 LBO Saarl.; § 57 I Nr. 2 SächsBO; § 63 I Nr. 2 SachsAnh BauO; § 65 I LBO SH; § 59 I Nr. 2 ThürBO.

a) Zulässigkeit des Widerspruchs des H

aa) Verwaltungsrechtsweg
Es müsste eine Streitigkeit vorliegen, für die, wenn sie vor Gericht ausgetragen werden würde, der Verwaltungsrechtsweg nach § 40 I 1 VwGO eröffnet wäre. Da hier eine öffentlich-rechtliche Streitigkeit nichtverfassungsrechtlicher Art vorliegt, ist dies der Fall.

bb) Statthaftigkeit des Widerspruchs
Nach § 68 I 1 VwGO wäre der Widerspruch statthaft, wenn in einem verwaltungsgerichtlichen Verfahren eine Anfechtungsklage (§ 42 I Alt. 1 VwGO) statthaft wäre. Da die Abbruchsanordnung einen Verwaltungsakt nach § 35 S. 1 VwVfG darstellt, wäre dies der Fall. Der Widerspruch des H war daher statthaft.

cc) Widerspruchsbefugnis
Analog § 42 II VwGO müsste die Möglichkeit bestanden haben, dass H durch die Abbruchsanordnung in seinen Rechten verletzt ist. Hier liegt ein Eingriff in das Grundrecht des H aus Art. 14 I GG vor. Es ist nicht auszuschließen, dass H in diesem Grundrecht verletzt ist.

dd) Widerspruchsfrist
Gemäß § 70 I 1 VwGO muss der Widerspruch innerhalb eines Monats nach Bekanntgabe des Verwaltungsaktes bei der Ausgangsbehörde, hier also dem Landratsamt S, eingelegt werden. Bekanntgabe der Abbruchsanordnung war am 6. 12. 2005.

Nach welchen Vorschriften Beginn und Ende der Widerspruchsfrist zu berechnen sind, ist umstritten. Nach einer Ansicht[17] berechnet sich die Frist nach § 57 II VwGO (direkt oder analog) i. V. m. § 222 I ZPO i. V. m. §§ 187 ff. BGB, nach der Gegenmeinung[18] nach § 79 i. V. m. § 31 I VwVfG i. V. m. §§ 187 ff. BGB. Da letztlich beide Ansichten zur Anwendbarkeit der §§ 187 ff. BGB gelangen, bedarf es keiner Entscheidung dieses Streites.

Fristbeginn ist nach § 187 I BGB am 7. 12. 2005, 0 Uhr. Fristende ist an sich gemäß § 188 II BGB am 6. 1. 2006, 24 Uhr. Da der 6. 1. 2006 jedoch gemäß § 1 FTG[19] ein Feiertag ist, verschiebt sich das Fristende nach § 57 II VwGO (direkt oder analog) i. V. m. § 222 II ZPO bzw. gemäß § 79 i. V. m. § 31 III 1 VwVfG auf den Ablauf des nächsten Werktages[20]. Nächster Werktag ist hier Montag, der 9. 1. 2006. Fristende ist deshalb erst am 9. 1. 2006, 24 Uhr.

Der Widerspruch des H ging am 9. 1. 2006 beim Landratsamt S ein, also noch vor Ablauf der Widerspruchsfrist.

Der Widerspruch des H war damit zulässig.

b) Begründetheit des Widerspruchs des H
Der Widerspruch des H wäre begründet gewesen, wenn entweder die Abbruchsanordnung rechtswidrig und H dadurch in seinen Rechten verletzt wäre oder wenn die Abbruchsanordnung unzweckmäßig und H hierdurch in seinen Rechten betroffen wäre (vgl. § 68 I 1, § 113 I 1 VwGO).

Rechtswidrigkeit der Abbruchsanordnung und Rechtsverletzung

aa) Rechtswidrigkeit der Abbruchsanordnung

α) Rechtsgrundlage
Rechtsgrundlage der Abbruchsanordnung ist § 65 S. 1 LBO[21].

β) Formelle Rechtmäßigkeit

αα) Zuständigkeit
Das Landratsamt S ist für die Abbruchsanordnung zuständig, da es gemäß § 46 I Nr. 3 LBO[22] die nach § 48 I LBO[23] zuständige untere Baurechtsbehörde ist.

ββ) Verfahren und Form
Die nach § 28 I VwVfG[24] erforderliche Anhörung und die nach § 39 I 1 VwVfG erforderliche Begründung sind gegeben.

γ) Materielle Rechtmäßigkeit

αα) Widerspruch zu öffentlich-rechtlichen Vorschriften
Gemäß § 65 S. 1 LBO müsste die Errichtung des Reisebüros des H im Widerspruch zu öffentlich-rechtlichen Vorschriften stehen. Formelle sowie materielle Vorschriften kommen hierfür in Betracht.

(1) Verstoß gegen formelle Vorschriften
In Betracht kommt insbesondere ein Verstoß gegen ein bauordnungsrechtliches Genehmigungserfordernis. Das Reisebüro des H ist nach § 49 I LBO[25] genehmigungspflichtig, da es sich um eine bauliche Anlage nach § 2 I LBO[26] handelt und Ausnahmen nach §§ 50[27], 51[28] LBO nicht vorliegen.

Da H das Reisebüro unter Verstoß gegen das Bauverbot bis zur Genehmigungserteilung nach § 59 I 1, 3 LBO[29] gebaut hat, liegt ein Verstoß gegen formelle Vorschriften vor.

(2) Verstoß gegen materielle Vorschriften
Relevant wäre jeder Verstoß gegen Bauplanungsrecht oder materielles Bauordnungsrecht.

In Betracht kommt hier allenfalls ein Verstoß gegen bauplanungsrechtliche Vorschriften, und zwar namentlich gegen solche über die zulässige Art der baulichen Nutzung. Die zulässige Art

---

17 Z. B. KOPP/SCHENKE (Fn. 1), § 70 Rdn. 8.

18 Z. B. KOTHE, in: Redeker/von Oertzen, VwGO, 14. Aufl. 2004, § 70 Rdn. 2.

19 Der 6. Januar ist außer in BW nur in Bay. (Art. 1 I Nr. 1 FTG) und SachsAnh (§ 2 FeiertG) gesetzlicher Feiertag.

20 Unrichtig wäre es hingegen, auf § 193 BGB abzustellen, da § 222 II ZPO lex specialis gegenüber § 222 I ZPO und § 31 III 1 VwVfG lex specialis gegenüber § 31 I VwVfG ist.

21 Art. 82 S. 1 BayBO; § 79 S. 1 BauO Berl.; § 74 I BbgBO; § 82 I BremLBO; § 76 I 1 Hbg. BauO; § 72 I 1 Hess. BauO; § 80 I 1 LBauO MV; § 89 I Nr. 4 Nds. BauO; § 61 I 2 BauO NW; § 81 S. 1 LBauO RhPf; § 82 I LBO Saarl.; § 80 S. 1 SächsBO; § 84 III 1 BauO SachsAnh; § 86 I 1 LBO SH; § 77 S. 1 ThürBO.

22 Art. 59 I 1 BayBO; § 17 Nr. 1 lit. a) OrdZG Berl.; § 51 I 2 BbgBO; § 60 I Nr. 2 BremLBO; Anordnung über Zuständigkeiten im Bauordnungswesen Hbg.; § 52 I 1 Nr. 1 lit. b) Hess. BauO; § 59 I Nr. 1 LBauO MV; § 63 I 1 Nds. BauO; § 60 I Nr. 3 BauO NW; § 58 I Nr. 3 LBauO RhPf; § 58 I 2 LBO Saarl.; § 57 I Nr. 1 SächsBO; § 63 I Nr. 3 BauO SachsAnh; § 65 I LBO SH; § 59 I Nr. 1 ThürBO.

23 Art. 61 I BayBO; § 17 Nr. 1 lit. a) OrdZG Berl.; § 63 BremLBO; Anordnung über Zuständigkeiten im Bauordnungswesen Hbg.; § 52 I 3 Hess. BauO; § 61 I BauO MV; § 65 III 1 Nds. BauO; § 62 BauO NW; § 60 LBauO RhPf; § 59 I LBO Saarl.; § 57 II SächsBO; § 65 BauO SachsAnh; § 67 I 1 LBO SH; § 61 I 1 ThürBO. Keine Entsprechung in Bbg.

24 § 89 III Nds. BauO.

25 Art. 62 S. 1 BayBO; § 60 I BauO Berl.; § 54 BbgBO; § 64 I BremLBO; § 59 I 1 Hbg. BauO; § 54 I 1 Hess. BauO; § 62 I 1 LBauO MV; § 68 I Nds. BauO; § 63 I BauO NW; § 61 I 1 LBO Saarl.; § 59 I SächsBO; § 66 I LBO SachsAnh; § 68 I LBO SH; § 62 I ThürBO.

26 Art. 2 I 1 BayBO; § 2 I BauO Berl.; § 2 I BbgBO; § 2 I BremLBO; § 2 I 1 Hbg. BauO; § 2 I Hess. BauO; § 2 I LBauO MV; § 2 I Nds. BauO; § 2 I BauO NW; § 2 I 1 LBauO RhPf; § 2 I LBO Saarl.; § 2 I 1 SächsBO; § 2 I BauO SachsAnh; § 2 I LBO SH; § 2 I 1 ThürBO.

27 Art. 63 BayBO; § 62 BauO Berl.; § 55 BbgBO; § 65 BremLBO; § 60 Hbg. BauO; § 55 Hess. BauO; § 60 LBauO MV; § 69 Nds. BauO; §§ 65 f. BauO NW; § 62 LBauO RhPf; § 61 LBO Saarl.; § 61 SächsBO; § 69 BauO SachsAnh; § 69 LBO SH; § 63 ThürBO.

28 Art. 64 BayBO; § 63 BauO Berl.; § 58 BbgBO; § 66 BremLBO; § 56 Hess. BauO; § 64 LBauO MV; § 69 a Nds. BauO; § 67 BauO NW; § 67 LBauO RhPf; § 63 LBO Saarl.; § 62 SächsBO; § 68 BauO SachsAnh; § 74 LBO SH; § 63 a ThürBO. Keine Entsprechung in Hbg.

29 Art. 72 V BayBO; § 71 VII Nr. 1 BauO Berl.; § 68 I 1 Nr. 1 BbgBO; § 74 VI BremLBO; § 72 a I Nr. 1 Hbg. BauO; § 65 I Hess. BauO; § 72 VI LBauO MV; § 75 V BauO NW; § 77 I Nr. 1 LBauO RhPf; § 73 VI Nr. 1 LBO Saarl.; § 72 VI Nr. 1 SächsBO; § 77 VI BauO SachsAnh; § 78 VI 1 LBO SH; § 70 VII Nr. 1 ThürBO. Keine Entsprechung in Nds.

der baulichen Nutzung bestimmt sich hier allein nach dem Bebauungsplan B, da dieser die Art der baulichen Nutzung abschließend regelt. Dass es sich bei ihm nicht um einen qualifizierten Bebauungsplan nach § 30 I BauGB handelt, ändert daran nichts; gemäß § 30 III BauGB darf bei einem einfachen Bebauungsplan nur »im Übrigen« auf (hier) § 34 BauGB zurückgegriffen werden, also nur insoweit, als der einfache Bebauungsplan keine Festsetzungen enthält.

Gemäß § 1 III 2 BauNVO wird durch die Festsetzung eines Reinen Wohngebiets § 3 BauNVO Bestandteil des Bebauungsplans. Ein Reisebüro gehört nicht zu den in § 3 BauNVO zugelassenen Nutzungen. Das Reisebüro des H verstößt daher an sich gegen materielle Vorschriften.

Fraglich ist, ob sich an der an sich bestehenden bauplanungsrechtlichen Unzulässigkeit des Vorhabens etwas dadurch ändert, dass H über einen Vorbescheid nach § 57 LBO[30] über die Frage der bauplanungsrechtlichen Zulässigkeit des Vorhabens verfügt.

(2.1)

Hierzu ist zunächst der Regelungsinhalt des Vorbescheids zu bestimmen. Ein Vorbescheid ist mehr als nur die Zusicherung einer Baugenehmigung, er stellt vielmehr einen vorweggenommenen Teil der Baugenehmigung dar[31].

Eine Baugenehmigung enthält zwei Regelungen: eine feststellende Regelung mit dem Inhalt, dass das Vorhaben als denjenigen öffentlich-rechtlichen Vorschriften entsprechend gilt, die im Baugenehmigungsverfahren geprüft wurden, und eine gestaltende Regelung mit dem Inhalt, dass der Bauherr mit dem Bau beginnen darf[32].

Der Vorbescheid hingegen enthält keine Gestattung des Baubeginns; er enthält aber in Bezug auf die Fragen, auf die er antwortet, eine feststellende Regelung, das Vorhaben gilt also – soweit der Vorbescheid reicht – als baurechtsgemäß. An diese feststellende Regelung ist nicht nur die Baurechtsbehörde im Baugenehmigungsverfahren gebunden, sie entfaltet auch ganz generell Tatbestandswirkung, d. h. bei jeder staatlichen Maßnahme ist die feststellende Regelung des Vorbescheids zugrunde zu legen.

Somit gilt wegen der Tatbestandswirkung in Bezug auf die feststellende Regelung des Vorbescheids das Reisebüro des H als bauplanungsrechtlich zulässig.

Theoretisch denkbar wäre es, dass im selben äußerlichen Akt mit der Abbruchsanordnung der entgegenstehende Vorbescheid – der hier angesichts des Nichtbestehens der bauplanungsrechtlichen Zulässigkeit des Reisebüros rechtswidrig ist – nach § 48 I 1 VwVfG (konkludent) zurückgenommen wird. Mindestvoraussetzung hierfür wäre, dass der Wille der Behörde zur Rücknahme des entgegenstehenden Verwaltungsaktes erkennbar ist; auf keinen Fall kann davon ausgegangen werden, dass eine Behörde mit dem Erlass eines Verwaltungsaktes automatisch alle entgegenstehenden früheren Verwaltungsakte zurücknimmt[33]. Hier meinte das Landratsamt S, dass wegen des von A eingelegten Widerspruchs gegen den Vorbescheid dieser einer Abbruchsanordnung nicht entgegensteht. Nach Ansicht des Landratsamts S bestand somit überhaupt kein Anlass, den Vorbescheid zurückzunehmen. Deshalb kann auf keinen Fall in den Erlass der Abbruchsanordnung eine konkludente Rücknahme des Vorbescheids hineininterpretiert werden.

(2.2)

Fraglich ist aber, ob sich hieran etwas dadurch ändert, dass A gegen den Vorbescheid Widerspruch eingelegt hat und ein Widerspruch grundsätzlich aufschiebende Wirkung hat (§ 80 I VwGO).

Welche Anforderungen an einen Widerspruch zu stellen sind, damit er aufschiebende Wirkung hat, ist umstritten. Die Auffassung mit den weitreichendsten Anforderungen verlangt, dass der Widerspruch zulässig und nicht offensichtlich unbegründet ist[34].

Selbst nach dieser Auffassung hat der Widerspruch des A hier aufschiebende Wirkung. Denn es ist hier nichts ersichtlich, was der Zulässigkeit oder der Begründetheit des Widerspruchs des A entgegenstehen könnte.

Zu klären ist nun, ob eine etwaige aufschiebende Wirkung des Widerspruchs des A auch wirklich zur Folge hätte, dass der Vorbescheid im Rahmen der Prüfung der Rechtmäßigkeit der Abbruchsanordnung gegenüber H unberücksichtigt bleibt. Hierfür ist der Inhalt der aufschiebenden Wirkung zu ermitteln. Zu seiner Umschreibung gibt es zwei Theorien, daneben gibt es noch eine Reihe modifizierender Lehren zu diesen beiden Theorien[35].

Nach der Wirksamkeitstheorie wird durch die aufschiebende Wirkung des Widerspruchs bzw. der Klage die Wirksamkeit des Verwaltungsaktes vorläufig gehemmt. Nach der Vollziehbarkeitstheorie wird durch die aufschiebende Wirkung des Widerspruchs bzw. der Klage die Vollziehbarkeit des Verwaltungsaktes gehemmt. Legt man die Wirksamkeitstheorie zugrunde, so wären die Auswirkungen auf den Fall klar: Der Vorbescheid würde derzeit keine Rechtswirkungen entfalten, er bliebe also unberücksichtigt.

Schwieriger ist die Ermittlung des Ergebnisses nach der Vollziehbarkeitstheorie. Denn die Vollziehbarkeitstheorie geht von einem extrem weiten Verständnis des Begriffs der Vollziehung aus. So wird z. B. das Gebrauchmachen von einer Baugenehmigung als Vollziehung im Sinne der Vollziehbarkeitstheorie angesehen. Ob allerdings auch das Unterbleiben einer Abbruchsanordnung als Vollziehung eines Vorbescheids angesehen werden kann, ist sehr fraglich. Da jedoch der Grundgedanke des extrem weiten Verständnisses des Vollziehungsbegriffs der ist, dass die aufschiebende Wirkung jeglichen Nachteil für den Widerspruchsführer bzw. Kläger vermeiden soll[36], spricht viel dafür, auch das Unterbleiben einer Abbruchsanordnung als Vollziehung des Vorbescheids zu verstehen[37]. Damit hätte also auch nach der Vollziehbarkeitstheorie der Vorbescheid nicht berücksichtigt werden dürfen.

Da beide Theorien somit zum selben Ergebnis gelangen, bedarf der Theorienstreit keiner Entscheidung.

Fraglich ist, ob sich an der Unbeachtlichkeit des Vorbescheids wegen der aufschiebenden Wirkung des Widerspruchs etwas dadurch ändert, dass den Widerspruch nicht N, sondern A eingelegt hat. Zwar ist es gemäß § 80 I 2 VwGO an sich unproblematisch für das Eintreten der aufschiebenden Wirkung, dass nicht der Adressat, sondern ein Dritter Widerspruch eingelegt

30 Art. 75 BayBO; § 74 BauO Berl.; § 59 BbgBO; § 63 Hbg. BauO; § 66 Hess. BauO; § 68 LBauO MV; § 74 Nds. BauO; § 71 BauO NW; § 72 LBauO RhPf; § 76 LBO Saarl.; § 75 SächsBO; § 72 BauO SachsAnh; § 72 LBO SH; § 73 ThürBO. Keine Entsprechung in Bremen.

31 Vgl. SCHWARZER/KÖNIG, BayBO, 3. Aufl. 2000, Art. 75 Rdn. 5.

32 Zu den beiden Regelungen der Baugenehmigung DECKER/KONRAD, Bayerisches Baurecht, 2002, Kapitel II Teil 4 Rdn. 7, 9; GROTEFELS, in: Hoppe/Bönker/Grotefels, Öffentliches Baurecht, 3. Aufl. 2004, § 16 Rdn. 51; SCHWARZER/KÖNIG (Fn. 31), Art. 72 Rdn. 5 f.

33 Vgl. SEIBERT, Die Bindungswirkung von Verwaltungsakten, 1989, S. 196 f.

34 Zum Streitstand KOPP/SCHENKE (Fn. 1), § 80 Rdn. 50 f.; SCHOCH, in: Schoch/Schmidt-Aßmann/Pietzner, VwGO (Stand: Februar 2007), § 80 Rdn. 63 ff.

35 S. hierzu ausführlich SCHOCH, in: Schoch/Schmidt-Aßmann/Pietzner (Fn. 34), § 80 Rdn. 72 ff.

36 OVG Bremen, NVwZ-RR 1993, 216 (217); OVG Nds., NVwZ 1990, 270 (271); OVG NW, NVwZ-RR 1988, 126; OVG SH, NVwZ-RR 1993, 437 (438).

37 A. A. vertretbar, doch müsste dann der Streit entschieden werden (zum Streitstand KOPP/SCHENKE [Fn. 1], § 80 Rdn. 22 ff.; SCHOCH, in: Schoch/Schmidt-Aßmann/Pietzner [Fn. 34], § 80 Rdn. 72 ff.). Vieles spricht hier für die Wirksamkeitstheorie, da es mit dem Grundgedanken des § 80 I VwGO nicht vereinbar erscheint, dass der Widerspruchsführer trotz aufschiebender Wirkung unter Nachteilen aufgrund des von ihm angegriffenen Verwaltungsaktes zu leiden hat.

hat. Zu klären ist aber darüber hinaus, ob sich die aufgrund der aufschiebenden Wirkung des Widerspruchs des A (vorübergehend) gegebene Unwirksamkeit des Vorbescheids auf A beschränkt oder ob die Unwirksamkeit jedem gegenüber, also auch gegenüber N, besteht. Hierzu ist festzustellen, dass ein Verwaltungsakt nur als Einheit begriffen werden kann. Ein Verwaltungsakt mit Drittwirkung kann nicht als eine Zusammenfassung von mehreren Verwaltungsakten gegenüber verschiedenen Personen verstanden werden mit der Möglichkeit unterschiedlicher rechtlicher Schicksale der Verwaltungsakte. Vielmehr stellt auch ein Verwaltungsakt mit Drittwirkung eine Einheit dar, er kann nur entweder als ganzer wirksam oder als ganzer unwirksam sein.

Die durch die aufschiebende Wirkung des Widerspruchs des A möglicherweise eingetretene Unwirksamkeit besteht daher jedem gegenüber, auch gegenüber N.

Der Widerspruch des A könnte hier aber deshalb keine aufschiebende Wirkung haben, weil die aufschiebende Wirkung durch § 80 II 1 Nr. 3 VwGO i. V. m. § 212 a I BauGB ausgeschlossen sein könnte. Problematisch ist allerdings, ob § 212 a I BauGB auch die aufschiebende Wirkung eines Widerspruchs gegen einen Vorbescheid ausschließt.

Der Wortlaut von § 212 a I BauGB beschränkt den Anwendungsbereich der Norm auf die »bauaufsichtliche Zulassung« eines Vorhabens. Der Wortlaut legt es daher eher nahe, dass § 212 a I BauGB nur auf solche Verwaltungsakte Anwendung findet, die die Ausführung des Baus unmittelbar zulassen, die also eine Gestattung des Baubeginns beinhalten. Der Vorbescheid nach § 57 LBO enthält aber gerade keine Gestattung des Baubeginns, sondern weist – wie erwähnt – nur eine feststellende Regelung auf.

Ob mit dieser Wortlautbetrachtung allerdings die Frage der Anwendbarkeit von § 212 a I BauGB bereits entschieden ist, ist jedoch zweifelhaft. Denn anerkanntermaßen gilt § 212 a I BauGB auch für Teile der Baugenehmigung. Auf jeden Fall gilt dies für die Teilbaugenehmigung (§ 61 LBO[38]). Anders als der Vorbescheid enthält die Teilbaugenehmigung allerdings immerhin eine – teilweise – Gestattung des Baubeginns.

Über die Gestattung des Baubeginns wird auch dann, wenn ein Vorbescheid besteht, letztlich im Baugenehmigungsverfahren entschieden. Hierbei ist allerdings anzumerken, dass der Vorbescheid (nach h. M. allerdings nur, wenn er bei Erlass der Baugenehmigung bereits bestandskräftig ist[39]) einen vorweggenommenen Teil der Baugenehmigung darstellt, und zwar des feststellenden Teils der Baugenehmigung. Bei Vorliegen eines (nach h. M.: bestandskräftigen) Vorbescheids verringert sich also der feststellende Teil der Baugenehmigung um dasjenige, was bereits im Vorbescheid geprüft worden ist. Die »Gesamtbaugenehmigung« besteht also aus dem Vorbescheid und der Baugenehmigung, die die Gestattung des Baubeginns und den verbleibenden Rest der feststellenden Regelung enthält.

Im Hinblick auf diese enge Verknüpfung von Vorbescheid und später ergehender Baugenehmigung sprechen überzeugende Argumente für die Prämisse, dass die Wirksamkeit der Baugenehmigung vom Fortbestand des Vorbescheids abhängt[40]. Entfällt der Vorbescheid, so entfällt also auch die Baugenehmigung und damit die Gestattung des Baubeginns. In Anbetracht dieser Abhängigkeit der Gestattung des Baubeginns von der Existenz des Vorbescheids erscheint es konsequent, § 212 a I BauGB auch bereits auf den Vorbescheid anzuwenden[41]. Anderenfalls würde die Zielsetzung von § 212 a I BauGB vereitelt werden.

(2.3)
Fraglich ist, ob der Maßgeblichkeit des Vorbescheids der Umstand entgegensteht, dass er noch nicht bestandskräftig ist.

Die Wirksamkeit eines Verwaltungsaktes tritt gemäß § 43 I 1 VwVfG bereits mit Bekanntgabe des Verwaltungsaktes und nicht erst mit Bestandskraft ein. Sofern also nicht wegen einer bejahten

aufschiebenden Wirkung des Widerspruchs des A die Wirksamkeit des Vorbescheids suspendiert ist, ist die feststellende Regelung des Vorbescheids zugrunde zu legen. Sie entfaltet bereits mit Bekanntgabe – und noch vor Bestandskraft – Tatbestandswirkung[42].

(2.4)
Zu klären ist schließlich noch die Frage, ob dem Umstand Bedeutung zukommt, dass der Vorbescheid auf den – zulässigen und begründeten – Widerspruch des A hin aufgehoben werden wird, sobald über diesen entschieden werden wird.

Gemäß § 43 II VwVfG bleibt ein Verwaltungsakt solange wirksam, bis er aufgehoben wird oder sich erledigt hat. Allein der Umstand, dass seine Aufhebung zu erfolgen hat, ändert an seiner Wirksamkeit bis zur Aufhebung nichts.

Das Vorhaben des H gilt damit wegen des Vorbescheids als bauplanungsrechtlich zulässig.

Das Vorhaben des H verstößt damit nicht auch gegen materielle, sondern allein gegen formelle Vorschriften.

ββ) Erforderlichkeit
Gemäß § 65 S. 1 LBO darf eine Abbruchsanordnung nur ergehen, wenn nicht auf andere Weise rechtmäßige Zustände hergestellt werden können. Ein rechtswidriger Zustand besteht hier allein deshalb, weil ein Verstoß gegen die Genehmigungspflicht gegeben ist. Milderes Mittel, um hier rechtmäßige Zustände herzustellen, wäre, H nachträglich eine Baugenehmigung zu erteilen[43].

Somit fehlt es hier an der in § 65 S. 1 LBO ausdrücklich angesprochenen Erforderlichkeit. Die Abbruchsanordnung ist daher materiell rechtswidrig.

bb) Rechtsverletzung des H durch die Abbruchsanordnung
H ist als Adressat eines rechtswidrigen belastenden Verwaltungsaktes in seinen Rechten, hier dem aus Art. 14 I GG, verletzt.

Der Widerspruch des H ist damit zulässig und begründet.

Der Widerspruchsbescheid ist somit formell rechtswidrig und materiell rechtmäßig.

---

38 Art. 76 BayBO; § 73 BauO Berl.; § 75 BremLBO; § 72 V Hbg. BauO; § 67 Hess. BauO; § 73 LBauO MV; § 76 Nds. BauO; § 76 BauO NW; § 73 LBauO RhPf; § 75 LBO Saarl.; § 74 SächsBO; § 78 BauO SachsAnh; § 79 LBO SH; § 71 ThürBO. Keine Entsprechung in Bbg.
39 So BVerwG NVwZ 1989, 863 f.
40 So KOPP/SCHENKE (Fn. 1), § 42 Rdn. 53.
41 Vgl. KOPP/SCHENKE (Fn. 1), § 80 Rdn. 65; SCHWARZER/KÖNIG (Fn. 31), Art. 75 Rdn. 10. A. A. VGH BW, NVwZ 1997, 1008 (zu § 10 II 1 BauGBMaßnG); Bay. VGH, BayVBl 1999, 467.
42 Dass nach h. M. nur dann im Baugenehmigungsverfahren eine erneute Prüfung der im Vorbescheid behandelten Fragen unterbleibt, wenn der Vorbescheid bereits bestandskräftig ist, steht dem nicht entgegen. Denn Hintergrund der h. M. ist, dass vermieden werden soll, dass der Vorbescheid erfolgreich angefochten wird und zugleich die Baugenehmigung bestandskräftig geworden ist. Diese Konstellation würde zu erheblichen Schwierigkeiten führen. Deshalb verlangt die h. M. für die Berücksichtigung eines Vorbescheids im Verhältnis zu einer Baugenehmigung – ausnahmsweise – die Bestandskraft des Vorbescheids. Vergleichbare Probleme stellen sich im Verhältnis von Vorbescheid und Abbruchsanordnung nicht. Deshalb besteht hier kein Grund, entgegen § 43 I 1 VwVfG die Bestandskraft des Vorbescheids zu verlangen.
43 Häufig wird dieser Gedanke mit der Formel, eine Abbruchsanordnung erfordere »formelle und materielle Illegalität« (so z. B. GROTEFELS, in: Hoppe/Bönker/Grotefels [Fn. 32], § 16 Rdn. 90), sprachlich ausgedrückt. Diese klassische Formel ist aber nicht ungefährlich. Sie führt nicht selten zu eindeutig falschen, von niemandem befürworteten Ergebnissen: So ist z. B. bei verfahrensfreien oder Vorhaben aus dem Anwendungsbereich des Kenntnisgabeverfahrens unstreitig bei materieller Illegalität eine Abbruchsanordnung möglich (s. hierzu etwa § 50 V LBO; § 51 IV LBO; Art. 63 VI 2; Art. 64 VI BayBO), auch wenn es an der formellen Illegalität fehlt. Deshalb ist es zielführender, anstelle der genannten Formel den Gesetzestext heranzuziehen (eingehend hierzu FISCHER, NVwZ 2004, 1057 ff.). Da im vorliegenden Fall die genannten Schwächen der Formel keine Rolle spielen, wäre hier ihre Verwendung unschädlich.

II. Rechtsverletzung des N durch den Widerspruchs-bescheid

Die Vorschriften über Zustellungserfordernisse dienen gerade dem Schutz desjenigen, an den zuzustellen ist. N ist daher durch das Unterbleiben der erforderlichen Zustellung an ihn (nicht aber auch durch das Unterbleiben der Zustellung an A) in seinen Rechten verletzt.

III. Kein Ausschluss des Aufhebungsanspruchs durch § 46 VwVfG

In Betracht kommt, dass der Anspruch des Klägers auf Aufhebung des angefochtenen Verwaltungsaktes durch § 46 VwVfG ausgeschlossen wird[44]. Dies würde voraussetzen, dass offensichtlich ist, dass die Verletzung (hier: der Bekanntgabevorschriften) die Entscheidung in der Sache nicht beeinflusst hat.

Auch bei Unterbleiben des Bekanntgabefehlers wäre die Entscheidung in der Sache auf jeden Fall genauso ausgefallen. Denn die Entscheidung in der Sache war ja bereits getroffen. Bei der Bekanntgabe ging es nur noch um die Mitteilung der Entscheidung an die Betroffenen.

Gemäß § 46 VwVfG ist der Aufhebungsanspruch des N daher ausgeschlossen.

Die Klage ist damit zulässig, aber unbegründet.

Das VG Freiburg muss sie daher abweisen.

---

44 Greift § 46 VwVfG ein, so ändert dies nichts daran, dass der Kläger in seinen Rechten verletzt ist (vgl. Sachs, in: Stelkens/Bonk/Sachs, VwVfG, 6. Aufl. 2001, Rdn. 809 f.; ders., DÖV 1986, 305 ff.; Ule/Laubinger, Verwaltungsverfahrensrecht, 4. Aufl. 1995, § 58 Rdn. 25) – und erst recht nichts daran, dass der Verwaltungsakt rechtswidrig ist. Denn es wurde nun einmal eine Rechtsnorm verletzt, die dem Kläger ein subjektives öffentliches Recht einräumt. Zu beachten ist diesbezüglich, dass das verletzte subjektive öffentliche Recht, das der Wortlaut von § 113 I 1 VwGO in Bezug nimmt, nicht identisch ist mit dem der Anfechtungsklage materiell-rechtlich zugrunde liegenden Aufhebungsanspruch. Verneint man wegen des Ausschlusses des Aufhebungsanspruchs durch § 46 VwVfG die Rechtsverletzung, so vermengt man aber gerade diese zu trennenden Rechte.

www.ingramcontent.com/pod-product-compliance
Lightning Source LLC
Chambersburg PA
CBHW082311210326
41599CB00030B/5765